EICHSTÄTTER STUDIEN

NEUE FOLGE

Band L



Maria Magdalena Elbl
Eucharistie als Opfer der Kirche
bei Maurice de la Taille

EICHSTÄTTER STUDIEN

Im Auftrag von Professoren
der Theologischen Fakultät
der Katholischen Universität Eichstätt
herausgegeben von Konstantin Maier
und Erwin Möde

NEUE FOLGE

BAND L

Maria Magdalena Elbl
Eucharistie als Opfer der Kirche
bei Maurice de la Taille

VERLAG FRIEDRICH PUSTET
REGENSBURG

Maria Magdalena Elbl

# Eucharistie als Opfer der Kirche bei Maurice de la Taille

Gewidmet dem [illegible] der Theol. Fakultät Eichstätt

und mit Dank angenommen von

Prof. em. [illegible] A. [illegible]

VERLAG FRIEDRICH PUSTET
REGENSBURG

22. XI. 2003

**Bibliografische Information Der Deutschen Bibliothek**

Die Deutsche Bibliothek verzeichnet diese Publikation in der Deutschen Nationalbibliografie; detaillierte bibliografische Daten sind im Internet über http://dnb.ddb.de abrufbar.

ISSN 0170-9402
ISBN 3-7917-1853-3

Umschlag: Christoph Albrecht, Rotthalmünster
Druck und Bindung: Friedrich Pustet, Regensburg
Printed in Germany 2003

# Vorwort

Diese Arbeit wurde im Wintersemester 2001/02 von der Theologischen Fakultät der Katholischen Universität Eichstätt-Ingolstadt als Inauguraldissertation angenommen.

Für ihr Zustandekommen gebührt der ganzen Fakultät Dank, an erster Stelle meinem Doktorvater Herrn Prof. Dr. Michael Seybold, der mich in einzigartiger Weise gefördert und motiviert hat. In den drei Jahren als Wissenschaftliche Assistentin an seinem Lehrstuhl für Dogmatik fand ich die optimalen Bedingungen für die Fertigstellung vor; dafür danke ich ganz besonders auch dem Akademischen Oberrat Herrn PD Dr. Erich Naab und der Lehrstuhlsekretärin Frau Gertrud Ehrlich. Auch Herrn Prof. Dr. Erwin Möde sei für die Erstellung des Zweitgutachtens gedankt.

Ich freue mich, dass diese Arbeit Aufnahme in die Reihe der Eichstätter Studien gefunden hat, und danke dafür stellvertretend dem Vorsitzenden des Herausgeberausschusses Herrn Prof. Dr. Konstantin Maier, ebenso für die Gewährung eines Druckkostenzuschusses. Wertvolle Unterstützung bei der Vorbereitung der Drucklegung verdanke ich Herrn Dipl.-Theol. M.A. Patrick Kummer.

Hilfreich war das Entgegenkommen von Herrn OStD Adolf Lang im Hinblick auf die Beurlaubung vom Schuldienst und die Ermöglichung, nach Abschluss des Promotionsvorhabens wieder am Deutschherren-Gymnasium Aichach tätig zu sein.

In meinen Dank seien schließlich eingeschlossen meine Eltern, mein Mann und alle Freunde und Kollegen von der Katholischen Universität Eichstätt-Ingolstadt und vom Deutschherren-Gymnasium Aichach, die auf je eigene Art zum Gelingen beigetragen haben.

Maria Magdalena Elbl

# Inhaltsverzeichnis

# 1. Einführung

## 1.1 Thematik und Zielsetzung

*Equidem, non tam disputandi gratia, quam elucidandi, scripsi; ... ut aedificetur fides, et ditescat intellectus fidei ...*[1], schreibt Maurice de la Taille in der Einleitung seines Hauptwerkes *Mysterium Fidei.* Dieses große Werk über den Opfercharakter der Eucharistie dient der Erhellung des Zusammenhangs zwischen dem Tun Christi und dem Tun der Kirche, das von Christus selbst aufgegeben ist: *Hoc facite.*[2]

Aus der Zuordnung der Kirche als Leib Christi und der Eucharistie als Mitte ihres Selbstvollzuges ergibt sich die Frage nach den Grundlagen und Wirkungen dieser wechselseitigen Beziehung. Sie realisiert sich in der Gegenwart nicht ohne die sakramentale Überbrückung der Zeitdifferenz zum historischen Erlösungsgeschehen und zur eschatologischen Vollendung. Dabei wäre es ein falsch verstandener Begriff von Individualität, sich der Einsicht zu verweigern, dass es einen überindividuellen Verstehenshorizont im Gesamtrahmen geschichtlicher Ereignisse und Entwicklungen gibt; es lässt sich mit de la Taille zeigen, dass ekklesiale Strukturen zutiefst im Menschen verankert sind und dass die Dimensionen zeitlicher und überzeitlicher Gemeinschaft ohne eine sakramentale Sicht der Wirklichkeit inhaltsleer und ohne Verweiskraft auf das zukünftige Heil sind. Der entscheidende Inhalt ist die Passion Christi; an ihrer Gegenwart vorbei kann es keine eschatologische Dimension des Heils geben. Im Rückbezug auf das Kreuzesopfer durchdringen sich sakramentaler und sakrifikaler Charakter der Eucharistie. Hierauf basiert auch die sich wechselseitig konstituierende Verbindung von Eucharistie und Kirche.

Dabei ist eine doppelte Engführung zu vermeiden: Wenn die Rolle der Kirche bei der Vermittlung des Heils einseitig hervorgehoben wird, ist die Unverfügbarkeit des Heils in Frage gestellt und auf eine soziologische Ebene menschlichen Gemeinschaftsvollzugs reduziert.[3] Wenn jedoch die äußerliche Vermittlung durch

[1] M. de la Taille, Mysterium Fidei. De augustissimo corporis et sanguinis Christi sacrificio atque sacramento. Elucidationes L in tres libros distinctae, Paris 1931[3], VIII; im Folgenden wird dieses Werk zitiert als MF (falls nicht anders angegeben, bezieht sich die Zitation auf diese 3. Auflage).

[2] Vgl. ebd.

[3] Vgl. M. Seybold, Gnade und Heil (Christliches Leben heute 18), Augsburg 1973, 59f.

die Kirche überhaupt keine Bedeutung hätte, läge das Bewusstsein für die Vermittlung des Heilsgeschehens nur im subjektiven Empfinden des Einzelnen, der in der Gemeinschaft mit Gott eine Antwort auf seine individuellen Bedürfnisse erfährt – jedoch in absoluter Beliebigkeit, abhängig von seinem subjektiven Empfinden. „Leben aus der Eucharistie heißt aber nicht nur, dass wir 'ewiges Leben' geschenkt bekommen und Gemeinschaft mit dem unbegreiflichen Gott haben. In der Eucharistie werden wir auch hineingenommen in das 'menschliche Schicksal' des Herrn, in sein Leiden und Sterben. Denn in jeder Eucharistiefeier wird das blutige Opfer Christi gegenwärtig ... Hier wird der Ruf zur Kreuzesnachfolge konkret ... Ein Leben aus der Eucharistie ist also weit entfernt von einer problem- und folgenlosen Innerlichkeit."[4]

Genau gegen dieses Abgleiten in eine falsch verstandene Innerlichkeit und Subjektivität steht der von de la Taille konzipierte Opferbegriff. In Auseinandersetzung mit dem Geschehen von *coena* und *passio* geht es darum, zu klären, worin das Opfer der Kirche besteht. Damit ist die Überlegung verbunden, wie die sakramentale Vergegenwärtigung des Opfers Christi eine bloß passive Rezeptivität des Einzelnen überschreiten und für die Kirche zu einem überindividuellen heilswirksamen Geschehen werden kann. Dem Sakrament der Eucharistie als der höchsten Konkretion der Vergegenwärtigung der Erlösungstat Christi kommt dabei eine ganz besondere Funktion zu, denn hier vollzieht und realisiert sich das Opfer der Kirche im Sinne eines Genitivus obiectivus – das Einbezogen-Werden in das eine Opfer Christi – und im Sinne eines Genitivus subiectivus – die Ausübung der Befähigung zum Vollzug der sakramentalen Vergegenwärtigung des einen Opfers. Von hier aus ist in der Rolle der Darbringenden sowohl die Rückbindung an das Tun Christi und die Beauftragung von seiner Seite zu bedenken, aber auch das Umfeld dieses Tuns der Kirche in der Gegenwart, damit aus einer passiven Rezeptivität nicht ein Opfer wird, „das nichts kostet", sondern der historisch verankerte und überzeitlich wirksame Bezugspunkt für die Nachfolge Christi. Dieser Bezugspunkt wird für den Einzelnen und für die Kirche als Gemeinschaft nur real, wenn sich „existentielle Teilhabe am Kreuzesopfer" und „funktionelle Beauftragung, dieses Sühnegeschehen zum Gedenken in der Kirche zu wiederholen", miteinander zu einer untrennbaren Einheit verbinden. Dadurch wird die Intention Jesu im Abendmahl aufgenommen, die er mit dem Wiederholungsbefehl zum Ausdruck brachte. Indem er bereits hier die Worte aussprach, die sich

[4] R. Kramer, Leben aus der Eucharistie, in: S. Gruber - R. Kramer - W. Lang - A. Schlereth (Hrsg.), Die Frage nach dem Menschen. Grundkurs Religion 3. Unterrichtswerk für katholische Religionslehre an der gymnasialen Oberstufe, München 1978, 145.

auf den ganzen Prozess seines Leidens bezogen, wollte er den am Opfer Teilnehmenden in ganz besonderer Weise Anteil an dessen Durchführung gewähren und damit die Kirche bewusst in sein Kreuzesopfer mit einbeziehen.[5] Das Opfer Christi ist die Substanz unserer Eucharistiefeier, deswegen muss jede Überlegung ausgehen von der Einmaligkeit der Kreuzeshingabe Christi und von dort aus das Bleibende und Weiterwirkende an diesem Geschehen reflektieren, wie es sich im Leben und Tun der Kirche äußert, wobei wiederum die Legitimation, die Begründung und die Wirkung dieses Tuns der Kirche zu hinterfragen ist. Wenn das mit dem Opferbegriff identifizierte Geschehen wahr sein soll, dann muss es auch heute im Vollzug der Kirche auffindbar sein und gelebt werden können.

Maurice de la Taille hat diese Fragen nicht nur zum Thema seines schon erwähnten Hauptwerkes *Mysterium Fidei* gemacht, sondern auch seine vorausgehenden und nachfolgenden Veröffentlichungen beschäftigen sich damit. Das Ziel dieser Arbeit wird nun sein, das Anliegen der Opfertheorie de la Tailles herauszuarbeiten und die Rezeption seines Werkes an ausgewählten Diskussionspunkten darzustellen.

Richtungsweisend an seinem Werk ist, dass es de la Taille gelungen ist, die durch die vorangehende theologische Entwicklung und die zeitlichen Unterbrechungen der Sitzungen des Konzils von Trient entstandenen Engführungen in der übernommenen Dreiteilung der Eucharistielehre (Trennung der Darlegung von Realpräsenz, Kommunion und Opfer) überwunden und dadurch wieder eine ganzheitliche Sicht dieser Aspekte der Messe ermöglicht zu haben. Das zeigt sich schon rein äußerlich darin, dass sein *Mysterium Fidei* nicht in der damals noch üblichen Thesenform, sondern in *Elucidationes* dargeboten ist und die Gliederung des Werkes nicht der Schultradition entspricht; denn sachlogische Gründe legen ihm nahe, den Opfercharakter vor dem sakramentalen Verständnis, das Opfer des Herrn vor dem Opfer der Kirche und die Eigentümlichkeit des Letzten Abend-

5 Vgl. H. U. von Balthasar, Ein Opfer, das nichts kostet? Eine Anfrage, in: IKaZ 14 (1985) 236–241: H. U. von Balthasar macht deutlich, dass der existentielle Aspekt nicht vom kultisch-liturgischen Aspekt getrennt werden darf, indem er darauf hinweist, dass der Mitvollzug des Kreuzesopfers, der das Opfer der Kirche in das Selbstopfer Christi integriert, im Ja geschieht, das „nur von einer liebenden Kirche gesprochen werden kann", und seinen Artikel mit den Worten de la Tailles (in seiner eigenen Übersetzung) schließt: „Entscheidend wichtig ist es, dass es in der Kirche viele und wahrhaft Heilige gibt; und es geht nicht darum, dass die Kirche diese geistlichen Männer und Frauen schone, wenn aufgrund ihrer (krichlichen) Sorge der Wert der Messen immer stärker hervortritt und die unermüdliche Stimme des hier auf Erden schreienden Blutes Christi in Gottes Ohr immer lauter wird. Schreit doch wirklich auf den Altären der Kirche Christi Blut, und es schreit durch unsern Mund und durch unser Herz in dem Maße, als ihm von uns eine Gelegenheit zum Schreien gewährt wird" (ebd. 241; MF 331).

mahles vor der Einsetzung des Messopfers zu behandeln. Er setzt sich als Programm, auf dem Hintergrund der – aus dem Schriftzeugnis klaren und theologisch allgemein akzeptierten – Realpräsenz Christi durch die Aussagen der Heiligen Schrift und ihrer in den Werken der Väter dokumentierten Interpretation die unlösbare Verbindung zwischen dem Tun Christi und dem Tun der Kirche darzulegen.[6] „Damit hat de la Taille der inneren Logik der eucharistischen Bewegung, die von der Betonung des sakramentalen Charakters der Eucharistie unter den Auspizien Pius' X. zur liturgischen Bewegung sich fortentwickelte, gewissermaßen die theologische Rechtfertigung und spekulative Begründung geschrieben."[7] Die Kommuniondekrete Pius' X.[8], dem de la Taille sein Hauptwerk widmet und dessen Leitspruch *Instaurare omnia in Christo!* er seinem Buch voranstellt, waren „der Ausgangspunkt für die Wiedergewinnung der Vollgestalt der Messe aus Opfer und Mahl"[9], indem hier die Liturgie als Feier der Kirche wieder zu einer Sache der einzelnen Gläubigen erklärt wurde, zur Mitte, die das Zentrum des Glaubenslebens und der Gemeinschaft im Glauben bildet. Diese „Hinwendung zum Leben in Christus in und mit der Kirche"[10], mit der man die Liturgische Bewegung identifizieren kann, war nicht nur ein von den Bedürfnissen des Lebens getragenes Phänomen im Bereich pastoraler Erfordernisse, sondern ihre Basis lag in den dahinter stehenden Entwicklungslinien eines neu aufbrechenden Selbstbewusstseins der Kirche als theologischem Fundament.[11] Der geistesgeschichtliche Hintergrund der Zeit verlangte eine vertiefte Beschäftigung mit der ekklesiologischen Grundlegung des pastoralen Tuns. Die Suche nach dem theologischen Fundament dieses Tuns führt zurück auf die dogmatische Fragestellung nach dem Verhältnis zwischen Opfer Christi und Opfer der Kirche. Denn hier liegt der innere Seinsgrund, der die Liturgie zur Quelle authentischer Christus-Begegnung und -Gemeinschaft macht; die Mitte des christlichen Daseins gewährt

[6] Vgl. MF VIII.

[7] J.R. Geiselmann, Rez. zu „Mauritio de la Taille, Mysterium Fidei. De augustissimo corporis et sanguinis Christi sacrificio atque sacramento, Paris 1921", in: ThQ 107 (1926) 163–165, 164.

[8] Vgl. Motu proprio *Tra le sollecitudini* (22.11.1903), in: ASS 36 (1903/04) 329–339; Dekret *Sacra Tridentina Synodus* (20.12.1905), in: ASS 38 (1905/06) 400–406; Dekret *Quam singulari* (08.08.1910), in: AAS 2 (1910) 577–583;

[9] Vgl. J. H. Emminghaus, Die Messe. Wesen - Gestalt - Vollzug. Durchgesehen und überarbeitet von Th. Maas-Ewerd, Klosterneuburg 1992[5], 147.

[10] Th. Maas-Ewerd, Was wollte die Liturgische Bewegung? Zu den liturgischen Entwicklungen in den Jahren zwischen den beiden Weltkriegen, in: EuA 69 (1993) 223–246, 224.

[11] Vgl. ebd. 230–235.

sich im Zugang zu den Sakramenten, v.a. zum eucharistischen Opfer. Hierüber führt der Weg zur Vertiefung und Erneuerung des religiösen Lebens.[12]

Die Frage der Anordnung der Kapitel ist also nicht eine rein formale Sache.[13] Wenn bei de la Taille das Opfer in der Gliederung den Vorrang erhält und im Anschluss daran das Sakrament (und in diesem Kontext die Realpräsenz als Wirkung) behandelt wird, ist darin schon eine doppelte Absicht erkennbar. Zuerst ist ersichtlich, dass für ihn das Opfer „das eigentliche Subjekt der Eucharistie" ist und dessen heilsbedeutsame Inhaltlichkeit in der essentiellen Entsprechung des Opfers Christi und des Opfers der Kirche besteht. Zudem wird klar, dass das Sakramentale nicht getrennt vom Sakrifikalen behandelt werden kann, denn beides ist zwar begrifflich unterscheidbar, aber als Geschehen gleichzeitig, indem sich gerade im Ritus der Abbildung (der Doppelkonsekration) die Darbringung des Abgebildeten (nämlich der Opfergabe der Passion unter den Gestalten von Brot und Wein) vollzieht; dabei wird der Tatsache Rechnung getragen, dass das Opfer unserer Erlösung die primäre Wirklichkeit ist, die das sakramentale Geschehen der Eucharistie fundiert. Der Vollzug des Sakramentes ist die „Existenzform des Opfers", in welcher die Messe als Vergegenwärtigung des Kreuzesopfers verstan-

[12] Vgl. R. M. Schmitz, Aufbruch zum Geheimnis der Kirche Jesu Christi. Aspekte der katholischen Ekklesiologie des deutschen Sprachraumes von 1918 bis 1943 (Münchener Theologische Studien 46), St. Ottilien 1991, 19–94: Der Autor stellt die Komponenten der ekklesiologischen Wende, die sich auf dem geistesgeschichtlichen Hintergrund der Zeit vollzieht, differenziert dar und begründet daraus das neu erwachte Verlangen nach normativer Objektivität, organischem Leben und wahrer Gemeinschaft.

[13] Vgl. L. Scheffczyk, Die Zuordnung von Sakrament und Opfer in der Eucharistie, in: Theologische Fakultät der Ludwig-Maximilian-Universität München (Hrsg.), Pro Mundi Vita. Festschrift zum Eucharistischen Weltkongress 1960, München 1960, 203–222. L. Scheffczyk thematisiert die Bedeutung der Stoffeinteilung für die Zuordnung von Sakrament und Opfer in der Eucharistie. Wie de la Taille setzt er sich vom in der ersten Hälfte des 20. Jahrhunderts noch vorherrschenden Typ der Definition ab, in dem „die Realpräsenz des Leibes und Blutes Christi im Sakrament vorangestellt und der Opfercharakter als eine besondere Qualität oder als Zweck des Sakramentes angefügt [wird]" (ebd. 204). Denn diesen Definitionen gelingt es nicht, einen wirklichen Einheitsgrund zwischen Opfer und Sakrament zu benennen, denn die Realpräsenz ist *res et sacramentum* und kann für sich allein den Opfercharakter der Messe nicht begründen und erklären (vgl. ebd. 210–212). Auch Definitionen, die sich aus der zweigeteilten Anordnung Sakrament – Opfer ergeben und damit zwar nahelegen, das Opfer in einen sakramentalen Rahmen einzufügen, laufen doch immer Gefahr, die Einheit nur formal und äußerlich anzusetzen, indem der Sakramentsbegriff für sich selbst stehen kann und nur einen akzidentellen Bezug zum Opfer hat: „Eine solche Gegenüberstellung von Sakrament und Opfer bedeutet zugleich auch eine Isolierung des Sakramentes und unterstützt ungewollt jene praktischen Tendenzen des religiösen Lebens, die der dauernden Gegenwart Christi im Sakrament eine größere Mächtigkeit einräumen als dem Opfergedanken ... Dabei wäre mit der ... Erkenntnis, dass das Sakrament die Weise sei, in der das Opfer entsteht und existiert, der richtige Ausgangspunkt zur Einheitserfassung der Eucharistie schon gegeben, der hier ... nur noch nicht konsequent ausgenützt ist" (ebd. 215f.).

den werden kann, ohne dass dieses wiederholt oder andererseits nur als vergangenes wirksam wäre. So ist die Konzeption de la Tailles durch diesen Erweis der Zugehörigkeit des Opfers zur sakramentalen Seinsweise ein klarer Schritt auf dem Weg zur richtungsweisenden Terminologie, die die Eucharistie beschreibt als „Opfersakrament", "Sakrament des Kreuzesopfers", „sakramentales Opfer" oder „Opfer im sakramentalen Bereich".[14]

In diesem Kontext ist de la Tailles Verständnis von Theologie als spekulativer Wissenschaft zu sehen: ... *scientia tamen est theologia: et quidem scientia proprie dicta, quae est ordinata cognitio, ex suis principiis pendens, et connexas habens inter se partes cohaerentesque, organici cuiusdam corporis instar.*[15] Dieses *corpus doctrinae* soll den organischen Zusammenhang der Glaubensartikel aufzeigen als innere Logik der Wahrheit, gesprochen zu gläubigen Rezipienten mit dem Ziel, den *intellectus fidei* durch die Grundlegung einer sakramentalen Ausdeutung des eucharistischen Opfers zu bereichern. De la Taille hat diesen Weg zwar noch nicht in voller Entfaltung selbst beschritten, aber sein Werk war neben den Theorien Billots[16] ein Ansatz, das seit dem Konzil von Trient in einer verwirrenden Fülle gegensätzlicher Opfertheorien bestehende Kernproblem zu lösen: Wie ist die Realität des Messopfers zu begründen, ohne dabei in die beiden Extreme einer realen Veränderung in Christus oder einer bloß zeichenhaften Opferung in der Eucharistie zu geraten? Die sakramentale Auffassung vom Messopfer war von jeher die tragende Verbindung zwischen Opfer und Sakrament, und erst durch die abwehrenden und begründenden Tendenzen der im Gefolge des Konzils von Trient entstandenen Destruktionstheorien kristallisierte sich die Trennung heraus, die letztendlich unbefriedigend blieb, sodass sich die Theorien, die darauf basieren, nicht durchsetzen konnten. Wenn in diesem Kontext auch die „Wiederentdeckung" der Sakramentalität der Messe als Fortschritt zu bewerten ist, ist damit noch keine einheitliche Auffassung erzielt, denn es kommt darauf an, wie die sakramentalen Kategorien auf das Opfer ange-

[14] Vgl. L. Scheffczyk, Die Zuordnung von Sakrament und Opfer in der Eucharistie, 208 (Bezug auf de la Taille). L. Scheffczyk zieht nach dem Vergleich der verschiedenen Konzeptionen folgendes Fazit, in dem er sich klar für die logische Vorordnung des Opferbegriffs ausspricht: „All diese Erwägungen erlauben den Schluss, dass das Opfer als 'Subjekt' der Eucharistie sowohl das formelle wie auch das inhaltlich bestimmende Moment in der Eucharistie ist. Daraus aber ist die Forderung abzuleiten, dass auch in der einheitlichen Darstellung der Eucharistie zunächst und in recto das Opfer in den Blick genommen werden muss und in Abhängigkeit davon das Sakrament" (ebd. 220).

[15] MF VIII.

[16] Vgl. L. Billot, De Ecclesiae sacramentis I. Commentarius in tertiam partem S. Thomae, Rom 1893, 273–592.

wandt sind.[17] Der gemeinsame Ansatzpunkt liegt in der Darlegung eines Verständnisses der *immolatio mystica*, das den Weg dafür öffnete, den Opfercharakter der Messe wieder mit Hilfe sakramentalen Denkens zu vermitteln.[18]

Maßgebliche Weiterentwicklung erfuhr die Position Billots vor allem durch A. Vonier[19], die Position de la Tailles vor allem durch E. Masure[20]. Sein Nachfolger an der Gregoriana, G. Filograssi, übernahm im Wesentlichen seine Eucharistielehre, distanzierte sich aber von der strittigen Zuordnung von *coena* und *passio*.[21]

De la Taille gliedert sein Hauptwerk in drei Bücher (deren Abfolge auch die gedankliche Grundlinie dieser Arbeit in Kapitel 3–5 bestimmt):

Liber I, *De Sacrificio Dominico*, befasst sich nach einer allgemeinen Opfertheorie mit dem Opfer Christi, das sich in *coena* und *passio* realisiert und im himmlischen Opfer seine Vollendung findet.

Liber II, *De Sacrificio Ecclesiastico*, zeigt die Verbindung zwischen dem Opfer Christi und dem Opfer der Kirche auf. Dabei richtet sich de la Tailles Blick vor allem auf das Verständnis der Einsetzung der Eucharistie sowie der damit gegebenen Beziehung zur Passion und zum himmlischen Opfer Christi, die sich in den Rezipienten wiederum als Frucht der Messe gemäß ihrer je eigenen Teilhabe auswirkt.

Liber III, *De Sacramento*, beschäftigt sich mit dem sakramentalen Charakter der Eucharistie und dem Zustandekommen unserer Verbindung mit Christus, woraus sich auch die Frage nach der Heilsnotwendigkeit der Eucharistie ergibt.

De la Taille hatte dieses Werk bereits 1915 fertiggestellt, durch seinen Einsatz als Militärseelsorger im 1. Weltkrieg verzögert erschien es aber erst 1921. Es

17 Vgl. B. Poschmann, Das sakramentale Opfer, in: Catholica 11 (1957) 36–50, 37. 41. 45.

18 Vgl. B. Neunheuser, Eucharistie in Mittelalter und Neuzeit (HDG IV/4b), Freiburg 1963, 64; C. E. O'Neill, Die Sakramententheologie, in: H. Vorgrimler - R. Vander Gucht (Hrsg.), Bilanz der Theologie im 20. Jahrhundert. Bd. III, Freiburg-Basel-Wien 1970, 244–294, 249; A. P. Ositadinma, Der Beitrag Ansgar Voniers (1875–1938) und Max ten Hompels (1882–1960) zur Neubesinnung auf den Opfercharakter der Eucharistie im 20. Jahrhundert (Dissertationen Theologische Reihe 59), St. Ottilien 1993, 39–50.

19 Vgl. A. Vonier, Das Geheimnis des eucharistischen Opfers, Berlin 1929.

20 Vgl. E. Masure, Le Sacrifice du Chef, Paris 1932; ders., Le Sacrifice du Corps Mystique, Paris 1950; vgl. zum Vergleich zwischen de la Taille und Billot auch J. von Hartleben, Influxus Patrum Billot et de la Taille in theorias recentiores sacramentales de essentia sacrificii Missae, Diss. masch. PUG Rom 1958.

21 Vgl. G. Filograssi, De Sanctissima Eucharistia. Quaestiones dogmaticae selectae, Rom 1953[5]. De la Taille dient ihm für die Darlegung immer als Grundlage, mit der er sich auseinandersetzt, bis auf die Zuordnung von *coena* und *passio*, die er für eine *singurlaris opinio* de la Tailles hält (vgl. ebd. 412–415).

liegt 1931 in dritter Auflage vor, erweitert durch einige geringfügige Textänderungen (die Seitenzahlen für die Zitation bleiben jeweils gleich), einen Index Liturgicus und einen Anhang *Vindiciarum Liber Unus* (MF 651–756): Dieser Anhang, der im Wesentlichen seine in Gregorianum 9 (1928) erschieneen Artikel zur Erläuterung und Verteidigung seiner Grundbegriffe zusammenfasst, zeugt von dem Aufsehen, das das Werk nach seinem Erscheinen erregt hat.[22] Stellvertretend für die vielen Reaktionen, die unabhängig von Zustimmung oder Ablehnung einzelner Positionen darin einig sind, dass es sich hierbei um eine beachtenswerte Entwicklung der Eucharistielehre handelt, sei hier zuerst die Empfehlung Karl Rahners zitiert: „Wenn man mich fragt, welches lateinisch geschriebene theologische Werk man als Theologe auf dem Gebiet der neuen und lebendig forschenden Theologie aus dem letzten Menschenalter gelesen haben müsse, dann wüsste ich nur eines als wirklich indiskutables Beispiel zu nennen: Mysterium fidei von M. de la Taille."[23] Hier liegt aber zugleich einer der Gründe, weshalb ein Werk, von dem man 1931 noch sagen konnte: „It is probably true that no theological work issued since the Vatican Council has attracted so much attention as the Mysterium Fidei of P. Maurice de la Taille"[24], dem heutigen Leser nicht mehr so einfach zugänglich ist. Rahner räumt ein, dass dem Lateinischen als Sprache heutiger theologischer Forschung nur noch sekundäre Bedeutung zukomme, weil es nicht mehr wie noch bei de la Taille spürbar den direkten Kontakt mit der zu erforschenden Wirklichkeit vermitteln könne, sondern auf den heutigen Leser statisch wirken müsse. Für diesen könne die Theologie als Selbstvollzug der Kirche in Lehre und Leben sich nur in der modernen Sprache, die auch das notwendige Gespräch mit den Humanwissenschaften ermöglicht und trägt, der Wirklichkeit des geistigen Daseins annähern.[25]

Doch eben für diese Annäherung an die Begegnung mit der höchsten Wirklichkeit geistigen Daseins in der Eucharistie bietet die enzyklopädische Tiefe des lateinischen Werkes (dessen Grundgedanken de la Taille selbst auch in französi-

[22] Vgl. den ausführlichsten Überblick über die verschiedenen Beurteilungen aus der Distanz von 50 Jahren bei J. Jiménez, En el cincuentenario del „Mysterium Fidei" de Maurice de la Taille (1921– 1971). Reexamen critico de su génesis y de objectiones que se le han opuesto, in: Annales de la Facultad de Teología 22 (1971) 143–309, 147–154.

[23] K. Rahner, Über das Latein als Kirchensprache, in: ders., Schriften zur Theologie V, Einsiedeln - Zürich - Köln 1964², 411–467, 445.

[24] J. Joyce, Rez. zu M. de la Taille, The Mystery of Faith and Human Opinion. Contrasted and Defined, London 1930, in: Dublin Review 188 (1931) 151–154, 151.

[25] Vgl. K. Rahner, Über das Latein als Kirchensprache, 444–452.

scher und englischer Sprache vermittelte[26]) auch heute noch vielfache Anregungen.

## 1.2 Maurice de la Taille

Maurice de la Taille[27] wurde am 30.11.1872 in Semblançay (Diözese Tours) als einer von 11 Brüdern (von denen noch zwei weitere später in den Jesuitenorden eintraten) geboren. Seine hervorragenden Englischkenntnisse verdankt er seiner „zweiten Heimat“: Er besuchte vier Jahre lang das St. Mary's College in Canterbury. Zu dieser Zeit gehörten le Bachelet, Bouvier, de Broglie und Gabriel Billot (der Bruder von Louis Billot, der später wie de la Taille vom Institut Catholique an die Gregoriana berufen wurde) zum Lehrerkollegium. Zwischendurch verbrachte er aus Gesundheitsgründen ein Jahr bei den Benediktinern in Ramsgate, deren feierliche Liturgie ihn später als Priester prägte. Man sagte über ihn, dass er die Messe zelebrieren würde wie ein Benediktinerabt für seine Mönche.[28]

Am 30.10.1890 trat er in St. Mary's in das Noviziat der Jesuiten ein (zusammen mit Lebreton; Longhaye und d'Alès lehrten zu dieser Zeit dort), legte 1892 nach zwei Jahren das einfache Gelübde ab und begann die im Orden üblichen Studien: 1894 war er zu philologischen und literarischen Studien der Philosophie in Jersey, die er dann 1898 mit dem Lizentiat der Philosophie in Paris an der Sorbonne abschloss. 1899–1901 studierte er Theologie in Paris und Lyon. Seine Lehrer waren in Biblischer Theologie Condamin und Durand, in Dogmatik Antoine, Harent und le Bachelet, in Apologetik de Grandmaison. Léonce de Grandmaison, der zuerst sein Mitschüler, dann sein Lehrer war, hatte sehr großen Einfluss auf de la Taille, dieser hat ihn in besonderem Maße geschätzt und verehrt.[29] Nach seiner

26 Vgl. v.a. M. de la Taille, The Mystery of Faith and Human Opinion. Contrasted and defined, London 1930, 3–37; ders., Esquisse du Mystère de la Foi. Suivie de Quelques Éclaircissements, Paris 1924², 1–50.

27 Die biographischen Angaben stützen sich auf: J. Bittrémieux, Chronica. Décès, in: EthL 11 (1934) 516f.; G. de Broglie, La Taille, in: LThK². Bd. 6, 807; ders., La Taille, in: Cath. Bd. 6, 1890–1892; [Anonymus], In memoriam P.Mauritius de la Taille, in: Gr 14 (1933) 635–637; J. Jiménez, Mauricio de la Taille S.I., in: La Revista católica 65 (1933) 596–603; J. Lebreton, „In Memoriam“. Le Père Maurice de la Taille, in: RSR 24 (1934) 5–11; B. Leeming, A Master Theologian. Father Maurice de la Taille, in: The Month 163 (1934) 31–40; E. Naab, La Taille, in: BBKL. Bd. 4, 1213–1215; A. Piolanti, La Taille, in: EC. Bd. VII, 931f.; A. Raffelt, La Taille, in: LThK³. Bd. 6, 374; N. Zuvić, Mauricije de la Taille D.I., in: Bogoslovska Smotra 22 (1934) 301–305.

28 Vgl. B. Leeming, A Master Theologian, 31; [Anonymus], In memoriam, 636.

29 Vgl. J. Lebreton, „In Memoriam“, 7.

Priesterweihe im August 1901 in Tours schloss er sein Studium in Canterbury ab (dort empfahl ihm Mazoyer die Lektüre des Hebräerbriefes, wodurch die Grundlagen für seine Argumentation in *Mysterium Fidei* gelegt wurden) und blieb für zwei Jahre in englischen Pfarreien, das dritte Noviziatsjahr nach der Weihe verbrachte er in Mold (North Wales) unter der Leitung von de Maumigny, der in spiritueller Hinsicht prägenden Einfluss auf ihn hatte, vergleichbar nur mit de Grandmaison in der Dogmatik.[30]

Für de la Taille war die Verbindung zwischen theologischem und politischem Interesse eine Selbstverständlichkeit. Ab 1904 veröffentlichte er seine ersten Schriften gegen den Modernismus, in denen er die Beziehung zwischen Offenbarung und Dogma analysierte und an die Katholiken appellierte, sich den kirchenfeindlichen Gedanken des Modernismus zu widersetzen (1907 setzte er sich für die Gründung einer katholischen Partei ein). Seine entschiedene Weise brachte ihm den Ruf eines „professeur d'énergie" ein, wie sein Studienkollege und Freund Lebreton bezeugt.[31] 1905 hielt er in Acrington eine Predigt-Reihe in der Fastenzeit über das Messopfer, in der die Grundgedanken von *Mysterium Fidei* entstanden.

1905–1916 lehrte de la Taille Dogmatik am Institut Catholique in Angers. Welches Ansehen er genoss, zeigt sich auch darin, dass er gewürdigt wurde, zu Beginn des Semesters 1907 eine Eröffnungsrede vor Bischöfen und Würdenträgern zur Enzyklika „Pascendi" zu halten.[32] Bei Ausbruch des Krieges arbeitete er zuerst als Dolmetscher und Lazarettgehilfe in Angers und dann als offizieller Militärseelsorger in der dritten Infanteriebrigade der ersten Kanadischen Division bis zum Waffenstillstand. Zu dieser Zeit war sein Werk *Mysterium Fidei* bereits im Wesentlichen abgeschlossen, 1919 verfasste er noch in Kanada ein *Postscriptum*, es erschien 1921 und löste sofort große Diskussionen aus.

1919 erfolgte seine Berufung nach Rom, wo er einer von den ersten drei Professoren war, die für die Ausbildung höherer Studiengänge (*Cursus ad Magisterium*) zuständig waren; der Ordensgeneral Ledochowski hatte damit den Plan

30 Vgl. ebd; M. de la Taille, Théories mystiques. A propos d'un livre récent, in: RSR 18 (1928) 297–325, 298 führt seine Entscheidungskriterien über die Arten des Gebetes auf Maumigny zurück.

31 Vgl. J. Lebreton, „In Memoriam" 7; auch B. Leeming, A Master Theologian, 32f.; die Artikel, die er dazu in den Jahren 1904, 1906, 1907 und 1908 in den Études veröffentlichte, sind gesammelt in: M. de la Taille, En Face du Pouvoir. Études sur l'Union et l'Action des Catholiques, Tours 1909.

32 Vgl. B. Leeming, A Master Theologian, 32f.

eines Spezial- und Aufbaustudiums in Philosophie oder Theologie realisiert, das mit dem Titel *Magister Aggregatus* abgeschlossen werden konnte.[33] De la Tailles Unterricht als Professor an der Gregoriana war von den Studenten sehr geschätzt, vor allem weil er sich nicht nur auf den Vortrag der klassischen Traktate beschränkte, sondern auch eine dezidierte eigene Stellungnahme in lebhaftem Vortrag beinhaltete.[34]

Durch eine Vorlesungsreihe an der Academia S. Thomae fundierte er seine Autorität in der Auslegung. Das veröffentlichte Ergebnis ist ein Artikel über „Actuation créée par Act incréé".[35] Den Plan einer Gnadenlehre konnte er nicht mehr verwirklichen; seine Grundgedanken zur Gnadenlehre, die sehr anregend für die theologische Diskussion waren, sind in Artikeln veröffentlicht[36]. Aber es gibt keinen Nachlass, der über die Gesamtkonzeption des geplanten großen Werkes, an das ähnliche Erwartungen gestellt wurden wie an *Mysterium Fidei*, Auskunft geben könnte (weder an der Gregoriana noch am Institut Catholique).

Im November 1931 zwang ihn sein Gesundheitszustand, vom eucharistischen Kongress in Sydney, dessen Programm er erarbeitet hatte, wieder nach Rom abzureisen. Ab diesem Zeitpunkt musste er auch seine wissenschaftliche Tätigkeit aufgeben. Am 23. Oktober 1933 starb de la Taille nach langen Monaten der Krankheit in Paris im Hôpital de Bon-Secours.

Er konnte den enormen Erfolg seines *Mysterium Fidei* und die beiden Neuauflagen des Werkes noch miterleben. Nach einer kritischen Besprechung der zweiten Auflage „eines der bedeutendsten theologischen Werke unserer Zeit" durch A. H. Ryan[37] äußert er sich zu dieser für ihn selbst unerwarteten Verbreitung des Werkes und deren Grund: „While presenting the manuscript to the pub-

33 Vgl. G. Filograssi, Theologia e filosofia nel Collegio Romano dal 1824 ad oggi, in: Gr 35 (1954) 512–540.

34 Vgl. J. Bittrémieux, Chronica, 516; In Memoriam P. Mauritius de la Taille, 636; J. Lebreton, „In Memoriam", 9; B. Leeming, A Master Theologian, 38f.

35 Vgl. M. de la Taille, Actuation créée par Act incréé. Lumière de gloire, grâce sanctifiante, unio hypostatique, in: RSR 18 (1928) 253–268.

36 Vgl. Anm. 35 sowie: M. de la Taille, Entretien amical d'Eudoxe et de Palamède sur la grâce d'union, in: RAp 48 (1929) 5–26. 129–145; ders., The Hypostatic Union and Created Actuation by Uncreated Act, West Baden Springs 1952 (Letzteres ist ein Sammelband von de la Tailles Artikeln zur Gnadenlehre, der auch seinen Beitrag zu C. Lattey (Hrsg.), The Incarnation, Cambridge 1925 enthält, ein Vortrag, den er 1925 an der „Summer School of Catholic Studies" gehalten hatte).

37 Vgl. A. H. Ryan, 'Mysterium Fidei', in: Irish Ecclesiastical Record 25 (1925) 449–472; ders., The Last Supper, in: Irish Ecclesiastical Record 26 (1925) 386–390.

lishers, I had told them, honestly, that I did not expect them to sell more than thirty copies of it ... And now we are going on three thousand. I find no other explanation for it than what occurred on the day when the last of the five official censors reported to my Superior-General. The latter at once informed me that several hundred Masses would be offered for the success of the book. They are at work, I trust. If any reader of the *Mysterium Fidei* thinks that he has benefitted through the result, let him remember to whom gratitude is due, and pray for him, that God may bless him and repay his charity."[38]

[38] M. de la Taille, The Mystery of Faith, in: Irish Ecclesiastical Record 26 (1925) 123–134, 133f.

# 2. Erkenntnistheoretische und religionsgeschichtliche Grundlagen

## 2.1 Zugänge zum Opferbegriff

Es fällt zunächst auf, dass de la Taille einen traditionellen religionsgeschichtlichen Zugang zu seiner Eucharistielehre wählt, indem er zuerst den allgemeinen Opferbegriff darlegt und dessen Terminologie dann in Bezug auf das Opfer Christi verwendet – ein Verfahren, das aus heutigem Verständnis in zweierlei Hinsicht problematisch erscheint: Er stützt sein Gedankengebäude auf den inhaltlich umstrittenen Opferbegriff, der in der heutigen ökumenischen Diskussion immer noch ein Brennpunkt der Kontroverse geblieben ist[39]. Und zudem könnte diese Methodik rein formal gesehen den Verdacht aufkommen lassen, das Opfer Christi könne in eine allgemeine Theorie eingepasst und auf das Opfer der Kirche hin interpretiert werden. Damit solch eine religionsgeschichtliche Funktionsbeschreibung des Opferbegriffs für die dogmatische Diskussion hilfreich sein kann, ist es sinnvoll, zuerst den Kontext der Terminologie und ihrer dadurch bedingten Zielsetzung darzustellen.

Gemessen am Hintergrund der Schwerpunkte zeitgenössischer Diskussion über den Opfercharakter der Eucharistie wird man als Verdienst de la Tailles feststellen können, dass es ihm gelungen ist, durch seine Konzeption die Engführungen der nachtridentinischen Opfertheorien aufzufangen, die sich von der Tradition entfernt hatten, indem sie gegen die Leugnung des Opfercharakters der Messe durch die Reformatoren eine reale Destruktion im eucharistischen Opferakt nachweisen wollten. In der Weiterführung des Anliegens all dieser nachtridentinischen Theorien, die Messe als wahres und eigentliches Opfer aufzuweisen, will er nicht auf die Darlegung eines allgemeinen Opferbegriffs verzichten, um damit die für das sakramentale Denken unverzichtbare kultisch-liturgische Dimension der Zeichenhaftigkeit einzubringen – was ihn davor bewahrt, in

[39] Vgl. Th. Schneider, Dogmatische Neuorientierung? Beispiel »Messopfer«, in: ders., Deinen Tod verkünden wir. Gesammelte Studien zum erneuerten Eucharistieverständnis, Düsseldorf 1980, 209–211; E. Hönig, Die Eucharistie als Opfer nach den neueren ökumenischen Erklärungen, Paderborn 1989, 274–279; Ch. Gestrich, Opfer in systematisch-theologischer Perspektive. Gesichtspunkte einer evangelischen Lehre vom Opfer, in: B. Janowski - M. Welker (Hrsg.), Opfer. Theologische und kulturelle Kontexte, Frankfurt a. M. 2000, 282–303, 299–303.

das andere Extrem zu verfallen, den Opferbegriff einseitig in einer spirituell-innerlichen Oblation zu verankern.

Angeregt von Lepins Bemerkungen zur Methodik[40], der dem Werk de la Tailles auch ein eigenes Kapitel widmet[41], nimmt dieser eine Abwägung zwischen historischer und spekulativer Methode vor: Obwohl man nicht ohne Kenntnis der verschiedenartigsten Opferriten (sowohl der paganen als auch der alttestamentlichen) *a priori* eine Systematik des Opferbegriffs erstellen kann, ist es andererseits auch nicht ausreichend, aus der Zusammenstellung möglichst vieler Opfer einen grundlegenden Begriff *(primarium conceptum)* zu gewinnen, wenn nicht die Einordnung in eine umfassende Idee des Opfers möglich ist. Diese Idee lässt sich im Bereich des Naturrechts suchen, wobei man aber nicht in die Einseitigkeit rein subjektiver Spekulation geraten darf.[42] So plädiert de la Taille für eine sinnvolle Verbindung von deduktiver und induktiver Methode. Damit will er gewährleistet sehen, dass innerhalb der spekulativen Erhellung der naturrechtlich und religionsphilosophisch verankerten Begriffe Raum bleibt für die inhaltliche Ausfaltung aus dem Bereich der vergleichenden Religionsgeschichte, aber vor allem aus der Offenbarung und der Entwicklung der Begriffsgeschichte im Raum der kirchlichen Lehre.[43] Die Opfertheorie gründet sich also nicht auf die Religionsgeschichte, aus der zwar eine deskriptive Vergleichsgrundlage gewonnen werden

40 Vgl. M. Lepin, L'idée du Sacrifice de la Messe d'après les théologiens depuis l'origine jusqu'au nos jours, Paris 1926², V–VI : M. Lepin geht davon aus, dass die Lehraussage, dass die Messe ein wahres und eigentliches Opfer sei, einen problematischen Begriff tangiere, der aus den konkreten Formen, die wir aus der Offenbarung als Opfer kennen, abgeleitet werden müsse, und dass es ohne präzise Unterscheidung von „sacrifice", „oblation" und „immolation" nicht möglich sei, die gemeinsame Basis in den Wesensmerkmalen der Opfer des Alten Testamentes, des historischen Opfers Christi und des Messopfers zu bestimmen.

41 Vgl. ebd. 659–720 (besonders 659–666: Zum Begriff des Opfers im Allgemeinen bei M. de la Taille).

42 Vgl. zur Würdigung der Methode J. M. Geiselmann, Rez. zu „Mauritio de la Taille, Mysterium Fidei", 163f.: „... eine Monographie, die das gewohnte Schema verlassend vom Opfercharakter her das Wesen der Eucharistie erfassen will in der methodisch richtigen Voraussetzung, dass das Sakrament der Eucharistie im engeren Verstand (die reale Gegenwart des Herrenleibes und sein Empfang in der Kommunion) von dem richtig bestimmten Sinn des eucharistischen Opfers her erfasst werden müsse."

43 Vgl. MF 669. Dieses *Secundum Antirrheticum* der dritten Auflage von MF ist zuerst veröffentlicht als Artikel in: Gr 9 (1928) 3–64. In dieser Methodenfrage berufen sich auf de la Taille z.B. E. Doronzo, De Eucharistia. Tom. II. De Sacrificio, Milwaukee 1948, 726; K. Rahner - A. Häußling, Die vielen Messen und das eine Opfer (Quaestiones Disputatae 31), Freiburg - Basel - Wien 1966², 26. Letzteres ist eine von K. Rahner selbst angeregte Neubearbeitung seiner ursprünglich als Aufsatz in ZKTh 71 (1949) 257–317 erschienenen Grundkonzeption durch seinen früheren Schüler A. Häußling; Rahner - Häußling berufen sich hier in ihren „Dogmatischen Orientierungen" mehrfach auf de la Taille und rezipieren auch dessen grundlegende Fragestellungen in der Bestimmung der Elemente des Opfers Christi und der Kirche.

kann, aber nicht das semantische Umfeld einer übertragbaren Deutung, sondern auf die Offenbarung der Heiligen Schrift und auf die Vernunft, die aus den Erfordernissen der menschlichen Natur auf die Wesensmerkmale eines Opfers schließen kann.[44] Der Opferbegriff wird also auch nicht aus dem Opfer Christi abstrahiert, sondern dadurch, dass wir einen allgemeinen Opferbegriff haben, wird die Vollkommenheit und spezifische Differenz des Opfers Christi erst aussagbar.[45]

Das menschliche Grundbedürfnis, mit dem Übernatürlichen in Interaktion zu treten, lässt sich in allen Zeiten und Kulturen nachvollziehen. Jedoch bleibt die Nachvollziehbarkeit außerhalb des jeweiligen Glaubens beschränkt auf die Deutung von Realien oder Riten, die zwar die Durchdringung des menschlichen Tuns und eine sich darauf stützende Analyse des Welt- und Naturverständnisses ermöglichte, aber die entscheidende Dimension des Opfers als Kommunikationsgeschehen nicht erreichen kann.[46] Diese Dimension wird erst eingeholt im Glauben an einen personalen Gott. Denn wenn man davon ausgeht, dass das Opfer eine „symbolisch-rituelle Ausdruckshandlung [ist], durch die das Verhältnis des Menschen zur Wirklichkeit zum Ausdruck gebracht wird“[47], dann geht das damit verbundene Ritual nur über magische Praktiken und Selbsterlösungsversuche hinaus, wenn das Bewusstsein zu Grunde liegt, dass Gott selbst es ist, der dem Menschen diese Möglichkeit gewährt. Die Initiative geht damit also nicht vom Menschen aus, sondern das menschliche Handeln kann als in Freiheit antwortendes Geschehen verstanden werden. Dann ist das Opfer keine magische Handlung des Menschen zur Beeinflussung Gottes, die eine Veränderung in Gott hineintragen würde. Es ist vielmehr ein Kommunikationsgeschehen der nicht alltäglichen Art, denn die Veränderung findet im Menschen statt: Gott hat uns, indem wir bitten, schon verändert. Die konkrete Grundlage, auf der unser Glaube

44 Vgl. MF 7 (v.a. Anm. 3); L. Billot, De Ecclesiae sacramentis I, 521–524.

45 Vgl. zur Darstellung und Begründung der Rolle des allgemeinen Opferbegriffs H. Lais, Gedanken zu den Messopfertheorien, in: J. Auer - H. Volk (Hrsg.), Theologie in Geschichte und Gegenwart. Michael Schmaus zum sechzigsten Geburtstag, München 1957, 67–88, 73–77.

46 Die Grenzen und Möglichkeiten kulturgeschichtlichen Interesses am Opfer macht R. Busch in seiner Einführung zum Katalog der Hamburger Ausstellung „Opferplatz und Heiligtum“ deutlich: „Es zeigt den Menschen in dem Versuch, sich selbst zu verstehen und seine Existenz zu definieren. Wir können dieses nur trümmerhaft erschließen, aber der Versuch, unsere Vorfahren dadurch zu verstehen, ist ein legitimes Anliegen... Unser Wissen kann nur Bausteine liefern für ein Gedankengebäude, das in seiner letzten Dimension nicht erfassbar ist“ (R. Busch, Einführung, in: R. Busch - T. Capelle - F. Laux (Hrsg.), Opferplatz und Heiligtum. Kult der Vorzeit in Norddeutschland, Neumünster 2000, 11–13, 12.).

47 S. Orth, Renaissance des Archaischen? Ein neuerliches theologisches Interesse am Opfer, in: Herder Korrespondenz 55 (2001) 195–200, 196.

diese dialogische Interaktion ermöglicht, ist die Tatsache, dass das Erlösungsgeschehen von den neutestamentlichen Schriften in der Kategorie des Opfers gedeutet wird und damit die Heilsbedeutsamkeit des Todes Jesu in der Dimension von Sühne und Stellvertretung ausgesagt werden kann, sodass das Heil des Menschen sozusagen in die Klammer der Gesinnung Christi hineingestellt ist.

In ganz besonderer Form hat die Opfersprache des Alten Testaments, die im Neuen Testament, v.a. im Hebräerbrief, bewusst aufgegriffen wird, ihre eigenständige Berechtigung. So lässt sich (noch unabhängig von der konkreten Bewertung der Kontinuität bzw. Diskontinuität des Begriffes des Priestertums, des rituellen Ablaufs und v.a. des Sühnegedankens) R. Schwagers Feststellung nachvollziehen: „Durch eine große hermeneutische Umdeutung kann der Hebräerbrief zwar den ganzen Bild- und Symbolgehalt des Kultes aufgreifen, aber sachlich dennoch etwas ganz Neues aussagen."[48] Man kann nicht hinter diese Begrifflichkeit des alttestamentlichen Opferkultes zurück, in der sich das Neue Testament interpretiert, jedoch nicht in wechselseitiger Abhängigkeit in der Form, dass sich das Neue Testament damit in ein Schema pressen ließe, noch in der Form, dass den Opfern des Alten Testamentes ihre eigenständige Berechtigung abgesprochen werden dürfte: Sie wurden nicht erst durch ihren Verweis und ihren essentiellen Bezug auf das Opfer Christi zum Opfer, was dem Opfer der Kirche in der Eucharistie einen eigenen Begründungszusammenhang sichert: *Non enim essentialiter relativa fuere (sicut nostrum Eucharistiae sacrificium est), sed accidentaliter tantum: ut minime per relationem istiusmodi constituerentur in genere sacrificiorum, sed constituta prius perfectionem accidentalem superinduerent.*[49]

In diesem Raum der erkenntnistheoretischen Vorfragen des Opferverständnisses wäre der Ansatzpunkt der neueren interdisziplinären Diskussion über den Opferbegriff anzusiedeln, auch wenn sie natürlich nicht de la Tailles Thema ist und sein kann. Ich möchte damit keineswegs im Sinne eines an der Oberfläche glättenden Harmoniebestrebens behaupten, dass es sich dabei um austauschbare geschichtstheologische Argumentationsfiguren handelt. Aber die Verankerung im Naturrecht als Begründungszusammenhang des geoffenbarten Geschehens verbunden mit einer historischen Betrachtungsweise, die immer noch die durch die Angriffe der Protestanten entstandenen Schwerpunkte widerspiegelt, kann eine

[48] R. Schwager, Jesus im Heilsdrama. Entwurf einer biblischen Erlösungslehre, Innsbruck - Wien 1996², 233.
[49] MF 670.

Gesprächsbasis dafür bilden, die Idee des Opfers von anthropologischen Konstanten her zu deuten und es so als genuin menschliches Phänomen in der Erfahrungswelt des heutigen Menschen zu verorten. Dafür kann es verschiedene Verstehenswege geben.

In diesem Bereich kann die moderne Diskussion über den Opferbegriff nicht am Fortschritt der Humanwissenschaften vorbei – und dadurch bedingt ergibt sich hier auch eine Verschiebung der Interessenschwerpunkte. Sie ist besonders deutlich in Bezug auf die soziologische Komponente des Opferbegriffs und ihre theologischen Implikationen, was sich sehr gut in der Aufnahme der Theorie von R. Girard in die Dogmatik (v.a. durch R. Schwager) nachvollziehen lässt.[50] Deshalb soll dieser Zugang zum Opferbegriff hier exemplarisch kurz dargestellt werden. Die opferkritischen Thesen von René Girard[51] brachten nämlich einen Begriff, der auf den ersten Blick als nicht kompatibel mit der Wirklichkeit des modernen Bewusstseins erscheint, wieder ins Blickfeld interdisziplinärer Diskussionen.[52]

Nach Girard gründet die soziologische Funktion des Opfers darin, dass Opfer und Gewalt verwandte Begriffe sind und Opfermechanismen nur unter Verkennung dieses Zusammenhangs funktionieren. Die jeder Gesellschaft immanenten physiologischen Gewaltmechanismen, die in der Rivalität um bestimmte Objekte des Begehrens entfesselt werden („Mimesis“), richten sich bei Unerreichbarkeit dieser Objekte auf ein Ersatzopfer. Das Opfer soll das unkontrollierte Ausbreiten der Gewalt und das Ausbrechen von Konflikten verhindern, d.h.

50 Daneben erlangte das Werk von W. Burkert, Homo necans. Interpretationen altgriechischer Opferriten und Mythen, Berlin - New York 1997², ebenfalls große Bedeutung für die interdisziplinäre Rezeptionsgeschichte. Auch W. Burkert geht von einem anthropologischen Befund aus, wenn er durch „biologisch-psychologisch-soziologische Erklärungen religiöser Phänomene“ begründen will, welch entscheidende Rolle die historische Dimension, die im Evolutionsgedanken impliziert ist, für die Deutung religiöser Lebensordnung in ihren wiederkehrenden Strukturen spielt (vgl. ebd. 1–7).

51 Vgl. R. Girard, Das Heilige und die Gewalt, Zürich 1987.

52 Davon zeugen vor allem der erste Band der Reihe „Collegium Philosophicum“, der aus dem interdisziplinären Austausch des Forschungsinstitutes für Philosophie Hannover entstand: R. Schenk (Hrsg.), Zur Theorie des Opfers. Ein interdisziplinäres Gespräch, Collegium Philosophicum 1, Stuttgart - Bad Cannstatt 1995, der aus einem Symposion im Internationalen Wissenschaftsforum der Ruprecht-Karls-Universität Heidelberg entstandene Band: B. Janowski - M. Welker (Hrsg.), Opfer. Theologische und kulturelle Kontexte, Frankfurt a. M. 2000, der Sammelband, der auf eine Tagung katholischer Liturgiewissenschaftler zurückgeht: A. Gerhards - K. Richter (Hrsg.), Das Opfer. Biblischer Anspruch und liturgische Gestalt (Quaestiones disputatae 186), Freiburg 2000 und die von B. Dieckmann herausgegebenen Beiträge zur Deutsch-Italienischen Fachtagung der Guardini-Stiftung im Oktober 1999: B. Dieckmann (Hrsg.), Das Opfer – Eine Kontroverse. Religionspolitischer Diskurs im Kontext der mimetischen Theorie, Münster - Hamburg - London 2001.

die Gesellschaft versucht ihre Mitglieder zu schützen, indem die Gewalt auf ein Opfer außerhalb ihrer selbst gelenkt wird. Diese Hypothese der Stellvertretung funktioniert nur auf der Basis, dass das „opferfähige" Individuum zwar einerseits eine möglichst große Ähnlichkeit mit den „nicht opferfähigen" Menschen aufweist, andererseits aber in solchem Maße außerhalb dieser Gemeinschaft steht, dass der Kreislauf der Rache in Zaum gehalten wird.[53] Diese präventive und kathartische Funktion des Opfers wirkt nur auf dem Hintergrund einer gewissen „gewalttätigen Einmütigkeit"[54], denn sonst verwischen sich die Grenzen zwischen Gewalt und Opfer: „Ist der Bruch zwischen dem Opfer und der Gemeinschaft zu groß, dann kann das Opfer die Gewalt nicht mehr auf sich ziehen, die Opferung hört auf, ein 'guter Leiter' zu sein ... Ist hingegen die Kontinuität zu groß, dann fließt die Gewalt nur allzu leicht in der einen wie in der anderen Richtung. Das Opfer verliert seinen Charakter der heiligen Gewalt und 'vermischt' sich mit der unreinen Gewalt, wird so zu ihrem skandalerregenden Komplizen, ihrem Spiegelbild oder gar zu einer Art Auslöser."[55] Immer wenn dieser unhinterfragte Sündenbockmechanismus fragwürdig wird, entsteht ein neuer Kreislauf der Gewalt – oder wie Girard es ausdrückt, dieser Mechanismus funktioniert nur auf dem Hintergrund seiner „Verkennung", die ein „geschlossenes System" bildet.[56]

Genau dieses darin eingeschlossene menschliche Scheitern und das dadurch bedingte Zurückverwiesenwerden auf die gleichzeitige Rollenfixierung als Mitbetroffener und Mittäter ist der Ansatzpunkt des Innsbrucker Dogmatikers R. Schwager, wenn er die Erlösung durch Jesus Christus als Sprengung dieses auf weltimmanenter Ebene abgeschlossenen und unentrinnbaren Systems darstellt. Der Teufelskreis der Gewalt lässt nach seiner Interpretation die menschliche Unfähigkeit zur Selbsterlösung evident werden. In der Person Jesu – des Sündenbocks schlechthin – findet eine universalgeschichtliche Weiterführung statt, weil er durch seinen Anspruch die Mechanismen der Gewalt unter den Menschen entlarvt und provoziert hat.[57] Mit seinem Selbstbekenntnis und seinem Leben tritt er in Gegensatz zu den Mechanismen der Gewalt, aber die Menschheit als Ganze vermag es nicht, nach dieser Botschaft zu leben, und Jesu Anspruch, Gottes Sohn zu sein, wird damit zum entscheidenden, gewaltauslösenden Faktor: „... Es hat sich definitiv gezeigt, dass die Mächte und Kräfte, von denen die menschliche

[53] Vgl. R. Girard, Das Heilige und die Gewalt, 15–18. 24–33. 37f. 459ff.
[54] Vgl. ebd. 123.
[55] Ebd. 62f.
[56] Vgl. ebd. 33.
[57] Vgl. R. Schwager, Brauchen wir einen Sündenbock? Gewalt und Erlösung in den biblischen Schriften, München 1978, 189–205.

Geschichte beherrscht wird, in einem grundsätzlichen Gegensatz zu jener Botschaft und jenem Leben stehen, das Jesus gebracht hat."[58] Deshalb gerät Jesus in einen Teufelskreis von Lüge und Gewalt, der zu seiner Kreuzigung führt. Aber er durchbricht den Kreislauf gewalttätiger Mimesis[59], indem er getragen von seiner grenzenlosen Feindesliebe und Gewaltlosigkeit in der Kraft seiner Hingabe an Gott die Gewalt durchleidet und transformiert. Er identifiziert sich auch mit den Tätern der Gewalt, insofern diese auch selbst Opfer sind, Opfer der Verkennung, Opfer der tötenden Macht der Sünde; der Gekreuzigte sah in seinen Gegnern Menschen, die nicht wussten, was sie tun (vgl. Lk 23,34).[60] „Die ... Transformation des Bösen begann damit, dass Jesus seine Gegner ins Getötetwerden einschloss und so jene Dimension in ihrem Handeln stellvertretend bewusst lebte, nach der ihr Kreuzigen in Wahrheit ein Erleiden war. Damit hatte er aber das Entscheidende noch nicht erreicht, denn ein Erleiden hätte ja nur dann einen positiven Sinn, wenn man annehmen müsste, Gott wolle direkt ein solches Leiden als Strafe ... Ausschlaggebend war die Verwandlung der Passivität durch seine Hingabe. Dadurch dass er das ihn treffende Leiden uneingeschränkt annahm, war es bereits mehr als ein reines Erleiden. Bejahtes Erdulden wird zu einer neuen Form der Aktivität."[61] Durch diese neue Form der Aktivität erhält die menschliche Geschichte der Ausgrenzung, in der es keinen systemimmanenten Ausweg gibt, eine veränderte Qualität in der wandelnden Kraft bewusster Proexistenz.

In der neueren Fragestellung zeichnet sich insofern eine Verschiebung der Thematik ab, als an die Stelle der Naturrechtsdiskussion der Umgang mit der Gewalt als irrationalem soziologischen Phänomen tritt, und dieser Gewaltbegriff bildet die anthropologische Verankerung der theologischen Diskussion um den Opferbegriff. Der Gedanke der Stellvertretung wird in diesem Modell sehr deutlich, aber ob die Dimension der Sühne hier voll eingeholt werden kann, ist zumindest fraglich. Denn es hat den Anschein, dass ein soziologisches Modell (Sündenbockmechanismus) zur Erklärung der Erlösungswirklichkeit herangezogen wird, in dem letztendlich die Menschen Jesus diese Rolle aufzwingen. Der Aspekt des

[58] R. Schwager, Jesus im Heilsdrama. Entwurf einer biblischen Erlösungslehre, Innsbruck - Wien 1996², 145.

[59] Vgl. die Zusammenfassung des „christologischen Sündenbockdramas" bei J. Niewiadomski, Das Drama Jesu. Raymund Schwagers Kurzformel des Glaubens, in: J. Niewiadomski - W. Palaver (Hrsg.), Vom Fluch und Segen der Sündenböcke. Raymund Schwager zum 60. Geburtstag, Thaur - Wien - München 1995, 38–41.

[60] Vgl. R. Schwager, Jesus im Heilsdrama, 216–220.

[61] Ebd. 238.

freiwilligen Opfers tritt erst sehr spät in die Erklärung ein, indem er diesen ihm aufgezwungenen Mechanismus durch sein Bejahen außer Kraft setzt.

Durch eine vorgängige theoretische Grundlegung des Opferbegriffs im Naturrecht ergibt sich zwar eine durchscheinende Offenheit der Konzeption für ein zeitbezogenes Problembewusstsein, indem das Opfer als zutiefst menschliche Form der Gottesverehrung aufgefasst wird. Aber diese Erkenntnis wird nicht soziologisch vertieft, sondern dient nur zur Verankerung der Begrifflichkeit sozusagen durch eine „stützende Konvenienzargumentation"[62]. Es macht einen Unterschied, ob diese Konzeption an sich einem interdisziplinären Dialog unterworfen sein soll oder ob sie (nur) als Basis für die Darlegung des sakramentalen Wesens des Messopfers dienen soll. „Die Einzigartigkeit des Messopfers als eines relativen Opfers, das die Einmaligkeit des Kreuzesopfers zu wahren hat, verlangt irgendwo, entweder schon im Ansatz oder dann in der Durchführung der Darlegung, einen Analogieschritt, der von dem für absolute Opfer geltenden allgemeinen Opferbegriff wegführt."[63] Man könnte sagen, dass eine traditionelle religionsphänomenologische Darlegung, wie sie de la Taille hier bietet, diesen Analogieschritt sehr schnell vollzieht, während neuere Theorien versuchen, den Analogieschritt humanwissenschaftlich auf eine breitere Basis zu stellen.

So muss die Auseinandersetzung mit dem Opferbegriff über eine reine Religionsphänomenologie hinausgehen; sie begibt sich damit in einen Raum innertheologischer Auseinandersetzung. Die Thematik eines allgemeinen Opferbegriffs (zunächst unabhängig davon, ob er aus philosophischen, psychologischen, kulturtheoretischen oder religionsgeschichtlichen Beobachtungen und Überlegungen gewonnen ist) darf nicht dazu dienen, das Opfer Christi und das Opfer der Kirche nur von anthropologischen Konstanten aus zu deuten und somit ein Opfer eigener und unüberbietbarer Art aus seinen Vorläufern zu deduzieren. Diese können zwar das Instrumentarium der Begrifflichkeit illustrieren, aber nicht an die essentielle Bestimmung hinreichen. Und genau hier liegt der Maßstab begründet: Die Frage nach dem Wesen des Opfers ist letztlich eine innerkirchliche Fragestellung nach der höchsten Konkretion der Erlösungswirklichkeit. Oder anders ausgedrückt, es besteht ein fundamentaler Zusammenhang mit dem einzigartigen

[62] Als solche bezeichnet Th. Schneider die Verankerung des Opferbegriffs in der Natur des Menschen durch das Konzil von Trient, und man darf wohl urteilen, dass de la Taille diese Zu- bzw. Einordnung beibehält (vgl. Th. Schneider, Das Opfer Jesu Christi und der Kirche. Zum Verständnis der Aussagen des Konzils von Trient, in: ders., Deinen Tod verkünden wir. Gesammelte Studien zum erneuerten Eucharistieverständnis, Düsseldorf 1980, 223–238, 231).

[63] H. Lais, Gedanken zu den Messopfertheorien, 77.

Heilsanspruch, der sich in der Person des Mittlers Jesus Christus realisiert – und dieser Heilsanspruch ist in dieser Konkretion nur aussagbar innerhalb des kirchlichen Glaubens. Das Wesentliche und Eigentliche (auch an Christus) ist nicht ableitbar. Das impliziert das Dogma von Chalkedon.

Trotz aller Verwiesenheit auf anthropologische Konstanten ist das Korrektiv für unser Sprechen über das Opfer immer die „grundsätzliche Bezogenheit auf die Kirche, auf jene Gemeinschaft von Gläubigen, welche in der eucharistischen Versammlung anschaubar wird, sich zeichenhaft darstellt und vollzieht“[64]. Wenn man diese christologische Fundierung und Verbindung mit der Kirche ernst nimmt, kann man die Konkretion nicht erreichen sozusagen auf dem Weg von außen nach innen, als wäre das Opfer Christi von einem umfassenderen Opferbegriff ableitbar, sondern „diese Heilsmittlerschaft beinhaltet auch die Einzigkeit des Erlösungsopfers Christi“[65].

## 2.2 De la Tailles Opferbegriff

De la Taille geht vom traditionellen Argument der kreatürlichen Verwiesenheit auf Gott und ihren Implikationen aus, wobei seine grundlegende Fragestellung darauf hinzielt, was vom natürlichen Sittengesetz her für die Wesensbestimmung des Opfers erforderlich ist: Gott muss als *summum bonum* von allen vernunftbegabten Menschen verehrt werden. Das Opfer hat als Ausdruck dieser *latreía* eine besondere Stellung, denn *latreía* als Totalhingabe des Menschen an Gott ist seine erste Pflicht. Die Verehrung bringt die Danksagung mit sich als Anerkennung der Tatsache, dass sich alles Gute von der göttlichen Güte als Urgrund ableitet. Damit ist immer auch der Wunsch und die Bitte des Menschen, der Zuwendung dieser Güte würdig zu sein, verbunden. Auf der Verherrlichung Gottes, der aller Liebe würdig ist als *causa finalis*, die nicht mehr hinterfragt werden muss, basiert das moralische Gesetz. Der Mensch verdankt sich Gott in absoluter Weise mit allem, worüber er Verfügungsgewalt hat.

[64] Th. Schneider, Dogmatische Neuorientierung? Beispiel „Messopfer“, in: ders., Deinen Tod verkünden wir. Gesammelte Studien zum erneuerten Eucharistieverständnis, Düsseldorf 1980, 209–222, 210.

[65] Kongregation für die Glaubenslehre, Erklärung „Dominus Iesus“ über die Einzigkeit und Heilsuniversalität Jesu Christi und der Kirche vom 6. August 2000, II, 11.

Die Frage ist nun, ob als Ausdruck für die Verherrlichung Gottes irgendeine *actio* ausreicht oder ob vom Naturrecht her eine *donatio* erforderlich ist.[66] Ausgehend vom aristotelischen Ansatz, dass die gegenwärtige Verfasstheit der menschlichen Natur bedingt, dass die sinnliche Erfahrung Grundlage der geistigen Erkenntnis ist, braucht der Mensch äußere Riten für die Gottesverehrung: *visibile (sicut hominum natura exigit) ... sacrificium* („ein sichtbares Opfer ..., wie es die Menschennatur erfordert"[67]). Gegenstände werden dem profanen Bereich entzogen und in das Eigentum Gottes überführt, und gerade darin vollzieht sich von Seiten des Menschen das Opfer, indem die Gabe durch diese Darbringung selbst geheiligt, konsekriert wird.[68] Denn die Oblation darf nicht so verstanden werden, als könnte der Mensch Gott damit eine für ihn notwendige Sachgabe überreichen. Die ursprüngliche Intention liegt in der Übergabe eines sichtbaren Zeichens an Gott, das dem Erhalt, der Förderung oder Verschönerung des menschlichen Lebens dient, sozusagen als anthropomorphes Symbol für die geistige Wirklichkeit der Anerkennung Gottes als Schöpfer und Erhalter unseres Lebens.[69]

Diese vom Naturrecht nahegelegte Form der Gottesverehrung in Form eines äußerlich sichtbaren Zeichens wird *oblatio* genannt, weil diese Vokabel noch besser als die neutraleren Begriffe *donatio* oder *muneratio* die Gabe eines Geringeren an einen Höhergestellten ausdrückt und die Gnade der wohlwollenden Annahme als Konnotation besitzt. In dieser Übereignung einer Gabe an Gott realisiert sich die Verwiesenheit des Menschen auf Gott gemäß den psychologischen Erfordernissen der gegenwärtigen menschlichen Situation leiblich und geistig. Oder um in entsprechender Terminologie die sakramentale Bedeutung des Opfers auszudrücken: Die Übergabe der äußerlich sichtbaren Gabe ist *res et signum*, die innere Hingabe *res tantum* der Opferhandlung.[70] Das sichtbare Opfer hat also die Aufgabe, das innere, unsichtbare Opfer, die Selbsthingabe der Opfernden, darzustellen, indem Dinge nur zu diesem einen Zweck von anderen abgesondert und dem profanen Bereich entzogen werden, damit sie Zeugnis und Zeichen innerer Gesinnung werden (*natura duce aut etiam ipso Deo auctore*).[71] Nur weil unser

[66] Vgl. MF 4–9. 671–690; Esquisse, 1–3. 51–57 (identisch mit: The Mystery of Faith and Human Opinion, 5f. 41–45).
[67] Trid. sess. 22, cap. 1 (DH 1740).
[68] Vgl. MF 4–9.
[69] Vgl. MF 675.
[70] Vgl. MF 9; vgl. auch L. Billot, De Ecclesiae sacramentis I., 524–546.
[71] Vgl. MF 7: *Constat igitur, sine actuali datione muneris externi nullam fieri praesentem sacrificationem: quamquam non absolvitur sacrificium dono visibili, sed potissimum invisibili internoque;* vgl. auch MF 671f.

Opfer als die spezifische Form der Gottesverehrung, die der menschlichen Natur am besten entspricht, ein wahres geistiges Opfer ist, kann de la Taille folgern: *Est autem ... sacrificium perfectissimum et propriissimum adorationis genus.*[72] Als solcher Kultakt ist das Opfer ausschließlich Gott vorbehalten.

Im Stande der gefallenen Natur kommt jedoch noch eine zweite Quelle der Verpflichtung hinzu. Die das Wesen des Opfers bestimmende Oblation muss verbunden sein mit einer Form des Kultes, die geeignet ist, die Schuld des Menschen zu sühnen, der sich Gott gegenüber als der Versöhnung und Verzeihung bedürftige Kreatur empfindet: Diese Form der Anbetung kann erst *mediante hostia* zu Recht Opfer genannt werden, was auch heißt, dass nicht jeder beliebige äußere Ausdruck (*signum*) unserer inneren Hingabe (*significatum*) vom Wesen her Opfer ist, sondern als *res et signum* muss eine wahre Immolation zu Grunde liegen.[73] De la Taille verwendet den Begriff Immolation im strengen Wortsinn für die Tötung eines Lebewesens in Ausrichtung auf eine priesterliche Opferdarbringung. Das Opfer (*sacrificium*) setzt sich also aus dem äußeren Akt der Darbringung (*oblatio*) und der darauf hingeordneten Schlachtung (*immolatio*) zusammen.[74]

Aus der Notwendigkeit der Gottesverehrung allein lässt sich aber diese Notwendigkeit der Immolation, konkret gesagt, ein Sühnopfer in Verbindung mit einer Immolation, nicht begründen. Vielmehr steht hinter dem blutigen Opfer das Verlangen, der Gerechtigkeit Gottes sakramental und symbolisch Genugtuung zu leisten und unserem Wunsch nach Rechtfertigung und unserer Hoffnung auf Gottes Barmherzigkeit Ausdruck zu verleihen. Erst die Verbindung des Anbetungs- und Dankopfers mit dem Sühnopfer kann den *affectus satisfaciendi* als Grundhaltung des Menschen, der sich seiner Sündigkeit bewusst ist, zum Ausdruck bringen.[75] De la Taille unterscheidet dabei von der Zielsetzung her den Begriff der *propitiatio* als Wiederherstellung der Gerechtigkeit und der *satisfactio* als vorweggenom-

[72] MF 230.

[73] Vgl. MF 7. 315–317.

[74] Vgl. MF 11f.: *Sacrificium ergo integratur proprie ex duobus: nimirum actu (externo) offerendi et immolatione ...;* vgl. auch MF 653–662: Hier rechtfertigt de la Taille in einem *Primum Antirrheticum. Distinctio oblationis et immolationis in traditione theologica* seine Begrifflichkeit gegen A. Swaby, The Last Supper and Calvary. A Treatise, London 1926. Swaby (ebd. 30) sieht in der nicht nur logischen, sondern inhaltlichen Trennung von Oblation und Immolation die Grundlage für einen fundamentalen Irrtum de la Tailles, der sich dann in seiner Darstellung des Opfers Christi auswirken wird.

[75] Vgl. MF 10.

mene Ausführung der Strafe (*ratio indemnificativa – ratio mulctatitia)*.[76] So begründet sich das Sühnopfer als die dem Sünder angemessene Form der Gottesverehrung: *Quare paenitentiae protestatio atque exhibitio reparationis nullo potuit aptiore ritu peragi quam occisione animalis atque effusione sanguinis* ....[77] Das Blutvergießen als sakramentale und symbolische Hingabe des Lebens bezeichnet dabei die gänzliche Hingabe des Opfernden an den göttlichen Schöpfer des Lebens.[78] Sie verbindet sich als Ausdruck der Sühne mit dem Geständnis und Bekenntnis, dass der Opfernde selbst den zeitlichen und ewigen Tod verdient habe. Und da nichts dem natürlichen menschlichen Streben so fern liegt wie Tod und Schmerz, eröffnet sich gerade hier das Betätigungsfeld der Liebe, die Tod und Schmerz, die die sich auszeitigende immanente Folge der Sünde sind, stellvertretend auf sich nimmt.

In diesen Zusammenhang ist die theologische Kontroverse einzuordnen, ob die Zerstörung oder Vernichtung der Opfergabe essentieller Bestandteil des Opfers sei. Denn die Zerstörung oder Vernichtung einer Gabe Gottes oder des Lebens *per se* hat ja nichts an sich, wodurch Gott verherrlicht wird. Für den ersten Opferzweck *(sacrificium latreuticum)* scheint deshalb die Übereignung an Gott zu genügen (Thomas, Suarez); für den zweiten *(sacrificium propitiatorium)* besteht große Übereinstimmung darüber, dass irgendeine Zerstörung, Tötung oder zumindest Einschränkung des Gebrauches nötig sei (Bellarmin, Vasquez, de Lugo, Billot[79]). De la Taille will die klare Vorordnung des ersten Zweckes herausstellen. Sie besteht darin, dass die Sühne als Anerkennung einer Rechtsverletzung faktisch Anbetung der göttlichen Erhabenheit enthält und somit nichts anderes ist als die Erscheinungsform der Anbetung, die dem Status des Sünders entspricht.

[76] Vgl. MF 9: *In quo sunt duo distinguenda: unum, quod propriissime dicitur propitiatio, pro quanto placatur Deus, ordine iustitiae quasi commutativae redintegrato; alterum, quod specialius dicitur satisfactio pro quanto, ultione iudicis praeoccupata, suppletur ab ipso reo exercitium iustitiae vindicativae. Habet igitur compensatio praedicta duas rationes valde diversas: unam veluti indemnificativam, alteram veluti mulctatitiam; attamen fert usus ut ambae saepe veniant sub communi nomine propitiationis.*

[77] MF 10; vgl. auch MF 359 ff.

[78] Vgl. MF 10: *Quare, sicut et mors, ut poenalis, iustitiam Dei laudare potest et laudat, sic et cruentum sacrificium iustitiae Dei sacramentaliter vel symbolice satisfacit, hoc est satisfaciendi affectum portendit, quantum in nobis est, adiecta spe fore ut in placatae iustitiae locum succedat misericordia.*

[79] Als „klassische" Postition sei hier nur die Billots (De Ecclesiae sacramentis I, 526) zitiert: *Porro singularis ille cultus qui divinitati reservatur, fuit ab initio convenientissime collocatus in oblatione rei sensibilis, per realem aut aequivalentem eius in honorem Dei destructionem. Si tamen supernaturaliter contingat, rem non offerri in specie propria, nihil aliud potest requiri ad rationem signi sacrificio essentialem, nisi ut res illa in specie sacramenti, sub quodam externo habitu mortis, praesens sistatur.*

Deshalb vertritt er die Meinung, dass eine konkrete, gegenwärtige Zerstörung oder Veränderung nicht essentieller Bestandteil des Opfers sein kann. Damit ist die rituelle Darbringung der Opfergabe, nicht die gegenwärtige Veränderung oder Zerstörung das vorrangige Element der Opferhandlung (*sacrificium in genere donationis*). Es kann also keine rituelle Darbringung (*litatio*) geben ohne eine sichtbare, rituelle, liturgische Oblation einer beliebig veränderten oder zerstörten Opfergabe, wobei ein realer Unterschied vorliegt zwischen dem äußeren Akt der Darbringung (*oblatio*) und der blutigen Schlachtung (*immolatio*).[80] Diese beiden aufeinander hingeordneten Akte, aus denen sich das Opfer zusammensetzt, müssen nicht notwendigerweise zusammenfallen. Im Falle des Opfers Christi ist die Immolation sogar ein Verbrechen und gehört somit nicht wesensmäßig zur Opferdarbringung des Priesters. Ebenso können die beiden Akte in allen Fällen nicht real identisch sein, in denen die Tötung von einem anderen vorgenommen wird als vom Opferpriester selbst. Die Oblation dagegen ist immer ein liturgischer Akt, der nur vom Priester vollzogen werden kann. Opfern, *sacrificare,* kann nur vom Priester ausgesagt werden, denn es beinhaltet die Hinordnung der Immolation auf die rituelle Oblation, die nur dieser vornehmen kann.[81]

De la Taille unterscheidet bei der Opferung *(sacrificatio)* drei Beziehungsebenen:

*victima vel offeratur immolanda,*
*vel offeratur immolatione,*
*vel offeratur immolata.*[82]

Seiner Meinung nach begründet also auch die innere Beziehung zu einer vergangenen oder zukünftigen Immolation ein wahres Opfer: *Ad verum igitur sacrificium sufficiet ut offeratur aliquid aut tanquam immolandum aut tanquam immolatum.*[83] Diese Einordnung schafft die Grundlage zum Aufzeigen der Parallelen zwischen dem Opfer Christi und dem Opfer der Kirche.

Von Seiten Gottes erfolgt die äußere Vollendung durch die Annahme des Opfers, worauf die menschliche Opferhandlung abzielt: *Irritum sacrificium est, quod non ratum a Deo est.*[84] Der Mensch braucht sichtbare Zeichen für diesen Vertrag

80 Vgl. MF 10–12.

81 Vgl. MF 11: *Potest igitur mactatio hostiae esse impia, et religiosa et pia esse eiusdem oblatio ut mactandae vel mactatae. Quippe fuit summum scelus Iudaeorum, et sanctissima Christi Domini oblatio sacerdotalis.*

82 MF 12; Vgl. auch MF 221. 694 und M. de la Taille, The Sacrifice of the Mass, in: Irish Ecclesiastical Record 24 (1924) 74–79, 74f.

83 MF 12.

84 MF 13.

*(contractus, foedus)*, zu dem sich Gott gleichsam verpflichten lässt. Das entspricht der Tradition der moralischen Wirkweise der Sakramente. Im AT wird diese Annahme auf noch unvollkommene Weise bezeichnet: *arte humana* durch das Besprengen des Altares mit Blut oder das Verbrennen der Opfergabe, *arte divina* durch Feuer vom Himmel. Dies waren die Vorzeichen für das vollkommene Opfer, das einstmals im Feuer der göttlichen Glorie verbrannt und ins Allerheiligste der göttlichen Herrlichkeit überführt werden würde.[85] Diese Annahme des Opfers ist nicht rein äußerlich-funktionalistisch als Konsequenz menschlichen Handelns zu verstehen. Sie zeigt, dass alles menschliche Handeln immer schon umgriffen ist von Gottes Verheißung der Annahme. Das Angebot Gottes ist das Primäre und als solches Gnade, die alles menschliche Tun umfasst.

## 2.3 Opfermahl und Mahlopfer

Neben den bereits genannten Aspekten der psychologischen Voraussetzung und moralischen Verpflichtung legt de la Taille großen Wert auf die Begründung der ekklesialen Struktur der Gottesverehrung aus sozialer Notwendigkeit. Entsprechend der Definition des Aristoteles (vgl. Pol. I, 253 a) fasst er die *societas* als Wesensmerkmal auf.[86] Deswegen muss auch die Gottesverehrung Gemeinschaftscharakter haben, der äußerlich manifestiert wird. „Der vertikalen Ausrichtung des Opfers, das sich an die betreffende höhere Macht wendet, entspricht in den Religionen die horizontale, Gemeinschaft stiftende Wirkung."[87] Diese Gemeinschaft stiftende Wirkung entsteht durch die Teilhabe am Opfer, konkret im Opfermahl, das als äußere Vollendung hinzu kommt: Der Mahlcharakter bildet also die Entsprechung und Ergänzung des Opfercharakters, weil sich von hier aus die *communio* in der äußeren Vollendung der Opferung sichtbar vollzieht. Obwohl die Opfer- und Mahlvorbereitung in derselben Handlung bestehen, bleibt der Opfercharakter die Grundlage. Der Begründungszusammenhang ist nicht umkehrbar. Das Mahl ist erst heiliges Mahl *praesupposito aut praeintellecto sacrificio*.[88]

[85] Vgl. MF 13f.; De la Taille übernimmt die Deutung dieser Vorzeichen von I. Döllinger, Heidenthum und Judenthum. Vorhalle zur Geschichte des Christenthums, Regensburg 1857, 208.

[86] Vgl. MF 5: *Quare et socialem prae se ferat necesse est characterem noster Dei cultus, nec socialis esse poterit aut publicus, nisi externis testificationibus signatus atque munitus.*

[87] H. Bürkle, Die religionsphänomenologische Sicht des Opfers, in: R. Schenk (Hrsg.), Zur Theorie des Opfers, 165.

[88] Vgl. MF 15.

Dies ist die einzig mögliche Blickrichtung, da die Heiligkeit der Gaben nur aus der Opferdarbringung und der Annahme des Opfers durch Gott resultiert[89]: *Non enim eo sacrificium quo convivium, sed eo convivium quo sacrificium.*[90] Der tiefere Grund dafür ist, dass die Gemeinschaft nicht einfach durch gemeinsames Essen und Trinken entsteht, sondern durch Teilhabe am Tisch Gottes. Das Opfer zielt hauptsächlich darauf ab, Zugang zu den Gaben Gottes zu ermöglichen. *Sacrificatio* und *sanctificatio* liegen auf der gleichen Begründungsebene, denn durch den Rückempfang der dargebrachten Gaben wird die Gemeinschaft im Zueinander von Zeichen und Heilsbedeutung sakral überhöht. Das Zusammenwirken Gottes und der Menschen hat hier einen konkreten Angelpunkt, an dem sich sakramental die Zusammengehörigkeit zu Gott und die Gemeinschaft untereinander vollzieht. Dieses Verständnis von der einheitsstiftenden Wirkung der Tischgemeinschaft mit Gott liegt auch dem Brief des Apostels Paulus an die Korinther zu Grunde: „Schaut auf das irdische Israel: Haben die, welche von den Opfern essen, nicht teil am Altar" (1 Kor 10,18). „Ihr könnt nicht den Kelch des Herrn trinken und den Kelch der Dämonen. Ihr könnt nicht Gäste sein am Tisch des Herrn und am Tisch der Dämonen" (1 Kor 10, 21). Die Mitteilung der göttlichen Gaben an die Menschen sowie die Gemeinschaft mit Gott werden in angemessenster Weise durch das Mahl symbolisiert. Hierin liegt auch der tiefere Grund für die Kongruenz von Opfer und Mahl; die Teilnahme am Opfermahl macht die Teilnehmer zu einer *communio spiritualis,* die über eine bloße soziale Funktion weit hinausgeht.[91]

89 Das gilt letztlich auch für die Vertreter des sog. „banquet-theory" (vgl. v.a. J. Bellord, The Notion of Sacrifice, in: AecR 33 (1905) 1–14, 3–5. 8f.; ders., The Sacrifice of the New Law, in: AecR 33 (1905) 258–273, 259.), die im Mahlcharakter die Wesensbestimmung des Opfers sehen. Danach liegt die Natur des Opfers darin, im Mahl Gemeinschaft zwischen den Teilnehmenden und der Gottheit herzustellen. Aber auch hier ist die Darbringung des Opfers die Grundlage für diese Form der Gottesverehrung, die aus dem natürlichen Impuls des Menschen resultiert (vgl. W. R. Smith, Die Religion der Semiten, Freiburg 1899, 171–173.). Ihr Ziel ist es, Gemeinschaft mit Gott herzustellen durch Gaben, die ganz dem Kult geweiht sind. Allerdings verschiebt sich die Gewichtung der Elemente insofern, als das Töten eines Opfertieres nur die notwendige Voraussetzung für das Mahl ist und deswegen auch nicht vom Priester vorgenommen werden muss, weil das Töten an sich kein Akt der Gottesverehrung ist und nur als Grundlage für das gemeinschaftliche Fest dient. Da Bellord die Ansicht vertritt, dass das Opfer niemals in einem Destruktionsakt bestand oder die Destruktion damit angezielt wurde, lehnt er alle Formen oder Abstufungen der Destruktion als Wesenselement des Opfers ab wie z.B. Überführen in einen niedrigeren Zustand, Destruktion *vi verborum*, mystisches Blutvergießen oder Repräsentation der Immolation (vgl. J. Bellord, The Notion of Sacrifice, 4.).

90 Ebd.

91 Vgl. MF 14–16.

Damit vollzieht sich eindeutig der Schritt von der sozialen Gemeinschaft zur *ecclesia*, denn die gemeinschaftsbildende Funktion ist Ausdruck der gegenwärtigen Heiligung des Menschen, der selbst zum Gottesopfer umgeformt wird. Ohne die eigene innere Hingabe, deren äußerer Ausdruck die rituelle Opferhandlung ist, wäre diese ihres Sinnes entleert. Die sichtbare Vergegenwärtigung der Opfergesinnung ist die Aufgabe der Kirche: *Constat igitur, sine actuali dationem muneris externi nullam fieri praesentem sacrificationem: quamquam non absolvitur sacrificium dono visibili, sed potissimum invisibili internoque.*[92]

Es wäre also einseitig, das gemeinschaftsbildende Element der Eucharistie nur auf die Mahlgemeinschaft zurückzuführen. Der Opfercharakter als das primäre Wesenselement verweist auf die zugehörige Opfergemeinschaft. Als solche hat die Kirche angesichts der Erlösungstat Christi den Schritt von der sozialen Gemeinschaft zur Gemeinschaft des Leibes Christi zu vollziehen: *Iam vero sub lege praesente non iustificamur aut accepti sumus Deo, nisi in quantum societatem inimus corporis Christi, quae est Ecclesia....*[93] Das „Wir“ des Opfers darf also nicht exklusiv oder gar individuell geprägt aufgefasst werden, sondern der Bezug zur *societas corporis Christi* ist ein konstitutives Element. Ein wahres Opfer kommt nur zustande, wenn die Kirche als Opfergemeinschaft wirklich und sichtbar Leib und Blut Christi darbringt. Die Kirche hat in der Darbringung des Opfers den ersten Rang inne.[94] Die communio-Idee als Grundstruktur der Eucharistie besagt, „dass die Kirche nicht zuerst das Ergebnis des Zusammenschlusses Gleichgesinnter ist, sondern dass Jesus Christus durch die Gemeinschaft, die er mit sich gewährt, die Glieder der Kirche zur Gemeinschaft seines Leibes zusammenschließt.“[95] Dieser Bezugsrahmen der Eucharistie lässt keine Gefahr der Verselbständigung kirchlichen Handelns aufkommen. Jedoch stellt sich die Frage, inwiefern dieses Hineingenommen-Werden der Kirche in das Opfer Christi als ‘Opfer der Kirche’ Handlungscharakter hat, wenn man davon ausgeht, dass sich Kirche und Eucharistie in ihrer sakramentalen Dimension gegenseitig konstituieren. Konkret geht es um das Problem der Zuordnung von göttlichem und menschlichem Handeln, ohne dass die Einmaligkeit und Einzigartigkeit des Opfers Christi in Frage gestellt wird.[96]

92 MF 7.
93 MF 5, Anm. 1.
94 Vgl. MF 330f.
95 E. Hönig, Die Eucharistie als Opfer nach den neueren ökumenischen Erklärungen, Paderborn 1989, 270.
96 Vgl. ebd. 269–277.

Die Verbindung zwischen Opfermahl und Mahlopfer wird dieser dialogischen Struktur gerecht: Es gibt also keine losgelöste Frucht der Mahlgemeinschaft. *Altare* und *mensa* sind zwei Wesensmerkmale der Kirche als zwei Formalaspekte ein und derselben Handlung: als Opfertisch in Ausrichtung auf Gott, als Tisch für das Mahl in Ausrichtung auf die Menschen.[97]

Durch dieses *commercium* wird das Opfer zu einer „Integrationshandlung in die größere, Zeit und Raum übergreifende Gemeinschaft“[98]. Denn in Ausrichtung auf das zukünftige Heil, das in der Vorbereitung für das himmlische Mahl mit präsent ist, können sich die Glieder der Opfergemeinschaft jetzt *convivae, commensales, participes altaris, familia Dei* nennen.[99]

Es wird nun der Schwerpunkt dieser Arbeit sein, mit de la Taille aufzuweisen, wie sich die Kirche als Opfergemeinschaft aus Priester und Volk konkret entfaltet. Dabei ist grundsätzlich an der Priorität des Opfers und letztlich der Erlösungstat Christi festzuhalten, nicht zuletzt deswegen, weil er selbst sein Opfer in ein Mahl hineingestiftet und damit einen neuen Kontext für diese natürlich bestehende Verbindung geschaffen hat. Und es kommt noch hinzu, dass grundsätzlich nachzuvollziehen ist, was S. Mirbach über die paulinische Verwendung des Leib-Christi-Begriffs auf die Eucharistie darstellt: „Durch rein menschliches Tun ist Leib-Christi-Sein unerreichbar. Nicht einmal der Sakramentsempfang als solcher macht die Teilnehmenden schon zum Leib Christi. ... Paulus geht aber noch weiter und spricht der Eucharistie geradezu ihren sakramentalen Charakter ab, wenn die Gläubigen nicht das nachvollziehen, was der hingegebene Leib vorgibt ...“[100]

Dieses Nachvollziehen ist möglich, wenn man, wie de la Tailles Konzept es nahelegt, Opfercharakter und Mahlcharakter der Eucharistie wieder zusammen denkt, indem man auf ihre Grundlagen rekurriert: „Opfer ohne starke Rückbindung an die geopferten Mahlgaben wird Menschenwerk.“[101]

[97] Vgl. MF 16; 396, Anm. 1. - Im Konzil von Trient, sess. 22, c.1 (DH 1751), findet sich eine Bestätigung der Identität dieser beiden Aspekte (worauf später noch genauer zurückzukommen ist): *Si quis dixerit, in Missa non offerri Deo verum et proprium sacrificium, aut quod offerri non sit aliud quam nobis Christum ad manducandum dari: anathema sit.*

[98] H. Bürkle, Die religionsphänomenologische Sicht des Opfers, in: R. Schenk (Hrsg.), Zur Theorie des Opfers, 165.

[99] Vgl. MF 14f.

[100] S. Mirbach, „Ihr aber seid Leib Christi“. Zur Aktualität des Leib-Christi-Gedankens für eine heutige Pastoral, Regensburg 1998, 174.

[101] A. Thaler, Das Testament des Abendmahls. Ein Blick auf die Geschichte und Zukunft der Eucharistie, Freiburg 1996, 57.

„Die Trennung von Opfer und Sakrament erscheint ja von vorneherein als etwas Unnatürliches, wo durch das Opfer erst das Sakrament zustande kommt und der Empfang des Sakramentes in der Kommunion ein integrierender Bestandteil ist. Der alten Theologie war denn auch eine solche Trennung unbekannt. Die Hochscholastik hatte gar keinen besonderen Traktat über das Messopfer, brachte vielmehr, was darüber zu sagen war, in den verschiedenen Fragen über das Sakrament der Eucharistie. Darin sah man die Eigenart dieses Sakraments, dass es zugleich Opfer ist.“[102] Eine Unterscheidung war nur nötig, um die verschiedenen Wirkungen dieses Sakraments zu bezeichnen. „Seine Funktion als Seelenspeise geht parallel den Wirkungen der übrigen Sakramente, während die Opferfunktion ihm allein eigentümlich ist. Nur in diesem Sinne ist die Gegenüberstellung von Opfer und Sakrament gemeint, nicht als ob ihm ein Platz außerhalb des Sakraments anzuweisen wäre ... Also auch als Opfer ist ... [die Eucharistie] Sakrament. Und das Sakrament ist Opfer nicht nebenher, sondern seiner Wesensbestimmung nach.“[103]

Von hier aus wird das schon in der Einführung genannte Vorgehen de la Tailles verständlich, nämlich dass er den Opfercharakter dem sakramentalen Verständnis vorordnet und zur Erklärung auf die geschichtliche Grundlage des Opfers Christi zurückgreift. Damit löst er sich von einer starren Anwendung des zu seiner Zeit üblichen neuscholastischen „Dreischritt-Verfahrens“ (1. Darlegung der kirchlichen Lehraussagen, 2. Beleg der Lehre durch Schrift und Tradition, 3. Spekulative Entfaltung), indem er in der Zuordnung von *coena* und *passio* die biblischen Grundlagen einer wirklichen Durchdringung unterzieht, damit der Offenbarung den ihr gebührenden ersten Rang zuerkennt, sie nicht zu einem bloßen Begründungszusammenhang funktionalisiert. Dadurch ist er offen für ein Vorgehen, „das der Geschichtlichkeit des Heilsgeschehens und seiner verbalen Artikulation Rechnung trägt“, wie es auch vom Zweiten Vatikanum als Aufgabe der Dogmatik nahegelegt wird (*Optatam totius* 16).[104]

Dabei setzt sich de la Taille allerdings bewusst von einem zu seiner Zeit als modernistisch empfundenen Geschichtsverständnis ab, wie es z.B. in der Opfertheorie Loisys zum Ausdruck kommt.[105] Loisy versteht seine historische Betrachtung des Opfers in einem formal-deskriptiven Sinn als Prozess der Entwicklung ma-

[102] B. Poschmann, Das sakramentale Opfer, 38.
[103] Ebd.
[104] Vgl. Th. Schneider, Deinen Tod verkünden wir. Gesammelte Studien zum erneuerten Eucharistieverständnis, Düsseldorf 1980, 213.
[105] Vgl. MF 17.

gisch-mythischer Praktiken. Nach Infragestellung ihrer magischen Wirkung bilden sie sich in beliebiger Form (die also nicht allgemeiner Wesensbestandteil ist) als angeblich göttlich legitimierte Riten weiter aus. Dabei steht die zeichenhafte Handlung im Vordergrund, etwa die Oblation oder das Opfermahl. Worauf es ankommt, ist die Begründung als heilige Handlung. Diese Begründung bezieht sich auf die Wirksamkeit des Ritus und den mythischen Einfluss auf die Gottheit als solche („l'action sacrée, le rite efficace, l'influence mystique")[106]: „Le sacrifice est une action mystique, d'une efficacité invérifiable."[107] De la Tailles geschichtlicher Ausgangspunkt ist dagegen inhaltlich gefüllt und lebt vom Bekenntnis der einzigartigen, überzeitlichen Heilsbedeutung des Tuns Christi, das die belebende Kraft aller liturgischen Vollzüge bleiben muss.

Das Opfer Christi ist die Mitte der Feier seiner Gegenwart im Sakrament. Nur aus dieser Verhältnisbestimmung heraus ist die Rede von einem „Opfer der Kirche" sinnvoll. Obwohl de la Tailles Theorie des Opfers Christi in der Zuordnung von Abendmahl und Kreuzesopfer weithin als „nur noch von historischem Interesse" eingestuft wird[108], gilt dies sicher nicht für die grundsätzliche Fragestellung, inwiefern die Bestimmung des Letzten Abendmahles durch seine Relationalität zum Kreuzesopfer geprägt ist, die auch auf unsere Messfeier, die nur aus dieser Beziehung lebt, übertragbar ist.

Dazu ist zunächst de la Tailles Theorie über das Opfer Christi darzustellen, unter Einbeziehung der Reaktionen seiner Zeitgenossen zu würdigen und auf ihre Offenheit für eine weiterführende Diskussion zu überprüfen.

106 Vgl. A. Loisy, Essai historique sur le sacrifice, Paris 1920, 5–7. 102f. - In der Grundlegung des Opferbegriffs spricht Loisy den Wesenselementen der klassischen Bestimmung (Opfergabe, Idee der Gemeinschaft mit Gott, Mittel der Kommunikation zwischen sakraler und profaner Welt) ihre konstitutive Funktion ab, da letztendlich alles auf magische Ursprünge der Vergegenwärtigung bestimmter Mythen – also auf heidnische Mysterien zur Beeinflussung von Gottheiten zurückgeführt und mit diesen auf eine Ebene gestellt werden kann (vgl. ebd. 1–18 und ders., Les Mystères paiens et le mystère chrétien, Paris 1930[2], 284–286).

107 A. Loisy, Essai historique sur le sacrifice, 9.

108 Vgl. C. E. O'Neil, Die Sakramententheologie, in: H. Vorgrimler - R. Vander Gucht (Hrsg.), Bilanz der Theologie im 20. Jahrhundert. Bd. III, Freiburg-Basel-Wien 1970, 244–294, 256f.

# 3. Das Opfer Christi als Substanz der Eucharistiefeier

## 3.1 Das Sühnopfer Christi in der Einheit von *coena* und *passio*

### 3.1.1 Der Opferbegriff als angemessene Deutungskategorie

Wenn im Anschluss an einen allgemeinen Opferbegriff vom Opfer Christi gesprochen wird, ist diese Methode im Kontext des Werkes von de la Taille nicht so zu verstehen – wie etwa von M. Schmaus[109] kritisiert –, dass über etwas spezifisch Christliches in inhaltlich vorgefassten Allgemeinbegriffen gesprochen wird. Diese würden dann auch nicht die Möglichkeit bieten, über natürliche Aussagen hinauszugehen und zudem den Gehalt des Opfers Christi in eine begrifflich vorgefasste Aussageform pressen. Die Intention ist eine ganz andere (wie schon in der Grundlegung des Opferbegriffes angeklungen ist), nämlich dass es mit Hilfe naturrechtlich bestimmbarer Allgemeinbegriffe sinnvoll sein kann, die dahinter liegende Wirklichkeit einzuholen. Die heilsgeschichtliche Wirklichkeit ist dabei die Vorgabe der inhaltlichen Modifizierung der Begriffe.[110] Dass hinter der Kritik an einem solchen Ansatz natürlich auch ein berechtigtes Anliegen und eine reale Gefahr stehen, zeigt die Geschichte der nachtridentinischen Messopfertheorien. Es wurde vielfach versucht, die Aussage, dass die Messe ein wahres und eigentliches Opfer sei, dadurch zu verifizieren, dass man schematisch die Elemente eines allgemeinen Opferbegriffs auf sie anzuwenden versuchte. Hier ist als Verdienst de la Tailles herauszustellen, dass es ihm gelungen ist, mit seiner Methodik und Begrifflichkeit die Extreme abzuwehren, die daraus entstanden sind, im Messopfer entweder eine reale Destruktion aufzuweisen oder die Opferelemente nur symbolisch zu interpretieren.

Die Grundtatsache, dass es an der Passion vorbei keinen Opfercharakter der Messe geben kann, führt zunächst zurück auf die Frage nach der biblischen Verwendung des Opferbegriffs als Interpretationskategorie für den aktiven und passiven

[109] Vgl. M. Schmaus, Katholische Dogmatik IV/1, München 1964⁶ , 386f.: M. Schmaus charakterisiert seine Haltung hier selbst als „Zurückhaltung gegenüber einem allgemeinen Opferbegriff", die er damit begründet, dass das eucharistische Opfer aufgrund seiner Zugehörigkeit zu einer übernatürlichen Ordnung der Offenbarung, die wesentlich Neues erschließt, aus sich selbst interpretiert werden müsse. Es sei streng darauf zu achten, dass der allgemeine Opferbegriff wirklich nur eine Hilfsfunktion habe, um eine Aussageform zu vermeiden, in der nur noch natürliche Wahrheiten bejaht und vollendet werden können.

[110] Vgl. K. Rahner - A. Häußling, Die vielen Messen und das eine Opfer, 23f.

Aspekt des Todes Jesu und von dort aus auf die Frage nach der Verankerung seiner Verbindung zu uns Menschen: Wie geht die Stellvertretung Christi für das Menschengeschlecht, die für die Rechtfertigung nötig ist, in angemessener Weise aus seinem Priestertum hervor und wie erfüllt sich dieses im Opfer?

Christi Priestertum gründet in der unlösbaren Beziehung zur Darbringung der Passion, die nun genauer zu bestimmen ist. Daraus lässt sich begründen, inwiefern das Geschehen unserer Erlösung im Opferbegriff eine angemessene Deutung findet. Grundvoraussetzung ist: ... *nobis ex fide constat non solum fuisse Christi mortem redemptricem, hoc est adaequate atque etiam cumulate satisfactoriam Deo pro nobis, sed et veri habuisse rationem atque formam sacrificii ab ipso Christo oblati.*[111] Abgesehen von den Einsetzungsberichten bezeugen dieses Verständnis seiner Passion als Sühnopfer, das er selbst dargebracht hat, auch Schriftstellen, die den Opferbegriff in seiner aktiven und passiven Konnotation als selbstverständlichen Deutungskontext erscheinen lassen. Da darüber weitgehende Übereinstimmung herrscht (der Streitpunkt neuerer Exegese liegt nicht in diesem Kontext an sich, sondern in der Frage nach dem eigenen Todesverständnis Jesu[112]), seien hier nur mit de la Taille einige biblische Belege zur Verdeutlichung angeführt[113]: Auf dem Hintergrund der Vorankündigung im Vierten Lied vom Gottesknecht in Jes 53, 10 („Doch der Herr fand Gefallen an seinem zerschlagenen Knecht, er rettete den, der sein Leben als Sühnopfer hingab") findet sich die Benennung Christi als „Opfer", „Sühnopfer", „unser Pascha" oder als „Lamm Gottes" vor allem in den neutestamentlichen Briefen (vgl. 1 Kor 5,7; Eph 5,2; Röm 3,25; 2 Kor 5,21; Tit 2,14; 1 Joh 4,10; 1 Petr 1,18–19 u.a.), aber auch im Johannes-Evangelium in den Worten Johannes des Täufers: „Seht das Lamm Gottes, das die Sünde der Welt hinwegnimmt" (Joh 1,29). Von der Verbindung von Priestertum und Opfer zeugt die gesamte Theologie des Hebräerbriefes, der nach der Abschaffung der alten Opfer in der Gegenüberstellung von *figura* und *veritas* Christus als den wahren und endgültigen Hohenpriester des Neuen Bundes hervorhebt (Hebr 4,14–10,18) und dies einleitet mit dem programmatischen Bekenntnis: „Da wir nun einen erhabenen Hohenpriester haben, der die Himmel durchschritten hat, Christus, den Sohn Gottes, lasst uns an dem Bekenntnis festhalten" (Hebr 4,14); dieses Priestertum ist in der Tradition verankert: „Du bist Priester auf ewig nach der Ordnung Melchisedeks" (Hebr 5,6; vgl. Gen 14,

[111] MF 19.

[112] Vgl. P. Stuhlmacher, Biblische Theologie des Neuen Testaments. Bd 1. Grundlegung: Von Jesus zu Paulus, Göttingen 1997, 125–130; W. Kraus, Der Tod Jesu als Sühnetod bei Paulus. Überlegungen zur neueren Diskussion, in: Zeitschrift für Neues Testament 2 (1999) 20–30.

[113] Vgl. MF 21f.

17–20; Ps 110,4) und auf das eigene Opfer Christi bezogen: „Ein solcher Hoherpriester war für uns in der Tat notwendig: einer, der heilig ist, unschuldig, makellos, abgesondert von den Sündern und erhöht über die Himmel; einer, der nicht Tag für Tag nötig hat, wie die Hohenpriester zuerst für die eigenen Sünden Opfer darzubringen und dann für die des Volkes; denn das hat er ein für allemal getan, als er sich selbst dargebracht hat" (Hebr 7,25–27).

Beides gehört also untrennbar zusammen, die innere Opfergesinnung Christi, die in Gehorsam und Liebe besteht, und die äußere Handlung, die uns erst von einem Opfer im eigentlichen Sinne sprechen lässt, da hier die sichtbare Seite des kultischen Opfers unserer Deutung aufgegeben ist. Nur dadurch, dass Christus die Passion auf sich nahm, das Opfer seines Leibes und Blutes darbrachte, sind wir erlöst. Aus dem Schriftzeugnis ergibt sich dieser Bezug auf die Passion in den synoptischen Parallelstellen zur Einsetzung der Eucharistie im Abendmahl durch die getrennte Bezeichnung von Leib und Blut sowie den Hinweis auf die Sühnewirkung dieses Todes (vgl. Mt 26, 28; Mk 14, 24; Lk 22, 19; 1 Kor 11, 24). In dieser Begrifflichkeit ist eine unblutige Darbringung der blutigen Immolation enthalten. De la Taille legt dies in folgenden Schritten dar[114]:

Zunächst geht er davon aus, dass die *mactatio* der *coena* rein gleichnishaft und repräsentativ ist. Sie besteht nämlich in der symbolischen Kraft, die den äußeren Gestalten durch die Deuteworte Christi zukommt. So werden zwar Leib und Blut Christi getrennt gegenwärtig gesetzt als in den Tod gegeben, es geschieht aber keine reale, gegenwärtige Tötung.

Jedoch geschieht gerade in dieser Repräsentation der zukünftigen Tötung ein sichtbarer Ritus der Darbringung, der in einem freiwilligen Akt (Bundesgedanke, Danksagung und Segen sind Elemente, die Freiwilligkeit und Freigebigkeit voraussetzen und anzeigen) die Übereignung der Gabe an Gott und ihre Intention als Sühnopfer (als Gabe „für viele" bzw. „für euch", nicht „an die vielen" oder „an euch") zum Ausdruck bringt.

Diese Darbringung ist wahr und gegenwärtig, denn nach den Einsetzungsworten ist die Darbringung von Brot und Wein eine scheinbare: Was wirklich geschieht und sich hinter ihr den Sinnen verbirgt, aber dem Glauben erschließt, ist die

[114] Vgl. MF 35–39.

wahre und gegenwärtige Darbringung von Christi Leib und Blut.[115] Das heißt, die Darbringung von Leib und Blut Christi wird nicht nur angekündigt, sondern in diesem Augenblick bewirkt und vollzogen. Und wenn dieser Vollzug wirklich Opfercharakter hat, bezieht sich der Auftrag *Hoc facite!* ebenfalls auf die Darbringung eines Opfers; Christus hat also damit die Eucharistie eingesetzt – und er hat sie als Opfer eingesetzt.[116]

Zwischen der Oblation und der wahren Immolation, die sie als zukünftige repräsentiert, besteht eine indirekte Beziehung dadurch, dass es mit einer bloß bildlichen Bedeutung weder ein wahres Opfer noch eine gegenwärtige Sühnewirkung geben könnte, und eine direkte Beziehung dadurch, dass Christus sich im Mahl *hic et nunc* der Verfügungsgewalt Gottes unterstellt, indem er durch die bildhafte Trennung von Leib und Blut seine Opferweihe in Ausrichtung auf das reale Blutvergießen und die reale Maktation erhält. Der „Verpflichtungscharakter" dieser Beziehung wird deutlich, indem in diesem Ritus der mystischen Immolation Christus sich priesterlich als *hostia passionis* Gott darbringt.[117] So vollzieht sich in dieser sakramentalen Form der mystischen Immolation, die das äußere Zeichen für die innere Hingabe ist, die aktuelle Oblation Christi zur blutigen Immolation: *Ergo in ipsa immolatione repraesentativa (quam recte nuncupaveris symbolicam, sacramentalem, mysticam) actualiter quaedam perficitur oblatio Christi ad immolationem cruentam.*[118]

Ein bloß metaphorisches Opfer liegt auch dem Verständnis der Tradition absolut fern[119]. Der Grundgedanke ist als solcher durchgehendes Motiv, dass Christus als

[115] Vgl MF 36: *At non ipsa offerebat, quae in articulo sacramentalis coenae iam non erant, cum diceret Christus, non: hic est panis, sed hoc est corpus; nec: hoc est vinum, sed hic est sanguis. Non igitur panem offerebat, quippe qui non esset; nec vinum offerebat, quippe quod non esset; sed offerebat, si quid offerebat, id quod esse dicebat: corpus suum et sanguinem suum. Apparens igitur tantum erat oblatio panis et vini; in ea latebat sensibus, aperiebatur autem fidei, oblatio corporis et sanguinis. Haec igitur non erat, sicut illa, mera effigies alicuius donationis secretioris, sed erat ipsa substantialiter quaedam donatio vera et realis.*

[116] Vgl. MF 195.

[117] Vgl. MF 39: *Quare omni ex parte adigimur ad dicendum corpus et sanguinem Christi esse in incruenta passionis imitatione ad cruentam passionis perpessionem obligatum erga Deum; aliis verbis, esse in ritu illo mysticae immolationis ipsam passionis hostiam, ut talem, oblatam Deo a Christo sacerdotaliter.*

[118] MF 39.

[119] De la Taille beruft sich hier (vgl. MF 22f.) auf die detaillierte Untersuchung von J. Rivière, Le Dogme de la Rédemption. Essai d'Étude historique, Paris 1905², der zu dem Ergebnis kommt: „Depuis que Notre-Seigneur a dit qu'il donnait sa vie pour la rançon du monde, qu'il versait son sang pour la rémission des péchés, L'Église, comme saint Paul, n'a plus voulu savoir autre chose que Jésus, et Jésus crucifié. Car le salut ... est consommé et comme éminemment con-

Erlöser für uns Genugtuung geleistet hat sozusagen durch einen moralischen Akt[120], durch Ausübung seiner Freiheit, durch die Wirksamkeit und das Verdienst seiner Liebe, durch freiwillig aus Liebe geleisteten Gehorsam, also letztlich in ebendiesem Akt, in dem er die Passion so auf sich nahm, dass er das Opfer seines Leibes und Blutes darbrachte.[121]

Als Höhepunkt der Zeugnisse führt de la Taille eine prägnante Stelle aus Augustinus, C. Faust. Man., an: *Huius sacrificii caro et sanguis ante adventum Christi per victimas similitudinum promittebatur; in passione Christi per ipsam veritatem reddebatur; post ascensum Christi per sacramentum memoriae celebratur.*[122] Es macht einen entscheidenden Unterschied, wer der Adressat des Opfers ist. Nur dem wahren Gott allein kommt unsere Anbetung zu. Deshalb kann auch allein ein an ihn gerichtetes Opfer, in dem sich durch die Darbringung des Leibes und Blutes Christi die Wahrheit selbst gewährt, von bloßer metaphorischer Zeichenhaftigkeit und von hinweisender Vorbedeutung abgesetzt werden.

Dieser Kristallisationspunkt des Opferbegriffes in der Vollendung der Zeichenhaftigkeit und der höchsten propitiatorischen und latreutischen Wirksamkeit ist darin verankert, dass Christus als wahrer Gottmensch in zweifacher Weise das Haupt der Menschheit ist: durch sein Leitungs- oder Regierungsamt und durch seine Wirksamkeit als Gnadenmittler. Die Wirksamkeit als Gnadenmittler kommt ihm in seiner Inkarnation zu, aus der Verbindung von Gottheit und Menschheit. Sie ist jedoch letztlich Konsequenz aus dem Opfer, da sie sich gemäß dem göttlichen Heilsplan aus der Passion heraus in voller Gestalt entfaltet; das Leitungsamt kommt ihm schon vorher zu, indem er als Priester für die Menschen steht. Als wahrer Gottmensch repräsentiert er sie in seiner Person, und zwar in der katabatischen und anabatischen Linie, denn er opfert sich *personaliter* (als göttliche Person) für uns *capitaliter* (als Haupt der Menschheit). Somit agiert er nicht nur

centré dans le mystère de la Croix. Jésus est mort pour nous sauver: dans cette formule de nos vieux symboles, et qui est encore aujourd'hui familière à la piété des plus humbles comme des plus savants, l'Église n'a jamais cessé de voir l'expression d'une surnaturelle et sublime réalité, tellement que cette vérité, qu'on peut à peine appeler un dogme, a toujours constitué un point essentiel – et peut-être le plus fondamental – de la foi chrétienne" (ebd. 489f.). Die Idee des Sühnopfers Christi zählt zu den Grundgedanken des Erlösungsdogmas, die schon in der Heiligen Schrift präsent sind, sich in der Patristik im Spannungsfeld der Konstanten Sünde und Erlösungstod begrifflich weiter entfaltet haben und schließlich mit der Satisfaktionstheorie Anselms in ein theologisches System integriert werden (vgl. ebd. 487–501); vgl. auch N. Gihr, Das heilige Messopfer. Dogmatisch, liturgisch und aszetisch erklärt, Freiburg 1912[11-13], 30–35.

120 Vgl. J. Rivière, Le Dogme de la Rédemption, 496f.

121 Vgl. MF 22.

122 Augustinus, C. Faust. Man. 20, 21 (CSEL 25,564); vgl. MF 22.

von Seiten Gottes zu den Menschen gewandt, sondern auch von Seiten der Menschen zu Gott gewandt.[123]

Es ist dabei ein doppeltes Element dieses Opfers zu betrachten, das sichtbare und das unsichtbare: Die Betrachtung Christi *capitaliter* ergibt als unsichtbares Element, das in der Passion Christi bezeichnet wird, die Übereignung der Menschen an Gott und ihre Entfremdung von der Sünde: „Denn auch Christus ist der Sünden wegen ein einziges Mal gestorben, er, der Gerechte, für die Ungerechten, um euch zu Gott hinzuführen“ (1 Petr 3,18). Die Passion als reales Geschehen hat also zugleich vorauswirkenden Zeichencharakter; in der soteriologischen Betrachtung ist verwiesen auf unser Opfer, indem wir nachvollziehen, dass Christus in der Übereignung der Menschheit uns mit dargebracht hat. Hierin liegt das unsichtbare Opfer, dessen Sakrament das sichtbare Opfer war. De la Taille betont ausdrücklich, dass in diesem Opfer – im Gegensatz zu den vorhergehenden Formen, in denen das unsichtbare Element durch das sichtbare nur bezeichnet, nicht bewirkt wurde – das, was bezeichnet wird, durch die Kraft des Opfers zugleich in wirkmächtige Gegenwart überführt wird, konkret gesagt: Unsere Entfremdung von der Sünde ist nicht Grundlage, sondern Konsequenz des Kreuzesopfers.[124]

Die Zeichenhaftigkeit, die dem Opfer Christi *principaliter* zukommt, besteht in Bezug auf den Charakter als Lob- und Dankopfer in seiner Hingabe zu Lob und Ehre des Vaters, in Bezug auf das Sühnopfer in seinem Willen, Ausgleich zu schaffen für die Verletzung der göttlichen Ehre durch die Menschen. Unter beiden Aspekten ist das Opfer Christi nur so zu verstehen, dass er nicht geopfert hat, um das Ziel der Sündenvergebung oder Erlangung eines Guten für sich zu erreichen. Im Gegenteil, er er stellt seine rituelle Darbringung – und als solche kann man von seinem Opfer sprechen, denn er bringt ja darin nichts ihm Fremdes dar – ganz unter das Ziel unserer Erlösung, indem er agiert als Haupt derer, die dieser Erlösung bedürfen.[125]

Gemäß seiner Funktion als *caput Ecclesiae* ist Christus durch sein Opfer in den Himmel eingegangen. Dadurch allein ist auch der Menschheit als *corpus Christi* der Weg zur himmlischen Herrlichkeit eröffnet. Und er hat sich im selben Maße durch sein Opfer den *status gloriae* erworben, wie er uns, die mit ihm verbunden sind, als Haupt voransteht[126]. Diese innere Verbindung konstituiert sich äußerlich

[123] Vgl. MF 23.
[124] MF 24.
[125] Vgl. ebd.
[126] Vgl. MF 25.

in dreierlei Hinsicht: Es sind die Opfergabe, ihre Immolation und ihre Darbringung zu betrachten.

Zwei Aspekte der Opfergabe betont de la Taille in materialer Hinsicht (dem Opfer vorausgehend) im Anschluss an Augustinus[127]: Sie ist sündenlos (*munda)* und geistig *(rationalis).* Zur geistigen Opfergabe gehört ihre Freiwilligkeit und ihre Liebe, die ihr in der Einheit mit dem darbringenden Opferpriester höchste Wirksamkeit verleiht. Denn Christus allein kann als Stellvertreter der Menschen vor Gott im Gegensatz zur geschöpflichen Unvollkommenheit der Menschen diese Liebe übermitteln, indem er sich selbst opfert bzw. darbringt und damit gleichzeitig als Opfer für die Sünden durch seinen stellvertretenden Tod mit der Sünde auch die Strafe auf sich nehmen kann.[128] *Adeoque fecit se Christus litans et peccatiferum et poeniferum.*[129] Die höchste Wirksamkeit dieses Opfers unseres Erlösers leitet sich aus der Einheit von *sacerdos* und *hostia* ab. Es ist von hier aus zu klären, wie die Stellvertretung Christi für das Menschengeschlecht, die für die stellvertretende Rechtfertigung erforderlich ist, in angemessener Weise aus seinem Priestertum hervorgeht und sich im Opfer erfüllt.[130]

Formal (dem Opfer nachgeordnet) gesehen geht es darum, wie Christus die spezielle Heiligung im *status victimalis* zukommt. Kann man doch davon ausgehen, dass er sich nicht erst verdienen muss, was er kraft seines Wesens besitzt. Es ist also zu fragen, wie sich die Heiligung durch den Geist von seiner Heiligung durch sein Opfer unterscheidet. Thomas spricht von einer neuen Weise der Heiligung der menschlichen Natur, die ihm als *hostia actualiter tunc exhibita* zukommt, als Heiligkeit, die die frühere Liebe und Unionsgnade absolut umgreift, sodass ab diesem Zeitpunkt nur im Rückbezug auf das Opfer, in dem er zur Op-

[127] Vgl. Augustinus, De Trin., IV, 14, 19 (CCL 50,186f.); vgl. dazu auch M. Seybold, Sozialtheologische Aspekte der Sünde. Studien zur Geschichte der Moraltheologie XI, Regensburg 1963, 185–188: „Nur Christus der Gottmensch war aus sich frei von jedweder Sünde: von der Erbschuld, weil jungfräulich empfangen, von jeder persönlichen, weil fleischgewordenes Wort, mit dem Heiligen Geist gesalbt vom ersten Augenblick seines Menschseins an. Freiwillig nahm er als Mensch auch den leiblichen Tod auf sich, der für ihn, den Sündenlosen, nicht Strafe oder Auswirkung einer Sünde sein konnte, sondern er hat stellvertretend unsere Strafe übernommen, die darum an ihm nicht mehr Strafe ist, sondern Sühne, Erlösung“ (ebd. 186).

[128] Vgl. MF 25–27.

[129] MF 27.

[130] Vgl. ebd.

fergabe wurde, von Heiligkeit gesprochen werden kann[131]: *Unde exsistit Christus novo titulo 'Sanctus Dei', eo scilicet titulo quo est 'Agnus Dei'.*[132]

In Bezug auf einen toten Menschen, bei dem sich Leib und Seele getrennt haben, kann man nicht von einem freiwilligen Akzeptieren und Erleiden der Immolation sprechen, die Wesensbestandteile des Opfers sind, insofern sie den Wert der Gabe und das Verdienst des Priesters bedingen. Damit man also von einem Akt sprechen kann, in dem der Wille der Opfergabe und des Opferpriesters kongruent sind, ist die Immolation als die Passion zu verstehen, insofern sie der Weg zum Tod war. In diesem Sinn kann man sagen, Christus habe seinen Tod dargebracht. Diese Sprechweise kann man auch auf das Tun der Kirche übertragen, indem man sie so versteht, dass wir den Tod Christi darbringen, insofern wir den Leib und das Blut Christi darbringen, der aufgrund seiner Passion auf ewig geheiligt ist.[133]

Genau um diese Verbindung geht es im Folgenden. Den Schlüssel dazu liefert der Oblationsbegriff de la Tailles: Die Freiwilligkeit, die im Erleiden der Passion zum Ausdruck kommt, ist konstitutives Wesensmerkmal der Oblation. Aufgrund dessen kann man davon sprechen, dass Christus sich geopfert hat, ohne von der Macht seiner göttlichen Natur Gebrauch zu machen, indem er zuließ, dass seine Feinde ihm schadeten und er sich dem Schmerz und Tod unterwerfen musste. Für eine Opferdarbringung reicht jedoch diese innere Freiwilligkeit der Darbringung nicht aus, sondern es gehört eine äußerlich sichtbare Ausrichtung auf Gott dazu: *Oblatione enim substantia quaedam permanens Deo datur; sacrificalis autem oblatio oportet ut sensibiliter fiat.*[134]

Um die Rede vom Opfer der Kirche zu präzisieren, ist zunächst eine Bestimmung nötig, wie sich die Elemente eines wahren Opfers im eigentlichen Sinn, d.h. rituell und liturgisch, im Opfer unseres Erlösers finden einschließlich der rituellen Darbringung (*litatio)* des Opferpriesters. Die Hauptfrage, auf die alles abzielt, lautet: Wann hat Christus jene freiwillige und aktive Übereignung seiner selbst als Opfergabe sichtbar, rituell und liturgisch (*sensibiliter, ritualiter, liturgice)*

131 Vgl. S. Th. III, 22, 2: *Sanctitas humanitatis Christi a principio non impedit, quin ipsamet humana natura, cum in passionem oblata est Deo, sanctificata novo modo fuerit, scilicet ut hostia actualiter tum exhibita. Acquisivit enim actualem hostiae sanctificationem tunc ex antiqua caritate et gratia unionis sanctificante eandem absolute.*

132 MF 27.

133 Vgl. MF 28.

134 MF 29; vgl. auch N. Gihr, Das heilige Messopfer, 37f.

vollzogen? Das heißt zu fragen, in welchem äußeren Akt Christus im Hinblick auf seine Passion das Priesteramt ausgeübt, nach welchem Ritus er die Darbringung vollzogen und welche Opferhandlung, kraft derer er Opfergabe wurde, er vollzogen hat.[135] Weder die Ereignisse (Niederfallen der Soldaten, Schrei mit lauter Stimme) noch die Worte Jesu vor der Passion („In deine Hände lege ich meinen Geist", „Nicht mein Wille geschehe...") sind hinreichend, um diese äußere Form zu erklären, sie sind nicht hinreichend, um den Opfercharakter der Passion sichtbar zu bezeichnen, da dieser nach ihrem Wegfall trotzdem bestehen bliebe. Auch das allgemeine Verhalten Jesu in seiner ausgedrückten Gesamtintention gegenüber Gottes Gesetz zu unserem Vorteil reicht für de la Taille zwar aus, um äußerlich zu zeigen, dass sich Christus freiwillig in den Tod gibt, aber nicht für einen deutlichen Erweis des Opfercharakters im Unterschied zu einem inneren, metaphorischen Opfer (wie z.B. der Tod der Martyrer).

Da auch nach den Vorgaben des Konzils von Trient[136] das Wesen des Opfers im Zeichen besteht, sozusagen als pragmatisches Sprechen, mit dem Unsichtbares bezeichnet und bewirkt wird, muss es in erster Linie aus sich selbst erkennbar sein. Etwas ist aber nicht aus sich selbst als Opfer erkennbar und ist somit kein geeignetes Zeichen – und dann auch kein Opfer –, wenn äußerlich nicht klar bestimmbar ist, worauf der Opfercharakter gründet. Eine Handlung oder ein Geschehen ist unbestimmt, wenn man sich dasselbe ohne Opfer denken kann. Die Passion des Herrn ist also in diesem Umfeld nicht genügend gekennzeichnet als Opfer im eigentlichen Sinn.[137]

Wenn nun also in diesen Ereignissen von der Gefangennahme Jesu bis zu seinem Tod nicht die äußerlich deutlich erkennbare Eigenheit der rituellen priesterlichen Darbringung aufgefunden werden kann, ist diese für de la Taille anderswo zu suchen, nämlich in der Einheit von *coena* und *passio*.

135 Vgl. MF 23, Anm.1.

136 Vgl. Trid. sess. 22, cap. 1 (DH 1740).

137 Vgl. MF 31: *Sacrificium debet ex sese clarere ut tale: cuius ratio est, quia sacrificium est in genere signi, tamquam locutio quaedam pragmatica, notificans rem invisibilem; proindeque debet esse per se notum primo. Non est autem per se notum aliquod sacrificium, nec proinde aptum signum, nec proinde sacrificium ullum, si sit indeterminatum ex toto se quoad esse sacrificale. Est autem indeterminatum, si potest haberi idem sine sacrificio. Non igitur passio Domini ex complexu isto satis specificatur in genere sacrificii proprie dicti.*

### 3.1.2 Die Einsetzung der Eucharistie in numerischer Einheit von *coena* und *passio*

Für de la Taille sind *coena* (Beginn mit der Konsekration) und *passio* (Vollendung) der Zahl nach nur ein Opfer. Im Widerspruch zu anderen Opfertheorien ist für ihn die Passion in sich kein Opfer im eigentlichen Sinne, denn die Form des Opfers hat Christus im Abendmahl eingesetzt. Eine hinreichende Antwort auf die Frage nach dem Zeitpunkt, zu dem Christus seine priesterliche Darbringung und seine Hingabe als Opferlamm *sensibiliter, ritualiter et liturgice* durchgeführt habe, findet er erst in der numerischen (nicht wesensmäßigen) Einheit von *coena (Christus sacerdos)* und *passio (Christus hostia)*. Die Vollendung des Opfers in der realen Immolation besteht im Erleiden des Todes, in der *passio*; aber in der symbolischen Immolation des Abendmahls ist die liturgische Form der Darbringung gegeben. Das Opfer der Erlösung am Kreuz und im Abendmahl war also der Zahl nach ein einziges. So folgert de la Taille, dass man nicht ein vorbereitendes Opfer im Mahl und ein darauf folgendes im Kreuz zählen dürfe. Abendmahl und Kreuz sind in ihrem Opfercharakter verbunden, denn im Abendmahlssaal geschah die unblutige Oblation der am Kreuz zu erduldenden blutigen Immolation. So hat Christus dort eine repräsentative (*repraesentativa),* bildliche *(similitudinaria)* oder mystische *(mystica)* Immolation seiner selbst vorweggenommen, in der die Darbringung der wahren und eigentlichen Immolation (*vera propriaque immolatio)* bestand, durch die er von der Hand der Feinde getötet werden musste.[138] In fünf Schritten legt de la Taille diesen Zusammenhang zwischen Immolation und Oblation im Opfer Christi dar[139]:

[138] Vgl. MF 101: *Reperitur quidem immolationis realitas in passione mortis; at in symbolica immolatione coenae elucet potissimum oblationis liturgicae proprietas ... In coenaculo incruenta oblatio fiebat cruentae immolationis in calvaria perpetiendae.*

[139] Vgl. MF 102–106. De la Taille meint nicht eine undifferenzierte Identität zwischen *coena* und *passio.* Ihm geht es um die Ganzheit des Opfers Christi, um eine *unitas compositionis* aus zwei Teilen, die wesentlich sind und sich gegenseitig bestimmen und sich wechselseitig entsprechen. Das stellt er auch als Reaktion auf eine Diskussion seiner These in seinem Artikel deutlich heraus: vgl. M. de la Taille, Coena et Passio in Theologia Apologetica contra pseudoreformatores, in: Gr 9 (1928) 177–241 (dieser Artikel ist als Tertium Antirrheticum aufgenommen in MF 704–741): *Sic ex compartibus duabus efficitur unitas illius sacrificii, in quantum sacrificium est, seu actualis donatio externa rei visibilis, denotans internam consecrationem. Ambae igitur partes sunt essentiales, quatenus deficiente una ... altera iam non integram exhiberet essentiam sacrificii ut sacrificii. Et si quidem sunt essentiales, complentes scilicet essentiam ut talem, oportet ut una per alteram determinetur* (MF 705).

1. Diese Einheit ist nicht zu denken *in genere rei,* sondern *in genere signi* oder *in genere sacrificii,* da das Opfer als äußeres Zeichen der inneren Opfergesinnung hierzu gehört.

2. Immolation und Oblation sind nicht nur ergänzende, sondern konstitutive Bestandteile des einen Opfers unserer Erlösung. Im Abendmahl ist die Darbringung real und gegenwärtig. Sie bezieht sich jedoch auf die wahre Immolation, die als zukünftige repräsentiert wird. In der *coena* geschieht also eine Opferhandlung, denn die *passio* steht im Mittelpunkt verknüpft mit einem unblutigen Ritus. In der symbolischen Immolation der *coena* wird die Eigenheit der liturgischen Darbringung deutlich, sodass man die *immolatio protracta in cruce* als Materie, die *oblatio peracta in coena* als die determinierende Form des Opfers identifizieren kann. So erhält der ganze Prozess der Passion Christi in seiner Entwicklung bis zum Tod, der die Begrenzung bildet, eine Bestimmung durch die eucharistische Darbringung, in der das formale Element für den Opferbegriff besteht. Dieses formale Element aus dem Abendmahl dauert während der Passion an, indem es sich – im Unterschied zur affektiven Hingabe Christi im Verlauf seines ganzen irdischen Lebens – äußerlich und effektiv in allen Akten und Worten Christi bis zu seinem Tod am Kreuz manifestiert, letztlich bekräftigt durch das Vergießen seines Blutes.

3. Es wäre ein Missverständnis, der *coena* demzufolge dieselbe Heilsnotwendigkeit zuzuschreiben wie der *passio*, denn sie sind nicht *absolute* bzw. *de iure* als Opfer verbunden, sondern *de facto,* weil Christus als Priester in der Ordnung des Melchisedek diesen Ritus frei gesetzt hat, ohne dass dahinter die Notwendigkeit stand, dass unser Heil durch die Erlösung geschehen, die Erlösung durch ein Opfer im wahren Sinn vollzogen werden und das Opfer des Herrn in Verbindung mit dem Mahl geschehen musste. Das absolute Opfer der Erlösung liegt also im Kreuz. [140]

4. Obwohl der Mahlcharakter der liturgischen Darbringung formal im Vordergrund steht, liegt die absolute und substantielle Wahrheit des Opfers mehr in der

[140] Da de la Taille stringent an dieser Grundlage festhält ist der Vorwurf von V. McNabb nicht gerechtfertigt, de la Taille würde das Kreuzesopfer zum relativen Opfer erklären, während doch in Wirklichkeit das Abendmahl und die Messe von ihrer Bezogenheit bestimmt sind. McNabb kann aber de la Tailles Argumentation nicht nachvollziehen, da er die Konsekration im Abendmahl nicht als rituelle Darbringung, sondern als liturgische Immolation sieht (vgl. V. McNabb, A new Theory of the Sacrifice of the Mass, in: Irish Ecclesiastical Record 23 (1924) 561–573.).

Passion als im Abendmahl. Denn auch bei körperlichen Dingen (von denen die Begrifflichkeit abgeleitet ist) ist die Substanz das *subiectum in actu.* Es ergibt sich also eine wechselseitige Verwiesenheit von *coena* und *passio*[141]: Während unter Voraussetzung der Darbringung die Passion substantiell das eigentliche und absolute Opfer unserer Erlösung darstellt, ist auch das Abendmahl Opfer unserer Erlösung, da sich ja von hier aus die äußerliche Zeichenhaftigkeit des deutenden Ritus als determinierende Form durchhält.

5. Auch der moralische Aspekt tritt in der Passion deutlicher hervor als im Abendmahl, weil in diesem Opfer Christus sich selbst opfert. So wird gerade dadurch, dass er sein Leben hingibt, die höchste Form der Liebe in diesem Zeichen offenbar. Im Gegensatz zu Opfern, bei denen sich Opfergabe und Opferpriester unterscheiden und der Akt der Darbringung im Vordergrund steht, wird in diesem Opfer deutlich, dass das Opfer Christi sich nicht in einer bloß rituellen Zeichenhaftigkeit vollzieht, sondern dass sich in dieser rituellen Zeichenhaftigkeit ein Akt grenzenloser Liebe realisiert. *Passioni prae coena, potius quam e converso, inhaeret et ratio sacrificalis et valor moralis.*[142]

Eucharistie und Passion müssen zusammengenommen werden als Erfüllung des Versprechens Christi: „Das Brot, das ich euch geben werde, ist mein Fleisch für das Leben der Welt“ (Joh 6, 51c). Die lebensspendende Wirkung der Eucharistie

141 De la Taille sieht sich hier (vgl. MF 106) in Übereinstimmung mit P. Batiffol, Leçons sur la Messe, Paris 1918, dessen Werk er kurz vor der Fertigstellung von MF noch einsehen konnte. In der 9. Auflage (1922) verweist P. Batiffol ebenfalls in der Frage nach der Zuordnung von *coena* und *passio* und der Konsequenzen für die Einordnung des Messopfers auf de la Taille: „L'oblation de la cène et l'oblation de la messe ont ceci de commun qu'elles sont l'oblation d'une victime immolée en un autre point d'espace et du temps: à la cène, l'oblation est faite de la victime qui sera immolée sur la croix: à la messe, l'oblation est faite de la victime qu'a été immolée sur la croix. De plus, à la cène, le Christ fait lui-même l'oblation de son corps et de son sang, tandis que, à la messe, le prêtre offre vice Christi le corps et le sang immolé du Christ.“ (ebd. 180f.). - De la Taille beruft sich auch auf A. MacDonald, The Sacrifice of the New Law, in: AEcR 34 (1906) 319–324, der die Einheit des Opfers Christi wie de la Taille in der Ausübung des Priestertums im Abendmahl und im blutigen Opfer am Kreuz sieht, nicht als ob er im Abendmahlssaal nicht Opfergabe oder am Kreuz nicht Priester gewesen wäre, aber doch so, dass sich in den beiden Entsprechungen des einen Opfers jeweils das Priestertum bzw. die Existenz als Opfergabe vorrangig äußert. Der Beitrag MacDonalds bildete den Schlusspunkt einer längeren Diskussion über den Opfercharakter der Eucharistie, der durch die Beiträge des Bischofs J. Bellord, The Notion of Sacrifice, in: AEcR 33 (1905) 1–14 und ders., The Sacrifice of the New Law, in: AEcR 34 (1905) 258–273, ausgelöst wurde.

142 MF 105; vgl. auch J. Rievière, Le Dogme de la Rédemption, der mit folgenden Worten auf das Opfer Christi Bezug nimmt: „Acte de magnanimité et d'amour d'une haute valeur morale et qui revêt, dès lors qu'il est fourni par le Fils même de Dieu, une dignité infinie“ (496). - „Nous savons surtout la valeur du sacrifice de Jésus Christ et que ce mot ne représente pas une vaine signification rituelle, mais une sublime réalité morale.“ (497).

kommt aus dieser Verbindung, denn dadurch, dass sie eine auf Gott ausgerichtete Opfergabe ist (vgl. Joh 6, 51), ist sie ein Opfermahl, das den Menschen zugute kommen kann (vgl. Joh 6, 53–57). Die Ausrichtung der Gabe auf Gott in der Opferdarbringung ist also Grundlage für das Sakrament der Teilhabe an der Opfergabe. De la Taille wendet sich strikt gegen Doppelkonsekrationstheorien, die eine verschiedene Darbringung von Brot und Leib Christi behaupten[143]; denn die eucharistische Speise ist Teilhabe am blutigen Opfer. Wenn es in der Eucharistie diese wirkliche Teilhabe am blutigen Opfer gibt, dann ist auch dessen Darbringung in der Eucharistie der nötige reale Hintergrund. Denn von den Gläubigen wird nichts anderes im Sakrament empfangen als die Gabe, die vorausgehend sakramental Gott dargebracht ist. In den Gestalten von Brot und Wein hat sich Christus als Opfergabe dem Tod ausgeliefert und zwar in diesem einzigen formalen Akt der Darbringung im letzten Abendmahl. In der *coena* hat Christus ein wahres Opfer dargebracht, das darin besteht, dass er sich zur Immolation der Passion darbrachte. Es gibt kein wahres Opfer ohne Bezug zur wahren Immolation. Da in der *coena* die Immolation, die im Kreuzestod geschieht, nur symbolisch repräsentiert wird, wird hier Christus als noch zu opfernde Gabe im Hinblick auf den Kreuzestod dargebracht.[144]

Es lässt sich bereits von der Sühnewirkung aus eine später noch genauer zu erklärende Folgerung ableiten: Wenn die *coena* ein eigenes Opfer neben der *passio* wäre, das weder ungültig (von Gott nicht akzeptiert) noch unwirksam (ohne Frucht) sein könnte, wären wir schon vor dem Kreuzestod mit Gott versöhnt. *Ergo abundat sacrificium illud, utpote quod sacrificio crucis non subordinetur, ut nostra sacrificia missarum, sed omnino coordinetur, atque connumeretur.*[145]

[143] Diese Variante der Doppelkonsekrationstheorien basiert auf der These, durch die eucharistische Opfergabe werde eine symbolische Beziehung zum Kreuzesopfer hergestellt, auf die sich dann das Messopfer gründet. De la Taille kritisiert an dieser Position zu Recht, dass diese Beziehung zweier Opfer im biblischen Text nicht in Betracht gezogen wird und dass dann „das Geben" der Opfergabe in zwei verschiedene Richtungen verstanden werden müsste, indem auf der symbolischen Seite damit das Brot, das uns gegeben wird, bezeichnet ist und auf der Seite der dahinterstehenden Realität die Hingabe seines Leibes an Gott für uns; eine einheitliche, logische Aussagerichtung ergibt sich nur, wenn gerade in den Gestalten von Brot und Wein seine wahre und reale Übereignung an Gott realisiert wird; nur dann kann man von einem wahren Opfer sprechen (vgl. MF 80f.); vgl. auch W. Hartmann, Oblatio munda. Die heilige Messe als Opfer, Wien - München 1967, 62: „Die bloße Beziehung zu einem anderen Opfer begründet aber kein Opfer, so wenig als die Darstellung einer Schlacht in einem Theater eine wirkliche Schlacht ist."

[144] Vgl. MF 80–83; vgl. M. de la Taille, The Eucharistic Sacrifice in the light of a recent Document, in: Gr 7 (1926) 97–109, 99.

[145] MF 83.

In dieser unüberbietbaren Gleichordnung und Einheit von *coena* und *passio*, von ritueller Darbringung und dem ihr wesensmäßig zugrundeliegenden Selbstopfer Christi am Kreuz, liegt die Initiation für das Tun der Kirche. In diesem Kontext steht die Frage nach der Teilnahme Christi am Mahl, es ist die Fragestellung nach dem Vollzug der Gemeinschaft. Nach fast einstimmigem Zeugnis der Väter und der Liturgien kann man davon ausgehen, dass Christus selbst im Mahl die Eucharistie empfangen hat.[146] Dies entspricht auch der allgemeinen Opfertheorie, wonach das Opfer gewissermaßen vollendet wird, indem der Darbringende Anteil an der Opfergabe erhält. Bei den meisten Opfern des Alten Bundes (v.a. Pascha) war die Erfüllung in dieser Form selbstverständlich, bei anderen wurde sie durch das Besprengen mit Blut vollzogen. Das Opfer Christi stellt für alle übrigen Opfer den Antitypus dar. In seinem Opfer ist auch die vollkommene Form zu finden, insofern er im Opfer des Abendmahls die *hostia passionis* als Speise genießen wollte, die er im Sakrament konstituiert hatte.[147] Bei der Frage nach dem Wie dieser Teilhabe Christi geht es natürlich nicht darum, dass der Empfang des Sakramentes die Einheit von *sacerdos* und *hostia* bewirken sollte, sondern um eine *vis significativa*: Als anagogische Zeichenfunktion in Bezug auf die individuelle Person Christi ist es ein Hinweis auf seine zukünftige Verherrlichung als Lamm Gottes und zugleich als Tischgenosse Gottes, in Bezug auf seine Rolle als Haupt des Menschengeschlechts ein Vorverweis auf unsere Möglichkeit des Zugangs zu Gottes Gaben. Es gibt auch eine Zeichenfunktion, die das gegenwärtige Leben unter eben denselben Aspekten betrifft: Die vollkommene Heiligung Christi, die äußerlich angezeigt wird, soll uns in der Ableitung vom Haupt zu den Gliedern durch die Teilhabe am göttlichen Mahl zukommen.

Der Einfluss Christi geht also weit über eine anzeigende Bedeutung hinaus. Der *effectus cognationis* wird nicht nur demonstriert, sondern vollzogen. *Non enim coadunatio nostra cum Christo convivio (per sumptionem corporis aut sanguinis Christi) est spectanda seorsim a coadunatione nostra cum Christo conviva (per concoenationem cum Christo eucharistiam praelibante).*[148] Wir werden in diese wechselseitig notwendige Verbindung zwischen der Eingliederung in Christus und dem lebensspendenden Empfang seines Leibes und Blutes hineingenommen *sub Christo et in Christo et cum Christo*, der mit uns und durch uns in der Kirche Mahl hält, indem er gleichzeitig Speise ist und durch uns und in uns am Mahl teilnimmt.

[146] Vgl. MF 119–125.
[147] Vgl. MF 125.
[148] MF 127.

Der theologische Grund für Christi Teilnahme am Mahl ist also nicht, dass er irgendetwas für sich nimmt, sondern mit seiner Teilnahme das Tun der Kirche initiiert, indem er den Akt verbunden mit seiner Frucht auf sie übergehen lässt. So wird uns Anteil gegeben an der zeichenhaft ausgedrückten Heiligung, so wird diese Heiligung in die Realität überführt durch die Wirkkraft des Sakramentes. Aus der vollkommenen Wahrheit des Zeichens in Christus fließt die Wirkung des Sakramentes.[149] Obwohl der Empfang also für Christus nicht notwendig war, war Christi Empfang doch für uns notwendig und damit ein angemessenes Mittel für die Zuwendung des Heils.[150]

Hierin zeigt sich für die Weiterführung und Übertragung auf die Eucharistie der Angelpunkt der Verbindung zwischen Opfermahl und Mahlopfer. Karl Rahner formuliert diese Verbindung in Übereinstimmung mit de la Taille folgendermaßen: „Das so konstituierte Mahlopfer drängt zu seiner wesensgemäßen Vollendung im Opfermahl. Die Kommunion des (dabei die Kirche vertretenden) Priesters ist nicht nur integrierender (Mediator Dei), sondern wesentlicher Bestandteil der Opfermesse ... Dafür spricht die Idee sowohl des Mahles als auch des Opfers. Das Mahl hat den Zweck, genossen zu werden. Es macht das Besondere der Eucharistie aus, dass in ihr die Darbringung am Kreuz durch seine Darreichung als Speise zum Genuss vergegenständlicht wird. Jedes Opfer drückt die Gemeinschaft mit Gott aus. Sie wiederherzustellen nicht für sich, sondern für die von ihm Vertretenen bestieg Jesus das Kreuz. Dem Wesen der Messe als wesensgleicher Sichtbarmachung des pro nobis des Kreuzesopfers entspricht die Sichtbarkeit der Vereinigung mit Gott in der Kommunion. Durch sie wird die Kirche endgültig eins mit ihrer Opfergabe ...“.[151]

## 3.2 Beleg und Begründung der Einheit von *coena* und passio

### 3.2.1 Die Kontinuität mit dem Alten Bund

Aus dem Zeugnis des Korintherbriefes und aller vier Evangelien geht für de la Taille eindeutig hervor, dass Christus den Ritus der Eucharistie eingesetzt hat. Es geschieht somit mit seinem Willen, dass in der Eucharistie bis zu seiner Wiederkunft das Gedächtnis seines Todes gefeiert wird. Deswegen weist de la

[149] Vgl. MF 127.
[150] Vgl. MF 128.
[151] K. Rahner - A. Häußling, Die vielen Messen und das eine Opfer, 32.

Taille alle Positionen zurück, die diesen Auftrag Christi nur als spontane Äußerung seines Messiasbewusstseins, als pure Demonstration der Einheit oder eschatologische Erwartung qualifizieren oder sogar in Umkehrung des wahren Verhältnisses den Ritus der Eucharistie als nachträgliche Interpretation der glaubenden Gemeinde deuten, die im Mahl plötzlich Parallelen zur letzten Handlung Christi entdeckte und diese aus einem inneren Bedürfnis heraus in den Ritus des Paschamahles einbrachte. Der historische Befund spricht eindeutig gegen ein solches Verständnis der Einsetzungsberichte als sekundäre Begründung der bereits geübten Praxis, da der Wortlaut biblisch übereinstimmend bezeugt ist und man schon deswegen von der Historizität der Einsetzung ausgehen kann, weil ansonsten der Korintherbrief des Paulus eine Kontroverse über den Ritus der Eucharistie ausgelöst hätte, falls bei den anderen Aposteln ein anderes Verständnis verbreitet gewesen wäre.[152]

Entsprechend der Besiegelung des Mose-Bundes (vgl. Ex 24, 8) mit einem Opfer wird auch der Neue Bund, der den Alten Bund ablöst, durch das Blut des Bundes geschlossen (vgl. Hebr 9, 20) – und zwar in einer wirklichen Handlung, nicht in bloßer Repräsentation. Jesus Christus, der Mittler des Neuen Bundes, ist Priester und Opfergabe zugleich – Priester eben dadurch, dass er selbst die Opfergabe ist. Die Verbindung des neuen Pascha mit dem Anbruch des Reiches Gottes (vgl. Lk 22, 18) ist mit dem Beginn des Mahles erfüllt, das Jesus nach dem Hinweis auf diese Verbindung zu sich nimmt. Sie besteht darin, dass das eucharistische Mahl in Entsprechung zu seinem Urbild das wahre Pascha ist als das Paschaopfer des wahren Lammes (vgl. 1 Kor 5, 7). Das Pascha Christi besteht in der untrennbaren Verbindung von unblutigem Ritus und blutigem Tod, indem das Vorausbild der Erfüllung gegenübergestellt wird, der Tod des Paschalammes dem Tod Christi; der äußere Ritus nimmt Bezug auf das Paschamahl. Die Passion entspricht dem Urbild des Pascha, und der Ritus, in dem diese Entsprechung mit dem Urbild vollzogen wird, ist das Abendmahl.[153] *Ergo hic iam, ante tormenta passionis, passionis celebratur sacrificium; hic Christus datur ad mortem, nec quicquam est a sacerdote nostro in novissima coena peractum litante, nisi sui sanguinis oblatio incruenta ad cruentam effusionem.*[154] Erst durch diese Darbringung konnte das Mahl die Immolation vorwegnehmen. Denn unter den Symbolen der Immolation war die Opfergabe konstituiert und gleichzeitig als Speise bereitet.

152 Vgl. MF 183–193; P. Batiffol, Études d'histoire et de théologie positive. L'eucharistie, la présence réelle et la transsubstantiation. Bd. 2, 1920[7], 490f.

153 Vgl. MF 56; M. de la Taille, Esquisse du Mystère de la Foi, 8–16; ders., The Mystery of Faith and Human Opinion, 10–15.

154 MF 53f.

Da es kein Opfermahl mit einer noch nicht dargebrachten Gabe geben kann, kann man die Verbindung von *coena* und *passio* als Erfüllung des Pascha nur so verstehen, dass die *coena* Anteil gibt am Opfer der Passion und demzufolge das Opfer (*hostia*) der Passion in der *coena* dargebracht wird.[155] Hier wird von der Intention her schon spürbar, dass sich de la Taille nicht mit einer sachlich-statischen Identifikation der Parallelen zum alttestamentlichen Opferkult zufriedengeben will. Er vollzieht die neutestamentliche Personalisierung und Christologisierung in diesem Erklärungsansatz nach, denn „für die frühe Christenheit ist das Abendmahl die Interpretation des Karfreitags als Selbstopfer, als Selbsthingabe".[156]

Es ist sicher, dass Jesus selbst sein Abendmahl in den Deutungskontext des Paschamahls gestellt hat; deswegen kann man hier absehen von den verschiedenen biblischen Traditionen und den Versuchen, sie zu harmonisieren bzw. der Problematik, ob es sich beim Termin des Abendmahls wirklich um den Termin des Paschamahls gehandelt habe. Geht es doch nicht um äußere Fragen des Termins, sondern um den Grund der Parallele mit dem Paschamahl.

De la Taille sucht in den Werken der Väter Stellen auf, die bestätigen, dass beim Mahl das wahre Pascha begann, in dessen Gedächtnis die Kirche das Opfer feiert, in dem sie selbst geopfert wurde. Die Wahrheit, die im Bild des alten Pascha lag, ist der Tod Christi als Opferlamm in der Passion, sodass die Einsetzung der Eucharistie untrennbar mit der Erfüllung des Pascha verbunden ist. Die Verbindung liegt in der *memoria.* Wie die wiederholte Feier des Pascha lebendige Gegenwart der Befreiung des Volkes aus der Knechtschaft ist, so ist die wiederholte Feier der Eucharistie lebendige Gegenwart des Opferlammes Christus und vollzogene Gemeinschaft mit ihm im Opfermahl seines Leibes und Blutes. Beide Male wird die Symbolkraft aus der Deutung der Mahlelemente genommen, die sich auf eine Wirklichkeit beziehen, deren Erleben Befreiung und Erlösung bedeutet. Für das Verständnis des Todes Jesu ist die Verbindung zum Paschamahl entscheidend, denn so wird deutlich, dass er seinen Tod als Befreiung und Erlösung verstanden hat. Das Mahl hat seine Symbolkraft und seine Realität nur aus der Passion. De la Taille legt dabei Wert darauf, dass die genannten Stellen immer von *coena* und *passio* in Einheit sprechen. Er führt dazu Beispiele an, die sich auf zwei Gruppen von Argumentationsstrukturen zurückführen lassen: Der erste Gedankengang spricht von der Opfergabe des Pascha als

155 Vgl. MF 57.
156 Vgl. Th. Schneider, Dogmatische Neuorientierung?, 219.

Urbild, das durch die Opfergabe des Kreuzes erfüllt wird und in der Einsetzung der Eucharistie beim Abendmahl rituell vollzogen wird; daraus folgert er die Identität der Vergleichspunkte.[157] Der zweite Gedankengang führt als Beleg an, dass Christus im Abendmahl geopfert habe, weil dem eucharistischen Mahl die Opfergabe der Passion zugrunde liegt.[158]

Durch diese Verbindung zwischen Passion und Abendmahl in ihrer Parallele zum Pascha in der Realität der Befreiung und Erlösung kommt der Geschehenscharakter in den Blick, der die *memoria* mit einem tieferen Inhalt füllt und das Verständnis einer bloßen Erinnerung und Zuwendung der Frucht eines abgeschlossenen Geschehens klar ausschließt. „Das bewahrende Weitersagen des historischen Ereignisses ist untrennbar verbunden mit dem aktuellen Wirklichkeitsbezug jenes Geschehens. Auf diesem Hintergrund meint Gedächtnis des Kreuzesopfers Christi in der Eucharistie die Gegenwart des einmaligen Kreuzesopfers in der deutenden Gestalt des Abendmahls...“[159] Die stringente Konsequenz dieses Ansatzes in einem so verstandenen Anamnesis-Begriff, der von seiner wirklichkeitsstiftenden Dimension in der Paschafeier her interpretiert ist, wäre genauer im Sinn einer „Mysteriengegenwart“ zu fassen. De la Taille vollzieht diesen Schritt noch nicht oder nur ansatzweise, indem er die Selbstgabe in der Eucharistie doch wieder von der Sachgabe her deutet, weil die Kontinuität für ihn vom *status victimalis* der Opfergabe her kommt und erst daran sich die *virtus* Christi auf das Tun der Kirche überträgt. Allerdings holt er dann die Dimension der personalen Verbindung über die Zeiten hinweg in der Gnadenlehre wieder ein.[160]

[157] Vgl. Ephraem Syrus, Sermones in hebdomadam sanctam II, 513–629 (CSCO 181, 24–41): Die Symbole des Pascha werden erfüllt, indem das Opfer des Mose durch das vom Herrn selbst eingesetzte „Erstlingspascha der Kirche“ für alle Völker und für alle Zeiten abgelöst wird; er selbst ist Opferpriester und Opfergabe. „Am Abend dieses Paschafestes wurde jenes Obergemach zu einer Kirche und sein Tisch zu einem heiligen Altar, und Priester waren die Apostel, die zu Tische lagen. Und Haupt der Tischrunde war Jesus, die Opfergabe und der die Opfergabe Heiligende.“ (Ebd. 529–534); auch Euthymius Zigabenus, Commentarius in Quattuor Evangelia. In Matthaeum 26,26 (PL 129, 663. 666), betont, dass das Abendmahl das wahre Pascha ist, auf das durch das alttestamentliche Pascha verwiesen wurde.

[158] Vgl. Fulgentius, Epistula XIV seu Liber ad Ferrandum Diaconum de quinque quaestionibus (CCL 91, 435). Fulgentius spricht vom *calix passionis*, den Christus seinen Jüngern im Abendmahl reichte (ebd. 435f.), sodass de la Taille daraus folgern kann, dass nicht nur durch das Mahl des Lammes, das geopfert werden sollte, sondern auch durch die Opferdarbringung selbst das Reich Gottes beginnt (vgl. MF 63); vgl. auch Rupertus v. Deutz, De gloria et honore filii hominis. Super Matthaeum X (PL 168, 310–316).

[159] Th. Schneider, Dogmatische Neuorientierung?, 220.

[160] Vgl. Kap. 5.2.1. dieser Arbeit

Die Verbindung über alle Zeitstufen wird durch folgende Identifikation hergestellt: *Immo quia pascha est passio, ideo pascha est eucharistia.*[161] Das Opfer Christi hat universale Heilsrelevanz. Es ist die Einholung aller Opfer. Diese universale Inklusion gründet auf der Person Christi selbst, in der hypostatischen Union. Der Weg der Erlösung von der Erinnerung an Vergangenes, der auch für die Gegenwart den Dank und für die Zukunft die Hoffnung einschließt, lässt diese Verbindung der Zeiten, die auf ihre Konkretion im Opfer Christi hingeordnet ist, als Paradigma für ihre Rezeption im Opfer der Kirche erscheinen. Die dankende Erinnerung ist mehr als nur bloßes Abbild, sondern in ihr vollzieht sich in der Form des Mahles die auf dem Opfer gründende Realität. Das Handeln Gottes ermöglicht das Angebot der Begegnung, es ist auf den Menschen ausgerichtet und verlangt dessen aktive Mitwirkung. Diese Mitwirkung kann sich aber nur auf den Akt beziehen, den Christus selbst vollzogen hat im Hinblick auf die zukünftige Immolation, sodass derselbe Akt den Rückbezug auf die vergangene Immolation ermöglichen kann. Das dahinter stehende Anliegen ist folgendes: Wenn das Abendmahl ein Bild der Passion darstellt, muss es mit der Passion real verbunden sein. Und wenn sich dieser Abbildungscharakter *in genere sacrificii* erfüllt, muss die *coena* als ein einziges Opfer mit der *passio* real verbunden sein.[162] Daraus folgt, dass im Abendmahl und in der Passion untrennbar der Akt unserer Rechtfertigung besteht.[163]

Drei Dinge stehen in enger sachlogischer Verknüpfung – diese Verknüpfung stellt de la Taille allerdings in spekulativer Deutung selbst her: Christus hat sich einmal dargebracht; er hat sich im Mahl dargebracht; er hat sich im Hinblick auf die zukünftige Immolation dargebracht (*se obtulit immolandum*). Alle Zeugnisse, die de la Taille auffindet, sprechen zwar von diesem Zusammenhang, der auf den Beginn des Reiches Gottes verweist; aber die numerische Identität der Handlungen als ein einziges Opfer, die de la Taille folgert, ist nirgends explizit ausge-

[161] MF 59.

[162] Vgl. MF 62. In dieser Intention verweist de la Taille auf Batiffol, der diesen Argumentationszusammenhang schon in seinen Leçons sur la Messe, die er 1916 am Institut Catholique in Paris gehalten hatte, vortrug. In der überarbeiteten Veröffentlichung dieser Vorlesungen (vgl. P. Batiffol, Leçons sur la Messe, Paris 1923$^{9}$, 175–180) beruft sich Batiffol hier auch auf de la Taille (vgl. ebd. 180), indem er dessen Argumentation durch den Hinweis auf die Einheit von Priester und Opfergabe auf das Messopfer hin erweitert: „Oblation et immolation se distinguent comme le prêtre se distingue de la victime, alors même que prêtre et victime ne sont qu'un. Dans ce sens nous dirons que, à la cène, le Christ s'est offert sans s'immoler, puisque le Christ n'est mort qu'une fois pour le péché... Mais, à la cène, il s'est offert“ (ebd. 175f.). - „L'oblation de la cène et l'oblation de la messe ont ceci de commun qu'elles sont l'oblation d'une victime immolée en un autre point de l'espace et du temps“ (ebd. 179).

[163] Vgl. MF 48f.

sprochen.[164] Der eigenständige Umgang de la Tailles mit den Zeugnissen der Tradition war auch Anlass für eine sich länger hinziehende Diskussion seiner Theorie der Einheit zwischen *coena* und *passio* in irischen Zeitschriften zwischen 1923 und 1931.[165]

Auch für seine Analyse des Priestertums nach der Ordnung des Melchisedek, das im Hebräerbrief bezeugt ist[166], ergibt sich derselbe Befund: Der Konsens der Deutungen, den de la Taille herstellt, besteht darin, dass sich die Entsprechung zwischen dem Opfer des Melchisedek und dem Opfer Christi hauptsächlich auf den Ritus (auf das Hypokeimenon von Brot und Wein) bezieht.[167] Dieser Ritus ist

164 Vgl. H. Berkans, Coena et Crux in mente patristica saeculorum IV et V, Rom 1956: Diese unveröffentlichte Dissertation (bei P. Dhanis an der Gregoriana in Rom; in der Bibliothek der Gregoriana einsehbar) beschäftigt sich im Rahmen einer Untersuchung der posttridentinischen Tradition, nach der Abendmahl und Kreuz zwei vollständige Opfer darstellen (das Kreuz ein absolutes, das Abendmahl ein relatives) mit der Theorie de la Tailles von der numerischen Einheit von Abendmahl und Kreuz und seinen patristischen Belegen zu dieser These. Berkans kommt dabei zu folgendem Ergebnis: „Ces docteurs sont unanimes à professer la plénitude et la sufficance du sacrifice de la Croix. La mort du Seigneur a en ellemême tout ce qu'il faut pour réaliser la condition d'un sacrifice véritable. Dans l'immolation du Calvaire, le Christ offre sacerdotalement à Dieu l'hostie rédemptrice. La répetition, par de pareils témoins de la foi, de cette simple affirmation, qui est celle même de l'Ecriture, induit à penser que la suffisance du sacrifice de la Croix constitue à leurs yeux un article indiscutable du dépôt révelée... Le sacrifice de la Cène n'a pas fait chez chacun l'objet d'une affirmation directe. Ces Pères ne semblent pas avoir songé que la dualité des sacrifices de la Cène et de la Croix, la propitiation operée en la Cène et sur la Croix pussent susciter le problème de conciliation que devait se poser dix siècles plus tard la réflexion théologique. S'ils ont, sur ce point, préparé la voie à leurs successeurs, ce fut en leur transmettant, au moins indirectement ou implicitement, l'héritage de l'unité foncière existant entre Cène et Croix en raison de l'identité de prêtre et hostie. Leur témoignage ne paraît pas engager la pensée chrétienne dans une direction qui aboutirait à l'unité numerique de la Cène et la Croix" (ebd. 446–448).

165 Diese Diskussion wurde ausgelöst durch die Kritik von Swaby und McNabb an de la Taille (vgl. A. Swaby, A New Theory of the Eucharistic Sacrifice. Authorities Examined, in: The Ecclesiastical Review 69 (1923) 460–473; V. McNabb, A new Theory of the Sacrifice of the Mass, in: IER 23 (1924) 561–573; ders., Père de la Taille and Henry VIII, in: IER 26 (1925) 284–287) und führte zu persönlichen Kontroversen zwischen McNabb und de la Taille in den „Correspondences" des IER (vgl. M. de la Taille, The Sacrifice of the Mass, in: IER 24 (1924) 74–79. 85–87. 310–313; V. McNabb, The Sacrifice of the Mass, in: IER 24 (1924) 423).

166 Vgl. MF 67–70; vgl. dazu die kritische Rezension von J. B. Umberg, Rez. zu 'Mysterium fidei. De augustissimo Corporis et Sanguinis Christi sacrificio atque Sacramento. Elucidationes L in 3 libros distinctae. Auctore Mauritio de la Taille S.J.', in: ZKTh 47 (1923) 283–288, 284.

167 Vgl. MF 36. Die Figur des Melchisedek wird in einer allegorischen Typlogie, die auch in liturgischer Kontinuität nachzuvollziehen ist, vor allem in seiner Charakterisierung als „Priester auf ewig" verstanden; die theologische Grundlage dieser Typologie liegt in der Gleichsetzung seiner Gaben mit der Materie des Abendmahles; erst durch die Verbindung von Abendmahl und Kreuzesopfer kommt der Opferbegriff sekundär in der Deutung hinzu (vgl. V. Hamp, Melchisedech als Typus, in: Theologische Fakultät der Ludwig-Maximilian-Universität München (Hrsg.), Pro Mundi Vita. Festschrift zum Eucharistischen Weltkongress 1960, München 1960, 7–20, 12–14).

eindeutig im Abendmahl anzutreffen, während das, worauf die Opfergaben des Melchisedek bildlich vorverweisen, das Kreuzesopfer Christi ist.[168] Es fällt auf, dass de la Taille die Verbindung zwar an der sachhaften Ebene der Gaben verankert, dass jedoch seine Fragestellung nach dem Prozess und seinem Subjekt über den Kontext des Konzils von Trient[169] hinausgeht. Dort legte die Intention der Überwindung des auf die Realpräsenz verengten Sakramentsbegriffs nahe, Opfer und Priestertum der Kirche im „Priestertum nach der Ordnung des Melchisedek" zu beschreiben, um sich gegen eine nominalistische Entleerung des Begriffs der *memoria* abzugrenzen.[170] Allerdings geschieht das in einer Weise, die in der personalen Typologie des Hebräerbriefes keinen Rückhalt hat, weil die Betonung auf den Gaben des Melchisedek und damit auf der Ebene einer Sachgabe liegt, wodurch der Blick auf die personale Dimension der Selbsthingabe Jesu verstellt wird.[171] Bei de la Taille kommt durch die Verbindung zwischen Darbringungsritus und Opfergabe diese Geschehensdimension wieder in den Blick.

Der eucharistische Ritus des Abendmahls ist nämlich zusammengesetzt aus Handlungen und Worten, wobei die Worte nicht aus sich allein die Übereignung an Gott ergeben, sondern nur die Gegenwart von Leib und Blut unter den Gestalten von Brot und Wein in Hinordnung auf die Sühne für die Sünden bezeichnen (und bewirken). Diese Form der Gegenwart, die durch die Worte hergestellt wird, konstituiert im Mahl den Darbringungsritus, durch den sich Christus aktuell Gott als Opfergabe zu eigen gibt, bestimmt zum Sühnetod für uns.[172] Es stellt sich dabei nun die Frage, welcher Art die Einheit des sichtbaren Opfers von Brot und Wein mit dem wahren Opfer des Leibes und Blutes ist.

Die sichtbaren Gaben von Brot und Wein drücken sowohl Dank- als auch Sühnopfer aus (mit der Aussageabsicht, Gott, der uns das Lebensnotwendige zur Ver-

[168] Zur exegetischen Diskussion über das semantische Umfeld der Zuordnung von Abendmahl, Kreuz und Eucharistie in Hebr 13 (mit Hinweis darauf, dass de la Tailles Opfertheorie auch in der Exegese von Hebr 13, 9–11 eine Rolle spielt) vgl. Ph. Seidensticker, Lebendiges Opfer (Röm 12, 1). Ein Beitrag zur Theologie des Apostels Paulus (Neutestamentliche Abhandlungen XX), Münster 1954, 297 f. (Anm. 20).

[169] Vgl. Trid. Sess. 22, cap. 1 (DH 1740)

[170] Vgl. Th. Schneider, Dogmatische Neuorientierung?, 217f.; ders., Opfer der Kirche, 232f.

[171] Vgl. V. Hamp, Melchisedech als Typus, 7–20; F. Pratzner, Messe und Kreuzesopfer. Die Krise der sakramentalen Idee bei Luther und in der mittelalterlichen Scholastik (Wiener Beiträge zur Theologie XXIX), Wien 1970, Wien 1970, 33f. - Schon W. Moran (Father de la Taille's Explanation of the Mass – and a Suggestion, in: IER 38 (1931) 571–590, 576–582) stellt die Anfrage an de la Taille, ob der Vergleich, den der Hebräerbrief ausdrücken wollte, wirklich nur im Ritus liege und nicht vielmehr in der Segenshandlung als Priester Gottes.

[172] Vgl. MF 39.

fügung stellt, zu loben und vom Lebensnotwendigen Gott zu geben, seinen ganzen Lebensunterhalt symbolisch für das Leben Gott anzubieten), aber als solche tangieren sie nur die äußere Seite des Opfers.[173] Die innere Wahrheit muss noch tiefer liegen als die Zeichen des Opfers nach Art des Melchisedek, denn in diesen Zeichen wird menschliches Leben Gott übereignet. Durch die Deuteworte wird klar, dass es um Christi Leben geht, der sich in den sakramentalen Worten dem Tod ausliefert, und damit auch um die spirituelle und unsichtbare Opferung unseres Lebens, die er in sein Opfer mit hineinnimmt. Als *res tantum* ist also nicht nur die innere Verehrung und Danksagung Christi zu identifizieren, sondern auch unsere Entfremdung von den Sünden. Um den Dualismus zwischen dem sichtbaren und dem unsichtbaren Opfer unter Wahrung der Einheit mit der Opfergabe des Kreuzesopfers zu erklären, muss man folgern, dass die sichtbaren Gestalten nicht zum Wesen der dargebrachten Sache, wohl aber zum Ritus der Darbringung gehören. Dass sie hier ihren konstitutiven Ort haben, zeigt, dass sie mit den Deuteworten zur Transsubstantiation führen, durch die wiederum die rituelle Darbringung sich vollzieht.[174]

Dabei ist im Abendmahl und in der Messfeier die Realpräsenz von Leib und Blut Christi die unabdingbare Voraussetzung, worauf der Opfercharakter gründet. Denn sonst wäre es ein bloßes Typ-Antityp-Verhältnis wie bei den Opfern des Alten Testaments, ein Opfer, das keine Realität in sich trägt und nur Abbild-Charakter hat; das Reden von Sühne und Bund hätte keine wirkkräftige Realität hinter sich.[175] Um nicht bei einer rein äußerlichen Zeichenhaftigkeit auf das Kreuzesopfer hin oder einer prophetischen Ankündigung einer zukünftigen Opferdarbringung stehen zu bleiben, muss man die Dimension von *res et signum* zusammenhalten: die Darbringung des wahren Leibes Christi, damit die Bezeichnung

[173] De la Taille distanziert sich von Positionen, die in der natürlichen Substanz von Brot und Wein ein unvollkommenes oder anfangendes Opfer sehen wollen, denn diese Deutung führt bei der Übertragung der Argumentation auf eine Messopfertheorie zu einem eigenen Destruktionsakt in der Messe, was deren Charakter als relatives Opfer nicht mehr genügend zum Ausdruck bringt, da die Identität mit der Opfergabe des Kreuzesopfers nicht mehr in vollem Maße gewahrt bleibt (vgl. MF 108, Anm.3).

[174] Vgl. MF 108f. Vgl. dazu auch V. Hamp, Melchisedech als Typus, 15: V. Hamp weist darauf hin, dass die Sprechweise, Christus habe Brot und Wein geopfert, nicht korrekt ist. Im Rahmen der typologischen Interpretationslinie Melchisedek – davidische Dynastie – Messias – Christus kann man das „Herausbringen" von Brot und Wein durchaus als *figura* der Opferspeise verstehen, während die Sprechweise vom „Opfer des Melchisedek" sich religionsgeschichtlich eingebürgert hat, obwohl sie letztlich nicht korrekt ist.

[175] Vgl. MF 110. De la Taille ist sich bewusst, dass er damit einen für die Deutung der Messe üblichen Gedankengang auf die *coena* überträgt (vgl. MF 107.111).

der Passion eine als gegenwärtig gesetzte Wahrheit als Hintergrund hat.[176] So ergibt sich eine untrennbare Verbindung von Realpräsenz und Opfer: *Nos autem cum Ecclesia catholica innixi locutioni Christi, credimus sacrificium: proindeque et praesentiam realem corporis et sanguinis dominici; quae adeo est necessaria, ut, etiam sublata cogitationetenus participatione convivali hostiae, nihilominus requiretur ad ipsam intrinsecam substantialemque sacrificii rationem constituendam.*[177]

Und wenn das Priestertum Christi nach der Ordnung des Melchisedek auf das Opfer unserer Erlösung bezogen ist und die enge Verbindung darin besteht, dass Christus in den Gestalten von Brot und Wein die Opferdarbringung des noch zu erleidenden Kreuzestodes vollzogen hat, ist für de la Taille die Folge: ... *ex passione et coena unum exsurgere sacrificium Christi individuum, unam singularissimam adimpletionem figurae veteris*[178]. Dieses eine Opfer Christi, dessen Gedächtnis wir feiern, beginnt im Abendmahl und ist in der Passion vollendet.[179]

Es stellt sich nun die Frage nach dem Subjekt, das diesen Prozess durchträgt – nach der moralischen Dimension dieses Opfers.

### 3.2.2 Der Prozesscharakter der Passion als Weg der Verpflichtung zum Opfer

Der Neue Bund begann schon im Abendmahl und war dann während der ganzen Passion sozusagen im Werden begriffen, bis er durch das Eintreten des Todes

[176] Vgl. MF 110: *Potest utique hostia passionis offerri actualiter et realiter in passionis signo, sed in signo donum non praemonstrante tantum, sed demonstrante praesens.*

[177] MF 110.

[178] MF 70. (Diese Bedeutung wird bei A. Stöckl, Das Opfer nach seinem Wesen und seiner Geschichte, Mainz 1861, 445, aufgenommen: „Während nämlich Aaron den neutestamentlichen Hohenpriester mehr nach seiner priesterlichen Tätigkeit auf Erden, wo er das blutige Opfer darbrachte, vorbildete, so war Melchisedek dagegen das Vorbild des himmlischen Hohenpriesters des neuen Bundes, als solchem: In der Person des Melchisedek erscheint aber unter Anderem ganz vorzugsweise die Hinweisung auf die Einheit, Unübertragbarkeit und Ewigkeit des Hohenpriestertums Christi.“)

[179] Die deutlichste Bestätigung seiner These findet de la Taille (vgl. MF 75f.) bei A. MacDonald, der anmerkt, dass die Zuordnung des Opfers nach Art des Melchisedek zur *coena* oder *passio* ohne gleichzeitige Betonung ihrer Identität missverständlich ist; vgl. A. MacDonald, The Sacrifice of The New Lamb, in: AEcR 33 (1905) 623–631. 629. In der Diskussion über die Theorie der Einheit von *coena* und *passio* im Irish Ecclesiastical Record werden de la Taille und MacDonald auch zusammen als deren Vertreter genannt, vgl. z.B. V. McNabb, A new Theory of the Sacrifice of the Mass, in: IER 23 (1924) 561–573, 561. 565. 566; ders., Père de la Taille and Henry VIII, in: IER 26 (1925) 284–287 (vgl. dazu auch die Erwiderung MacDonald's: The Sacrifice of the Mass. A Rejoinder, in: IER 24 (1924) 337–343).

voll im Dasein war.[180] Die Umstände des Mahles bekräftigen die Einheit zwischen Abendmahl und Kreuzigung[181]: Mit dem Abendmahl beginnt der Prozess der Passion. Das Geschehen ist zwar ab diesem Zeitpunkt einer unausweichlichen Notwendigkeit der Einlösung der Abendmahlsworte unterworfen, aber eben gerade von der sich hier vollziehenden inneren Zustimmung und Freiwilligkeit getragen. Hier verbindet sich die innere Gesinnung von Gehorsam, Liebe und Hingabe mit dem äußeren Geschehen in einer Weise, die sowohl unser Verständnis von der Gegenwart Christi in unserer Feier in ihren äußerlich sichtbaren liturgischen Elementen als auch die innere, existentielle Seite der Nachfolge Christi umfassen muss. Die Opfergesinnung Christi als das bleibende Element seines Priestertums hält sich nicht nur durch das Geschehen des Abendmahls prozesshaft bis zur Passion durch, sondern sie trägt überzeitliche Dynamik in sich, die mit in dem von Rahner-Häußling ausgedrückten Sinn den Blick auf das Opfer der Kirche über die Zeit hin weitet: „Der Vorgang des Leidens erstreckt sich vom Materiellen bis in die geistig-personale Entscheidung einer Person ... Insofern 'Leiden' ein personal-geistiges Geschehen meint, ist eigentlich das 'Gelitten-Haben', 'Gestorben-Sein' usw. eine präsentische Aussage, so sehr dem materiell-physischen Vorgang, hinter und in dem sich das geistig-personale Geschehen realisierte, eine wirkliche Vergangenheit, ein 'Jetzt-nicht-mehr-sein' zukommt. Das gilt daher auch von Christus und vom Gegenwartbleiben seiner Passion; und das zumal, da der Vorgang, um den es sich handelt, eben sein Tod ist, d.h. aber gerade jenes menschliche Lebensereignis, dessen geistig-personale Seite für immer Gegenwart bleibt."[182]

Das Prozessgeschehen der Passion beginnt nach den Evangelien mit dem Verrat des Judas; „in der Nacht, da er verraten wurde" nimmt das Geschehen seinen Lauf. In der *liturgia* des hohepriesterlichen Gebetes verbindet Christus selbst als unser Opferpriester Mahl und Passion, indem er im Präsens von seinem Opfer spricht (vgl. Joh 17, 19) – so wie sich auch in der Liturgie der Kirche das Gedächtnis an Abendmahl und Kreuzigung zu einer Einheit verbindet. *Liturgia igitur sua Pontifex noster coenam cum passione connectit, quasi duas unius sacrificationis partes: coenae enim innititur totus sermo, et totus de passione est atque in passionem vergit.*[183] Diese Einordnung von Mahl und Passion in die Liturgie der Kirche ist ein Postulat, das erst in neuerer Zeit noch deutlicher artikuliert wurde. De la Taille bereitet hier die Grundlagen für eine Sicht, die es ermöglicht,

[180] Vgl.MF 54–57. 102–104. 711. 716.
[181] Vgl. MF 85–90.
[182] K. Rahner - A. Häußling, Die vielen Messen und das eine Opfer, 34.
[183] MF 88.

die Sakramente in den Lebenszusammenhang einzuordnen. Ihm ist somit nicht dieser Vorwurf zu machen, dass der liturgische Kontext der Sakramente in der Dogmatik lange Zeit vernachlässigt worden sei zugunsten der einseitigen Frage nach ihrem Wesensbestand, der sich in Gültigkeit und Wirkung äußere. So kann die Feier der Eucharistie als wirkliche Aktualisierung des Neuen Bundes verstanden werden, in der sich das innere und das äußere Wesenselement des Opfers vereinen.[184]

Der Aufbruch vom Abendmahlssaal in den Garten Gethsemane markiert einen Wendepunkt, denn nach der freiwilligen Oblation im Mahl bedrängt Christus die Notwendigkeit: *Porro antequam Christus coenaret, omnia sonabant libertatem, vehementissimumque se tradendi pro nobis desiderium. Nunc premitur necessitate succumbendi invitus. Vellet non debere, quod debet iam velle. Ratio est, quia interim se tradidit ad mortem coenando. Voluntarietas et libertas oportebat ut in oblatione potissimum eluceret; qua facta, necessitas iam instat Christo, vel invito, id reddendi quod obtulit.*[185] Die Freiwilligkeit seines Opfers und die Notwendigkeit, sich diesem Tod zu unterziehen, müssen in sich kein Widerspruch bleiben: Nach seinen Worten im Abendmahl ist Christus mit moralischer Notwendigkeit verpflichtet, das Opfer zu vollenden. Diese Verpflichtung resultiert nicht aus dem positiven göttlichen Gesetz, aus einer Bestimmung, den Tod zu erleiden, die ihm allein von Gott so auferlegt wäre, sondern aus den Gesetzmäßigkeiten des Naturrechts, denen Christus in seiner nach Gerechtigkeit strebenden Menschennatur verpflichtet ist. Diese Aussage betrifft auch zugleich das Gottesbild, denn Gott ist kein grausamer Tyrann, der seinen Sohn zum Tod bestimmt, um die ausgleichende Gerechtigkeit wiederherzustellen, sondern erst durch die Freiwilligkeit des Opfers Christi wird dieses Opfer erlösend für die Menschheit. Keine andere Verpflichtung ist an Christus ergangen als die, die er freiwillig als Pflicht Gott gegenüber – die aber nicht an sich verpflichtend war – auf sich genommen hat, indem er ihr durch die liturgische Darbringung seiner selbst als Opfer einen gegenwärtigen Verpflichtungsgrad verliehen hat.[186] Man kann also hier die Darbringung einer Opfergabe für die Immolation in Bezug auf den daraus resultierenden Verpflichtungscharakter mit dem Aussprechen eines Ge-

[184] Vgl. G. Koch, Das Heil aus den Sakramenten. Sakramentenlehre, in: W. Beinert (Hrsg.), Glaubenszugänge. Lehrbuch der Katholischen Dogmatik. Bd. 3, Paderborn - München - Wien - Zürich 1995, 306–523. 314f.

[185] MF 89.

[186] Vgl. zur Diskussion über die Freiwilligkeit des Opfers Christi (mit Belegstellen aus der Tradition und der hier knapp dargestellten Lösung der Antinomie durch de la Taille) MF 93–99. 725– 728.

lübdes vergleichen, wobei der Unterschied darin liegt, dass mit dem Gelübde ein Versprechen gegeben wird, das sich auf die Zukunft bezieht, während die Darbringung der Opfergabe eine gegenwärtige Handlung ist, die der Opfergabe ihre Bestimmung auferlegt. Diese Bestimmung als Opfergabe hat Jesus im Letzten Abendmahl dadurch vollzogen, dass er sich völlig unter die Verfügungsgewalt Gottes stellte – hier fand also die eigentliche *actio sacrificalis* statt: *Quam igitur obligationem neque ex natura rei, neque ex mandato paterno ortam, restat ut Christus contraxerit, offerens se Deo ad mortem pro nobis in sacramento.*[187]

Diese *actio sacrificalis* stellt die absolute Höchstform der Gottesverehrung dar, und zwar so sehr, dass es keiner weiteren Darbringungsakte von Seiten Christi mehr bedarf: Das Opfer Christi ist als Handlung an sein Ziel gekommen – was bleibt, ist seine virtuelle Beteiligung am Opfer der Kirche. *Est enim motus actus in potentia ut est in potentia seu imperfectum; quies autem actus in fine est actus entis ut perfecti. Quare in religione absolute perfecta, quae coeli est, non oportet locare oblationem sacrificii formalem, sed virtualem tantum ac consummatam; nec secus religioni caelesti aliquid additur perfectionis, sed detrahitur.*[188]

### 3.2.3 Grundlagen und Folgen der numerischen Einheit von *coena* und *passio* in kritischer Betrachtung

In Gegenüberstellung von Messe und Kreuzesopfer definiert das Konzil von Trient: *Una enim eademque est hostia, idem nunc offerens sacerdotum ministerio, qui se ipsum tunc in cruce obtulit, sola offerendi ratione diversa.*[189] Die verschiedene Art der Darbringung bezieht sich darauf, dass Christus in eigener Person ein blutiges Opfer darbringt, während er in der Messe durch uns ein unblutiges Opfer darbringt. Durch die Identität von Priester und Opfergabe ergibt sich dieselbe wesensmäßige Abhängigkeit vom Kreuzesopfer für die Messe wie für das Abendmahl. Aus dieser sich durchtragenden Identität heraus interpretiert de la Taille die Konzilsaussage im Hinblick auf die Überbrückung der zeitlichen Differenz dieser Verwiesenheit so, dass die Darbringung der Messe der einen Darbringung Christi in numerischer Einheit von Abendmahl und Kreuz gegenüber-

[187] Vgl. MF 99.
[188] MF 746.
[189] Trid. Sess. 22 cap. 2 (DH 1743).

gestellt wird. Beides zusammen genommen bildet die eine priesterliche Opferhandlung Christi: *Tot enim sunt sacrificia quot sunt sacerdotales actiones.*[190]

Trient lässt sich nicht auf eine Entscheidung über den Opfercharakter des Abendmahls ein. Für de la Taille aber ist es legitim, aus dem Verständnis des Messopfers Rückschlüsse auf das Abendmahl zu ziehen. Die jeweilige *actio sacerdotalis* bleibt zur Wahrung der Identität des Opfers immer mit der Immolation wesentlich verbunden. Wenn in der Messe Christus dargebracht wird als der, der am Kreuz blutig geopfert wurde (*qui se tunc in cruce obtulit*), muss er im Abendmahl dargebracht werden als der, der am Kreuz noch blutig geopfert werden muss. Wenn wir den vorausgehenden Tod Christi darbringen, hat Christus im Abendmahl seinen bevorstehenden Tod dargebracht. Es kann nicht das eine für die Messe verkündet werden, wenn nicht auch das andere für das Abendmahl gefolgert wird.[191]

Da das Dekret von Trient als Versuch, verschiedene Positionen über den Opfercharakter des Abendmahls zu harmonisieren[192], keine dezidierten Festlegungen trifft, versucht de la Taille in einer in sich stimmigen Theorie den Opfercharakter des Abendmahls und die erlösende Wirkung des Kreuzestodes zu einem *corpus doctrinae* zu verbinden. Aber durch sein Bemühen, seine strenge Definition der Begrifflichkeit von Immolation und Oblation als Elemente des liturgischen Opfers in den Konzilsdokumenten wiederzufinden, schafft er sich Probleme. Denn der Grund dafür, warum sich seine Theorie nicht durchsetzen konnte, tritt am deutlichsten zu Tage in der Diskussion um ihre Kompatibilität mit den Formulierungen von Trient.

Der Hinweis des Konzils auf die *ratio offerendi* als den einzigen Unterschied zwischen Messe und Kreuzesopfer besagt, dass Dinge, die sich nur im Modus unterscheiden, als ein und dasselbe der Substanz nach angesehen werden müssen. Wenn man allerdings von Wesensbestandteilen spricht, ergibt diese Sprechweise keinen Sinn, denn sie können nicht verschieden der Modalität nach, aber ansonsten einheitlich der Substanz nach gedacht werden, so wie man eben auch

190 MF 104; vgl. MF 114f.: De la Taille führt aus den Akten von Trient Beispiele für Reden einer Gruppe von Konzilstheologen an, deren Entwurf sich durchgesetzt hatte und in der detaillierten Erklärung auch die Theorie von der Einheit von *coena* und *passio* enthielt, woraus man folgern darf, dass diese Interpretation durchaus im Sinne der entstandenen Dekrete ist.

191 Vgl. Trid. Sess. 22 cap. 1 (DH 1743); vgl. MF 115.

192 Vgl. M. de la Taille, The Last Supper and Catholic Divines from Henry VIII to the Council of Trent, in: ders., The Mystery of Faith an Human Opinion. Contrasted and defined, London 1930, 281–307, 301f.

Leib und Seele nicht als zwei im Modus verschiedene Formen ein und desselben Menschen bezeichnen kann. Das Konzil spricht von einer verschiedenen *ratio offerendi:* Anstatt die Oblation des Letzten Abendmahles zum wesentlichen oder unerlässlichen Bestandteil des Kreuzesopfers zu erklären, stellt Trient das unblutige dem blutigen Opfer gegenüber. Damit ergeben sich zwei verschiedene Opferhandlungen, aber man kann sie als Ausdruck ein- und derselben Wirklichkeit sehen. Dabei ist jede *ratio* ganz und vollständig, und es besteht keine Notwendigkeit, sie in streng angewandter Begrifflichkeit als Form und Materie zu einem Ganzen zu verbinden. Die Problematik der Zuordnung von *coena* und *passio* durch de la Taille, „which exaggerates the formal Oblation effected at the Last Supper that the material element, the Immolation of Calvary, is reduced to the level of a realization, confirmation and coronation" wird hier deutlich.[193] Auch in Christus gibt es ein *totus-totus*-Verhältnis. Menschlich vollzieht er ganz und gar das, was er als der Sohn ist. In dem Status der Entäußerung ist die Einheit des menschlichen und göttlichen sohngemäßen Geschehens verborgen. Es gibt aber nicht nur in anderer Natur Darlebung einer Beziehung, sondern innerhalb derselben menschlichen Natur den Vollzug desselben Ganzen, nicht im Sinne von ergänzenden Teilen. Und wenn man vom himmlischen Opfer aus argumentiert, bedeutet das, dass die *memoria* der Kirche das ganze Heilshandeln Christi umfasst. Das Opfer Christi, der in seiner gottmenschlichen Natur zur Rechten Gottes sitzt, wird im Opfer der Kirche Gegenwart. Und das geschieht dadurch, dass der Akt der Kirche innerlich bestimmt ist durch den Hingabeakt Christi, der in die ewige Gegenwart des himmlischen Opfers gestellt ist. Das ermöglicht die Teilhabe an der einen Wirklichkeit, der Christus in seinen Akten der Hingabe im Abendmahl und am Kreuz gleichermaßen Ausdruck verliehen hat.

In dieser Form ist das eine schwerwiegende Kritik an der Gewichtung der Elemente des Opfers. Natürlich ist die Schmälerung der Bedeutung des Kreuzesopfers keinesfalls die primäre Intention de la Tailles, denn er versucht gerade im Gegenteil durch die Hervohebung eines sich im Willen Christi durchhaltenden Prozesses der Darbringung die Einzigkeit des Erlösungsopfers herauszustellen. Allerdings geht das dann auf Kosten der Betonung der erlösenden Wirkung des Kreuzes, die der Text von Trient eindeutig auch in Bezug auf die Darbringung in den Mittelpunkt stellt. Die Formulierung von Trient legt nahe, dass das Abend-

[193] Vgl. E. Dowd, A Conspectus of Modern Catholic Thought on the Essence of the Eucharistic Sacrifice, Washington 1937, 202–204; vgl. bereits mit ähnlicher Argumentation A. Swaby, A New Theory of the Eucharistic Sacrifice, in: Ecclesiastical Review 69 (1923) 460–473 und A. H. Ryan, 'Mysterium Fidei', in: IER 25 (1925) 449–472, 466–469; ders., The Last Supper, in: IER 26 (1925) 386–390, 388f.

mahl und das Kreuz in ihrer jeweiligen Eigenart als Opferdarbringung bezeichnet werden können: *Is igitur Deus, et Dominus noster, etsi semel se ipsum in ara crucis, morte intercedente, Deo Patri oblaturus erat, ut aeternam illic redemptionem operaretur: quia tamen per mortem sacerdotium eius extinguendum non erat; in coena novissima, qua nocte tradebatur, ut dilectae sponsae suae ecclesiae visibile, sicut hominum natura exigit, relinqueret sacrificium, quo cruentum illud, semel in cruce peragendum, repraesentaretur; eiusque memoria in finem usque saeculi permaneret; atque illius salutaris virtus in remissionem eorum, quae a nobis quotidie committuntur, peccatorum applicaretur; sacerdotem secundum ordinem Melchisedech se in aeternum constitutum declarans, corpus et sanguinem suum sub speciebus panis et vini Deo Patri obtulit ...*[194] Die konzessive Zuordnung durch *etsi ... tamen*, der Tempuswechsel (*oblaturus ... obtulit*), die verschiedenen Ortsangaben (*in ara crucis ... in coena novissima*) und der jeweils eigens benannte Zweck (*ut aeternam illic redemptionem operaretur ... ut ecclesiae visibile sacrificium relinqueret*) lassen sich auch so verstehen, dass Trient zwei Darbringungshandlungen Jesu unterscheidet.

Trient sagt nicht, dass Christus zwei Opfer vollbracht hat, aber dass er sich selbst zweimal dargebracht hat: „By inserting the word *semel* and and adding *ut aeternam redemptionem operaretur* in its reference is meant by the one oblation refferd to in the Hebrews ...; it means that Christ made only one redemptive oblation of himself."[195] De la Tailles Gleichsetzung dagegen ist nur stimmig auf dem Hintergrund, dass Christus keine Darbringung seiner selbst vollzogen hat, außer der einen, durch die er uns erlöst hat. De la Taille unterscheidet also nicht zwischen Selbstdarbringung und erlösender Selbstdarbringung, wie Moran zur Differenzierung nahelegen möchte. Die explizite Betonung der Einheit steht gegen die impliziten Konsequenzen dieser Theorie: Wenn man das Abendmahl als Form, das Kreuz als Materie ansieht und sagt, dass beides zusammen ein Opfer bildet, kann man nicht gleichzeitig die beiden Bestandteile getrennt als Opfer bezeichnen und in dieser Hinsicht ihre numerische Identität aussagen. Keines der essentiellen Bestandteile eines Ganzen kann numerisch mit dem ganzen Kompositum identifiziert werden. Wenn nun das Kreuz nur die Immolation ist, kann es kein Opfer im eigentlichen Sinn sein. Und wenn das Abendmahl mit dem Kreuz numerisch identisch als vollständiges Opfer ist, dann müsste es auch eine reale Im-

[194] Trid. Sess. 22 cap. 1 (DH 1740).

[195] W. Moran, Father de la Taille's Explanation of the Mass – and a suggestion, in: IER 38 (1931) 571–590, 581.

molation beinhalten, da ja Oblation und Immolation zum Wesen des Opfers gehören. Eine *oblatio rei immolandae*, also eine noch nicht vollzogene Immolation, widerspricht der eigenen vorgegebenen Definition und reicht nicht aus, um ein Opfer zu konstituieren.[196]

Durch diese Einwände sah sich de la Taille genötigt, sein Verständnis der *ratio offerendi* zu präzisieren.[197] Da für ihn die Einheit und Einzigkeit des Erlösungsopfers (*semel*) die Grundlage der Argumentation ist, ist es ihm wichtig herauszustellen, dass die formale Oblation des Abendmahles sich in einem Prozessgeschehen bis hin zur Kreuzigung durchträgt. Seine Selbsthingabe äußerte sich in den deutenden Worten des Abendmahls und er nimmt sie nicht mehr zurück, sondern er hält sie aktuell in seinem Willen bis zur Kreuzigung fest. De la Taille will also nicht behaupten, dass Christus nur im Abendmahl die Darbringung seiner selbst vollzogen hätte. Sie begann im Abendmahl und dauerte durch die ganze Passion an. Diese Kontinutität ist das durchhaltende Element der Darbringung. Und wenn die Art der Darbringung in der Messe und im Abendmahl als verschieden zu bezeichnen ist, dann in der Hinsicht, dass man im Abendmahl die beiden Aspekte des blutigen und unblutigen Opfers vereint hat, in der Messe jedoch nicht. Die Opferdarbringung des Abendmahls ist als gegenwärtiger Ritus natürlich wie in der Messe eine unblutige, jedoch im Hinblick auf seine Fortsetzung und Erfüllung am Kreuz eine blutige. Die Opferdarbringung in der Messe hat diesen Aspekt nicht, sie ist in jeder Hinsicht als unblutiges Opfer zu bezeichnen, denn sie muss ja nicht durch Blutvergießen bekräftigt werden.[198]

Moran anerkennt die Differenzierung de la Tailles als „powerful reply“. Aber lässt sie sich so, wie sie de la Taille darstellt, an der Formulierung von Trient

196 Vgl. A. H. Ryan, 'Mysterium Fidei', in: IER 25 (1925) 449–472, 458f. - A. H. Ryan folgert: „In conclusion, with Father de la Taille‘s opinion that the Supper is a sacrifice and as such is numerically identical with the Sacrifice of Calvary, there is in conflict his cherished idea that the Supper is an offering which coalesces with the immolation of the Passion to constitute the one sacrifice of Christ“ (ebd. 462).

197 Die verschiedenen Artikel, in denen de la Taille einzeln auf die jeweiligen Anfragen an seine Theorie einging, sind am besten zugänglich im zweiten Teil des Sammelbands: M. de la Taille, The Mystery of Faith and Human Opinion. Contrasted and Defined, London 1930, 225–379 (für die Zitation benutze ich diesen Sammelband, die jeweiligen Originalfundorte sind dort angegeben). Im selben Band ist die von ihm selbst verfasste englische Zusammenfassung der Grundgedanken von MF enthalten (An Outline of the Mystery of Faith, 3–37), in der er besonderen Wert auf die Abgrenzung des Messopfers gegen eine *nuda commemoratio* legt, um damit Rückschlüsse auf die im Wiederholungsauftrag des Abendmahls eingeschlossene Realität tiefer fundieren zu können (ebd. 16–19).

198 Vgl. M. de la Taille, The Mystery of Faith an Human Opinion, 258f. 301–306. 320f.

messen? Die Vergleichbarkeit zwischen Messe und Abendmahl ist bei ihm so groß, dass es fraglich ist, ob die Zeitzuordnung, an der er die Differenz festmacht, wirklich eine verschiedene *ratio offerendi* begründen kann. Denn wenn die zugrunde liegende Immolation, die Oblation in Form der Doppelkonsekration und die wesentliche Abhängigkeit von der Immolation zur Konstituierung des Opfercharakters bei Abendmahl und Messopfer gleich sind, kann man sie doch auf gleiche Weise blutiges oder unblutiges Opfer nennen. De la Tailles Interpretation von *sola offerendi ratione diversa* ist die, dass die liturgische Darbringung der Messe sich von der des Kreuzesopfers unterscheidet. Aber wenn die liturgische Darbringung des Kreuzes die des Abendmahls ist, wo liegt dann der Unterschied?[199] Das Konzil von Trient gebraucht *oblatio – immolatio – sacrificium* in einem weiten Sinn und als austauschbare Begriffe. In seiner strengen Eingrenzung der Begriffsinhalte ist de la Taille jedoch gezwungen, auch eine Form der Oblation am Kreuz anzunehmen, wenn er die Formulierung von Trient ernst nehmen will (*se ipsum in ara crucis ... Deo Patri oblaturus erat*), aber er muss sie dann auf einen rein begriffliche Analogie reduzieren, deren Funktion fragwürdig ist. Denn es geht nicht um den eigentlichen Darbringungsakt, sondern nur um eine Art moralischer Fortsetzung.[200]

In diesem Zusammenhang fällt M. Alonso ein völlig ablehnendes Urteil über die Zuordnung von *coena* und *passio* durch de la Taille[201]: Abgesehen davon, dass sich de la Taille in der Ausdeutung der Aussageabsicht der Dokumente mit Blick auf ihre Entstehung die Meinung einer Minderheit zu eigen machen würde[202], behaupte er definitiv etwas anderes als das Konzil, wenn er sich einseitig auf die Einheit der Opfergabe fixiere und die Einheit des Opferpriesters außer Acht ließe. Im Hinblick auf die Identität Christi als des einen Priesters seines Opfers fordere de la Taille nicht die Anwesenheit des physischen Aktes, sondern die moralische Immanenz des physischen Aktes Christi in unseren Akten, und somit würden sich zwei physische Akte in Christus nicht gegenseitig beeinträchtigen, noch weniger natürlich zwei moralische Akte. Und dass Christus zwei formale Akte vollbringe, die sich mit dem Kreuz als Materie vervollständigen würden, kann niemals zugestanden werden: die Opferung im Abendmahl müsse eine blu-

[199] Vgl. W. Moran, Father de la Taille and his Critics, in: IER 37 (1931) 1–19, 13f.; ders., Father de la Taille's Explanation of the Mass – and a Suggestion, in: IER 38 (1931) 571–590, 574f.

[200] Vgl. M. de la Taille, The Mystery of Faith and Human Opinion, 319; W. Moran, Father de la Taille and his Critics, 7–11.

[201] Vgl. M. Alonso, El Sacrificio Eucharístico de la última cena del Señor según el Concilio Tridentino, Madrid 1929, 486.

[202] Vgl. ebd. 420–424.

tige sein, wenn das Kreuz ein wesentlicher Teil davon wäre! Somit wäre ein 'unblutiges' Opfer eine Frage der puren Begrifflichkeit, und genau das ist es für das Konzil von Trient nicht.[203]

Ein entscheidendes Argument gegen de la Taille kommt für Alonso auch aus der Begründung der Sühnewirkung der Messe, denn was über die Messe gesagt wird, muss auch für das Abendmahl gelten: Wenn der Grund für die Sühnewirkung der Messe ist, dass Christus in ihr enthalten ist und unblutig geopfert wird, dann wäre das Leiden Christi nach de la Taille überflüssig; er könne nämlich mit seiner Theorie der numerischen Identität nicht klar darlegen, dass die Sühnewirkung des Abendmahls aufgehoben ist bis zum Vollzug des Kreuzestodes. Damit würde die Sühnewirkung des Kreuzesopfers in ihrer realen Notwendigkeit letztlich in Frage gestellt. Es müsse deutlich werden, dass sich das Abendmahl vom Opfer des Kreuzes unterscheidet. Nur so sei die Unterordnung des Abendmahls unter das Kreuzesopfer, in dem die Wirkung der unmittelbaren Vergebung der Schuld dann wirklich erfahren werde, aussagbar. Die Funktion des Abendmahls als Oblation des Kreuzesgeschehens dagegen werde in den Evangelien nicht erwähnt.[204]

Maurice de la Tailles Theorie ist ein Versuch, das Messopfer mit der Parallele zum Abendmahl zu erklären. Aber gerade durch die Anwendung seines eng gefassten liturgischen Opferbegriffs in Bezug auf das Abendmahl gerät er in Schwierigkeiten mit den Formulierungen des Konzils von Trient. Durch die Abgrenzung der Funktion von Abendmahl und Kreuz als Oblation und Immolation kann er zwar sehr klar eine Parallele zum Ritus der Eucharistie ziehen und deren wesentlichen Bezug zum Kreuzesopfer deutlich herausstellen. Aber es kann ihm nicht in gleicher Weise gelingen, das Erlösungsopfer als Ganzes als sakramentale Wirklichkeit mit Geschehenscharakter in der Realität der Eucharistie feiernden Gemeinde zu verankern. Das bedeutet aber nicht, dass er keinen entscheidenden

[203] Vgl. ebd. 425f. (dagegen vgl. M. de la Taille, A propos d'un livre sur la Cène, in: Gr 11 (1930) 194–263).

[204] Vgl. ebd. 472–478, v.a. 477: „Pero lo que se claramente es que se puede señalar un objeto propiciatorio distinto del sacrificio de la cruz, aunque haya variedad en las cosas particulares"; 479: „Entonces fácilmente tendremos en la cena un sacrificio completo sin audir a la cruz a buscar partes que no necesitamos...Volviendo a lo del sacrificio de la cena, tenemos que no es necesaria inmolación, ni inmutación, ni destructión, si el fin principal que tuvo Christo fué el latréutico." (Denn genau das würde heißen, dass das Abendmahl in sich ein vollständiges latreutisches Opfer gewesen wäre.). Vgl.dazu auch P. Dudon, Sur un texte inédit de Salmeron (1562), in: Gr 11 (1930) 410–417. (Alonso hat unter den Papieren von François Torres ein Schriftstück zur Interpretation des Tridentinums neu entdeckt, das er Salmeron zuschreibt. Es geht um Listen von Zeugen für die Aussageabsicht des Konzils von Trient, dass sowohl das Letzte Abendmahl als auch die Messe Opfercharakter haben.)

Beitrag zur Frage nach der Begründung des Opfers der Kirche geleistet hätte. Obwohl die Theorie de la Tailles in sich eine harmonische Ganzheit bildet, kann man die Bedeutung seiner Lehre über das Messopfer auch ohne seine Zuordnung von *coena* und *passio*, die so viele Schwierigkeiten mit sich bringt, vertiefen, wie W. Moran aufzuzeigen versucht: „While it is true that de la Taille's analysis of the Sacrifice of Redemption and his analysis of the Sacrifice of the Mass form a consistent and harmonious whole, it by no means follows that his teaching on the subject must stand or fall with his teaching on the other."[205] Denn in Bezug auf die Frage nach dem Messopfer bietet de la Taille eine klare Antwort. Das *Hoc facite!* ist mit der Parallele von Messe und Abendmahl einfach zu übertragen. Was nämlich in Bezug auf die Zuordnung von Abendmahl und Kreuzesopfer solche Schwierigkeiten bereitete, bietet für die Zuordnung von Messe und Kreuzesopfer eine Antwort auf die Frage: Wie realisiert sich in der Messe unsere Darbringung der Opfergabe des Kreuzes? Und zwar eine Antwort, die aus der dreifachen „Sackgasse" der nachtridentinischen Theorien[206] herausführte: In der Doppelkonsekration! Denn so kann de la Taille erklären, wie man die Messe einerseits als wahres und eigentliches Opfer der Kirche bezeichnen kann, das sich andererseits vom Kreuzesopfer aber nur in der *ratio offerendi* unterscheidet und jegliche Wirkung nur aus dieser wesentlichen Verbindung bezieht. Moran stellt nun die Überlegung an, ob man diese Erklärung, die der tridentinischen Definition in allen Aspekten ohne Widerspruch gerecht wird, nicht auch anders begründen kann:[207] Er sucht sie vom sakramentalen Aspekt aus. Wenn man davon ausgeht, dass das Sakrament das bezeichnet, was es bewirkt, liegt genau hierin eine Verbindung zum Opfercharakter (*ut ... ecclesiae visibile ... relinqueret sacrificium*). Zu dem Zweck, seiner Kirche ein sichtbares Opfer zu hinterlassen, hat Jesus einen Ritus eingesetzt, der zugleich Gedächtnis seiner Selbsthingabe und selbst ein Opfer im Vollzug ist. Dieser Ritus besteht in der Doppelkonsekration:

205 W. Moran, Father de la Taille's Explanation of the Mass – and a Suggestion, in: IER 38 (1931) 571–590, 571.

206 Die drei Wege, die sich schematisiert benennen lassen (vgl. MF 302–322), versuchen eine Harmonisierung der Aussagen von Trient über den Opfercharakter der Messe und die alleinige erlösende Wirkung des Kreuzesopfers 1) durch Auffinden eines neuen Elements realer Destruktion in der Messe wie z.B. einer Versetzung Christi in einen *status declivior* durch die Wandlungsworte (de Lugo, Franzelin), 2) durch die Theorie einer symbolischen Immolation, die auf die sakramentalen Gestalten begrenzt ist (Vasquez, Billot) oder 3) durch die Darstellung der Konsekration als Immolation (die Konsekrationsworte als „Schwert des Wortes Gottes" (Pasqualigo, Gonet, Billuart); vgl. in kurzer Zusammenfassung auch bei A. H. Ryan, 'Mysterium Fidei', in: IER 25 (1925) 449–427, 454–455 und W. Moran, Father de la Taille's Explanation of the Mass – and a suggestion, in: IER 38 (1931) 571–590, 584f.

207 Vgl. W. Moran, Father de la Taille's Explanation of the Mass – and a Suggestion, in: IER 38 (1931) 571–590, 587–590.

Er hat das Sakrament unter den Zeichen von Brot und Wein eingesetzt als Gedächtnis seiner Oblation und Immolation. Die sakramentale Zeichenhaftigkeit ist nicht begrenzt auf den 'sakramentalen Aspekt' im engeren Sinne, sondern sie dehnt sich auch auf das Geschehen des Opfers aus („practical signification“).

Damit lassen sich der Opfercharakter der Messe und ihre Beziehung zur Kreuzigung ohne Schwierigkeit erklären: Die Messe ist ein Opfer, weil sie Darbringung der Passion ist. Christus ist in seinem Zustand als Opfergabe real präsent und wird in der Opferhandlung der Kirche Gott dargebracht. Für diesen Zustand als Opfergabe sind die konsekrierten Gestalten das angemessene Zeichen.[208] Die Grundlage dafür ist, dass Christus auch nach seiner Auferstehung und Himmelfahrt für immer die Opfergabe seiner Darbringung bleibt und dieser *status victimalis* die Identität des Opfers der Kirche mit dem Opfer Christi begründet. Hierin liegt der bleibende Beitrag de la Tailles zur Diskussion über das Messopfer, hinter den man nicht mehr zurück kann, zumal da diese theologischen Grundlagen in Schrift und Tradition übereinstimmend dokumentiert sind, wenn sie auch wieder verschieden interpretiert werden, wie die Diskussion über das „himmlische Opfer“ zeigt.

## 3.3 Weiterwirkung im himmlischen Opfer

### 3.3.1 Der Begriff des himmlischen Opfers

Nachdem das Opfer Christi in seinem Kreuzestod ein Ende fand, kann ihm weder in der Oblation noch in der Immolation etwas hinzugefügt werden. Jedoch die Entsprechung von Seiten Gottes, die Christi Opfer auf ewig zukommt, liegt in der Vollendung durch Auferstehung und Himmelfahrt, wodurch Christus als ewige Opfergabe lebt.[209]

208 Vgl. A. H. Ryan, 'Mysterium Fidei', in: IER 25 (1925) 449–472, 456: „This explanation ... has the additional advantage of collating the best points in the other theories. It agrees with Franzelin that there must be a real immolatory character in the sacrifice; it agrees with Billot that no new immolation is, or can be, required. It fulfils the requirements of the ecclesiastical pronouncements, such as the Council of Trent, for it presents us in the Mass with a sacrifice in which Christ is immolated under visible signs in memory of His Passion. There is the same Host, the same Offerer, the only difference being the method of offering.“

209 Vgl. MF 131.

Aus Zeugnissen des Hebräerbriefes[210] und der Offenbarung des Johannes[211] schließt de la Taille auf einen Zustand des Leibes Christi, der durch die himmlische Glorie geheiligt ist und in dem Christus die Opfergabe seines Opfers in Gottes Gegenwart darstellt. *Quibus sacrificalibus notis atque metaphoris cultus quidam signatur coelestis atque perennis, consistens in exhibitione ipsius Christi coram Deo, tamquam olim occisi, manentisque inde quadam immolatitia proprietate perenniter insigniti in laudem Dei et clarificationem sanctorum.*[212]

Mit Hilfe von Deutungen der Väter spezifiziert er, was mit dieser *immolatitia proprietas* gemeint ist: Das Opfer, das einmal vollzogen wurde, hat ewigen Bestand im Himmel. Die direkte Verbindung besteht in der Opfergabe: *coena, passio* und *resurrectio* sind zusammen genommen der Antitypus des jüdischen Paschaopfers. In der Auferstehung ereignet sich die göttliche Akzeptation dieses Opfers als dessen Erfüllung und Vollendung; der menschliche Leib Christi geht in den Zustand der göttlichen Unsterblichkeit über.[213]

Eine indirekte Verbindung lässt sich auch im Priestertum Christi aufzeigen, denn die Auferstehung zeigt das Priestertum, das ihm mit der Inkarnation zukam, von Seiten Gottes als wahr und wirklich auf.[214] Diese priesterliche Mittlerfunktion, die darin besteht, das Unterpfand menschlicher Hingabe vor Gott zu bringen und den Menschen Gottes Bereitschaft zur Annahme des Opfers zu vermitteln, erfüllt

[210] Vgl. Hebr 9, 24–28: „Denn Christus ist nicht in ein von Menschenhand errichtetes Heiligtum hineingegangen, in ein Abbild des wirklichen, sondern in den Himmel selbst, um jetzt für uns vor Gottes Angesicht zu erscheinen; auch nicht, um sich selbst viele Male zu opfern, (denn er ist ja nicht) wie der Hohepriester, der jedes Jahr mit fremdem Blut in das Heiligtum hineingeht; sonst hätte er viele Male seit der Erschaffung der Welt leiden müssen. Jetzt ist er aber am Ende der Zeiten ein einziges Mal erschienen, um durch sein Opfer die Sünde zu tilgen. Und wie es dem Menschen bestimmt ist, ein einziges Mal zu sterben, worauf dann das Gericht folgt, so wurde auch Christus ein einziges Mal geopfert, um die Sünden vieler hinwegzunehmen; beim zweiten Mal wird er nicht wegen der Sünde erscheinen, sondern um die zu retten, die ihn erwarten." Vgl. dazu auch Hebr 5, 6; 7, 12–21; 8, 1–6 (A. Stöckl, Das Opfer nach seinem Wesen und seiner Geschichte, Mainz 1861, 447, leitet aus diesen Hebräerbrief-Stellen ein definitives Urteil ab: „So resultiert uns denn aus dieser Betrachtung notwendig ein ewiges, himmlisches Opfer in der Hand unseres ewigen himmlischen Hohenpriesters. Es kann somit nur mehr die Frage sein, worin denn dieses himmlische Opfer bestehe.")

[211] Vgl. Offb 5, 6–14 („Das Lamm, das geschlachtet wurde" sitzt auf dem Thron und wird von allen Geschöpfen angebetet).

[212] MF 132.

[213] Vgl. MF 132–136, besonders 135: *unus sacrificalis complexus* (Beginn mit dem Abendmahl, Erfüllung durch die Passion, Vollendung durch die Auferstehung); 142: *unum verum sacrificium* (*in terris oblatum, in coelis consummatum et, redditum passione, gloria coronatum*).

[214] Vgl. MF 137: *Tunc enim sacerdotium est verum ac perfectum undequaque, cum signatur Deo ratum; est autem Deo ratum, cum sacrificium a Deo acceptatur.*

sich in Christi Auferstehung vollkommen und wird so von Gott her bestätigt. Die *hostia Christi* wird vom ungeschaffenen Feuer der göttlichen Herrlichkeit verzehrt, so wie die früheren Brandopfer vom Feuer; das Feuer symbolisiert die Auferstehung und das ewige Leben, das Pascha bzw. die Immolation den Übergang in diesen Zustand aus dem sterblichen Leben heraus. Wenn man in der Semantik des Paschaopfers bleibt, meint die Auferstehung das Herabsteigen Gottes zur Opfergabe, die Himmelfahrt den Übergang der Opfergabe zu Gott; der Kreislauf, den Christus mit seinem Priestertum auf Erden begonnen hat, schließt sich in seiner Rückkehr zu Gott als Opfergabe. Während er in seinem durch das einmalige Kreuzesopfer erlangten, die Zeit überdauernden Zustand als Opfergabe unbewegt vor dem Blick Gottes ruht, sitzt er als Priester auf ewig zur Rechten Gottes: dort erlangte er seine priesterliche Verherrlichung, von wo er die Wirkung seines Opfers ableitete.[215] Die grundlegende Interpretationsline de la Tailles, in der die Geschlossenheit seiner Theorie aufscheint, wird auch hier besonders deutlich. Denn seine Darstellung der Verbindung zur himmlischen Opfergabe stellt die von Gott akzeptierte Selbsthingabe Christi ins Zentrum des Gedächtnisses der Eucharistiefeier. Somit ist die Auferstehung nicht etwas, das äußerlich zum Opfer hinzukommt, sondern sie ist dessen Entsprechung von Seiten Gottes. In dieser Entsprechung realisiert sich die eschatologische Dimension der Eucharistie, durch sie ist die Eucharistie *signum resurrectionis.*[216]

Die Verbindung der Passion mit Auferstehung und Himmelfahrt macht diese also erst zum wahren Opfer, das die Symbolkraft des Pascha im Übergang vom Leben durch den Tod zur Auferstehung und zur Vollendung in der Himmelfahrt bei weitem übersteigt, sei es nun im Hinblick auf die Gemeinschaft Gottes mit der Opfergabe, sei es im Hinblick auf die Anteilhabe Christi an Gottes Herrlichkeit – in beiderlei Hinsicht verleihen die Auferstehung und die Himmelfahrt dem Opfer

[215] Vgl. MF 136–139.

[216] Genau diese Identifizierung des inneren Sinngehaltes des Opfers mit der von Gott akzeptierten Selbsthingabe Christi, in die wir hineingenommen werden, lehnt J. B. Brosnan ab, wenn er das innere Opfer auf die Anerkennung der Größe Gottes reduzieren will, während die Haltung der Selbsthingabe an jemand anderen nicht mit dessen Verehrung zusammenhängen müsse. Auf das Messopfer übertragen würde das bedeuten, dass es für die Behauptung der Identität von Messe und Kreuzesopfer genüge, an der Identität des *Christus passus* festzuhalten, dessen innere Hingabe für Gott ein hinreichender Grund ist, das Opfer anzunehmen. Die Auferstehung käme dann einer Art äußerlicher Belohnung gleich (vgl. J. B. Brosnan, Father de la Tailles Theory in the Light of St. Thomas, in: IER 22 (1923) 561–572, 563f. 569).

Christi Vorrang gegenüber den anderen Opfern.[217] Auch Condren[218] und seine Schüler, die seine Oblationstheorie übernahmen,[219] interpretieren damit übereinstimmend die Auferstehung als Gemeinschaft Gottes mit dem Opfer Christi, ohne die wir nicht Tischgenossen Christi sein könnten.

Deswegen gehört zur Eucharistiefeier auch das mit dem Abendmahl verbundene Gedenken an die Auferstehung als Begründung dafür, dass wir ein wahres, gültiges, vollendetes himmlisches Opfer begehen: *In coena autem, sicut praenuntiativum fuit sacramentum passionis, ita etiam resurrectionis ascensionisque fuit sacramentum pronuntiativum: pro quanto is qui sacrificabat, Deus cum esset, credebatur per spiritum aeternum suum obtulisse se immaculatum Deo; adeo ut invisibiliter quidem, sed tamen infallibiliter, esset hostiae Christi conciliata acceptatio divina. In cuius venturae consummationis exspectatione manducaverunt et biberunt sicut Christus, ita apostoli: hi quidem secundum fidei obscuritatem, ille autem secundum claritatem visionis.*[220]

Das himmlische Opfer, das bestehen bleibt, ist nicht in seiner aktiven Form zu verstehen, als ob es wiederholt würde oder in einer ständigen Entwicklung (*in fieri*) begriffen wäre, sondern in seiner passiven Form, das heißt die Opfergabe existiert (*in esse*) als von Gott akzeptiert beständig weiter. Dadurch ist auch die Verbindung gegeben, die dieses himmlische Opfer zu einem nicht nur symbolischen, sondern wahren Opfer macht, in dem sich eine vollkommene Entsprechung von *signum* und *res* findet: Christus ist Priester und Opfergabe zugleich; im äußeren Zeichen, das auf die Opfergesinnung (*devotio*) verweist, bringt er nichts von sich Verschiedenes dar.[221] So kann de la Taille mit Guitmund von Aversa in Bezug auf die Kirche als Leib Christi und die Eucharistie als ihrem sakramentalen Vollzug folgern: *Idem igitur Christus sui ipsius est sacrum signum, id est sacramentum.*[222]

217 Vgl. MF 141f.; MF 141: *Adeo ad nostrae cibationis spiritualis sacramentum pertinet, sicut passio ita et resurrectio et ascensio Christi.*

218 Vgl. Ch. de Condren, L'idée du sacerdoce et du sacrifice de Jésus-Christ, Paris 1697[3], 68. 93–103.

219 Dazu kann man v.a. Jean-Jacques Olier, Denys Amelote, Louis Thomassin und Jacques-Bénigne Bossuet zählen; vgl. M. Lepin, L'idée du Sacrifice de la Messe, 486–516.

220 MF 142.

221 Vgl. MF 143.

222 Guitmund von Aversa, De corporis et sanguinis Christi veritate in Eucharistia Libri tres (PL 149, 1428–1494, 1460); zit. MF 143.

Die tiefere Bedeutung der Fortdauer des Opfers Christi zeigt sich in seiner Wirkung für unsere Rechtfertigung:[223] „Wegen unserer Verfehlungen wurde er hingegeben, wegen unserer Gerechtmachung wurde er auferweckt“ (Röm 4,25). In diesem Vers verbindet Paulus Auferstehung und Rechtfertigung. Wir sind durch das Opfer Christi erlöst, insofern er als Opfergabe durch die Auferstehung von Gott akzeptiert ist und so in doppelter Form das Prinzip unserer Rechtfertigung darstellt: er hat unsere Schuld stellvertretend gesühnt (*ut removens prohibens*) und uns seine Heiligkeit und Gnade mitgeteilt (*ut causa efficiens*). Wenn man diesen Sühnegedanken als Aspekt eines Vertrages mit Gott ansehen würde, wäre die Auferstehung sozusagen die Unterschrift und Besiegelung des Vertrages durch Gott. Nur so kann Christus, von dessen Seite im Kreuzesopfer alles geschehen ist, die *causa moralis* unserer Versöhnung mit Gott und die *causa efficiens* unserer Heiligung werden. Die Passion Christi ist für uns das Instrument, kraft dessen uns die sakramentale Wirksamkeit zukommen kann, insofern das Kreuzesopfer als Instrument unserer Erlösung durch Auferstehung und Himmelfahrt akzeptiert ist.

Die (später noch auszuführenden) Konsequenzen in Bezug auf das Messopfer bestätigen diese Deutung: Wenn die Opfergabe nur in der äußerlichen Erscheinung bestehen würde, wäre die Messe nur ein Scheinopfer. Christus wird nicht von uns zur Opfergabe gemacht; dass er es unserer Darbringung vorausgehend bereits ist und somit die Realität dieser unserer Darbringung konstituiert, ist wesentliche Voraussetzung der Messfeier: *Est ergo Christus hostia, antecedenter ad nostram litationem, penes seipsum.*[224] Hieraus begründet sich also die grundlegende These de la Tailles, dass die Messe getrennt von der mystischen Darbringung des im Himmel vollendeten passiven Opfers kein Opfer wäre.

Die bildliche Sprechweise von Christus als „Altar seines Opfers“ führt de la Taille zur Konkretisierung an: Nach Mt 23, 17.19 wird die Bedeutung des Altars der Gabe übergeordnet. Bei Christus ist keine Überordnung möglich, also ist er selbst in seiner menschlichen Natur der Altar durch seinen Leib, der sakramental (in der Passion real) mit Blut besprengt wird und allein die angemessene Wohnstatt Gottes sein kann. Nachdem Christus in die Herrlichkeit eingegangen ist, verliert er nicht die Bezeichnung seines Leibes als Altar oder Tempel, sondern durch

223 Vgl. MF 146–151.

224 MF 151. Der Begründung und Abgrenzung dieses Zusammenhangs dient das *Quartum Antirrheticum* des Anhangs der dritten Ausgabe von MF (vgl. MF 742–756), das identisch ist mit dem Artikel: *Controversia de caelesti sacrificio et sacrificio missae*, in: Gr 9 (1928) 585–606.

die Verbindung mit der göttlichen Herrlichkeit kommt sie ihm noch deutlicher zu. Aufgrund der substantiellen Heiligung der angenommenen Menschheit, die sich aus seiner Gottheit herleitet, wird sein Opfer zu einer bestehenden Gabe vor Gott, und wir bekommen Anteil daran. Der Prozess unserer Heiligung erfordert die Ewigkeit des Opfers, denn er vollzieht sich dadurch, dass wir geistig genährt werden von der Gabe des ewigen Opfers.[225] Aus der daraus entspringenden verbindenden Kraft lässt sich verstehen, dass nicht nur *Christus solus*, sondern *Christus totus* Altar genannt wird. Weil nämlich die Kirche als Leib Christi ihrem Haupt verbunden ist, kommt ihr diese Bezeichnung *sub et in Christo* zu. Altar für sein Opfer im engeren Sinn ist nur Christus, alles andere wird nur insofern so genannt, als es ihn repräsentiert: die Kirche, der von Menschen gefertigte Altar, das Kreuz, der Abendmahlssaal.[226] Christus ist für sein und unser Opfer der ewige Altar, der den Bestand und die Realität des Opfers der Kirche garantiert.

De la Taille schließt sich der Theologenmeinung an, dass die Mittlerschaft und das Eintreten Christi für uns mit seinem *status victimalis* zusammenhängt, der in seiner Menschheit vor Gott für immer repräsentiert wird (*mera ostensio humanitatis passae*).[227] Die konkrete Form der Mittlerschaft liegt also in der Andauer seines Zustands als Opfergabe. Sie besteht also keinesfalls in irgendeiner Form der Anbetung, die nur angemessen ist für das Geschöpf, sondern im Zustand der Glorie wird er zugleich mit dem Vater und dem Heiligen Geist angebetet und verherrlicht. Wenn man noch von Gebet Christi (*oratio*) sprechen kann, dann nur in diesem Sinne der dargestellten *hostiae nostrae aeterna mediatio*. Die Versöhnung mit Gott ist ein für allemal geschehen. In der Messe erfolgt ihre Zuwendung. An die Stelle der Bitten, die Christus einstmals als unser Priester vorbrachte, ist jetzt der Segen des Priesters getreten, das heißt die Sendung des Heiligen Geistes.[228] Dieses Priestertum wird also erst deutlich im Hinblick auf die Sendung des Heiligen Geistes, auf die es ausgerichtet ist. Die Sendung des Geistes konstituiert und prägt die wechselseitige Verbindung zwischen Eucharistie und Kirche, denn durch sie werden wir im vollen Sinn Glieder des Leibes Christi. Und so kann Christus der Kirche als Opfergemeinschaft die Wirkung seines Opfers zukommen lassen. Ohne diese im Geist begründete Gemeinschaft Gottes mit

225 Vgl. MF 153–159, besonders 159: ... *Christus sibi locum tenuit et tenet altaris, quia hostiae, quam obtulit, nulla est indita sanctitas quae non ex incarnatione habet ortum; nulla, cuius non sufficiens exsistat in substantiali humanitatis sanctitate principium.*

226 Vgl. MF 161–163.

227 Die mittelalterliche Theologie hatte für diese wesentliche Entsprechung von Immolation und Glorie die bildliche Vorstellung von der Bewahrung der Wunden der Passion (vgl. MF 172f.).

228 MF 167–172.

dem Opfer Christi könnten wir nicht als Gottes Tischgenossen den Leib Christi empfangen.

### 3.3.2 Die Problematik der Theorie vom himmlischen Opfer

In der Abgrenzung seiner Deutung des himmlischen Opfers ist es de la Tailles Anliegen, zwischen extremen Interpretationen zu vermitteln und eine Argumentationsbasis für die Begründung des Messopfers als wahrem und zugleich relativem Opfer zu erarbeiten. Die Theorie vom himmlischen Opfer bildet sozusagen das Bindeglied für die Überbrückung der Zeitdifferenz zwischen dem Opfer Christi und dem Opfer der Kirche[229]. Die durchgehende Identität von Priester und Opfergabe in jeweils eigener Hinsicht und damit die Authentizität des Opfers der Kirche wird getragen von der Tatsache, dass der Leib Christi, der im Abendmahl dargebracht und am Kreuz blutig geopfert wurde, seinen Zustand als Opfergabe (*ratio hostiae*), der ihm aus dem Opfer erwachsen ist, für immer bewahrt. Denn die Auferstehung und Himmelfahrt lösen nicht das Opfer als historisch vergangene Wirklichkeit ab, indem ein neuer Zustand an seine Stelle tritt, der zwar durch die Wirkung des Opfers bestimmt wird, aber nicht mehr durch seine aktuelle Gegenwart. Denn dann wäre durch die Auferstehung sozusagen der Opfercharakter abgeschafft. Das Opfer Christi erfährt vielmehr mit seiner Verherrlichung eine Steigerung seiner Bedeutung durch die darin stattfindende göttliche Bestätigung (*ratihabitione*): das heißt – in der Aufnahme der Opferterminologie – durch die Überführung der Opfergabe in das Heiligtum der göttlichen Glorie, wo sich Gott dem Opferpriester Christus gegenüber dazu verpflichtet, sich unser zu erbarmen.[230]

De la Taille geht es zunächst um die Abwehr zweier Extreme, die entweder den Aspekt des aktiven Opfers, der rituellen Darbringung, oder den des passiven Opfers, der dargebrachten Opfergabe, verkürzen; so besteht die Gefahr, die Wahrheit zu verfehlen *per defectum*, wenn das Fortbestehen der Opfergabe als solcher

[229] Vgl. J. H. Crehan, The many Masses and the one Sacrifice, in: Clergy Review 21 (1958) 415–421: Crehan sieht in de la Tailles Entwurf zusammen mit der Veröffentlichung der *Acta* des Konzils von Trient im Jahr 1919 den entscheidenden Schritt zur Begründung der Einheit des erlösenden Opfers; dabei gewährleistet die Theorie vom himmlischen Opfer (unabhängig von ihrer konkreten Ausformung) den Schlüssel zur Überschreitung der Zeitdimensionen, sodass man vom Opfer Christi im Zentrum in zeitlicher Wirkung nach rückwärts auf die unvollendete und unvollkommene Vorwegnahme für die Zeit des Alten Bundes und in zeitlicher Wirkung nach vorne für die Vervielfachung der Gelegenheiten der Zuwendung des für alle Zeit ausreichenden einen Opfers Christi argumentieren kann.

[230] Vgl. MF 175.

geleugnet wird, obwohl diese *formaliter* Bestand hat und der Akt ihrer Übergabe vor Gott für immer Gültigkeit erlangt hat, oder *per excessum*, wenn eine Fortdauer der rituellen Darbringung in ihrem formalen Sinn konstruiert wird, obwohl diese vorbei ist und nur in ihrer Wirkung weiterbesteht.[231]

Als Beispiele für das Verfehlen der Wahrheit *per defectum* nennt de la Taille Positionen, die das Opfer im Himmel übergehen oder (wie de Lugo) bewusst ausschließen, indem sie Christus nach dem Gericht am Jüngsten Tag und dem damit verbundenen Ende des eucharistischen Opfers das Priestertum absprechen. Auch Positionen, die nur begrifflich am ewigen Opfer festhalten, wenn sie es statt in der formalen Andauer der Opfergabe im Gebet Christi und in seinem beständigen, aktiven Eintreten für die Menschen festmachen, gehören für de la Taille in diese Gruppe.[232] Schon hier zeigt sich, dass sich mit dieser Polarisierung keine eindeutigen Zuordnungen einzelner Autoren vornehmen lassen. Denn eine Verkürzung der Bedeutung Christi als Opfergabe bedingt meist gleichzeitig die Verschiebung des Schwerpunktes auf die Andauer eines formalen Aktes Christi, was für de la Taille ein *peccatum per excessum* darstellt.

Unter Verfehlung der Wahrheit *per excessum* versteht er also Positionen, die darstellen, dass die Opferhandlung, die auf der Erde begonnen hat, formal fortgesetzt wird; er unterscheidet dabei zwischen den Schwerpunkten der „deutschen“ und der „französischen Schule“, deren Gemeinsamkeit darin besteht, in der Darbringung des Opfers das Wesenselement seiner Definition zu sehen.[233] In der „deutschen Schule“ wird dabei mehr Wert auf den inneren Akt gelegt, der sich dann in irgendeiner Form äußerlich manifestiert. Diese Gefahr der einseitigen Betonung des Elementes der Oblation sieht de la Taille angelegt bei Stöckl, wenn dieser sich vorstellt, dass Christus im Himmel unter Bitten in einem ewigen Akt sein Opfer darbringt[234]. Stöckls Fragestellung deckt sich sachlich mit seinem

[231] Vgl. MF 175. 747.

[232] Vgl. MF 175. Diese Gefahr sieht de la Taille gegeben bei J. Grimal (Le Sacerdoce et le sacrifice du N.S.J.C, Paris 1911[2], 225f. 230. 248), der den Ausdruck ‘himmlisches Opfer’ vermeidet und von einer himmlischen Vollendung des Kreuzesopfers spricht. Diese Vollendung besteht für Grimal in einem aktiven und fortdauernden Darbringungsakt Christi, aber so dass man keinesfalls von einem neuen Opfer im formalen Sinn sprechen kann. Vgl. dazu auch E. Dowd, A Conspectus on the Essence of the Eucharistic Sacrifice, 228 und M. Lepin, L’idée du Sacrifice de la Messe, 615.

[233] Von der Begrifflichkeit her kommt de la Taille zwar selbst aus dieser Tradition, jedoch ordnet er Immolation und Oblation einander strenger zu, sodass der Darbringungsritus sogar in der Immolation durch den Priester implizit mitgegeben sein kann; vgl. dazu auch M. Lepin, L’idée du Sacrifice de la Messe, 681f.

[234] Vgl. MF 175, Anm. 3.

eigenen Anliegen, auch wenn sie in der Begrifflichkeit differiert. Denn auch für Stöckl ist die konstitutive Verbindung von Priestertum und Opfer Ausgangspunkt für die Vorstellung, dass Christus dann auch im Himmel „noch als opfernd gedacht werden" muss. Ausgehend von der Voraussetzung, dass bei diesem Opfer die Opfergabe vom Opfernden nicht real verschieden sein kann, im Himmel jedoch eine Hingabe seiner selbst in den Opfertod nicht mehr stattfinden kann, greift Stöckl zur Erklärung des himmlischen Opfers wie de la Taille auf die Verankerung im Bezug zum Kreuzesopfer zurück: „Wenn nämlich Christus als unser Hoherpriester in den Himmel eingegangen ist, so folgt daraus, im Hinblick darauf, dass in Christi Opfer am Kreuz der *sacerdos* und die *victima* identisch waren, notwendig, dass er auch als Geopferter, als *victima*, in den Himmel auffuhr, und zur Rechten des Vater sich niederließ. Christus war am Kreuz wie der Opfernde so auch der Geopferte; und wie er die Eigenschaft des opfernden Priesters bei seinem Eintritte in den Himmel nicht ablegte und nicht ablegen konnte, so auch nicht die Eigenschaft des am Kreuze geopferten Opferlammes. Und wie er im Himmel die Eigenschaft des Priesters in alle Ewigkeit beibehalten muss, so muss er auch ewig als der am Kreuze für unser Heil Geopferte vor dem Angesichte des Vaters sich darstellen."[235] Bei Stöckl bekommt also das himmlische Opfer kein Eigengewicht, sondern ihm geht es um die Begründung der Identität mit dem Akt der Selbsthingabe Christi zum Opfer am Kreuz. Allerdings besteht es für ihn im Unterschied zu de la Taille in einem „Opferakt", der ewig bleibt, nachdem seine „Wirkung", die im Opfer am Kreuz besteht, vergangen ist.[236] Tatsächlich ist es hier schwierig, den wesentlichen Zusammenhang der

[235] A. Stöckl, Das Opfer nach seinem Wesen und seiner Geschichte, Mainz 1861, 447f. - In seinem frühen Werk: Liturgie und dogmatische Bedeutung der alttestamentlichen Opfer insbesonders in ihrem Verhältnis zur neutestamentlichen Opfertheorie. Eine exegetisch-dogmatische Abhandlung, Regensburg 1848, 267–280, hatte A. Stöckl noch die religionswissenschaftliche Frage nach der Ewigkeit des Aktes der Gottesverehrung als Ausgangspunkt für die Andauer des Opfers genommen und in diesen Rahmen die Fortsetzung des Opferlebens Christi eingeordnet.

[236] „Indem sich nun aber Christus im Himmel dem Vater ewig als den für unser Heil am Kreuze Geopferten darstellt, ist diese Selbstdarstellung ein kontinuierlicher, ewiger Akt. ...Er ist ganz identisch mit diesem [dem Akt der Opferung, welcher dem Opfer am Kreuz zu Grunde lag] und nur insofern von diesem verschieden, als er hier seine Wirkung, den wirklichen Tod am Kreuze bereits hinter sich hat, während dort diese Wirkung erst eintreten musste. Am Kreuz bot er sich dem Vater dar als den für das Heil der Menschen zu Opfernden; im Himmel dagegen bietet er sich ihm dar als den für das Heil der Welt am Kreuze bereits Geopferten. Immer aber zielt dieser Akt der Selbstdarstellung und Selbstdarbietung Christi auf das Kreuzesopfer ab; dieses ist nach wie vor das Objekt jenes Aktes, dasjenige, was Christus stets, auf Erden sowohl als auch im Himmel Gott darstellt und hingibt als Lösepreis für die Sünden aller Menschen. Somit besteht das himmlische Opfer wesentlich in dem in alle Ewigkeit ununterbrochen fortdauernden Akte Christi, in welchem sich dieser als ewiger Priester Gott dem Herrn darstellt und darbietet als jene *victima*, welche am Kreuze für das Heil der Welt geschlachtet worden ist, und wie fern sie daselbst zu diesem Zweck geschlachtet worden ist" (A. Stöckl, Das Opfer, 448). - Deshalb hat

Opferdarbringung mit der Immolation aufzuweisen, wenn die Kreuzigung die „Wirkung“ der inneren Hingabe ist und als solche der Vergangenheit angehört. Was letztendlich in die Sichtbarkeit überführt wird, ist das Priestertum – in einer eigenständigen Handlung, die von einem parallel geführten Akt Christi begleitet wird.

Diese Problematik wird dann noch greifbarer v.a. bei V. Thalhofer, der deutlich von einer aktiven Fortsetzung des Opfers in einem ständig erneuerten inneren Gehorsamsakt spricht und gleichzeitig versucht, die Bedeutung der Destruktion für ein wahres und reales Opfer festzuhalten.[237] Dieses Opfer ist verankert in einem vollkommenen intentionalen Willensakt, dessen Vorwegnahme oder Wiederholung die innere Beziehung zum Kreuzesopfer garantiert. Er fasst seine Erörterung über das himmlische Opfer so zusammen: „Der erhöhte Gottmensch ist ewiger Hoherpriester, ist Liturg des wahren Allerheiligsten, indem er gegenbildlich im Himmel tut, was der vorbildliche Hohepriester im typischen Allerheiligsten getan, indem er nämlich das auf Erden ein für allemal erlösend dargebrachte Opfer seines Lebens vor Gottes Majestät in seinem Willen und an seinem Leibe aktuell festhält, darstellt und so perennieren lässt bis ans Ende der Tage zu fortwährender subjektiver Entsündigung und Heiligung des von ihm am Kreuze nur objektiv mit Gott versöhnten Geschlechtes.“[238] Das wird noch deutlicher, wenn er darauf hinweist, „dass wir uns ‘das Erscheinen Christi im Himmel’... als lebendige Vergegenwärtigung des Kreuzesopfers mittels substantieller Wiederholung der einen erlösenden Gehorsamstat, sohin als wahrhaftige Opfertätigkeit zu denken haben“[239]. Trotz der Vollendung des Opfers am Kreuz spricht nämlich Hebr 8, 1–6 eindeutig in Opferterminologie, die deutlich macht, dass zum Begriff des Hohenpriesters die Opferdarbringung gehört. Thalhofer besteht darauf, dass der spezifische Sinn von „opfern“ gewahrt bleiben muss. Dafür genügt nicht „die bloße Zuwendung der Früchte des vollbrachten Opfers“, sondern die *interpellatio/intercessio* Christi (vgl. Röm 8, 34; Hebr 7, 25) ist als wahre Opfertätigkeit

Stöckl auch keine Probleme, diesen Akt als Übergang von einer *interpellatio realis* in eine *interpellatio verbalis* darzustellen und in diesem Sinn auch von einem wirklichen Gebet des verherrlichten Christus für uns als Ausdruck seines Opfers zu sprechen.

237 V. Thalhofer definiert das Opfer als „ein freiwillige, aus religiösen Motiven hervorgehende Weihung und (teilweise oder gänzliche) Zerstörung eines materiellen, zum öftern in die Genußsphäre fallenden Besitzobjectes in unmittelbarer Beziehung auf die Gottheit zu heiligem Dienste ... vor ihr“ (V. Thalhofer, Das Opfer des alten und des neuen Bundes mit besonderer Rücksicht auf den Hebräerbrief und die katholische Messopferlehre, Regensburg 1870, 5). Vgl. zur Bedeutung des erneuerten inneren Gehorsamsaktes auch V. Thalhofer, Handbuch der Katholischen Liturgik. Bd. 1, Freiburg i. Br. 1883, 223f.

238 V. Thalhofer, Das Opfer des alten und des neuen Bundes, 215.

239 Ebd. 217f.

zu verstehen. Es ergäbe sich nur dann ein Widerspruch zur Einmaligkeit des Kreuzesopfers, wenn man sich darunter eine neue, an die Himmelfahrt anschließende Darbringung vorstellen würde. Das ist nicht der Fall, wenn das himmlische und das eucharistische Opfer gleichermaßen Fortdauer des einen Opfers in der Person des Erlösers sind.[240]

Thalhofer versucht das zu verdeutlichen mit der Parallele zum Ritual des Großen Versöhnungstages, an dem der Hohepriester nach der Schlachtung des Opfertiers im Vorhof mit dem Blut ins Allerheiligste eintritt und es mit dem Blut besprengt: „Das vergossene Blut repräsentierte also das vollbrachte Opfer; letzteres perennierte im vergossenen Blute; denn so lange das Blut als vergossenes existierte, dauerte auch das Hingegebensein des Lebens, dauerte das in der Schlachtung vollbrachte Opfer fort."[241] Analog dazu deutet er das Lebensopfer Christi als fortwährendes Opfer, das er, nachdem er es am Kreuze vollbracht und vollendet hat, vor das Angesicht Gottes bringt: „Vom verklärten Gottmenschen im Anschluss an den alttestamentlichen Typus aussagen, er sprenge im Himmel sein Blut, ist wesentlich gleichbedeutend mit der Behauptung: er bringe vor Gottes Thron sein am Kreuze vollbrachtes Opfer dar."[242] Nach dieser Interpretation ist also das himmlische Opfer mit dem Kreuzesopfer wesentlich identisch als „das eine am Kreuz vollbrachte Lebensopfer Jesu in der Form der himmlischen Glorie"; diese Identität gründet sich auf die Fortdauer der erlösenden Gehorsamstat in Christi Willen, und zwar nicht in bloßem Rückbezug auf das Kreuzesopfer oder als reine Darstellung seiner selbst als Opfergabe in seiner Leiblichkeit (im Perennieren der Wunden), sondern als „lebendige Vergegenwärtigung des Kreuzesopfers mittels substantieller Wiederholung der einen erlösenden Gehorsamstat" und somit als „wahrhaftige Opfertätigkeit". Diese aktuelle Erneuerung und lebendige Repräsentation ist nicht mehr wie am Kreuz mit Entsagung und Leidensgehorsam verbunden, sondern ereignet sich in der Form der Verklärung, mit der sich die Vorstellung der Exinanition nicht verträgt.[243] Es ist also die Identität Christi als unser

[240] Vgl. ebd. 141f. 200–202. 218f.
[241] Ebd. 208.
[242] Ebd. 210.
[243] Vgl. ebd. 212–218. - Deshalb unterscheidet Thalhofer zwischen wesentlichen und relativ wesentlichen Formen als Voraussetzung für die Identität von Kreuzesopfer und himmlischem Opfer, wobei er davon ausgeht, dass Wesen und Form zwar in einer Wechselbeziehung stehen, aber nicht jede Änderung der Form die Identität des Wesens aufhebt, sodass er als Voraussetzung für die Begründung des Opfercharakters des himmlischen Opfers wie auch der Eucharistie festhält: „Mit dieser Glorie verträgt sich aber die Form schmerzlichen inneren Entsagens, verträgt sich Leidensgehorsam so wenig als äußeres Blutvergießen, was uns zu dem Schlusse nötigt, Leidensgehorsam und äußeres Blutvergießen seien keine absolut wesentlichen Formen für das eine Lebensopfer Jesu" (ebd. 212). Vgl. auch V. Thalhofer, Handbuch der

Hoherpriester, die Thalhofer dadurch begründen will, dass derselbe Gehorsam, dieselbe Opferliebe, in der Form der Verklärung andauert. Christus hält dasselbe innere Opfer, das sich am Kreuz manifestierte, in seinem Willen und an seinem Leibe aktuell fest.[244]

Dieselbe Akzentverschiebung lässt sich z.B. bei Pell[245] und Ten Hompel[246] erkennen, wenn man sie an dem von de la Taille vorgegebenen Kontext misst. Denn das *peccatum per excessum* in Bezug auf die aktive Fortführung des Opfers durch Christus bedingt ein *peccatum per defectum* in Bezug auf die wahre Ewigkeit des Opfers und damit auf den Opfercharakter der Erlösung selbst. Was de la Taille hier meint, wird bei Thalhofer besonders deutlich, wenn dieser das Ende des himmlischen Opfers mit dem Ende der mittlerischen Tätigkeit Christi am Jüngsten Tag gleichsetzt. Dann wird das Opfer im eigentlichen Sinn übergehen in das „nimmer endende Opfer der Lobpreisung", in „das große, nimmer endende Hallel beim Opfermahle der Vollendung".[247] Hierdurch wird das himmlische Opfer ein Gegenbild zum irdischen Opfer und es wird schwierig, es als Medium zwischen Kreuzesopfer und Eucharistie in den Bezug zur Gegenwart der Opfergabe zu setzen. Das himmlische Opfer und die Eucharistie werden so sprachlich auf eine Ebene gestellt – jedoch kann man das himmlische Opfer nur im metaphorischen und uneigentlichen Sinn als solches bezeichnen, denn wenn ein Opfer in die Kategorie der sakramentalen, symbolischen Gottesverehrung gehört, muss die Messe deutlicher auf das Kreuzesopfer bezogen werden.[248] Hier

Katholischen Liturgik. Bd. 1, 203.

[244] E. Naab, Das Opfer Christi und die Kirche bei Valentin Thalhofer (1825–1891). Ein Beitrag aus Anlass seines 100. Todestages am 17. September 1991, in: Klerusblatt 71 (1991) 199–202, 201, stellt diese deutliche Abgrenzung von einer bloß virtuellen Fortdauer des Kreuzesopfers dar als „eine Präzisierung, zu der sich Thalhofer aufgrund der Auffassung Scheebens veranlasst sah", um eine Trennung zwischen laikalen und priesterlichem Akt abzuwehren und an der Einheit der Gehorsams-und Liebestat des Erlösers festzuhalten.

[245] Vgl. G. Pell, Jesu Opferhandlung in der Eucharistie. Noch ein Lösungsversuch zur Meßopferfrage, Regensburg 1912[3], 24–26: Auch Pell geht es darum, „die Meinung von bloß eintägiger Opfertätigkeit Jesu zu desavouieren", indem er im himmlischen Opfer eine Fortsetzung des Opferlebens Jesu sieht, weil die leiblichen Kräfte seiner Menschheit auch nach dem „sachlich bedingten Wandel akzidenteller Außenformen" die Fortsetzung der aktiven Selbsthingabe bewirken und genau hierin das in Hebr 8 beschriebene „ewige Priestertum" besteht. In seiner Konzeption spielt die Immolation keine Rolle für den Opferbegriff: vgl. E. Dowd, A Conspectus on the Essence of the Eucharistic Sacrifice, 134f.

[246] Vgl. M. Ten Hompel, Das Opfer als Selbsthingabe und seine ideale Verwirklichung im Opfer Christi, Freiburg i. Br. 1920, 146–150; A. P. Ositadinma, Der Beitrag Ansgar Voniers (1875–1938) und Max ten Hompels (1882–1960) zur Neubesinnung auf den Opfercharakter der Eucharistie im 20. Jahrhundert, 278–282.

[247] Vgl. V. Thalhofer, Das Opfer des alten und des neuen Bundes, 219.

[248] Vgl. E. Dowd, A Conspectus on the Essence of the Eucharistic Sacrifice, 179f.

besteht die Gefahr einer Entleerung des Opferbegriffs. Das Wesen des Opfers liegt im Zeichen, in seiner Sichtbarkeit. Wenn aber das Zeichen seine Wirklichkeit, sein *esse externum*, verliert, indem einseitig betont wird, die aktive Darbringung sei innerlich, auch wenn noch eine äußerliche Konkretion dazukäme, ist dieser Opferbegriff grundsätzlich in Frage gestellt. Im Unterschied dazu ist die sakramentale Wirklichkeit klar begründet mit der These, dass die aktive Darbringung zugleich von einem inneren und von einem äußeren Element konstituiert wird.[249]

Allerdings darf das gemeinsame Anliegen dieser Theorien des himmlischen Opfers innerhalb ihres Ansatzes nicht unberücksichtig bleiben. Die Frage, die im Zentrum steht, wird von G. Pell so formuliert: „Wie kann die Eucharistie, in welcher der verklärte, fortan ewig unveränderte und unsterbliche Jesus Christus ist, mit dem blutigen Kreuzesopfer identisch sein?“[250] Auch hier geht es wie bei de la Taille um einen Antwortversuch, der die für das Opfer erforderliche Destruktion nicht in der Messe selbst aufsucht. Allerdings ist die Intention jeweils verschieden: Hier ist es der innere Gehorsamsakt Christi, der „ein und dasselbe“ Opfer trägt, bei de la Taille ist es die wesentliche Relation zum Kreuzesopfer, die sich in der Identität der Opfergabe manifestiert.

In der französischen Schule steht die Definition der sichtbaren Opferhandlung als Zeichen des unsichtbaren Opfers im Vordergrund. Es geht in der Frage nach dem himmlischen Opfer mehr um die Begründung einer unablässigen äußeren Dar-

[249] Vgl. MF 175f. Diese Problematik der Definition bei Thalhofer sieht auch M. Ten Hompel. Er versucht deshalb in der Weiterführung von Thalhofers Theorie das himmlische Opfer nicht als Fortdauer, sondern als Frucht des Kreuzesopfers zu definieren. Deshalb ist für ihn die Frage, ob die innere Selbsthingabe von einer darstellenden äußeren Handlung begleitet sein muss, zweitrangig. „Das himmlische Opfer ist die höchste Vollendung dessen, was wir mit Augustinus als sacrificium verum oder internum bezeichnet haben; es ist der höchste Grad der affektiven unio cum Deo im Opfer und der effektiven unio cum Deo im sakramentalen Opferziel ... Christus gelangt durch seine absolute Hingabe an Gott im Kreuzestode zu jener Verklärung und Vollendung, in der er erst im vollendeten Sinne causa salutis, caput gratiae und instrumentum coniunctum Divinitatis ist. Darin besteht die objektive Erlösung, dass Christus durch die Genugtuungstat am Kreuze zur mitteilbaren causa salutis ... vollendet wurde, der ... alle Auserwählten in seinen mystischen Leib eingliedert und so ihr Leben mit dem seinigen ständig als Opfer zu Gott hinaufträgt und durch sein Leben ständig göttliches Leben in sie überströmen lässt als nicht nur moralischer, sondern auch physischer Mittler“ (M. Ten Hompel, Das Opfer als Selbsthingabe und seine ideale Verwirklichung im Opfer Christi, 150ff.; vgl. zur Weiterführung Thalhofers durch ten Hompel auch A. P. Ositadinma, Der Beitrag Ansgar Voniers (1875–1938) und Max ten Hompels (1882–1960) zur Neubesinnung auf den Opfercharakter der Eucharistie im 20. Jahrhundert, 278, Anm. 394).

[250] G. Pell, a.a.O. 1.

bringung des Leibes Christi, wenn z.B. de Condren zwei Opferhandlungen – eine anfanghafte irdische und eine vollendende himmlische – zu unserer Rechtfertigung für notwendig hält[251] (auch sein Schüler Olier[252]) oder wenn Lepin[253] von einer Fortsetzung der äußerlich sichtbaren Oblation des Leibes Christi spricht, damit er uns seine innere Hingabe mitzuteilen vermag.[254]

Oft ist mit diesen Theorien die Vorstellung einer Annihilation oder Destruktion der Opfergabe verbunden, die damit „verewigt" wird. Als Erklärung dient die Vorstellung von der Vernichtung der heiligen Menschheit im verschlingenden Feuer der göttlichen Glorie. Diese Annahme ist stimmig zur Wahrung der Voraussetzung, dass sich diese formale Oblation Christi nicht wie unsere irdische als Sakrament oder Zeichen der vergangenen Immolation vollzieht, denn im Himmel bedarf es keiner Sakramente. Aber gleichzeitig kann sie ohne Immolation nicht Bestand haben. Da es aber keine Destruktion der Glorie sein kann, muss es eine Destruktion durch die Glorie sein. Dabei übersehen die Vertreter dieser Theorie aber, dass Verklärung und Vollendung niemals den Charakter einer Destruktion aufweisen (was gleichermaßen bei Olier[255] und de Condren[256] deutlich wird).

Olier argumentiert im Traité von der Bedeutung und Handlung des Priesters aus („der auferstandene Christus im Fleisch"). Die Aufgabe des Priesters ist es, in der irdischen Sichtbarkeit das zu ergänzen, was der auferstandene Christus im

[251] Vgl. Ch. de Condren, L'idée du sacerdoce et du sacrifice de Jésus-Christ, Paris 1697$^3$, 92–98: Condren sieht die Grundlage darin, dass die Kirche auf Erden und die Kirche im Himmel nur einen Priester und ein Opfer haben und Christus demzufolge in der Messe und im Himmel ein und dasselbe Priestertum ausübt und ein und dasselbe Opfer darbringt. Die Identität der Opfergabe besteht darin, dass Christus, der am Kreuz geopfert ist, durch die getrennte Konsekration von Brot und Wein auf dem Altar gegenwärtig ist: „Il y porte cet état de mort" (ebd. 94) - sodass es ein einzig wahres Opfer gibt, das so vollkommen ist, dass jeder seiner Teile ein vollständiges Opfer ist: „Car le sacrifice de la Croix est l'immolation et l'occision de la victime, et la messe en est la communion" (ebd. 98). Das eine wahre Opfer Christi erstreckt sich verbindend in allen fünf Opferelementen, die de Condren als wesentlich nennt, durch die Zeit: Die Inkarnation ist Heiligung der Opfergabe, zugleich auch ihre Darbringung, die Immolation findet in der Kreuzigung statt, der Verzehr bzw. die Verbrennung besteht in der Auferstehung und die Kommunion ereignet sich parallel im Himmel in der Rückkehr zum Vater und auf Erden in der Eucharistie (ebd. 44–55).

[252] Vgl. J. - J. Olier, Explication des cérémonies de la grand'messe de paroisse, Paris 1856, 11– 14.

[253] Vgl. M. Lepin, L'idee du Sacifice de la Messe, 747.

[254] Vgl. MF 176.

[255] Vgl. J. - J. Olier, Traité de Saints Ordres (1676). Comparé aux écrits authentiques de Jean-Jacques Olier (†1657), 3, V, Paris 1984, 217–221.

[256] Vgl. Ch. de Condren, L'idée du sacerdoce et du sacrifice de Jésus-Christ, 158–163. Die *destructio* betrifft Christi sterbliches und leidensfähiges Leben, und insofern ist er für immer im Zustand des Todes.

Himmel tut. Die Grundlage dieses Tuns besteht in der völligen Selbstenteignung.[257] „Religion parfaite“ heißt bei Christus, dass er sich durch die Auferstehung in Gott ganz in seinem irdischen „être infirme“ vernichten ließ und so ganz in Gott zurückkehrte. Es genügte ihm nicht die Selbstenteignung am Kreuz, sondern sie wird erst vollendet in der Auferstehung in der Glorie des Vaters. Er wollte nämlich nicht nur einen Teil seiner selbst darbringen, sondern sich selbst ganz und vollkommen, sodass nichts mehr von ihm übrig bliebe, das nicht in der Glorie des Vaters vollendet und gleichsam von deren Feuer vernichtet wäre.[258] Diese völlige Selbsthingabe Christi ist das bleibende Grundelement seines himmlischen Opfers für die Kirche in seiner Ausrichtung auf Gott und auf die Menschen. Christi Tätigkeit Gott gegenüber besteht in der Darbringung seines Leibes und Blutes, seine Tätigkeit gegenüber den Menschen im Bitten für seine Kirche und der Sendung des Geistes durch den Dienst der Priester. Diese beiden Funktionen bestimmen in Analogie zum Wesen des himmlischen Opfers dann auch das irdische Priestertum, das sich in einer „mortification continuelle“ der Selbstentäußerung Christi angleichen muss. Der irdische Priester, der als sichtbarer Vertreter Christi in der sichtbaren Kirche seine Aufgabe erfüllt, ist „innerlich auferstanden“, wenn er nichts mehr von seinem früheren Leben an sich hat und sich damit immer mehr auf die Seite dessen begibt, den er repräsentiert.[259]

Auch Thomassin lässt sich von dieser Destruktionsvorstellung leiten, wenn er die Immolation in der Auferstehung begründet, insofern sie als Wiedergeburt den Tod mit gegenwärtig setzt. Für Thomassin bedeuten Auferstehung und Verklärung geradezu die Enthüllung der Opferdynamik des Lebens Christi. Diese vollzieht sich darin, dass der Sohn in jedem Moment seines menschlichen Lebens seine angenommene Menschheit dem Vater als Opfergabe präsentiert. Die hypostatische Union an sich hat Opfercharakter, weil die Menschheit Christi durch die substantielle Verbindung mit dem Logos gleichsam geopfert wird. Die Menschheit wird dabei nicht vernichtet, sondern von der Gottheit so absorbiert (*absorpta*) und verschlungen (*devorata*), dass sie zur höchsten Form der Einheit mit

[257] Vgl. J. - J. Olier, Traité de Saints Ordres 3, III, Paris 1984, 199.

[258] Vgl. J. - J. Olier, Traitè de Saints Ordres 3, V, Paris 1984, 218: „Cela s’est fait en Notre Seigneur au jour de sa Résurrection, où non content d’être mort, et de s’être privé de la vie pour l’amour de son Père, il a voulu se consommer totalement en Dieu, et retourner en lui, il a voulu entièrement périr à son premier état, et cesser d’être à cette première vie et à cette première génération, qui l’assujettissait aux infirmités de la chair, et que lui faisait porter la ressemblance du péché.“

[259] Vgl. J. - J. Olier, Traité des Saints Ordres, 3, III. V, Paris 1984, 201–205. 219f.

ihr gelangt.[260] Dieses Opfer hat in der Selbsthingabe am Kreuz seine konkrete Gestalt und ist hingeordnet auf die Auferstehung. Denn durch die Verklärung wird die Einheit der menschlichen Natur mit dem Logos verewigt, indem diese ins innerste Heiligtum Gottes überführt oder – wie es Thomassin ausdrückt – vom heiligen Feuer der Gottheit verschlungen wird: *Non aliud ergo coeli quam crucis sacrificium; sed hic caeditur victima semel, illic per velum, id est, per carnem suam pervehitur in interiora sancta, id est, in secretissimum deitatem, ibi consummatur, et deitate tanquam igne castissimo et aestuantissimo immortaliter devoratur.*[261]

De la Taille kritisiert an diesem Denkmodell als Hauptproblem neben der Vorstellung einer andauernden, formalen Oblation die Gleichsetzung von Kennzeichen der Immolation bzw. Destruktion mit der Verklärung (*glorificatio*) oder Vollendung der Opfergabe. Die eigentliche Problematik dieser Theorien liegt darin, dass sie dem Priestertum Christi zuschreiben, was dem das Opfer akzeptierenden Gott angehört: den Übergang von der Vergänglichkeit in die unzerstörbare Unvergänglichkeit.[262] Die Auferstehung wird dabei als Vollendung der mit dem Darbringungsakt notwendig verbundenen Destruktion interpretiert. Das personale Element der Selbsthingabe bekommt ziemlich großes Gewicht als tragende Figur des Heilsgeschehens. Jedoch bleibt bei der Parallelisierung mit dem Opfer der Kirche die Analogie auf der metaphorischen bzw. moralischen Ebene, wenn sich die Immolation beim Priester als „Sterben für die Welt" vollzieht und an der Auferstehung einseitig die Dimension der Zerstörung des Irdischen in den Vordergrund gestellt wird.

Ein gemeinsamer Einwand gegen all diese Positionen liegt darin: Wenn man von einer formalen Fortdauer des Opfers spricht, muss diese entweder Teil des Opfers sein, durch das uns Christus erlöst hat, oder es muss als zweite Opferhandlung davon getrennt werden. Im ersteren Fall wären wir erst nach der Voll-

[260] Vgl. L. Thomassin, De Incarnatione Verbi Dei 1. 8. c. 11 n. 2 (Dogmata Theologica IV), Paris 1868, 123.

[261] L. Thomassin, De Incarnatione Verbi Dei, 1. 10. c. 11 n.8, Paris 1868, 334. - In der Ausweitung dieser „Zerstörung" auf die Glieder seines Leibes liegt für Thomassin der Zweck der Annahme der menschlichen Natur durch den Logos. Denn in ihr realisiert sich die endgültige Versöhnung und Vereinigung der Menschen mit Gott und damit die Teilnahme der Glieder am ewigen Opfer Christi. Im „Opfer der Auferstehung" wird das alte Leben des Leibes vernichtet, um in die Gottheit eingeschmolzen zu werden (vgl. ebd. 1. 10 . c. 14 n. 9f., Paris 1868, 347–349).

[262] Vgl. MF 176–178.

endung des gesamten Opfers erlöst, im zweiten Fall würde das eine Opfer Christi als nicht ausreichend und einer Ergänzung bedürftig erscheinen.[263]

Aus dieser Argumentation wird klar, dass es einer Unterscheidung bedarf zwischen einem neuen Oblationsakt Christi und seiner virtuellen Oblation, die mehr einer Repräsentation vor Gott entspricht. Um die einmalige Gültigkeit des Kreuzesopfers Christi im Mittelpunkt zu behalten, muss man davon ausgehen, dass jede hinzukommende Aktion von Seiten der Menschen ausgeführt wird. Es darf also keinesfalls eine formale Fortdauer oder Wiederholung der aktiven Darbringung Christi konstruiert werden. Im Sinne Scheebens zeigt de la Taille auf, dass es treffender ist, von einer virtuellen Fortdauer des Kreuzesopfers zu sprechen.[264] Damit ist gemeint, dass die Immolation Christi in seinem Zustand als Opfergabe fortbesteht und vergegenwärtigt ist. Als ewig gültiger Zustand erfordert er keine äußere Wiederholung des Opfers, die ihn erneut herstellen würde.[265]

Diese von de la Taille als Extrempositionen markierten Auffassungen ziehen auch von beiden Richtungen (der Infragestellung der Übergabe – der Infragestellung des Bezuges zur Immolation) Einwände im Hinblick auf das Messopfer nach sich. In Bezug auf die Begründung der Opferdarbringung der Kirche entsteht ein Erklärungsproblem, wenn man das Opfer Christi als abgeschlossen ansieht, denn dann ist nicht nachvollziehbar, wie die Kirche Gott unter den eucharistischen Gestalten das himmlische Opferlamm des passiven ewigen Opfers darbringen kann. Ist es doch als solches Gott schon übergeben und damit der Verfügungsgewalt der Kirche entzogen.[266] Damit die Opfergabe wirklich zum Opfer der Kirche wird, muss diese ihre Aufgabe wahrnehmen, zur Übereignung der Gabe durch Christus die unsere hinzukommen zu lassen. Dies geschieht, indem ihre Glieder im Vollzug eben dieses von Christus aufgetragenen liturgischen Darbringungsritus sakramental ihre Zustimmung geben (*quae tum accedit, cum ritui oblativo a nostro Capite usurpato nos subscribimus pro parte nostra sacramentaliter*) und somit sozusagen ihre „Teil-Darbringung“ in die ungeteilte Opferdarbringung Christi eingegliedert wird – und zwar nicht als Zusatz oder Hinzufügung zu diesem Opfer, sondern als Wachsen der Verbindung und Ver-

263 Vgl. MF 178f.

264 Vgl. M. J. Scheeben, Handbuch der Katholischen Dogmatik III, Freiburg 1882, n. 1496 / 445; vgl. dazu auch die Verbindung zur Transsubstantiationslehre bei P. Toinet, L'Eucharistie dans la connexion des mystères, in: M. J. Scheeben. Teologo cattolico d'ispirazione tomista (Studi Tomistici 33), Città del Vaticano 1988, 395–408, 405f.

265 Vgl. MF 179f.

266 Vgl. MF 747.

tiefung der Gemeinschaft mit Christus: *Quo igitur crescit coniunctio, tanto etiam consortium dominicarum rerum nobis accrescit, augeturque ius facultasve dandi atque officium.*[267] De la Taille wird diese Verbindung in der Erläuterung des sakramentalen Charakters der Eucharistie deutlich machen; sie ist in der gnadenhaften Wirklichkeit der Inkorporation in Christus verankert.[268]

Das andere Problem, das sich in der Verkürzung der Realität der Immolation äußert, sieht de la Taille gegeben, wenn man für die Messe eine mystische Immolation für ausreichend erklärt, sodass die reale, blutige Immolation oder Maktation nichts zum Wesen des Messopfers beitragen kann. Es ist zwar unbestrittene Voraussetzung, dass in jeder Messe eine mystische bzw. symbolische Immolation vollzogen wird, die in der Konsekration der Gestalten von Brot und Wein besteht. Darauf gründet auch ihr Opfercharakter, weil es andernfalls in der Eucharistie keine rituelle Darbringung des *Christus passus* gäbe. Aber es macht einen Unterschied, wie diese *immolatio mystica* ein wahres und eigentliches Opfer begründet: De la Taille sieht diese Begründung im notwendigen Zusammenhang mit der realen Immolation, deren Opfergabe als solche fortdauert. Deshalb ist der Einwand nicht berechtigt, de la Taille unterscheide nicht wirklich zwischen mystischem und realem Opfer (mit der Konsequenz, dass eine mystische Immolation ein reales Opfer begründen könne und sich somit alle Elemente des Opferbegriffs im Messopfer finden würden, ohne dass noch ein Bezug zur vorangegangenen Immolation am Kreuz wirklich notwendig wäre).[269] Denn dabei ist de la Tailles Differenzierung nicht berücksichtigt, die das Verständnis von „mystisch" und „real" jeweils anders auf den Akt der Opferung und die Immolation bezieht: Real ist für ihn die Darbringung der Opfergabe durch die Kirche, wobei also die reale Oblation das reale Opfer begründet. Dieses reale Opfer geschieht durch die mystische Immolation. Die Benennungen sind also nicht im Hinblick auf dasselbe Subjekt vertauscht, denn bei der Anwendung auf die Immolation schließen sich die beiden Attribute, die sich im Messopferbegriff vereinen, gegenseitig aus.[270]

267 MF 748.

268 Vgl. MF 748: *Existimes igitur verum corpus, natum de Maria virgine ... sicut est verbi per unionem hypostaticam, ita Ecclesiae catholicae per habitualem huius incorporationem ad Christum secundum gratiam.*

269 Vgl. M. Alonso, El Sacrificio Eucharístico de la última cena del Señor según el Concilio Tridentino, Madrid 1929, 426.

270 Vgl. MF 750.

Der eigentliche Hintergrund dieser Kritik an de la Tailles Begrifflichkeit ist das Problem mit dem realen Destruktionsakt in der Messfeier. Das wird besonders deutlich im Ansatzpunkt der Kritik Lepins[271]. Dieser will den für de la Taille notwendigen Zusammenhang mit der Destruktion nicht nachvollziehen, da die Immolation selbst kein eigentlich priesterlicher Akt ist. Deshalb lehnt er auch die Zeitzuordnung in der Definition de la Tailles (*victima vel offeratur immolanda, vel offeratur immolatione, vel offeratur immolata*[272]) ab, weil sie ohne Vorbild ist. Man kann seiner Meinung nach hier also nicht mit der Analogie zu den Vorbildern argumentieren. Denn wenn die Übereignung der Gabe der entscheidende Akt ist und diese Übereignung in den Opfern des Alten Bundes nicht nur verbal, sondern in einer realen Handlung durch Blutvergießen stattfand, stellt diese Form des Opfers keine Parallele dar. Denn hier ist das Opfer insgesamt ein priesterlicher Akt, und die Darbringung folgt immer auf die Immolation. Allein die Handauflegung auf das Opfertier ist eine Art vorgängiger Darbringungsritus, der auch in gewisser Weise Identifikation mit dem Opfertier anzeigt; sie hat aber nicht mehr als vorbereitende Funktion und ist noch nicht die eigentliche Darbringung. In all den Fällen, in denen die Immolation nicht vom Priester ausgeführt wird, beginnt dessen Aufgabe erst nach der Immolation, also im Ritus der Darbringung. Lepin will also keinen Akt der Immolation anerkennen, der einen sich daran anschließenden äußeren Darbringungsritus überflüssig machen würde. Das Fundament, mit dem seine Argumentation steht und fällt, ist, dass bei ihm die Annahme des Opfers sachlich dasselbe ist wie die Darbringung.[273] Damit wäre die immerwährende Darbringung eine Folge der für immer bestehenden Annahme, nicht nur gemäß der Wirkung, die sich aus dem Zustand der Opfergabe ableitet, sondern auch formal in ihrem Charakter als Handlung. Aber dieser Handlungscharakter wäre dennoch nicht sichtbar und rituell, sondern würde in einer inneren Bewegung des Geistes bestehen, in der das eigentliche und wahre Wesen des Opfers liegt. Aber genau diese Voraussetzung lehnt de la Taille ab, denn Darbringung und Annahme sind eben nicht identisch. Aus den Voraussetzungen Lepins würde eine unablässige Aktivität Christi folgen, die aber keine Opferung im eigentlichen Sinne wäre, da sie sich nur innerlich (*mere spirituale*) vollzieht, was der Definition eines *internae rei signum internum* nicht gerecht wird. Aber auch die Bedeutung dieser inneren *oblativa activitas* kann de la Taille in der Bewertung Lepins nicht einfach zugestehen, weil das suggeriert,

[271] Vgl. M. Lepin, L'idée du Sacrifice de la Messe, 675f. 679f.

[272] MF 13.

[273] Vgl. M. Lepin, L'idée du Sacrifice de la Messe, 684–688; vgl. zu de la Tailles Erwiderung auf diese Kritik MF 690–694 (Dieses *Secundum Antirrheticum* ist bereits veröffentlicht als Artikel: De sacrificio vero et proprio. Quaestiones disputatae V, in: Gr 9 (1928) 3–64).

dass Gott nicht eine beständige Opfergabe, sondern ein frommes Gefühl dargebracht worden sei – denn es macht keinen Sinn, die Übergabe einer bereits dargebrachten und von Gott angenommenen Gabe ständig zu wiederholen. Das Opfer Christi ist an seinem Zielpunkt angekommen, er sitzt zur Rechten des Vaters, das heißt, er ist ganz (in all seinen Seelenteilen) von Gott erfüllt und ruht in dieser Erfüllung. Was er einmal (*semel!*) getan hat, kann und muss nicht wiederholt werden.[274]

De la Tailles doppeltes Argument lautet: Entweder ist ein so verstandenes aktives Opfer im Himmel zu denken als ein einziges Opfer, das sich noch im Verlauf befindet, dann wäre aber unsere Erlösung noch nicht bewirkt. Oder es ist der Zahl nach ein anderer Opferakt Christi, dann widerspricht es dem Hebräerbrief.[275] Das muss nicht heißen, dass das Priestertum im Himmel nur ein leerer Begriff ist, denn nach Thomas ist die Aufgabe des Priesters eine doppelte, die Darbringung des Opfers (*oblatio*) und die Vollendung des Opfers (*consummatio*).[276] Die Vollendung besteht in der Erlangung der himmlischen Herrlichkeit und ihrer Weitergabe an uns kraft des vergossenen Blutes bzw. des einmal (*semel*) dargebrachten Opfers. Die Funktion des Priestertums Christi, das in Bezug auf den aktiven Darbringungsakt an seinem Zielpunkt angekommen ist (*quod est dicere, illum in caelis versari cum sacrificio consummato, non cum sacrificio peragendo*), ist die Übertragung der Wirkkraft seines Opfers, die für immer Bestand hat (*usus ... virtutis inhaerentis sacrificio in Deum traiecto*). Die Aufgabe des Priestertums ist also nicht nur eindimensional gesehen, nämlich in der Ausrichtung des Menschen auf Gott hin, sondern die Mittlerfunktion Christi bezieht auch die Zuwendung der Erlösung an die Menschen mit ein.[277]

274 Vgl. dazu als erläuterndes konkretes Beispiel MF 745: *Qui mihi dedit equum primo die anni, non oportet veniat singulis diebus ad eundem mihi dandum; sed sufficit si eum dedisse non paeniteat, immo delectet, patefiatque iste sensus. Sic postquam corpus et sanguinem suum Christus consecravit Deo, ulteriori eiusdem rei donationi locus non est.* - Lepin dagegen (vgl. L'idée du Sacrifice de la Messe, 704. 709–711) lehnt die strenge Identifikation der definitiv festgelegten Opferelemente beim Opfer Christi ab. Denn er sieht klar, dass de la Taille unter dieser Voraussetzung eine Einheit von *coena* und *passio* konstruieren muss, für die es im Himmel nichts Entsprechendes gibt. Deshalb kann de la Taille keine Angleichung des himmlischen und eucharistischen Kultes, mit der die Väter argumentieren, zulassen und muss dann den Begriff „himmlisches Opfer" in einem eingeschränkten Sinn verwenden.

275 Vgl. MF 745, Anm.1.746.

276 Vgl. Thomas von Aquin, STh III 22, 5.

277 Vgl. MF 746f.; 1 Kor 4,1: „Als Diener Christi soll man uns betrachten und als Verwalter von Geheimnissen Gottes"; 2 Kor 5, 20: „Wir sind also Gesandte an Christi Statt, und Gott ist es, der durch uns mahnt."

Es bleibt aber die Anfrage, warum de la Taille Christus jegliche neue aktuelle und formale Oblation abspricht, die sozusagen Geschehenscharakter hätte, und ihn „nur“ als höchsten Priester in einer virtuellen Darbringung unserem Opfer beigibt. Dabei verwehrt er sich aber gegen die Verkürzung Lepins, Christus sei für ihn nur in dreifacher Hinsicht Darbringender als Urheber des Opfers, als Auftraggeber des Amtes und als Überträger der Vollmacht. Denn wenn der Priester die Wandlungsworte *ex persona Christi* spricht und damit die Wirkkraft der Worte Christi auf ihn übergeht, wird sein Opfer ein wahres und essentiell auf das Kreuz bezogenes Opfer, ohne dass man eine neue Aktivität Christi bei der Darbringung der einzelnen Opfer der Kirche fordern müsste. Die von ihm ausgehende aktive Rolle, wenn man so will, besteht nach de la Taille darin, dass er in seiner Menschheit als Heilsinstrument *actualiter* auf uns und von uns auf das Dargebrachte die Wirkung einer *causa prima* überträgt. Durch diesen kausalen Einfluss erst geschieht es, dass wir aktiv opfern, gleichsam als Teilhaber am einen, alles umfassenden Opfer. Christus ist es, der in Wahrheit das Opfer darbringt (*sacrificii oblator principalis*), aber nicht *formaliter*, sondern *virtualiter*.[278]

Wegen der Begründung dieser überzeitlichen Wirkung, die genau aus dem in Christi Leib andauernden *status victimalis* resultiert, muss de la Taille an seiner Theorie vom himmlischen Opfer im passiven Sinn festhalten. Es wäre aus seiner Sicht ein *peccatum per excessum,* jegliche Form eines himmlischen Opfers abzulehnen, mit der Begründung, dass die *victimalis conditio* kein Zustand, sondern ein Erleiden darstelle und deshalb mit dem Zustand der himmlischen Herrlichkeit nicht vereinbar wäre. Für de la Taille kann diese Ablehnung nur auf dem Missverständnis beruhen, dass die *victimalis conditio* dasselbe wäre wie das aktuelle Erleiden des Todes (das sicher eine *passio* ist und kein *status*). Wenn die Schlachtung das formale Element des Opfers wäre, würde dieses Problem auftreten, aber de la Taille sieht es in der Darbringung; die Immolation ist der Weg, auf dem unsere Gaben in den göttlichen Gebrauch übergehen können, und darauf ist das Opfer hingeordnet, darin liegt sein eigentlicher Sinn und darin besteht auch die Intention der Opferhandlung, nicht in der Immolation als Selbstzweck oder primärer Wesensgrundlage. Somit meint der *status victimalis* nicht die Verlängerung der Immolation als formalem Element, konkret den Aspekt eines toten Lebewesens, sondern die Andauer der Wirkung des Opfers in der Gott geweihten, ihm übergebenen und von ihm angenommenen Opfergabe: *Manet ergo corpus Christi*

[278] Vgl. MF 751: *Aliud quippe est offerre de novo, et de novo efficere ut ego offeram.*

*ipsa clarificatione sua munus apud Patrem perpes pretiumque redemptionis nostrae aeternum, sacrificii unici hostia imperitura.*[279]

Damit ist innerhalb dieser Opfertheorie eine stimmige Grundlage geschaffen zur Begründung der Eucharistie als wahrem und relativem Opfer. Der Rückbezug auf das Kreuzesopfer bestimmt ihren Charakter als wahres und eigentliches Opfer wesentlich sowohl im Hinblick auf das Priestertum als auch auf die Opfergabe. Wenn Christus sich nämlich nicht selbst aktiv zum Opfer gebracht hätte, könnten wir ihn nicht darbringen, weil unsere priesterliche Vollmacht nur als Teilhabe an der Wirkung des Priestertums Christi zu begründen ist. Zudem könnten wir im Sakrament kein wahres Opfer haben, wenn es keine wahre Opfergabe gäbe; die Opfergabe des Kreuzes, der einstmals blutig geopferte Leib Christi und sein vergossenes Blut, kann die unsere werden, weil sie vor Gott in ihrem andauernden *status victimalis* angenommen bleibt. Was im Opfer der Kirche geschieht, ist also nicht ein eigenmächtiges, absolutes Tun der Kirche, das aus Christus erst (immer wieder von neuem) eine Opfergabe machen würde, sondern es geht in diesem Geschehen vielmehr um die Zuwendung der Frucht des ein für alle Mal gültigen Erlösungsopfers, also darum, aus der Opfergabe des ewigen Hohenpriesters die Opfergabe seines Volkes zu machen: Sie muss also nicht erst Opfer werden, weil sie es bereits ist, sondern er, der seine eigene Opfergabe ist, wird die unsere.[280]

Ein Maßstab, an dem man die verschiedenen Nuancierungen der Theorien des himmlischen Opfers messen kann, ist die Frage, ob sie dazu beitragen können, in der Einheit von Priester und Opfergabe die personale Dimension der inneren Hingabe als das Fundament der umfassenden und andauernden Wirklichkeit der Erlösung zu erweisen, ohne dass deren objektiv-sichtbare Dimension in dieser Innerlichkeit aufgelöst wird. De la Taille lässt sich noch nicht vom Gedanken der sakramentalen Vergegenwärtigung eines Geschehens leiten, sondern argumentiert aus dem Anspruch der Abwehr nachtridentinischer Opfertheorien. Diese suchten in der Messe eine reale Destruktion, um der Definition eines wahren Opfers gerecht zu werden, und verdeckten damit die wesentliche Beziehung auf das Kreuzesopfer. Um dieser Tendenz entgegenzuwirken, steht für ihn auch am himmlischen Opfer der Aspekt der Identität der Opfergabe im Vordergrund, die in der Wirkkraft des ewigen Priesters dargebracht wird, wobei die formale Aktivität auf das irdische Priestertum übergeht. Diese Wirkkraft des Priestertums als Übertragung einer Kraft, die für immer Bestand hat, kommt aus dem durch Gottes An-

[279] MF 744.
[280] Vgl. MF 179f.

nahme vollkommenen Opfer, wodurch beide Seiten der Mittlerfunktion Christi vereint sind, die Ausrichtung des Menschen auf Gott hin und die Zuwendung der Erlösung an den Menschen von Seiten Gottes. Genau hier liegt das biblische Fundament, das in der Frage nach dem Opfer der Eucharistie zur Umkehr der Blickrichtung führt, also als Zuwendung Gottes zum Menschen, nicht als Werk des Menschen auf Gott hin, und so die „Freilegung des theologischen Kerns“ der Eucharistie ermöglicht.[281] „Die Hingabe Jesu ist Ausdruck der Zuwendung Gottes. Die grundlegende und erste Aussage ist: Gott selbst handelt, er gibt hin, er schenkt, er ist der Initiator dieses ‘Opfers’, in welchem Versöhnung geschenkt wird, er drückt seine Liebe zu uns aus in dem restlosen Einsatz Jesu bis hin zu dessen völliger Selbstpreisgabe. Wenn also vom Opfer am Kreuz oder in der Eucharistie gesprochen wird, dann geht es grundlegend zunächst darum, die Hingabebewegung von Gott zu uns wahrzunehmen und für sie zu danken.“[282]

## 3.4 Ausblick in weiterführenden Aspekten

### 3.4.1 Grundlage für die Einführung eines neuen Zeitkoeffizienten

Die Betrachtung der Oblation im Abendmahl als Form und der Immolation am Kreuz als Materie des Opfers Christi liefert den Ansatzpunkt dafür, im Opfer der Kirche die Zeitdifferenz zu überbrücken: *Coena enim respiciebat immolationem passionis ut futuram; missa autem eandem respicit ut praeteritam.*[283] Das Geschehen in der Zeit lässt sich also differenziert betrachten unter dem Aspekt der von Christus gestifteten und zur Wiederholung empfohlenen Form und dem einmaligen Kreuzesgeschehen, dessen Wirkung aufgrund seiner personalen Identität die Zeit überdauert. De la Taille macht diese personale Identität in Christi ewigem Zustand als Opfergabe fest, was sich in seiner Theorie vom himmlischen Opfer konkretisiert. Von dort leitet sich für das Opfer der Kirche jegliche Wirkung ab. Das durchtragende Element ist dabei die Hingabe und der Gehorsam Christi, der die menschliche Natur annahm und sich somit der die Menschenwelt bestimmenden zeitlichen Ordnung und der die Menschennatur bestimmenden Leidensfähigkeit, Vergänglichkeit und Sterblichkeit unterwarf, um sein Heilswerk in der Zeit zu vollbringen.

281 Vgl. Th. Schneider, Zeichen der Nähe Gottes. Grundriß der Sakramententheologie, Mainz 1998$^7$, 162.

282 Ebd. 158.

283 MF 103.

Genau hier sieht J. Mouroux (im Kontext der Einordnung der menschlich-zeitlichen Erfahrung Christi) den Angelpunkt der Spannung zwischen der Anwesenheit des Ewigen und der Zeitlichkeit des Pilgerstandes: „Wenn wir mit der Schrift die Anwesenheit der Ewigkeit im Quellpunkt der Zeit für Christus betonen, so folgt daraus nicht, dass jene Mitte in der Seele des menschgewordenen Wortes, in der er die Herrlichkeit, die Verbindung mit dem Vater und die Schau Gottes besitzt, die normale Psychologie und das gewöhnliche Befinden des wahren Menschen in Christus aufheben würde. Solange die Zeit der Erniedrigung andauert, wie es P. de la Taille treffend erklärt, so lange bleibt auch dieser Schnittpunkt eliminiert in der Spitze des Geistes, jenseits des normalen Seelenlebens... So wie die Botschaft Christus selber formt, so bestimmt sich auch hier von ihr her seine Herrlichkeit, sein Wissen und sein Handeln, aber nur insoweit es dem armen, gedemütigten, leidenden und sterben müssenden Gottesknecht gebührt. Man muss in diesem Moment an der Herrlichkeit Christi vor allem den Punkt der Personalität seiner menschlichen Seele betrachten: denn gerade hier wird sie vom Wort ergriffen, in ihm zum Existieren gebracht und zur persönlichen Seele des Wortes gestaltet. Und daraus geht auch alles andere hervor, bemessen je nach den Forderungen, die seine Sendung stellt.“[284] Nur weil Christus „die personale Mitte der Zeit des Heils“ ist, weil es eine konkrete Zeit der Erlösung gibt durch den konkreten Opferakt, verwirklicht sich in ihm eine doppelte Bewegung der Liebe, die die Menschen mit einbezieht: die Liebe Gottes zu den Menschen, die die Begrenzungen der Sünde überwindet, indem er uns in Christus seine erlösende Liebe schenkt, und die Liebe der Menschen zu Gott, weil Christus das Haupt der Menschheit ist und sie als sein mystischer Leib in die Bewegung seiner hingebenden Liebe mit hineingenommen wird.[285]

K. Rahner zeigt auf, dass die Scholastik im Umgang mit der Zeitlichkeit im Gegensatz zu Thomas von Aquin einen wichtigen Faktor, die „Analogheit des Seienden“ zurückdrängte und damit eine differenzierte, analoge Anwendung der Begriffe „Dauer“, „Änderung“ und „Nacheinander“ auf geistig-personale Vorkommnisse und materielles Geschehen verhinderte. Gerade dieser „andere Zeitkoeffizient“ spielt jedoch für die Deutung des Opfers Christi eine entscheidende Rolle: „Die Opferhandlung und die Opfergesinnung sind ... nicht dasselbe. Sie haben

[284] J. Mouroux, Eine Theologie der Zeit, Freiburg - Basel - Wien 1965, 154f.; vgl. MF 171 (v.a. Anm. 1). 519–529 Anm. 1.

[285] Vgl. J. Mouroux, Eine Theologie der Zeit, 168–176. „So rettet Gott uns, seine verlorenen Geschöpfe dadurch, dass er uns Christus, seinen eigenen Sohn gibt; dass er uns in Christus, unserem einzigen Haupte, miteinschließt und uns alle in Christus liebt, der sich im Opfer für uns hingibt“ (ebd. 173).

zueinander das Verhältnis von konstitutivem Zeichen (Realsymbol) und Bezeichnetem. Weil sie nicht dasselbe sind, können sie selbstverständlich auch einen verschiedenen Zeitlichkeitsmodus an sich haben. Die Todesgesinnung Christi (der anbetend sich der unbegreiflichen Souveränität Gottes übergebende Liebesgehorsam des Herrn) realisiert sich im materiellen und daher physikalisch-raumzeitlichen Geschehen des leiblichen Todes ... Aber obwohl sie sich in einem materiellen Geschehen (dem äußeren Opfervorgang) realisiert, hat sie, als Vorkommnis im Geistig-Personalen, einen anderen Zeitkoeffizienten als dieses materielle Geschehen als solches und hat deshalb auch ein anderes Verhältnis zur 'Ewigkeit'. Das eine kann also noch in der Gegenwart sein, während das andere schon vergangen ist."[286] Dieser andere Zeitkoeffizient wird im Zueinander von Wort und Tat realisiert. De la Taille macht dies deutlich, wenn er Gelübde und Opferdarbringung auf der gleichen Ebene der Setzung einer Realität einander gegenüberstellt[287]; beides bildet im Hinblick auf die religiöse Verpflichtung, die daraus resultiert, mit der erfüllenden Realität eine untrennbare Einheit. Der Unterschied liegt darin, dass das Gelübde *in genere orationis* geschieht, während die Opferdarbringung *in genere actionis* besteht. Aber gerade durch diesen Handlungscharakter erhält die Opferdarbringung im Gegensatz zum Geblübde als formaler Akt der Übereignung an Gott einen direkten Gegenwartsbezug. Darauf gründet sich beim Selbstopfer Christi dann für de la Taille auch die numerische Einheit von *coena* und *passio*.

Was de la Taille als „pragmatisches Sprechen" bezeichnet, wird für Rahner zum Realsymbol und führt zu einem „anderen Zeitkoeffizienten". De la Tailles Beitrag zur Entwicklung eines anderen Zeitkoeffizienten liegt genau in seiner schon genannten grundsätzlichen Formel: *victima vel offeratur immolanda, vel offeratur immolatione, vel offeratur immolata*[288], die der Tatsache Rechnung trägt, dass es sich hier um die Verwirklichung einer personalen Realität, sozusagen als performative Wirklichkeit, handelt. Das was sich durchhält und alle Zeitdifferenzen überbrückt, ist die Identität Christi selbst in seinem ewigen Zustand als Gabe seines Opfers.[289]

[286] K. Rahner - A. Häußling, Die vielen Messen und das eine Opfer, 27.
[287] Vgl. MF 99.
[288] MF 13.
[289] Vgl. MF 321: *Est enim sacrificium omne ex sese quaedam pragmatica impetratio... Fuit enim Christi sacrificium impetratio pragmatica bonorum indebitorum, non quidem sibi, sed nobis, quos portabat.* Vgl. auch MF 337.

Der Kontext bzw. der Fragehorizont des Rückgriffs auf das Pascha des Alten Bundes ist bei de la Taille der Erweis, dass Mahl und Opfer eine Einheit bilden, was in der konkreten Übertragung bedeutet, dass Christus im Abendmahl als Priester seinen Leib zur blutigen Immolation am Kreuz hingegeben hat, sodass hier die Frage nach dem Ineinsfallen der Zeitkoeffizienten keine eigenständige Bedeutung erlangt, aber doch dieser Argumentation in ihrer eschatologischen Ausrichtung immanent ist. Diese wird deutlich in den Worten Jesu, der nach seiner Ankündigung, er werde nicht mehr essen und trinken, bevor das Reich Gottes käme (vgl. Lk 22, 16. 18), trotzdem dann zum Brot und zum Becher greift, um zu demonstrieren, dass das Reich Gottes im Neuen Bund bereits angebrochen ist und somit die Eucharistie die Erfüllung des Pascha des Alten Bundes darstellt.[290]

Erst in der Verschränkung von Opfer und Sakrament, in der Begründung der realen Gegenwart des Opfers Christi im Sakrament, kann dieser zeitübergreifende Bezug der *memoria* deutlich ausgesagt werden. Wie im Gedächtnis Israels an die Befreiung aus Ägypten so ist sie auch im Gedächtnis der Kirche an die Erlösung durch den Kreuzestod Christi nicht nur historisch nach rückwärts gewandt, sondern auch in die Zukunft ausgerichtet. Das heißt, dass der Anamnese-Begriff erst die volle Wirklichkeit der biblischen Vorstellung von Gedächtnis zum Ausdruck bringen kann, wenn es gelingt zu vermitteln, „dass der historische Akt [nicht] einfach in eine überzeitliche und bleibende Wirklichkeit aufgelöst wird, sondern dass das einmalige Ereignis des heilsmittlerischen Kreuzestodes jeweils neu in die konkrete historische Situation der Kirche hineinvermittelt wird, ohne dass seine Einzigartigkeit ... angetastet wird“; und diese volle Wirklichkeit und Wirksamkeit beinhaltet dann auch, dass dadurch die an der Feier der sakramentalen Vergegenwärtigung des Opfers Teilnehmenden in die Gegenwart dieses Heilsgeschehens hineingezogen werden.[291]

### 3.4.2 Weiterentwicklung: kirchliche Anamnesis

Problematisch ist eine Fragestellung, die die Gegenüberstellung von wahrem, sichtbarem Opfer und Gedächtnis eines vergangenen Opfers polarisiert, denn hierdurch wird der Begriff des Gedächtnisses seines Sinns entleert. Denn wenn der innere Opferakt Christi zugunsten eines einseitig statischen Verständnisses von Realpräsenz in den Hintergrund tritt, ist die bildhafte Bedeutung der sakra-

[290] Vgl. MF 55f.

[291] Vgl. E. Hönig, Die Eucharistie als Opfer nach den neueren ökumenischen Erklärungen, Paderborn 1989, 258–261.

mentalen Zeichen von ihrem inneren Zusammenhang mit dem Opfercharakter gelöst. „In dieser Fragestellung allein zeigt sich schon das Problem in seiner ganzen Verfahrenheit: Das Opfer bedeutet gewissermaßen das Gegenteil von dem, was das Gedächtnis zu bedeuten scheint. Dementsprechend hatten die verschiedenen Opfertheorien, die man besonders nach dem Konzil von Trient bis in die jüngste Vergangenheit entwickelte, um die Wirklichkeit des Messopfers zu verteidigen, mit einem wirklichkeitserfüllten, sakramentalen Gedächtnis (bei dem das einmalige Selbstopfer Christi in den sakramentalen Zeichen Gegenwart wird) kaum etwas zu tun.“[292]

Diese „Verfahrenheit des Problems“, das sich dann im Verlauf der Reformation zu dieser Polarisierung herauskristallisierte, hat durchaus auch ihre Wurzel in einseitigen Positionen auf katholischer Seite. In der Argumentation von Johannes Eck wird aus der *memoria* im Wesentlichen eine *recordatio passionis*, die durch das sakramentale Zeichen ausgelöst wird. Weil sich das weitgehend im Bereich des subjektiven Bewusstseins abspielt, stellt er die *repraesentatio* (Eucharistie als Bild der Passion mit gegenwärtigsetzender Kraft) über die *memoria*.[293] Durch diese Sichtweise wird der Blick darauf verstellt, dass die *memoria* selbst bereits die Zeitdimensionen überwindet und auf die Aktualisierung des erlösenden Geschehens hinzielt, in die der Mensch hineingenommen wird und auch selbst einen objektiven Aspekt in sich hat, da sich der Anamnesis-Auftrag Jesu im Abendmahl nicht nur auf einen subjektiven Bewusstseins-Akt bezieht, sondern diesen zwar mit meint, aber ihn in eine objektive Beauftragung integriert.

Die Ablehnung einer *nuda commemoratio* durch das Konzil von Trient erhält auf diesem Hintergrund der problematischen Entwicklung eine dezidierte Bedeutung für die Zuordnung von Kreuzesopfer und Messopfer. Ein Blick auf die Inhalte der Liturgien durch die Geschichte hindurch zeigt, dass der Gedanke der Anamnesis immer gefüllt war von einer Verbindung der drei priesterlichen Mysterien Christi: *passio - resurrectio - ascensio*. Im Opfer unserer Erlösung liegt der Einheitsgrund der Mysterien: deshalb ist die Eucharistie *sacramentum passionis* und zugleich *sacramentum resurrectionis* – die Passion wird gegenwärtig gesetzt in

[292] F. Pratzner, Messe und Kreuzesopfer, 16.

[293] Vgl. E. Iserloh, Die Eucharistie in der Darstellung des Johannes Eck. Ein Beitrag zur vortridentinischen Kontroverstheologie über das Messopfer, Münster 1950, 133: „Unter memoria ... versteht Eck durchweg das Betrachten und Sich-Erinnern, das durch das Zeichen des Sakramentes ausgelöst wird, also einen subjektiven Vorgang im Bewusstsein des Einzelnen oder der Kirche. So gibt es eine memoria passionis dominicae, die keinen Opfercharakter hat, nämlich bei der Kommunion der einzelnen Gläubigen.“

einer *memoria* des vollständigen, gültigen, himmlischen Opfers.[294] In diesem Sinne verbindet der Römische Katechismus „Erneuerung“ und „Erinnerung“ in der Darstellung der Gründe für die Einsetzung des Messopfers. Im Vorausbild des Paschalammes bilden Sakrament und Opfer eine Einheit.[295] Die beiden Aspekte des sichtbaren Geschehens der rituellen Opferdarbringung und die Bedeutung der sakramentalen Zeichen binden das Messopfer zurück an das Kreuzesopfer. „Die Rede von der memoria des transitus Jesu zum Vater, die in der Eucharistiefeier für immer fortdauern soll, darf zumindest gelesen werden in Richtung jenes intensiven biblischen Sinnes von zikkaron / anamnesis (Gedächtnis), den die neuere Exegese wieder so stark ins Bewusstsein gehoben hat.“[296]

Im Hinblick auf diese „Verklammerung“ mit dem Gedächtnisbegriff des Alten Bundes legt sich die Fragestellung nahe: Mit welcher Intention analysiert de la Taille das Paschafest? Ist für ihn der Begriff des ‘Gedächtnisses’ das Bindeglied zwischen jüdischem Pascha und Eucharistie? Denn in der neueren ökumenischen Diskussion liegt gerade hier ein zentraler Punkt, von dem aus einigende Gespräche möglich sind.

Jedoch muss man feststellen, dass für de la Taille der Rückgriff auf die Paschatradition nur in den traditionellen Kontext der alttestamentlichen Vorbilder der Eucharistie eingebunden ist. Die Anamnese des Paschafestes als Vergegenwärtigung des Handelns Gottes an seinem Volk (Auszug Israels aus Ägypten, Bundesschluss am Sinai, Führung ins gelobte Land und die Erbauung des Jerusalemer Tempels zur Sühne der Sünden) stellt für ihn keinen Ansatzpunkt dafür dar, die Geschehensdimension im Opfer der Kirche zu begründen. In der traditionellen Begründung des eucharistischen Opfers aus den alttestamentlichen Vorbildern (Prophezeiung des Malachias, Opfer des Melchisedek als Verankerung im Natur-

[294] Vgl. MF 135. 142f. 148. 201f.; vgl. zum eschatologischen Verständnis des Anamnesis-Befehls auch J. Jeremias, Die Abendmahlsworte Jesu, Göttingen 1960³, 243–245.

[295] Vgl. P. Rodriguez (Hrsg.), Catechismus Romanus seu catechismus ex decreto Concilii Tridentini ad parochos Pii Quinti Pont. Max. iussu editus, Città del Vaticano 1989, p. 2, c. 4, q. 70 / 280f.: *Huius rei figuram et similitudinem in agno paschali licet animadvertere, qui ut sacrificium et sacramentum a filiis Israel offerri et comedi consueverat. Nec vero, cum Salvator noster Deo Patri se ipsum in ara crucis oblaturus esset, ullam suae erga nos immensae charitatis illustriorem significationem dare potuit, quam cum nobis visibile sacrificium reliquit, quo cruentum illud semel in cruce paulo post immolandum instauraretur, eiusque memoriae, usque in finem saeculi quotidie summa cum utilitate, ab Ecclesia per universum orbem diffusa coleretur.*

[296] Th. Schneider, Opfer der Kirche, 230.

gesetz, Paschalamm und Manna als Verankerung im Gesetz des Mose) bestand keine Notwendigkeit, den Opfercharakter der Eucharistie zu beweisen.[297]

De la Taille stellt diese Verbindung im Begriff der *memoria* nicht her, aber in seinem stimmigen Gesamtentwurf übernimmt ein anderer Teil seiner Theorie diese Begründungsfunktion. Wenn auch die *memoria* formal gesehen nicht vergegenwärtigendes Handeln ist, so wird sie doch inhaltlich gefüllt mit einer Wirklichkeit, die nicht statisch gedacht werden kann. So kommt die Begründung dafür, dass das Kreuzesopfer Christi durch das Gedächtnis des Abendmahls vergegenwärtigt wird, bei de la Taille von einer anderen Richtung her und bildet sozusagen ein ontologisches Fundament des 'Gedächtnisses'.

Meiner Meinung nach wird diese Intention nämlich durch de la Tailles Zuordnung von *coena* und *passio* aufgegriffen. Es geht dabei nicht darum, ob die Theorie im Detail zu rezipieren ist, also um die Frage, ob man sie wirklich mit den Elementen eines formalen Opferbegriffs nachvollziehen muss. Was von bleibender Gültigkeit ist, ist die enge Verbindung von Abendmahl und Kreuzesopfer für das Gedächtnis des Messopfers. Dieses Gedächtnis kann dann nicht einseitig Erneuerung des liturgischen Geschehens des Abendmahls ohne das Kreuzesopfer sein.

De la Taille drückt diese Verbindung als numerische Einheit aus. Was Christus mit dem Wiederholungsauftrag gemeint hat, lässt sich für de la Taille deutlicher herausstellen, wenn man nicht den Ritus des Abendmahls für sich betrachtet, denn dann wäre gerade der Begriff der *memoria* nicht in sich verständlich – bezieht er sich doch primär auf etwas Vergangenes als solches. Erst wenn man das Opfer der Kirche dem Opfer Christi als Gesamtheit gegenüberstellt, wird deutlich, dass *memoria* als wirklichkeitsgefülltes Gedächtnis aufgefasst werden kann.[298] Der Darbringungsritus des Abendmahls ist die Form, in der das Messop-

[297] Vgl. W. Götzmann, Das eucharistische Opfer nach der Lehre der älteren Scholastik. Eine dogmengeschichtliche Studie, Freiburg 1901, 15.

[298] Diese Verbindug unserer Opferdarbringung zu ihrem inhaltlichen Zentrum, das über die Zeit hinweg wirkt, macht de la Taille in Reaktion auf die Diskussion nach dem Erscheinen der zweiten Auflage seines *Mysterium Fidei* deutlich: *Ut moriturum se offerebat Christus, ut mortuum nos. Igitur oblatio dominica opus habebat compleri per hostiae mortem ... Non sic autem in nostra litatione: siquidem praemissa morte, perstanteque Christo in Dei manibus pretio aeterno nostrae salutis ... non est quod exspectet consecratio nostra ulterius quid; sed rei in passione actae, valituraeque semper, innititur: vi habitudinis retrospectivae, qua ex ipsa sua institutione gaudet; cum coena prospectivam haberet. Nec aliter verificaretur sermo Domini: Hoc facite in mei memoriam* (MF 736).

fer dargebracht wird – was sich geändert hat, ist die Art der wesensbestimmenden Beziehung auf das Kreuzesopfer. Die Worte Christi im Abendmahl besiegelten den Weg zur Verpflichtung zum Opfer, sie waren also weit mehr als ein bloßer Hinweis, eine bloße Vorankündigung. Und genauso ist das Aussprechen der Worte Christi durch die Priester der Kirche weit mehr als bloße Erinnerung: *Idem nos facimus in missa quod fecit Christus in coena: salva utique differentia temporum, ut quod apud nos retro in crucem fertur, praeverteret ex parte Christi crucem, nec proinde memorialis haberet rationem, sed nuntiationis et pignorationis.*[299] Diese Parallelisierung der Verbindung von Abendmahl und Passion auf der einen Seite und der Verbindung von Eucharistiefeier und Passion auf der anderen Seite macht deutlich, dass das verbindende Element dem Opfer Christi jeweils nicht äußerlich ist. So wie die Worte Christi dem Abendmahl ihre Realität sakramental verbürgten, so geschieht es auch in der Eucharistiefeier. Deren sakramentale Realität lebt vom einmaligen und einzigartigen Opfer der Erlösung. Was sich ändert, ist nicht das Wesen der Beziehung, sondern nur die zeitliche Relation der Beziehung, die zeitliche Dimension der Form, in der das Opfer Christi in die gegenwärtige Realität überführt wird.

Die „Verklammerungen“ mit dem Pascha des Alten Bundes entfalten ihren Sinn erst durch den Wiederholungsbefehl: „Tut dies zu meinem Gedächtnis!“ Eine von J. Jeremias angeregte Auslegungsgeschichte verdeutlicht die entscheidende Dimension dieses Gedächtnisses.[300] Mit dem Begriff des Memorials lassen sich verbindende und weiterführende Aspekte des Opfercharakters der Eucharistie im konfessionsübergreifenden Dialog erfassen, wovon vor allem die Darlegung von M. Thurian (von der reformierten calvinistischen Tradition herkommend) zeugt: „Im Sinne des biblischen Begriffs Memorial ist es möglich, von der Eucharistie als von einem Opfer zu sprechen. Die Eucharistie ist ein Opfer aus drei Gründen: Sie ist die sakramentale Präsenz des Kreuzesopfers durch die Kraft des Heiligen Geistes und des Wortes, und sie ist die liturgische ‘Präsentation’ dieses Opfers des Sohnes durch die Kirche an den Vater, als Danksagung für alle seine Segnungen und als Fürbitte, er möge diese erneut gewähren. Sie ist die Teilnahme der Kirche an der Fürbitte des Sohnes beim Vater im Heiligen Geiste um die Zuwendung des Heils an alle Menschen und um das Kommen des Reiches Gottes in Herrlichkeit. Sie ist die Opfergabe, welche die Kirche ihrerseits dem Vater dar-

[299] MF 738.

[300] Vgl. J. Jeremias, Die Abendmahlsworte Jesu, Göttingen 1960³, 229–246; M. Thurian, Eucharistie. Einheit am Tisch des Herrn?, Mainz-Stuttgart 1963, 204; L. Bouyer, Eucharistie, 107f.; H. U. v. Balthasar, Die Messe, ein Opfer der Kirche?, 185–192; F. Pratzner, Messe und Kreuzesopfer, 19f.; Th. Schneider, Opfer der Kirche, 230.

bringt, vereint mit dem Opfer und der Fürbitte des Sohnes, als ihre höchste Anbetung und ihre vollkommene Weihe im Heiligen Geist."[301]

L. Bouyer stellt deutlich heraus, dass dieses Gedächtnis (oder „mémorial") nicht nur im vordergründigen Sinn ein subjektiver Akt des Bewusstseins ist, der sich auf die Vergangenheit bezieht. Das Memorial schafft und beinhaltet eine objektive Realität, die jemanden oder etwas vor Gott gegenwärtig werden lässt. Es ist eine Institution, die Gott seinem Volk gewährt hat, um sein Heilshandeln für immer andauern zu lassen. Von diesem Memorial her erhält das Opfer unserer Erlösung seine Zielbestimmung, denn der Gedächtnis-Begriff des Abendmahles bestimmt die Deutung des Opfercharakters im Blick auf das Kreuzesopfer und seine Vergegenwärtigung in der Eucharistie.[302] Nach Bouyer wird also durch die „berakah" von Brot und Wein im Abendmahl von Jesus die Substanz des Memorial (als „gage définitif de son amour redempteur") für immer den Sündern überlassen, damit sie dadurch vor Gott repräsentiert sind.[303]

Der Anamnesebegriff eignet sich deshalb besonders gut als Verständigungsgrundlage in ökumenischen Überlegungen, weil hier ganz deutlich wird, dass man vom Opfer der Kirche niemals in Absehung des Todes Christi als des einzig und ein für allemal gültigen Heilsereignisses sprechen kann. Das Opfer der Kirche ist dessen Versichtbarung. Auf der Grundlage des Alten Testamentes (im Verständnis des Anamnese-Begriffs des Pascha-Gedenkens) lässt sich die Verbindungslinie ziehen zwischen dem erlösenden Heilsereignis selbst und seiner Vergegenwärtigung und Versichtbarung im Tun der feiernden Gemeinde. „Gehen wir von dieser Gesamtstruktur des alttestamentlichen Opfers zum christlichen über, so liegt der Unterschied vor allem darin, dass das Memoriale ... zur erfüllenden höchsten Konkretisierung gelangt ist".[304]

301 M. Thurian, Eucharistie. Einheit am Tisch des Herrn?, Mainz - Stuttgart 1963, 204.

302 Vgl. L. Bouyer, Eucharistie, 108: „On peut donc dire qu'inséparablement, à la Cène, la croix du Christ et l'eucharistie des chrétiens ont reçu de Jésus un charactère sacrificiel, – la croix du Christ, parce qu'il s'y est livré à la Cène en oblation immolée, comme celle de l'Agneau pascal, en vue de réaliser la nouvelle et éternelle alliance conforme au dessein divin 'reconnu' dans son eucharistie, – l'eucharistie des chrétiens, parce qu'elle devient du coup le 'mémorial' de Jésus et son action salutaire. Chaque fois qu'ils la célèbrent, comme le dira saint Paul, ils 'annonceront', ou 'proclameront', non pas d'abord au monde, mais à Dieu, cette mort dont ce 'rappel' est pour lui-même le gage de sa fidélité à les sauver."

303 Vgl. L. Bouyer, Eucharistie, 107f.

304 H. U. v. Balthasar, Die Messe, ein Opfer der Kirche?, 187.

E. Hönig räumt in ihrer Untersuchung der Grundlinien des Opferverständnisses nach den gemeinsamen Erklärungen dem Anamnese-Begriff die erste Stelle ein. Sie stellt als zusammenfassendes Ergebnis der Analyse ökumenischer Gespräche auf internationaler und nationaler Ebene[305] fest, dass das gemeinsame Anliegen darin besteht, den katabatischen und den anabatischen Aspekt des Opfers so auszusagen, dass die Rede vom 'Opfer der Kirche' nicht die Gegenwart des Heilsgeschehens verdunkelt. Das ist nur möglich, wenn man die Eucharistie primär als von Jesus Christus initiiertes und ermöglichtes Geschehen versteht. Das Opfer der Kirche lebt von einem Geschehen, das zwar an einem bestimmten Zeitpunkt der Geschichte verankert, aber nicht in der Vergangenheit verhaftet ist. „In diesem Sinne kann 'Gedächtnis' nicht nur nach rückwärts orientiert sein, sondern muss in eine eschatologische Zukunft hineinweisen, in der das jetzt anfanghaft und verborgen Gegenwärtige offenbar werden wird, sodass Gott alles in allem sein wird. Dieser eschatologischen Dimension der Anamnese wird zwar nicht in allen Dokumenten die gleiche Beachtung geschenkt, aber sie ist ein unverzichtbarer Aspekt des biblischen Gedächtnisbegriffs. Sie bedeutet jedoch keine Vertröstung auf die Zukunft, die allzu schnell über die gegenwärtigen Erfahrungen und Leiden hinweggeht. Die Gegenwart wird insofern ernst genommen, als durch das wirkmächtige Gegenwärtigwerden des Heilswerkes Gottes schon jetzt Verwandlung geschieht, wenn Menschen sich in der Feier der Eucharistie in dieses Heilsgeschehen hineinziehen lassen ... Die aufgezeigten Inhalte des Anamnesebegriffs machen deutlich, dass diese biblische Kategorie in besonderer Weise geeignet ist, die Einheit von Sakrament und Opfer, die nicht zuletzt unter dem Einfluss des Nominalismus verlorengegangen war, wieder erkennbar zu machen.“[306]

Wenn man die Zuordnung von *coena* und *passio* durch de la Taille auf dem Hintergrund dieser Entwicklung nochmals überdenkt, wird deutlich, dass er damit sehr klar den Akt der Präsentation der Opfergabe des Kreuzesopfers herausstellen kann. Allerdings bekommt diese Präsentation dadurch, dass er dann die Identität des Opfers Christi und des Opfers der Kirche in der Identität der Opfergabe verankern wird (wie auch schon aus seiner Darstellung des himmlischen Opfers zu ersehen war), einen mehr statischen Charakter, denn das Geschehen selbst wird erst mittelbar präsent. Der Prozess der Selbsthingabe wird in einen liturgischen Opferbegriff gefasst, dessen Elemente sich im Opfer der Kirche so wiederfinden, dass gleichsam in der Opfergabe das Geschehen präsent ist und

[305] Von E. Hönig, Die Eucharistie als Opfer nach den neueren ökumenischen Erklärungen, wurden neuere Dokumente aus Kommissionen untersucht, in denen römisch-katholische oder orthodoxe Theologen mitarbeiteten und die den Opfercharakter der Eucharistie thematisieren.

[306] E. Hönig, Die Eucharistie als Opfer nach den neueren ökumenischen Erklärungen, 261.

nicht so sehr der Akt des Opfers an sich repräsentiert wird.[307] Anders als beim Abendmahl (wo die Darbringung *in genere actionis* besteht und die Selbsthingabe Christi als Erfüllung dieser Ankündigung mit einschließt) wird die aktiv-sichtbare Dimension beim Opfer der Kirche erst durch das liturgische Tun der Kirche eingebracht. Durch die Identität der Opfergabe – das ist Christus, der für immer vor Gott als Opfergabe präsent ist – ist das Opfer für die Kirche Gegenwart: *Praesens enim est sacrificium, et decurrit a coena ad crucem usque opus nostrae redemptionis.*[308]

[307] M. Thurian versteht die Gegenwart des Opfers Christi z.B. im Sinne solch einer unmittelbaren sakramentalen Gegenwart des Geschehens ausgehend vom Begriff des Memorials: „Die Eucharistie ist die liturgische 'Präsentation' des Opfers des Sohnes durch die Kirche vor dem Vater ... Diese liturgische Präsentation ist der Akt, der Gott dem Vater das Opfer Gottes des Sohnes in Erinnerung ruft, das vor ihm ewig präsent, gültig und wirksam ist durch Gott den Heiligen Geist, der Akt, der dieses Opfer vor ihn hinstellt, der Akt, der durch dieses Opfer sein Erbarmen wachruft" (M. Thurian, Eucharistie. Einheit am Tisch des Herrn?, 213).

[308] MF 88f.

# 4. Die Eucharistie als Opfer der Kirche

## 4.1 Das Opfer der Kirche

### 4.1.1 Ableitung des Opferaktes aus der Wirkkraft Christi: *virtus tota ex parte Christi*

Christus als *hostia passionis* des himmlischen Opfers ist das Bindeglied, das die Identität zwischen seinem Opfer in Abendmahl und Kreuz und dem Opfer der Kirche garantiert: *Oblatores ergo sumus sacrificii coelestis atque aeterni.*[309] 1Kor 11, 26 („Denn sooft ihr von diesem Brot esst und aus dem Kelch trinkt, verkündet ihr den Tod des Herrn, bis er kommt") schließt mit dem Hinweis auf die Wiederkunft Christi diese Bedeutung mit ein, wobei der Bezug auf den Tod Christi auch die Auferstehung und Himmelfahrt als Entsprechung von Seiten Gottes mit in sich enthält. Die Opfergabe Christi, die er selbst ist, und die Opfergabe der Kirche sind also absolut identisch. In der zeitlichen Differenz bringen wir diese Opfergabe in ihrer gültigen und akzeptierten Form dar, denn die Elemente des Opfers Christi verbinden sich zu einer Einheit. Das Abbild des blutigen Todes, der Zustand der Herrlichkeit: beides kommt zusammen, damit wir die himmlische Opfergabe der Passion darbringen können. Der bleibende Zustand als Opfergabe ist das, was im Sakrament gegenwärtig ist – Leib und Blut des wahren Opfers.[310]

Wenn Christus sagt: „Tut dies zu meinem Gedächtnis" (1 Kor 11,25; Lk 22,19), bezieht sich das auf die Opferdarbringung seines Leibes und Blutes; also lebt auch unsere Darbringung von der in der Passion vollendeten Opfergabe, durch

[309] MF 200; G. Filograssi, de la Tailles Nachfolger an der Gregoriana, schließt sich in der Frage nach der Immolation im Opfer der Kirche dieser Argumentationsgrundlage de la Tailles an und betont gleichzeitig die sakramentale Dimension des Opfers: *Christus in coelo victima perpetua et gloriosa ex cruce, vivit cum merito et satisfactionibus per crucem comparatis et ex cruce permanentibus. Eo ipso quod per transsubstantiationem praesens sacramentaliter redditur, praesens fit tamquam sacerdos crucis et victima crucis. Unde coniunctio et continuatio sacrificii eucharistici cum sacrificio crucis fit, mediante permanentia victimae gloriosae et gloriosi sacerdotis in coelo* (G. Filograssi, De Sanctissima Eucharistia. Quaestiones dogmaticae selectae, Rom 1953$^5$, 402; vgl. 404).

[310] Vgl. MF 200f. (In manchen Liturgien werden diese verbindenden Worte *in persona Christi* gesprochen.); 265–271; M. de la Taille, The Eucharistic Sacrifice in the light of a recent document, in: Gr 7 (1926) 97–109, 108: „The real presence ist truly an essential of our sacrifice, no less than the true victimhood."

die wir erlöst sind. Jedoch muss dieses Opfer die Differenz der Zeit und die Differenz der Darbringenden überbrücken. Das heißt nichts anderes als dass aus der *hostia* des Opfers Christi die *hostia* des Opfers der Kirche wird. Während die Oblation immer real und gegenwärtig ist, ist hinsichtlich der Immolation eine Unterscheidung zu treffen: Bei Christus im Abendmahl ist sie durch den Vorverweis auf die Passion gegeben (*praenuntiativa; se obtulit immolandum*), in unserer Messfeier besteht sie im Rückbezug auf die Passion durch die Identität der Opfergabe im bestehenden *status victimalis* (*commemorativa, repraesentativa, similitudinaria; offerimus immolatam victimam*).[311] Die *memoria* ist durch diese Identität der Opfergabe mit konkretem Inhalt gefüllt. Sie stellt die Kirche in eine Realität, die durch die Gegenwart des Erlösungsgeschehens bleibend geprägt ist, eben dadurch, weil Christus in allen Formen seiner Gegenwart mit sich selbst identisch bleibt. So bedeutet es Anteil zu haben an der Wirklichkeit und Wirkung seiner Selbstdarbringung, wenn die Kirche im selben Ritus und in innerer Einheit mit seinem Opferwillen seinen Leib und sein Blut darbringt, insofern er gelitten hat und gestorben ist.

Auf dem Hintergrund der zeitlichen Differenz und der Differenz der Darbringenden ist es von der prägenden Wirklichkeit her dasselbe, Christus in seinem Zustand als Opfergabe aufgrund der vorangegangenen Immolation darzubringen wie seine Immolation selbst darzubringen: *Idem est enim offerre corpus Christi in quantum passi et mortui, ac offerre eius mortem et passionem; idem, offerre sanguinem prout effusum, ac offerre eius effusionem; idem, offerre Christum ut hostiam ex praemissa immolatione exsistentem, ac offerre ipsam immolationem.*[312] De la Taille setzt hier die beiden Seiten der *memoria* einander gleich, wobei man aber an seine Position die Anfrage richten kann, ob sich diese Verbindung auch wirklich in allen Aspekten durchhalten lässt, wenn man die Identität des Opfers nur im passiven Zustand der Opfergabe und nicht in der aktiven Tätigkeit des Opferpriesters verankert.

Rahner sieht darin keinen Bruch: *memoria* der Opfergabe ist zugleich Gegenwärtig-Werden der Opfergabe und beinhaltet in dieser Dimension der *memoria* auch den Bezug zum Geschehenscharakter des Opferaktes Christi: „Nach diesen Überlegungen können wir also sagen: Das Messopfer hat (wie jedes sakramentale Geschehen) eine doppelte Dimension: 1. die ‘Schicht’ des liturgisch-kultischen Geschehens, das im Namen und im Auftrag Christi von der Kirche vollzogen

[311] Vgl. MF 195; 269; M. de la Taille, The Mystery of Faith and Human Opinion, 17f.
[312] MF 195.

wird und als solches ein Opfer auf eben dieser Ebene der Sichtbarkeit darstellt und das Kreuzesopfer zeigt; 2. die 'Schicht' des in diesem kultisch-sichtbaren Opfergeschehen angezeigten und real Gegenwärtiggesetzten. Dieses so Gegenwärtiggesetzte ist aber einzig und allein der einzige Opferakt Christi, das Kreuzesopfer, nicht ein davon verschiedenes denkbares Handeln des verherrlichten Herrn beim Vater."[313]

Wenn Christus die ewige Opfergabe ist und wir dasselbe Opfer darbringen, folgt daraus, dass wir das himmlische Opfer darbringen. Ohne die Dimension der Verklärung mitzudenken, ist sakramentale Präsenz nicht möglich. W. Hartmann fasst die Konsequenzen eines sakramental bestimmten Opferbegriffs für die Darbringung der Kirche so zusammen: „Der Opfercharakter, der der Opfergabe durch den Opfertod aufgedrückt wurde, ist, die Annahme durch Gott vorausgesetzt und hier auch gegeben, eine dauernde juridische Eigenschaft, gleichsam ein Geweihtsein der Opfergabe ... Die sakramentale Trennung der eucharistischen Gestalten ist nicht eine neue Opfervernichtung, sondern vielmehr das notwendige sichtbare Zeichen des bereits vorhandenen Opfercharakters ... Wie der verklärte Christus der Geheimen Offenbarung, so ist auch der eucharistische, der sakramentale Christus noch Lamm mit Opfercharakter, braucht daher nicht mehr neu geopfert, sondern nur noch neu dargebracht zu werden. Und das geschieht eben unter dem Schleier der Gestalten im eucharistischen Opfer."[314] Der Zusammenhang lässt sich also nicht umkehren, als ob Christus durch unser Opfer erst zur Opfergabe würde, sondern er existiert als himmlische Opfergabe und als Priester auf ewig unserem Opfer voraus. Unsere mystische Immolation kann dazu nichts mehr beitragen, sondern sie bewirkt, dass wir kraft ihres äußeren Ritus die himmlische Opfergabe darbringen können.[315] *En habes intercessionem Christi sacrificalem unam eandemque, in passione praeteritam, in coelis aeternalem, cottidianam in missa. Vivit in coelis hostia passionis, placans Patrem; dumque a nobis sacramentaliter immolatur, missae sacrificium offertur.*[316] De la Taille begründet dies mit der Einheit von Priester, Opfergabe und Altar, der zufolge die Ausübung des Priesteramtes bei Christus identisch ist mit seiner Rolle als ewige Opfergabe und

[313] K. Rahner - A. Häußling, Die vielen Messen und das eine Opfer, 39f.

[314] W. Hartmann, Oblatio munda. Die heilige Messe als Opfer, Wien-München 1967, 24.

[315] Vgl. MF 267; vgl. M. de la Taille, The Mystery of Faith and Human Opinion, 18: „ Our victim is the one which Calvary made and which heaven eternizes."

[316] MF 271.

ewiger Altar.[317] Der *status victimalis* umgreift also die aktive Rolle des Priestertums.

Daraus kann man folgern, dass die eucharistische Kommunion Teilhabe am himmlischen Opfer ist, weil wir nichts anderes genießen als das, was wir dargebracht haben und Christus uns damit hineinnimmt in sein Leben in der ewigen Herrlichkeit. In der sakramentalen Kommunion verwirklicht sich eine Rückbindung an Christus als Opfergabe der Passion – so wie er jetzt in der göttlichen Glorie lebt –, eine geistige Verbindung mit der geheiligten und heiligenden Opfergabe. Darin besteht der Aufbau des Leibes Christi, als dessen Glieder wir existieren. Abendmahl, Tod und Auferstehung sind moralisch miteinander verbunden, sodass die Messe zugleich Gedächtnis der Passion und Bekenntnis zur Auferstehung ist: *sacramentum dominicae passionis et resurrectionis*.[318]

Wenn man die Differenz der Darbringenden betrachtet, ist unser Opfer abgeleitet vom Opfer Christi. Das menschliche Priestertum und Opfer existiert also nur diesem untergeordnet, wobei Christus die *causa principalis et universalis*, die Priester der Kirche aber *causae particulares et subordinatae* sind. Nur durch diese Teilhabe an der Wirkung des wahren Priestertums Christi ist das Opfer der Kirche möglich, aber nicht in einer univoken Ableitung gemäß der Existenz, sondern analog gemäß der Ordnung. Dadurch wird dem Opfer Christi nichts weggenommen, sondern seine propitiatorische und latreutische Wirkung wird uns zugewandt.[319] Was uns diese Wirkung verbürgt und in die Gegenwart stellt, ist die Einheit der dargebrachten Opfergabe (kein neuer *status victimalis*, den Christus vorher nicht hatte) und die Unterordnung in der aktiven Darbringung (kein erneutes aktives Opfer Christi).

Zwischen dem Kreuzesopfer und der Messe besteht also im Hinblick auf das aktive Opfer eine Einheit, bei der die Unterordnung des Messopfers gewahrt ist. „The mass is associated with the original sacrifice of Christ, as an exercise of our ministerial and delegated priesthood with the full and souvereign activity of Christ's sacerdotal power; as a participation with its source."[320] Wenn es um das Opfer im passiven Sinn geht, besteht natürlich absolute Identität in Bezug auf die Opfergabe, so wie es auch im Falle des Opfers Christi war, das er im Abendmahl

[317] Vgl. MF 271–273. In liturgischen Dokumenten ist die Aussageweise belegt, wonach unser Opfer auf Christus als unserem himmlischen Altar dargebracht wird (vgl. MF 273–280).
[318] Vgl. MF 290; M. de la Taille, The Mystery of Faith and Human Opinion, 26.
[319] Vgl. MF 195f.; 200; M. de la Taille, The Mystery of Faith and Human Opinion, 17f.
[320] M. de la Taille, The Mystery of Faith and Human Opinion, 326.

begann und am Kreuz vollendete. Und da er als Opfergabe in der Vollendung existiert („for ever a Victim, an enduring Victim, an eternal Victim“) gilt diese Einheit und Identität seines Opfers auch für die Messe.[321]

Genau dadurch wird ja garantiert, dass das Messopfer nicht zu einem absoluten Opfer wird, das dem latreutischen und satisfaktorischen Wert des Opfers Christi noch etwas hinzufügen könnte und seine Wirkung aus sich selbst heraus bzw. aus menschlichem Handeln hätte.[322] Diese Abgrenzung darf jedoch nicht für sich bestehen bleiben. Die Realpräsenz und Aktualpräsenz Christi kann mit ihr erst ausgesagt werden, wenn sie offen ist für die weiterführende Überlegung, ob sich die gemeinschaftsstiftende Form nur auf die ontologische Ebene bezieht oder ob es wirklich um das Gegenwärtig-Werden eines Geschehens geht. Der Opfercharakter unserer Eucharistiefeier als Abbild der Passion oder symbolische Immolation resultiert daraus, dass in der Eucharistie die Passion repräsentiert wird.

Die tiefere Frage, um die es nun im Folgenden geht, lautet: Wie kommt der sakramentalen Repräsentation des Kreuzesopfers in der Messe wahrer Opfercharakter zu, obwohl es kein reales Geschehen der Immolation gibt? Lässt sich doch die Immolation nur mit Ausdrücken der Ähnlichkeit charakterisieren: similitudinaria, repraesentativa, sacramentalis, mystica, *symbolica.*

De la Taille hatte in seiner Theorie der numerischen Einheit von *coena* und *passio* die Zuordnung von ritueller Darbringung und Selbsthingabe in der Immolation des Kreuzes dargestellt. Er findet nun die Antwort auf die Frage nach dem Messopfer in der Übertragung eben dieser Zuordnung von Oblation und Immolation. Im Prozessgeschehen der Erlösung ist das Abendmahl auf die Vollendung des Opfers in der Immolation des Kreuzes hingeordnet. Genauso lebt das Opfer der Kirche vom Rückbezug auf dieselbe Vollendung. Der Unterschied liegt darin, dass die Messe auf die Einheit des Opfers Christi aus Abendmahl und Kreuz zurückblicken und in der *memoria* dieses Geschehens eigene Akte der Darbrin-

321 Vgl. ebd. 326f.

322 Vgl. MF 196. Vgl. auch K. Rahner - A. Häußling, Die vielen Messen und das eine Opfer, 32: „Die Frage: Ist die Messe ein (sichtbares) Opfer (wie es das Trienter Konzil definierte), liegt auf der Ebene des kultischen Geschehens als solchen, das durch den Menschen vollbracht wird ..., auf jener Ebene also, in der Menschen physisch die unmittelbar bewirkende Hauptursache sind, wenn sie auch dies ... im Auftrag tun und nur so tun können, sodass auch auf dieser Ebene ... Christus moralisch und juridisch der *offerens principalis* ist. Die Frage nach dem Gegenwärtigwerden der Heilstat Christi unter diesem kultischen Geschehen zielt in die Dimension der übernatürlichen, unsichtbaren Wirklichkeit, die allein von Gott als eigentlich bewirkender Erstursache hervorgebracht wird.“

gung (*ratione offerendi diversa*) setzen kann: Ein wirkliches Opfer geschieht in der Messe dadurch, dass im Abbild des Opfers genau das dargebracht wird, dessen Abbild es ist: nämlich der blutige Tod Christi im unblutigen Bild des Todes: „Gerade im Ritus der Abbildung besteht die Darbringung des Abgebildeten“ (*Ipse ritus repraesentativus est oblativus repraesentati*).[323] Dieser in der Doppelkonsekration vollzogene Abbildungsritus begründet damit sowohl den Charakter eines wahren Opfers als auch die wesentliche Abhängigkeit vom Kreuzesopfer in der Gestalt eines relativen Opfers. Die bleibende Opfergabe wird gegenwärtig und ihre Darbringung wird in sichtbarer Form vollzogen. Die sakramentale Abbildung der Passion ist das entscheidende Element der Opferdarbringung, denn der sakramentale Ritus des Abendmahls wird von der Kirche übernommen: *Quemadmodum enim Christus se in sacramento suae mortis dedit Deo ad mortem, sic nos in eodem sacramento eandem mortem offerimus iterantes quod fecit.*[324]

W. Hartmann legt dar, dass de la Taille mit dieser Theorie der *immolatio mystica* der Begründung der Messe als wahres und relatives Opfer in stimmiger Weise gerecht wird. „Die *immolatio mystica* macht ein Dreifaches deutlich sichbar: die einstige Opfervernichtung, dadurch sodann den Opfercharakter der eucharistischen Opfergabe und drittens die Darbringung dieser Opfergabe. Sie ist, und das gehört zum *sacrificium relativum*, zunächst das symbolische Abbild und Gleichbild der *immolatio vera* ..., die sakramentale Abbildung der realen *effusio* und *aspersio sanguinis*. Passiv, als Trennung der Gestalten gesehen, ist sie zweitens, und das gehört zum *sacrificium verum*, das notwendige sichtbare Zeichen des Opfercharakters der eucharistischen Opfergabe. Und drittens ist aktiv, als Doppelkonsekration gesehen, die gleichfalls notwendige äußere rituelle Form des formalen Opferaktes, die gesuchte *ratio offerendi*, die Darbringungsweise, der Oblationsritus, die sakramentale *effusio* und *aspersio sanguinis*, der auch hier gegebene, aber unblutige ‘Blutritus’.“[325]

Die Beziehung der Messe zur Opferdarbringung Christi leitet sich von dessen Rolle als *caput Ecclesiae* her. Man darf – wie schon dargelegt – das Opfer der Kirche nicht so verstehen, als würde Christus durch uns zu einer Opfergabe, die er vorher nicht war, sondern unsere Darbringung geht *virtualiter* von Christus aus. Er bezieht die Glieder seines Leibes in seine priesterliche Darbringung ein,

323 MF 238; vgl. dazu auch W. Hartmann, Oblatio munda. Die heilige Messe als Opfer, Wien-München 1967, 52–58.

324 MF 238.

325 W. Hartmann, Oblatio munda, 54f.

die von seiner Hingabe für das Leben der Welt im Letzten Abendmahl bestimmt ist. Christus vollzieht also im Opfer der Kirche keinen neuen Opferakt, sondern seine Darbringung ist *causa principalis et universalis* für die priesterliche Vollmacht, während diese priesterliche Vollmacht nur in Abhängigkeit davon als *causa subordinata et particularis* existieren kann.[326] *Adeoque Christus offert per nos offerentes, quin de novo offerat in sua persona. Novitas tota est ex parte Ecclesiae, quamquam virtus tota est ex parte Christi.*[327]

Während Christus und sein Opfer die essentielle Grundlage bilden, von der her sich jegliche Wirkkraft der Kirche ableitet, geht die aktive Rolle der Darbringung in der Messe auf die Kirche über.[328] Die Frage ist nun, wie sich diese göttliche Wirkweise von Christus auf uns überträgt. De la Taille versucht eine Antwort, die ansetzt bei der Verbindung zwischen göttlicher und menschlicher Natur in Christus. Seine menschliche Natur ist das Bindeglied zwischen seiner und unserer Seele und darüber hinaus zu seiner göttlichen Natur: Die Konsekration geht primär von seiner göttlichen Natur aus. Deren eigentliche Wirkung ist die Transsubstantiation. Aber auch in seiner menschlichen Natur, in der er der Priester seines Opfers ist, überträgt er die Wirkung der *causa prima* aktuell auf die zu konsekrierende Materie. In der Menschheit Christi verursacht diese göttliche Wirkweise eine instrumentelle Aktivität, die sich im Hinblick auf die sakramentale Wirkung zeigt. Sie liegt aber als freiwillige und bewusste Aktivität in der Vergangenheit und ist kein neuer formaler, liturgischer Akt Christi. Mittels des sakramen-

[326] Vgl. MF 295f.; vgl. auch K. Rahner - A. Häußling, Die vielen Messen und das eine Opfer, 35–38 schließt sich dem Urteil de la Tailles an und verweist auf die Darstellung der kontroversen Diskussion dieser von Scotus aufgeworfenen Fragestellung in MF 295–301.

[327] MF 295.

[328] Vgl. MF 299: ... *a capite ad corpus transit et virtus et actus sacrificandi.* 297. 299f. - G. Filograssi übernimmt de la Tailles Zuordnung von virtueller Darbringung durch Christus und aktiver Darbringung durch die Kirche und macht die Funktion der sakramentalen Gestalten dabei deutlich: vgl. ders., De Sanctissima Eucharistia. Quaestiones dogmaticae selectae, Rom 1953$^5$, 336: *Christus redditur praesens ut victima, ut praesens significatur. Hoc sensu oblatio ad solum pertinet sacerdotem ministerialem. Sub Christo et cum Christo sacerdos ministerialis personam Christi sustinet, cuius est instrumentum, a quo accipit potestatem consecrandi.* - 390: *Sacrificium missae ... est enim Ecclesiae societatis visibilis sacrificium, ad quod offerendum Christus visibiles instituit sacerdotes. Si missae sacrificium essentialiter est visibile, hostia Christus visibilis necessario reddenda est. Atqui Christus in sacramento non per se visibilis, fit visibilis per species, quae, supposita efficacia verborum institutionis, per transsubstantiationis viam continent et demonstrant hostiam-Christum.* Filograssi geht dann jedoch über de la Taille hinaus, wenn er den Aspekt der virtuellen Oblation mit der aktuellen Oblation Christi verbindet (*actualis Christi oblatio consistit in hoc quod in qualibet consecratione intervenit per actum sui oblativum*); er sieht darin aber nicht unbedingt einen Widerspruch zu de la Taille, wenn man diese aktuelle Oblation nicht als neuen formalen Akt, sondern als innere Andauer und Erneuerung interpretiert (vgl. ebd. 394–396).

talen Charakters bewirkt diese instrumentelle Kausalität der angenommenen Menschheit, dass der menschliche Priester Anteil hat am einstmals vollzogenen Konsekrationsakt im Abendmahl, in dessen Wirkkraft jede heutige Konsekration geschieht.[329] Durch die Weitergabe dieser Vollmacht wird in der Opfergabe der Eucharistiefeier also nur eine äußere Veränderung herbeigeführt, die darin besteht, dass kraft des sakramentalen Zeichens aus Christi Opfergabe die Opfergabe der Kirche wird. Und das geschieht, insofern wir als Glieder Christi unter ihm als Haupt das eucharistische Mysterium erneuern, in dem Gott in der Gestalt von Brot und Wein die Opfergabe der Passion übereignet wird.[330]

Christus teilt also denen, die im Auftrag der Kirche das Opfer darbringen, seine auf ewig gültige Wirkkraft mit. Deswegen bleibt das Opfer der Kirche in seinem Wesen immer das Opfer Christi, weil sich die von ihm ausgehende Wirkung in der Eucharistie wie auch in der Taufe in unsere Worte mischt, sodass man sagen kann ‚Christus opfert' oder ‚Christus tauft'. De la Taille stellt als Folgerung klar: *Nec proinde nova accedit oblatio dominica ulla antiquae; sed haec virtualiter operativa est et remanet usquequaque. Cuius proinde ratione Christus ipse oblator est virtualis, nos autem formales.*[331] Aufgrund seiner Opferdefinition kann er diese klare Grenze ziehen: *Ceterum ille formaliter offert, qui visibiliter offert.*[332] Die Mitwirkung Christi am Opfer der Kirche findet sich also nicht im sichtbaren Vollzug. Seine Selbstmitteilung schafft eine Verbindung, die immateriell, aber nicht ohne Realität ist; sie besteht auch nicht in vorübergehender physischer Präsenz, sondern in einer dauerhaften geistigen Gegenwart, die von seinem lebensspendenden Einfluss auf das Subjekt, dem er sich mitteilt, getragen wird. Ein wahrer Opfercharakter dieser Handlung entsteht also nur durch die Verbindung mit dem Opfer Christi, weil in der *commemoratio* Christus in seinem Zustand als verherrlichte Opfergabe der Passion gegenwärtig ist und weil durch die sakramentale Immolation die sichtbare und wirkliche Darbringung der Opfergabe geschieht.

Über die (statische) Einheit der dargebrachten Opfergabe hinaus bewirkt also der Ritus der sakramentalen Abbildung, dass Christus hier derselben Opferhandlung

329 Vgl. MF 300: *Immo causalitas instrumentalis humanitatis assumptae hoc habet ut efficaciter nos (mediante charactere sacramentali) in partem adducat actus consecrativi semel olim a Christo eliciti circa panem et vinum coenae: in cuius virtute necesse est ut nostra omnis fiat consecratio hodierna.*

330 Vgl. MF 303; G. Filograssi, De Sanctissima Eucharistia. Quaestiones dogmaticae selectae, Rom 1953[5], 328.

331 MF 301.

332 Ebd.

unterliegt – jedoch nicht in einer aktuellen Veränderung.[333] In unserem Opfer wird nicht das wiederholt, wodurch Christus der Charakter einer Opfergabe zukommt. Die Wahrheit unserer gegenwärtigen Darbringung kommt allein von der Opfergabe der Passion, vom einen erlösenden Opfer: *passio corporis et sanguinis, in qua consistebat sacrificii veritas olim promissa per figuras et tandem a Christo reddita Deo et Patri, nunc offertur a nobis in ipsa eius sacramentali commemoratione.*[334]

So kann man wirklich von einem sakramentalen Gedächtnis mit Geschehenscharakter sprechen, obwohl de la Taille den Gedanken nicht weiter entfaltet in Richtung auf die aktive Rolle Christi im Tun der Kirche. Jedoch sieht er die Konsekration nicht statisch, sondern als Element des Prozessgeschehens der Opferhandlung der Kirche. Die Wahrheit der Darbringung liegt in der Einheit von Sakrament und Opfer: *Et ego sacrifico, dum panem consecro; nec nisi sacrificarem, consecrarem, cum nulla sit nostra consecratio nisi immolatitia. Attamen in fieri est sacrificium donec per consecrationem vini stet in facto esse.*[335]

### 4.1.2 Die aktive Rolle der Kirche bei der Darbringung: *novitas tota ex parte Ecclesiae*

Welche Bedeutung hat nun die Kirche als Gemeinschaft, von der in diesem Zusammenhang die Rede ist, die Kirche als ganze, die in der Feier der Eucharistie die aktive Rolle der Darbringung des Opfers Christi weiterträgt? – Die aktive Verbindung liegt im Priestertum Christi, an diesem Priestertum hat die Kirche als ganze Anteil: „The Church, indissolubly knit to Christ, enjoys the privilege of being associated with him in his priesthood, and the whole sacerdotal Body of the Saviour must needs enter into full participation of the act by which Christ paid the ransom of the world, in order that the world may have the honour and advantage of working at its own hand the more than sufficient price put at its disposal by Christ the Redeemer.“[336] So kann man von einer Mitwirkung der Kirche an der Erlösung in der Kraft ihres Hauptes sprechen: „He amassed the treasures, the Church exploits them. In this sense the Church exercises a ransoming power, a

[333] Vgl. MF 241.
[334] MF 243.
[335] MF 719.
[336] M. de la Taille, The Mystery of Faith and Human Opinion, 17f. - De la Taille begründet diese Verbindung: „It must, of course, be understood that this power of oblation, which is ours only as members of the sacerdotal body of Jesus Christ, resides ... in none but such as are admitted to his priesthood by baptism and remain united to the Church by the bond of faith“ (ebd. 21).

sacerdotal power. As a result of her participation in Christ the Redeemer's unique priesthood, the Church is the faithful auxiliary of the souvereign Priest, and the efficient cooperator in the ransom of mankind: *conredemptrix et consacerdos*."[337] Diese Funktion als *conredemptrix et consacerdos* hat die Kirche also nicht aus eigener Machtvollkommenheit, sondern nur entsprechend dem Grad ihrer Verbindung mit Christus.[338]

Größere Klarheit in der hier angelegten Sichtweise schaffen die Rundschreiben Pius' XII. *Mystici Corporis* und *Mediator Dei*[339]. Die Enzyklika *Mystici Corporis* beschreibt die Kirche als organisch aufgebauten Leib Christi, in dem jedes der Glieder seine je eigene, ihm zukommende Funktion hat. Das Zusammenwirken der Glieder des mystischen Leibes mit ihrem Haupt wird in ihrer wechselseitigen Abhängigkeit und Durchdringung mit folgenden Worten dargelegt: „Und außerdem will unser Retter, insofern er durch sich selbst auf unsichtbare Weise die Kirche leitet, von den Gliedern seines mystischen Leibes bei der Ausführung des Erlösungswerkes unterstützt werden. Dies geschieht jedoch nicht aufgrund seiner Bedürftigkeit und Schwäche, sondern vielmehr deshalb, weil er selbst es zur größeren Ehre seiner unbefleckten Braut so angeordnet hat. Während er nämlich, als er am Kreuze starb, den unermesslichen Schatz der Erlösung seiner Kirche gewährte, ohne dass sie etwas dazu beitrug, verrichtet er, wo es um die Austeilung dieses Schatzes geht, dieses Werk der Heiligung nicht nur gemeinsam mit seiner unbefleckten Braut, sondern er will sogar, dass es auf eine gewisse Weise durch ihr Wirken entstehe."[340] Da Christus in seiner Kirche lebt und sie mit seiner

337 Ebd. 35f.

338 De la Taille konkretisiert diese Begründung der priesterlichen Vollmacht der Kirche an Maria: Da Maria Christus enger verbunden ist als alle anderen Menschen, ist sie auch in besonderer Weise *conredemptrix et consacerdos*. In ihrer Rolle verbinden sich die Gemeinschaft zwischen Sohn und Mutter und die Einheit zwischen Kreuz und Eucharistie. Das Kreuz legt einen Schatz in unsere Hände, und die Eucharistie ist das Mittel, ihn auszuschöpfen. Dieser Schatz liegt in einzigartiger Weise in Marias Händen (vgl. M. de la Taille, The Mystery of Faith and Human Opinion, 36).

339 Vgl. Pius XII., Enzyklika *Mystici Corporis*, in: AAS 35 (1943) 193–248 (DH 3800–3822); ders., Enzyklika *Mediator Dei*, in: AAS 39 (1947) 521–595 (DH 3840–3855).

340 DH 3805; vgl. zur Entwicklung zur Eucharistie als Zentrum des Kirchenbildes durch C. Feckes, der ein Schüler de la Tailles war: J. Schierl, In Christus. Deutschsprachige Stimmen zur Verbindung der Gläubigen mit Christus im Vorfeld der Enzyklika Pius' XII. „Mystici Corporis" (1943) (Eichstätter Studien XXXV), Regensburg 1994, 94. 101. De la Tailles Ansatz steht in Einklang mit diesem Bemühen, das Wesen der Kirche von innen her zu verstehen, von ihrer inneren Verbindung zum Gottmenschen her. Daraus resultiert eine Akzentverschiebung des Kirchenbildes, dessen Mittelpunkt das Sakrament der Eucharistie darstellt. Dies wird besonders deutlich in der Rezeptionsgeschichte von „Mystici Corporis" in der Entwicklung auf das Zweite Vatikanische Konzil hin. Kardinal Suenens, ein Schüler de la Tailles, regte die Erstellung des „Schema Philips" als Entwurf der Dogmatischen Konstitution über die Kirche „Lumen

göttlichen Kraft durchdringt, kann die Enzyklika daraus folgern, dass durch die Übertragung seiner Sendung auf die Apostel er selbst es ist, „der durch die Kirche tauft, lehrt, leitet, löst, bindet, darbringt und opfert".[341] Im Handeln der Kirche verwirklicht sich das Handeln des ganzen Christus.

Diese Sicht der Einheit des mystischen Leibes im liturgischen Handeln, deren deutlichstes Zeichen die Eucharistie ist[342], wird durch die Enzyklika *Mediator Dei* noch weiter vertieft.[343] Das Handeln *in persona Christi* muss immer gedacht werden als Handeln *in persona Christi capitis et corporis*. Die Realpräsenz kann nicht abgetrennt werden von *caput et corpus*, sodass in der Eucharistie die ganze Wirklichkeit Christi und der Kirche konkret wird. Dieses Sakrament bezeichnet und bewirkt die Einheit der Kirche (es kann nichts bewirken, was es nicht enthält); die Zugehörigkeit ist auf dem Weg des Glaubens zu realisieren, aber dieser Glaube hat ein *fundamentum in re*. Deshalb kann man die Implikate der Zuordnung de la Tailles durchaus im Sinne Poschmanns beschreiben: „So ist die Messe als Opferfeier der erlösten Gemeinschaft deren stets neue Belebung und naturgemäße Betätigung. Durch ihr Mitopfern bekennen die Christen ihre Zugehörigkeit zum Leibe Christi und gliedern sich ihm enger ein. In dem Gemeinschaftsmahl der Kommunion empfangen sie das sichtbare Unterpfand ihrer Einigung mit Christus, aber auch der Einigung untereinander als in Liebe verbundene Glieder seines Leibes."[344] Damit ist der sakramentale Leib das Gnadenmittel zur Verwirklichung des mystischen Leibes Christi in der inneren Einigung mit Christus, in der sich unsere Erlösung vollzieht. Die Eucharistie schafft die Verbindung mit Christus, indem sie uns untereinander in der Einheit der Kirche verbindet; in der Kommunion konkretisiert sich die Gemeinschaft der Kirche. Die Mitbeteiligung der Glieder der Kirche ist so in die Realität des Opfers Christi integriert; die *devotio Ecclesiae*, zu der jeder Einzelne beiträgt und beitragen soll, wird zur entscheidenden Anforderung, die Zuwendung der Wirksamkeit aufnehmen zu können.

Gentium" an: vgl. St. Alberto, „Corpus Suum mystice constituit" (LG 7). La Chiesa Corpo Mistico di Cristo nel Primo Capitolo della „Lumen Gentium". Storia del Testo della „Mystici Corporis" al Vaticano II con riferimenti alla attività conciliare del P. Sebastiaan Tromp S.J. (Eichstätter Studien XXXVII), Regensburg 1996, 238.

341 Vgl. DH 3806.

342 Vgl. Pius XII., Enzyklika *Mystici Corporis*, in: AAS 35 (1943) 193–248, 232f. (Text nicht in DH aufgenommen); vgl. C. Feckes, Die Kirche als Herrenleib. Darlegungen und Erläuterungen zur Enzyklika Papst Pius XII. 'Mystici Corporis Christi' (29. Juni 1943), Köln 1949, 135–139.

343 Vgl. Th. Maas-Ewerd, „Mediator Dei" - Vor 50 Jahren ein Signal. Die Liturgie-Enzyklika Papst Pius' XII. vom 20. November 1947, in: LJ 47 (1997) 129–150.

344 B. Poschmann, Das sakramentale Opfer, in: Catholica 11 (1958) 36–50.

In diesem Sinne ist es ein Hauptanliegen der Enzyklika *Mediator Dei* zu zeigen, dass sich die innere und äußere Form der Gottesverehrung durchdringen müssen. Die Sakramente und das eucharistische Opfer haben zwar eine innerste Kraft, da sie ja Handlungen Christi selbst sind, aber zur Entfaltung ihrer Wirksamkeit muss die rechte Einstellung unseres Herzens dazukommen: „Im geistlichen Leben kann es also keinen Widerspruch oder Widerstreit zwischen jenem göttlichen Handeln, das zur Fortsetzung unserer Erlösung Gnade in die Herzen eingießt, und dem damit verbundenen tätigen Wirken des Menschen geben, welches das Geschenk Gottes nicht zum vergeblichen machen will ...“[345]

Wenn man die Art der Sühnewirkung des Messopfers bedenkt, wird noch deutlicher, was „virtuelle Darbringung“ durch Christus bedeutet: Weil die Wirkung des Messopfers Verehrung, Danksagung und auch Bitte mit einschließt, kann man hier keine strikte Trennung zwischen Sühne- und Satisfaktionswirkung vornehmen, denn dadurch dass die Liebe Christi als Priester und Opfergabe die unerschöpfliche Quelle für all diese Aspekte bildet, sind sie in ihrem Urgrund verbunden.

Die im Vordergrund stehende Frage heißt: Wie kommt der Messe neben dem *opus operantium* (vom Heiligen Geist getragene menschliche Handlung) Sühnewirkung *ex opere operato* zu? Die Opferhandlung besteht in der Darbringung, deswegen kann man im Hinblick darauf den sakramentalen und sakrifikalen Aspekt der Eucharistie voneinander abgrenzen: *Passivi sumus respectu sacramenti, activi sacrificii.*[346] Während im Sakrament Gott an uns handelt, handeln wir im Opfer auf Gott hin, sodass die Frucht des Sakramentes die durch Gott bewirkte Heiligung, die Frucht des Opfers die Versöhnung mit Gott ist. Dabei kommt dem Opfer diese Wirkung *ex opere operato* aus einem rein moralischen Grund zu. De la Taille will also nicht in gleicher Weise wie beim Sakrament von einer Frucht des Opfers *ex opere operato* sprechen. Mit dieser Begrifflichkeit meint er, dass Gott beim Anblick des Opfers über die bloße Anerkennung der menschlichen Hingabe hinaus bereit und in gewisser Weise dazu verpflichtet wird, uns seine Barmherzigkeit zuzuwenden, in dem Maß wie es der Situation eines jeden Einzelnen entspricht. Dieser Zusammenhang gilt nur, weil die Erlösung durch das Opfer Christi die vorausgehende Wirklichkeit ist, aus der sich jegliche Gnadenwirkung ableitet. Daraus wird auch deutlich, dass Sühne und Bitte in der Wirkung *ex opere operato* eng verbunden sind. Christi Auferweckung von den

345 DH 3846.
346 MF 320f.

Toten zeigt, dass Gott von seiner Seite aus den Bund besiegelt hat, kraft dessen wir uns die Wirkung von Christi Bitten zu eigen machen können. Die Frucht der Messe, die in der Opfergabe der Passion gründet, ist also im Hinblick darauf unendlich.[347]

Jedoch ist die Messe, die von bestimmten Gläubigen dargebracht wird, nicht von unbegrenzter Wirksamkeit. Die Begrenzung kommt von Seiten der Darbringenden und zwar gemäß ihrer Opfergesinnung. Sie liegt also nicht in der Gabe selbst, die Gott in seiner Güte niemals begrenzen würde, sondern ist abhängig von der Darbringung der Gabe, in der das aktive Opfer der Kirche besteht. De la Taille vergleicht mit der Disposition zum Empfang der Sakramente: Die Opfergabe der Passion stellt eine unerschöpfliche Quelle dar, jedoch kann jeder Einzelne nur gemäß seiner Opfergesinnung diese Opfergabe als seine eigene vor Gott bringen.[348] Welche Funktion dabei den Darbringenden zukommt, der gesamten Kirche, dem Priester, denen, die die Messstipendien geben und den teilnehmenden Gläubigen, trägt zur Frage nach der Frucht des einzelnen Messopfers bei. Denn das Opfer im aktiven Sinn ist immer auch der Akt der *oblatio*; dabei spielt die *acceptabilitas* der Darbringenden eine entscheidende Rolle.

Wenn de la Taille nun auf diesem Hintergrund die Frage nach der Frucht des Messopfers *ex opere operato* (*qui est in genere propitiationis et impetrationis*) bedenkt und darüber hinaus fragt, wie sie den Einzelnen zuteil werden kann, ist das Formalobjekt, unter dem diejenigen zu betrachten sind, zu denen die Frucht gelangt, nicht die *causa efficiens*, sondern die *causa finalis* in Bezug auf die Darbringung. Wenn jemand in solcher Weise ein Opfer darbringen kann, dass es nur für andere ist, zieht er nichts von der Frucht des Opfers auf sich. Das war bei Christus der Fall, denn er hat sich für andere dargebracht, sodass er die Wirkung seines Priestertums nicht aufgenommen, sondern mitgeteilt hat. Für uns Menschen ist diese Selbstmitteilung nicht in solch reinem Maße möglich, da wir zugleich für uns selbst und für andere das Opfer darbringen müssen; jeder von uns, der das Opfer darbringt, ist auch in der Zahl derer, für die es dargebracht wird.

[347] Vgl. MF 320f. *Et pro tanto dicitur efficax ex opere operato impetratio sacrificalis per missam facta, pro quanto continet et admovet nobis impetrationem illam dominicam, veluti schedulam quamdam, divinae gloriae sigillo obductam aeterno. Pari igitur iure dicitur missa ex opere operato impetratoria, quo dicitur propitiatoria ex opere operato; siquidem eodem modo nobis appropriat impetrationem Christi, quo nobis appropriat propitiationem; nec aliunde propitiatio magis valet quam impetratio ad immediate inducendum quicquam in rerum naturam per viam efficientiae* (MF 321).

[348] Vgl. MF 323; vgl. M. de la Taille, The Mystery of Faith and Human Opinion, 18–20.

Im Hinblick auf die Versöhnung mit Gott, derer wir als Sünder alle bedürfen, können wir nicht von unserer eigenen Schuld absehen und für die Rechtfertigung nur für andere bitten. Ebenso ist es im Hinblick auf den impetratorischen Zweck nicht möglich, für andere zu bitten, ohne zuerst den Willen zur Ausrichtung und Vollendung des eigenen Lebens auf Gott hin als Bitte vor ihn zu bringen.[349]

So wird zweierlei deutlich, nämlich dass die Frucht des Opfers auf alle Gläubigen übergeht und zwar jeweils in der Weise ihrer eigenen Kraft zur Selbsthingabe und dass darüber hinaus jeder Einzelne von der Gemeinschaft der Mitfeiernden getragen und umfasst wird. Die verbindende Kraft des Leibes Christi lässt zur eigenen Darbringung die allgemeine und spezielle Darbringung anderer hinzukommen. So kann die Frucht der Messe den Gläubigen der *Ecclesia militans* auf zweierlei Weise mitgeteilt werden: *per modum proprii quaestus* und *per modum suffragii*, den Gläubigen der *Ecclesia purgans* nur auf letztere Weise. Letztere stehen außerhalb der sichtbaren Gemeinschaft der Kirche, der allein es zukommt, die sichtbaren Mittel der geistigen Dinge zu gebrauchen, und sie gehören deswegen auch nicht zur Opfergemeinschaft im eigentlichen Sinn, obwohl sie uns durch die Liebe verbunden sind.[350] Diese Verbindung in der Liebe bewirkt, dass sie in das Opfer der Kirche einbezogen bleiben: „... *et hoc quidem totum, propter illam veluti spiritualem identitatem et unitatem omnium sanctorum, sive triumphantium, sive militantium, sive purgantium, in uno corpore Christi communicantium.*“[351]

Wenn man von einem Opfer der Kirche im eigentlichen Sinn sprechen will, stellt sich nun die weiterführende Frage, wie sich die Tatsache, dass die Kirche aufgrund ihrer Darbringung des Opfers Christi in dieses (passiv, wenn auch willig) einbezogen wird, mit der Dimension des aktiven Mitopferns vereinen lässt.

Die Darbringung der Kirche ist immer auch – wie schon beim Opfer Christi – als Genitivus obiectivus zu verstehen, insofern durch das sichtbare Opfer das unsichtbare dargestellt wird, nämlich die unsichtbare Darbringung der Glieder Christi, die auf Erden leben (der *Ecclesia militans*)[352]; da die Kirche zum Leib Christi geeint ist, kann de la Taille folgern: *esse totius Ecclesiae dedicationem seu consecrationem rem alteram istius sacrificii, id est rem per hoc sacrificium*

349 Vgl. MF 359f.
350 Vgl. MF 361.
351 MF 362.
352 Vgl. MF 329.

*ultimo significatam.*[353] Die Kirche selbst ist das unsichtbare Opfer, das im sichtbaren enthalten ist in seiner *significatio mystica* als Darstellung des Kreuzesopfers und seiner *significatio moralis* im Hinblick auf unsere innere Opfergesinnung.[354] Die Glieder der Gemeinschaft sind also in dieser Betrachtung sowohl Subjekt als auch Objekt des Opfers der Kirche, indem durch die objektive Feier der Eucharistie der Raum geschaffen ist für den subjektiven Mitvollzug des eigenen Selbstopfers.

## 4.2 Die Kirche als Opfergemeinschaft

### 4.2.1 Die Kirche als Garant der *acceptabilitas*

Durch die Taufe ist jeder Gläubige auf das Opfer der Kirche ausgerichtet, denn sie begründet die Teilhabe der gesamten Kirche am Priestertum. Aber auch noch auf andere Weise lässt sich zeigen, dass die Opferhandlung nur in bewusst bejahtem Zusammenhang mit der Gesamtkirche zustande kommen kann. Gemäß der sakramentalen Begrifflichkeit, die de la Taille auf den Opferbegriff anwendet, ist durch das sichtbare Opfer der Kirche das unsichtbare Opfer dargestellt. Also wird durch die Opfergabe des Leibes Christi die unsichtbare Darbringung der Glieder Christi, das heißt der *ecclesia militans*, bezeichnet. Wie nämlich das *corpus ecclesiasticum* die bezeichnete Wirkung des Eucharistiesakramentes ist, so ist die Darbringung und Übereignung desselben die eigentliche *res* des eucharistischen Opfers. Damit ist das Opfer von seiner inneren Bestimmung her Selbstdarbringung, sodass es Aufgabe der ganzen Kirche ist, die ganze Kirche darzubringen.[355]

K. Rahner vollzieht anhand dieses Gedankens, dass die existentielle Darbringung zwar nicht zu den konstitutiven Elementen der kultischen Handlung gehört, aber dennoch nicht bei dieser fehlen darf, wenn sie einen Sinn haben soll, die Verbindung zur sakramentalen Realität: „Daraus ergibt sich,dass die kultische Handlung des Messopfers nicht nur die kultische (sakramentale) Sichtbarkeit des Opfers Christi allein ist, sondern auch die Sichtbarkeit des Mitopfers des Leibes

[353] MF 244; vgl auch MF 329f.: *Sicut quippe corpus ecclesiasticum est res sacramenti eucharistiae, sic eiusdem corporis oblatio et dedicatio est propria res sacrificii eucharistici. Est autem totius Ecclesiae totam offerre Ecclesiam. Ergo non constabit sacrificatio nisi peracta et in nomine et ex parte totius Ecclesiae.*

[354] Vgl. MF 244.

[355] Vgl. MF 329.

Christi mit dem Haupt. Und zwar wesentlich und immer. Denn es ist auch hier so wie bei allen Sakramenten: Die gnadenschaffende Tat Gottes und das gläubig-liebende Ergreifen der Gnade durch den Menschen gehören zwar nicht zu den konstitutiven Elementen des sakramentalen Ritus und gehören doch wesentlich zum Sakrament, insofern mit diesem Wort nicht bloß das Zeichen, sondern auch das im Zeichen Gegenwärtige und sichtbar werdende Bezeichnete gemeint ist. Dieses ist aber die Darbringung Christi an den annehmenden Vater als unsere Gabe. Das vom Herrn gestiftete und durch die Kirche vollzogene Zeichen aber ist konstitutiv: es ist eine Ursache dessen, was es bezeichnet."[356] Ohne die Intention, zu opfern, kann es also keine wirksame Konsekration geben.[357]

Die Opfergesinnung der Kirche (*devotio Ecclesiae*) ist der tragende Grund, nach dem sich der Wert des Opfers bemisst, weil sie allein der Darbringung der Opfergabe (nicht der Opfergabe selbst) unzerstörbare Akzeptanz gewinnt. Es gibt nämlich kein privates Opfer, denn nur die Verbindung mit Christus ermöglicht es, sein Opfer als das unsere vor Gott zu bringen, indem er als Haupt der Kirche die Opferdarbringung seines Leibes in seine Darbringung eingliedert.[358] *Qui autem offert in quantum est de corpore Christi, is non ut suam demum propriam offert hostiam, sed ut communem totius corporis ecclesiastici. Unde fit ut nullum sacrificium vere deferatur Deo unquam nisi ex parte totius Ecclesiae.*[359] Die Verbindung der einzelnen Glieder zum Leib Christi umgreift die Situation derer, die konkret die jeweilige Opferhandlung begehen. Nicht ihr Handeln konstituiert eine Wirklichkeit, die sich sozusagen additiv aus den einzelnen Opferdarbringungen herstellen ließe, sondern alle Opferdarbringungen partizipieren an der vorgegebenen Wirklichkeit der Opfergabe der Kirche.

Die Verbindung mit der ganzen Kirche garantiert jedem Opfer die Akzeptanz vor Gott, selbst wenn es von einem unwürdigen Priester dargebracht wird, denn: *Ecclesia offert munda hostiam mundam: corpus sui capitis, et caput sui corporis.*[360] De la Taille folgert: So hat schließlich jede Messe, die von Seiten der Kirche dargebracht wird, Sühnewirkung *ex opere operato* gemäß eines bestimmten Verhält-

[356] K. Rahner - A. Häußling, Die vielen Messen und das eine Opfer, 41. Vgl. auch K. Rahner, Die Gliedschaft in der Kirche nach der Lehre der Enzyklika Pius' XII. „Mystici Corporis Christi", in: ders., Schriften II, 7–94, 81–84 (Rahner zeigt auf, wie das Bemühen der Enzyklika um einen umfassenden Kirchenbegriff aus Sichtbarkeit und göttlicher Innerlichkeit fruchtbar werden kann für die Klärung des Sakramentsbegriffs in der Ekklesiologie).

[357] Vgl. MF 330 (Anm. 1).

[358] Vgl. MF 327.

[359] MF 327.

[360] MF 330.

nisses zur habituellen Opfergesinnung der gegenwärtigen katholischen Kirche. Diese Opfergesinnung ist keine statische Größe, sie kann zwar aufgrund der Geistsendung niemals ganz verloren gehen, aber es sind Abstufungen möglich. Deswegen sind die Heiligen für die Kirche wichtig, denn sie vermehren die habituelle Opfergesinnung und dadurch die Akzeptanz der Opferdarbringung vor Gott und ihre Frucht *ex opere operato.*[361] *Clamat enim in altaribus Ecclesiae sanguis Christi, sed per os atque cor nostrum clamat; tantum, quantus ei aperitur vociferandi meatus.*[362]

H.U.v. Balthasar sieht diese Aussage de la Tailles als Beleg dafür, wie sich im Opfer der Kirche der Aspekt der existentiellen Teilhabe und der funktionellen Beauftragung durchdringen. Die Kirche ist nicht nur passiv in das Opfer Christi einbezogen, sondern sie ist aktiv Mitopfernde, indem sie von Christus befähigt ist, sein Opfer sakramental zu vollziehen. Dieser Einbezug der Kirche wird in den beiden Stufen des Opfers Christi deutlich, in Abendmahl und Kreuz. Im Abendmahl wird den teilnehmenden Jüngern und mit ihnen denen, die ihnen in der apostolischen Sukzession nachfolgen, ein besonderer Anteil an der Durchführung seines Opfers gewährt, „ein gleichsam abgehobener, kirchlicher Anteil am Opfer, durch das die ganze Welt entsühnt werden soll". Diese innere Nachfolge-Beziehung lässt die Kirche nicht nur passiv mitgeopfert sein, sondern aktiv „mitopfern", wobei sich in Maria (aber auch in Johannes oder Maria Magdalena) das Urbild der existentiellen Teilhabe am Kreuzesopfer durch ihr „geschehen lassendes Jasagen zum Opfer" realisiert, das sich in ihrer Empfehlung an Johannes, der die funktionelle Beauftragung des Abendmahls erhalten hat, mit dem kirchlichen und liturgischen Aspekt vereint.[363] „Diese Verkündigung des Todes des Herrn kann nichts bloß Formales, sie muss irgendwo auch etwas Existentielles sein, muss doch die Kirche leisten, 'was den Leiden Christi noch fehlt' (Kol 1,24), nämlich genau das, wofür der Gekreuzigte eine Stelle in seinem Leiden offen gelassen hat: für das aktive Jawort von Maria - Johannes - Petrus und all derer, für die sie stehen. Es versteht sich von selbst, dass dieses Ja ... nur von einer liebenden Kirche gesprochen werden kann, für die die Hinopferung des geliebtesten Herrn das Höchste an Opfer besagt, was ausgedacht werden kann. Aber damit ist eine Frage an jeden gestellt, der einer hl. Messe beiwohnt: Kann er in seinem Herzen eine Stelle finden, die das Ja der unter dem Kreuz Stehenden ungeheuchelt mitsprechen kann, eine Stelle, an der es ihm arg ist, dass Jesus nicht

[361] Vgl. MF 330f.
[362] MF 331.
[363] Vgl. H.U.v. Balthasar, Ein Opfer das nichts kostet?, in: IKaZ 14 (1985) 236–241.

bloß für seine, des Sünders, Schuld sterben muss, sondern dass er, der zuhöchst Geliebte, in meiner Gottverlassenheit zu sterben hat? Würde nicht, jenseits aller liturgischen, petrinischen Feierlichkeit, erst hier in aller Wahrheit vom Opfer der Kirche innerhalb des Selbstopfers Christi die Rede sein können? Dort, wo die heilige Kirche in tiefstem Schmerz das Opfer Christi dem Vater zeigt und es für sich und die Welt fürbittend darreicht, dem Vater, für den es das schwerste Opfer sein muss, seines Sohnes nicht schonen zu dürfen, wenn der dreieinige Beschluss der Versöhnung Gottes mit der Welt durchgeführt werden soll?"[364]

Dieser notwendige Beitrag der Kirche erklärt, warum vor Pfingsten (bzw. vor der Geistsendung – worauf de la Tailles Aussage abzielt, ohne den Zeitpunkt der Geistsendung an sich problematisieren zu wollen) kein eucharistisches Opfer möglich war. Erst der Geist als die Seele der Kirche macht diese lebendig und die Gründung Christi wirksam. Vor der Geistsendung war die Kirche nur ein *corpus sociale*, in dem es zwar individuelle Heiligkeit gab, aber nicht die Möglichkeit, sie im organischen Leib der Kirche zur Wirkung zu bringen. Das Leben der voll konstituierten Kirche als *corpus ecclesiasticum coagmentatum interna virtute Spiritus Sancti* beginnt erst mit der Sendung des Geistes durch Christus, der die in der *coena* gegebene Vollmacht gültig (von Seiten der voll konstituierten Kirche) und fruchtbar (von Seiten der geheiligten Kirche) macht. Pfingsten ist der Zeitpunkt, auf den hin sich die priesterliche Gewalt in der *coena* konstituierte. Für das Opfer der Kirche ist das der Zeitpunkt der Vollendung dessen, was geopfert wird und derer, von denen geopfert wird; denn für Christus als Opfergabe stellt die Himmelfahrt die Vollendung dar, für die Kirche als Opfernde die Geistsendung als ihre Verlebendigung in der Welt.[365] Diese tiefere Begründung der wirklichkeitskonstituierenden Kraft der Selbsthingabe Christi für die Glieder seines Leibes hebt nochmals deutlich die Umgriffenheit des Tuns der Einzelnen von der Kirche als ganzer hervor.

Das Opfer der Kirche ist nicht in sich abgeschlossen, sondern es ist auf das Heil der ganzen Menschheit ausgerichtet, Christus ist als Opfergabe für das Heil aller Menschen gestorben. *Per modum suffragii* kann für alle lebenden Menschen zur Sühne ihrer Schuld und zum Erbitten ihres Heils ein Opfer dargebracht werden, was die Praxis der frühen Kirche und das Zeugnis der Tradition belegen. Die Sendung der Kirche zu allen Völkern bezieht alle Menschen in die liturgische Bitte mit ein. Jeder Mensch ist *in potentia ut incorporetur*. Es gibt die Möglich-

[364] Ebd. 240f.
[365] Vgl. MF 331–333.

keit, gemäß einer unsichtbaren Wirkung der Gnade inkorporiert zu sein, deren Grund das *votum sacramenti* ist. So sind alle Menschen, Gläubige und Ungläubige, im allgemeinen Heilswillen Gottes und in der Erlösung durch Jesus Christus durch die Wirkung seiner Liebe vereint.[366]

In dieser verbindenden Liebe wird niemand vom fürbittenden Gebet ausgeschlossen; letztendlich zielt dieses Gebet auf die Erweiterung und Vollendung der Kirche als Herrschaftsbereich Gottes. Eine Begrenzung der Reichweite der eucharistischen Impetration wäre eine Begrenzung seines Heilswillens, der sich auf das ganze Universum erstreckt: „Dein Wille geschehe wie im Himmel so auf Erden." Das Reich Gottes ist eine alles umfassende Größe, die nicht durch die Fürbitte und das Opfer der Kirche begrenzt werden darf, sondern Fürbitte und Opfer für alle Menschen entsprechen diesem umfassenden Horizont des allgemeinen Heilswillens Gottes.

De la Taille ist der Meinung, dass das Opfer auch für die, die von der Kirche getrennt sind und Glaube und Liebe entbehren, vorbereitende Sühne (*propitiatio*) und Fürbitte (*impetratio*) sein kann, damit ihnen Gott die Disposition zur Rechtfertigung (*iustificatio*) verleiht[367] und sie aus Ungläubigen zu Gläubigen werden, auch wenn sie keinesfalls Mit-Darbringende (*coofferentes*) sind, denen mit Sicherheit die Wirkung des Opfers zuteil würde.[368]

Die Kirche ist eine sichtbare Gemeinschaft; auf Erden ist unsichtbare Zugehörigkeit zum Leib Christi möglich. Aber wer ohne die sichtbare Verbindung gestorben ist, steht dem äußeren Schein nach außerhalb der Grenzen des Heils.[369] Grundlage unserer Beurteilung kann für de la Taille nur sein: *quod visibilis communio et pax cum Ecclesia habeatur in foro externo pro pace et communione spirituali cum Christo, cuius corpus Ecclesia est.*[370] Das Problem ist, dass zwischen der Einordnung nach dem inneren Status der Seelen in *beati - purgantes - damnati* und der irdischen Einteilung in *catholici - acatholici* kein einfacher Übergang möglich ist. Eine letzte Gewissheit über das Heil gibt es nicht, deshalb nimmt die Kirche keinen Menschen aus ihrem Gebet aus, auch wenn er nicht den Taufcharakter oder ein äußeres Zeichen der Zugehörigkeit hat.

366 Vgl. MF 375.
367 Vgl. MF 377f.
368 Vgl. MF 370.
369 Vgl. MF 387.
370 MF 388.

### 4.2.2 Die Glieder der Kirche und ihr wechselseitiger Bezug

Die Taufe begründet die Teilhabe aller Gläubigen an Priestertum und Opfer: *Quantum ad communem illam generalemque oblationem tota Ecclesia est sacerdotalis ... Character enim baptismalis est participatio sacerdotalis potestatis qua Christus se Deo devovit hostiam; omnisque fidelis, Christo in Ecclesia coniunctus, voto saltem habituali se conformat Christo in reddenda Deo hostia unica salutis, extra cuius latriam nullus nobis stillat fons propitiationis.*[371] Dieses *votum* zielt keineswegs nur auf die innere Hingabe ab, in der die Gläubigen das vom Priester dargebrachte Opfer mitvollziehen, sondern es realisiert sich auch im inneren Mitvollzug der doppelten äußerlichen Perspektive: der Initiation in der Taufe, durch die jeder Gläubige auf die Darbringung des Opfers der Kirche durch den Dienst der Priester ausgerichtet wird und der Ordination, durch die jeder Priester zur Darbringung des Opfers von Seiten der Gläubigen bestimmt wird. Auch in den liturgischen Formeln, kommt diese wechselseitig aufeinander verwiesene Opfergemeinschaft zum Ausdruck. Dieses *votum* ist keine inhaltliche Erweiterung des kultischen Geschehens oder des zugrunde liegenden Glaubens, aber es garantiert die Echtheit des Vollzuges und damit dessen Wirksamkeit.[372] Zu dem Kreis derer, die dem Opfer enger verbunden sind, gehören der Priester, derjenige, der das Messstipendium gibt, und die teilnehmenden Gläubigen.

Der Priester trägt wie alle Gläubigen zur *devotio Ecclesiae* bei, aber da er die Vollmacht hat, die symbolische Immolation zu vollziehen, ist er durch sein Amt herausgehoben und der Darbringung am engsten verbunden. Von der persönlichen Würde des Priesters wird die unbegrenzte Sühnewirkung der Opfergabe nicht tangiert. Auch der Empfang des Sakramentes wird für die Gläubigen durch einen unwürdigen Priester nicht beeinträchtigt, denn die Kommunion bedeutet nicht in erster Linie Teilhabe an der Opferhandlung, sondern an der Opfergabe, die vor Gott auf ewig geheiligt ist. Nach 1 Kor 10,16–26 steht die Eucharistie als Opfermahl, das Gemeinschaft stiftet, der heidnischen Form des Opfers gegenüber und bewirkt Gemeinschaft mit Gott und Gemeinschaft mit der Opfergabe. Wenn wir Brot und Wein als gottgeweihtes Opfer empfangen, muss immer deutlich bleiben, dass das nur kraft der Passion Christi so ist: *Obtulimus igitur passionis*

[371] MF 328.

[372] Vgl. MF 329. 367. MF 368: *At aliter offerunt fideles: qui sigillati sunt sacerdotio Christi, ut coniungerentur Christi sacrificio non per solam fidei intentionem et caritatis desiderium, sed per veram potestatem mittendi ad Deum ministerio sacerdotum suam, suo scilicet dicatam nomine, hostiam, quae totius Ecclesiae catholicae communis est.*

*hostiam.*[373] Aber daraus folgt nicht, dass die persönliche Würde des Priesters für die Darbringung der Opfergabe keine Rolle spielen würde. *Non autem proficiscitur eodem modo per membrum vivum atque per membrum mortuum.*[374] Für die Darbringung sind die Disposition und die Opfergesinnung des Priesters entscheidend; je größer sie sind, desto mehr Wert wächst der Opferdarbringung *ex opere operato* akzidentell zu, da dadurch die *devotio ecclesiae* vergrößert wird.[375]

Die Kongregation für den Klerus macht vor allem im IV. Kapitel ihres Schreibens „Der Priester, Lehrer des Wortes und Leiter der Gemeinde für das dritte Jahrtausend“ vom 19. März 1999 die Grundlage der untrennbaren Einheit von Priestertum und Opfer deutlich: „Die soteriologische Dimension des ganzen *munus pastorale* der Priester konzentriert sich also auf die Erinnerung an die von Jesus dargebrachte Opfergabe des Lebens, das heißt auf das eucharistische Opfer... Im Dauergeschenk des eucharistischen Opfers haben die Priester sakramental die einzige und einzigartige Fähigkeit empfangen, den Menschen als Diener das Zeugnis der unerschöpflichen Liebe Gottes zu bringen, die sich aus der weiteren Perspektive der Heilsgeschichte als mächtiger als die Sünde bestätigen wird. Der österliche Christus ist die endgültige Inkarnation des Erbarmens, dessen lebendiges, heilsgeschichtliches und zugleich endgültiges Zeichen.“[376]

In dieser Zuordnung ist die grundlegende Aussage zu bewahren, dass der Priester Christus nicht ersetzt, sondern ihn durch sich handeln lässt. „Christus, Haupt der Kirche und Herr der gesamten Schöpfung, setzt sein Heilswirken unter den Menschen fort, und genau innerhalb dieses Wirkungsrahmens findet das Amtspriestertum seinen richtigen Platz.“[377] Innerhalb dieses Wirkungsrahmens hat der Priester also als „Diener der Sakramente“ die Berechtigung und Beauftragung, *in persona Christi Capitis* zu handeln, wobei der Dienst an der Eucharistie aufgrund der zentralen Stellung dieses Sakramentes als Mittelpunkt des priesterlichen Dienstes und als das wesentliche Element zur Ausübung des Priesteramtes gelten muss.

373 MF 197.
374 MF 338.
375 Vgl. MF 335–339.
376 Kongregation für den Klerus, Der Priester, Lehrer des Wortes, Diener der Sakramente und Leiter der Gemeinde für das dritte Jahrtausend vom 19. März 1999. Verlautbarungen des Apostolischen Stuhls 139, hrsg. vom Sekretariat der Deutschen Bischofskonferenz, Bonn 1999, IV/1, 40f.
377 Ebd. I/2, 12.

Obwohl man Konsekration und Oblation inhaltlich nicht trennen kann und darf, zeigen sie doch die jeweils verschiedene Ausrichtung der Handlung des Priesters. In der Konsekration vollzieht er als Instrument Gottes im Namen und in der Wirkkraft der Allmacht Gottes die Wandlung von Brot und Wein in Leib und Blut Christi, in der Opferdarbringung bringt er in seinem und im Namen aller Gläubigen den Leib Christi als Opfergabe vor Gott.[378] De la Taille betrachtet in dieser formalen Unterscheidung zwischen Konsekration und Oblation die Rolle der Gläubigen bzw. der *devotio Ecclesiae* nur im Blick auf die Oblation.

Der Priester trägt zur symbolischen Immolation das formale Element bei, derjenige, der das Messstipendium gibt, das materiale (*signum tantum*). Beides zusammen bildet die Materie des Sakramentes, wenn auch nur durch die Handlung des Priesters daraus sakramentale Gestalten werden. Umso mehr jemand mit dem Opfer verbunden ist, desto mehr kommt ihm der Nutzen des Opfers zu; der Priester, der das Opfer darbringt, ist gehalten, seine Intention der Intention derer, die das Messstipendium geben, anzugleichen. Er tut dies im Namen der ganzen Kirche, und die ganze Kirche, die vom selben Geist belebt wird, bringt sein Opfer und sein Anliegen als das ihre vor Gott.[379]

In der Frage nach dem Messstipendium wird die wechselseitige Zuordnung der Glieder der Kirche besonders deutlich. De la Taille widmet sich dieser Fragestellung ausführlich[380], um die Verbindung zwischen Messstipendium und Simonie aus dem Weg zu räumen, indem er den ursprünglichen Zusammenhang zur Opferidee wieder aufdeckt.[381]

378 Vgl. MF 328: *...consecratione enim mutatur panis in corpus Christi a Deo; oblatione autem sistitur Deo corpus Christi hostia ab hominibus. Et sic sacerdos facit consecrationem nomine et potestate omnipotentis Dei; facit tamen oblationem suo atque omnium nomine fidelium. Ut instrumentum Dei consecrat, offert autem ut procurator Ecclesiae...*

379 Vgl. MF 339–342.

380 Vgl. M. de la Taille, Les offrandes de messes, in: Gr 4 (1923) 355–405. 557–590. Die Artikelfolge ist unter demselben Titel auch aufgenommen in: M. de la Taille, Esquisse du Mystère de la Foi, suivie de quelques éclaircissements, Paris 1924, 111–251. Eine englische Übersetzung unter dem Titel „Mass-Offerings“ findet sich im Sammelband: M. de la Taille, The Mystery of Faith and Human Opinion, London 1930, 83–163 (vgl dazu auch die Reaktion auf die weitere Diskussion unter dem Titel „A rejoinder“, ebd. 169–197).

381 Vgl. K. Mörsdorf, Der Träger der eucharistischen Feier, in: Theologische Fakultät der Ludwigs-Maximilian-Universität München (Hrsg.), Pro Mundi Vita. Festschrift zum Eucharistischen Weltkongress 1960, München 1960, 223–237, 337: K. Mörsdorf argumentiert mit Bezug auf de la Taille in der Frage der Messstipendien nicht vom Lebensunterhalt des Priesters, sondern vom Bezug zur Opferhandlung aus und macht sich dessen Intention, das Messstipendium im Bezug des Einzelnen zur Opfergemeinschaft zu verankern, zu eigen.

Die mit dem Messstipendium verbundene Vorstellung, die Schwierigkeiten bereitet, ist, dass es sich hierbei offensichtlich um einen doppelten Vertrag handelt: *Do tibi ut facias sacrum* (Zelebration). - *Do ut des* (Applikation). Die Problematik der Deutung liegt im zweiten Teil dieses „Vertrags“, weil er als Versuch, sich die Früchte des Messopfers durch Geld (d.h. durch einen Beitrag zum Lebensunterhalt des Priesters) zu erkaufen, missdeutet werden könnte. Es darf auf keinen Fall eine Vorstellung involviert sein, die den Austausch von zeitlichen und geistigen Gütern auf einer gewissen Vertragsbasis nahelegt.[382] Obwohl dieser Vorwurf der Simonie hier nichts zur Sache tut, ist für unsere Fragestellung nach dem Zusammenwirken der Gläubigen im Opfer der Kirche der Zusammenhang mit dem Opfergedanken interessant.[383] Denn wenn man ausgeht vom Opfer Christi, dann ist das passive Opfer, das allem zugrunde liegt, in der Realität Leib und Blut Christi. Aber durch die sichtbaren Gestalten von Brot und Wein, durch das Opfer nach der Ordnung des Melchisedek ist die Realität des Opfers Christi in unsere Hände gegeben und kann dadurch erst zu unserem aktiven Opfer werden. Hier durchdringen sich zwei Formen des Opfers, ein reales und ein symbolisches in den Gestalten[384], das zweite hat keine Realität an sich, aber es bildet die sichtbare „Hülle“ für das erstere, indem es diesem eine sichtbare Form gibt. Von da aus ist eine dreifache Unterscheidung möglich: „Distinguons donc manintenant dans notre sacrifice, tant actif que passif, tant permanent que transitoire, trois éléments. Le premier et principal: le corps et le sang du Seigneur, la seule chose offerte en réalité. Le second: les paroles déterminant les espèces, et se conjuguant avec elles pour opérer la consécration. Le troisième: les espèces déterminées par

[382] Vgl. M. de la Taille, Les offrandes de messes, 360ff. („Quelle que soit votre opinion sur la valeur comparée des deux biens, l'un temporel, l'autre spirituel, vous n'avez pas le droit de les faire entrer dans un contrat d'échange, fût-ce en vous fondant sur l'obligation antécédente ... qui incombe aux fidèles relativement à l'entretient des clercs.“; ebd. 362.)

[383] „La conception ancienne a trois grands avantages. Elle a l'avantage de relver la lignité du prêtre, en en faisant non le stipendié des fidèles, mais de Dieu. Elle a l'avantage de grandir le rôle des fidèles, en les ramenant à leur condition native de race sainte et sacerdotale, qualifiée de par son baptême pour offrir à Dieu les dons et les sacrifices, que lui consacrera le ministère du prêtre investi du sacerdoce de Jésus-Christ. Elle a l'avantage d'ennoblir cette transaction pécuniaire des messes, qui risque autrement de prêter le flanc à l'horrible langage, si indigne du sacrifice de l'autel, et pourtant si fréquent de nos jours: 'Quel est le prix de vos messes? Je viens de payer des messes'. En vérité on ne paye pas le sang de Jésus-Christ; on ne paye pas la libation du calice eucharistique; on ne paye pas la grande rançon du monde et le prix de salut. On se contente de l'offrir dans l'enveloppe sacramentelle, que la vertu d'en haut et la parole du prêtre lui confectionnent avec les produits de notre oblation. Honneur pour le sang du Christ, honneur pour le fidèle, honneur pour le prêtre; nulle part indignité, nulle part humiliation, nulle part déchéance: c'est le dernier mot théologique, et c'est le sceau de l'institution divine, sur l'offrande de messe“ (ebd. 589)

[384] Vgl. MF 106–109 (Einheit des äußeren und wahren Opfers). 529f. (Die ursächliche Beziehung zwischen *signum tantum* und *res tantum).*

les paroles, et sous ce bénéfice servant d'enveloppe au corps et au sang du Christ, à l'Hostie véritable, pour lui 'donner l'air (absolument indispensable) d'un don émané de nous."[385] Im Hinblick auf das erste Element dieser Unterscheidung, Leib und Blut Christi, wird der ursprüngliche Bezug auf die untrennbare Opfergemeinschaft aller Christen deutlich, denn „le sacrifice est à toute l'Eglise, et procède de toute l'Eglise", während beim zweiten Element die Aufgabe des Priesters, der die Einsetzungsworte spricht, in den Vordergrund tritt. Das dritte Element bezieht sich auf die Gestalten von Brot und Wein; sie sind die Materie des sichtbaren Opfers, das Medium der sichtbaren Opferhandlung, der Ausgangspunkt der Transsubstantiation. Demjenigen, der dieses sichtbare Element zur Verfügung stellt, ist die Kirche als ganze ebenso zu Dank verpflichtet wie demjenigen, der es konsekriert, aber in Form wechselseitiger Verwiesenheit bedürfen diese wieder der Heiligkeit der Kirche, die ihre Darbringung vor Gott akzeptiert sein lässt. Die Gabe des Einzelnen, die er darbringt (*offerebat*), erfährt also durch die Vermittlung des Priesters, der sie vor Gott bringt (*deferebat*), eine Bereicherung im Raum der Gemeinschaft der Kirche.

Der Vergleich mit den Opfern des Alten Testamentes legt sich hier nahe, insofern der Gläubige den Priester damit betraut, sein Opfer darzubringen, weil dieser die göttliche Vollmacht dazu hat – dafür erhält der Priester keine Bezahlung, aber er ist berechtigt, nach dem Vollzug des rituellen Opfers sich und den Gläubigen einen Anteil am Festmahl, das er für Jahwe zubereitet hat, zuzuteilen. Die Opfergabe ist also an Gott gerichtet, und der Priester als Mittler zwischen Gott und dem Volk, der die Gabe vor Gott bringt, erhält seinen und den Anteil der Gläubigen von ihm zurück.[386] Und diese Folgerung gilt dann übertragen auch für die Erklärung der Bedeutung der Messstipendien: „Ainsi les prêtres vivaient de l'autel, vivaient des sacrifices; non pas comme salariés du peuple, mais comme convives de Dieu."[387] In der Frage nach dem Messstipendium zeigt sich also die enge Verbindung und wechselseitige Abhängigkeit der verschiedenen *tituli*, die sich in ihrer Funktion beim Opfer artikuliert. Man kann also von den Gläubigen, die das Messstipendium geben, sagen, dass sie dem Opfer in ganz besonderer Weise verbunden sind und darum auch in ganz besonderer Weise an der propitiatorischen

[385] M. de la Taille, Les offrandes de messes, in: Gr 4 (1923) 355–405. 557–590, 379.

[386] Vgl. ebd. 355–405. 557–590: De la Taille ist sich bewusst, dass er hier Elemente des allgemeinen Opferbegriffs zur Erklärung benutzt, denn diese Aussagen sind nicht nur von der Auslegung der Offenbarung, sondern von der Anwendung des Naturrechts geprägt.

[387] Ebd. 381; vgl. 1 Kor 9, 13.

und impetratorischen Wirkung des Opfers teilhaben und mit ihnen die, denen sie in Liebe verbunden sind.[388]

In Bezug auf die Affinität zum Opfer kommen die mitfeiernden Gläubigen denen, die das Messstipendium geben, nahe, weil sie die in deren Namen geschehende Darbringung durch ihre Anwesenheit ratifizieren und zu ihrer eigenen machen. De la Taille spricht von ihrer *vis oblativa*, die sie ausüben, indem sie zum Opfer das ‚*Amen*' sprechen und damit ihre Zustimmung und ihr Mitopfern zum Ausdruck bringen.[389] Man kann zwar nicht in gleicher Weise vom Opfer des Priesters und vom Opfer der mitfeiernden Gläubigen sprechen, denn sie opfern insofern mit dem Priester, als sie durch den Priester opfern.[390] Aber es ist wiederum auch nicht nur eine metaphorische Sprechweise, denn die priesterliche Vollmacht als solche ist in der ganzen Kirche als Leib Christi, die vom Geist konstituiert ist, verankert.

Der Wert der Messe ist nach der Vorstellung de la Tailles vom Grad der Angleichung der Opfergesinnung der Darbringenden an den endlosen Wert der Opfergabe abhängig, das heißt davon, wie sehr sich die Kirche (als gesamte und als Einheit von zelebrierendem Priester, dem, der das Messstipendium gibt und den anwesenden Gläubigen) die Darbringung Christi beim Letzten Abendmahl zu eigen machen kann, da sie ja in seiner Wirkkraft das Opfer darbringt.[391]

Durch seine Abgrenzung der verschiedenen Funktionen (*tituli*) in Bezug auf das Messopfer kommt de la Taille zu einer genauen Entsprechung in Bezug auf die

[388] Vgl. ebd. 404f.

[389] Vgl. MF 343.

[390] Vgl. MF 346f.; 347 (Anm.3): „*Alio enim modo offert sacerdos, alio fideles. Est enim ipse sacerdos, ut diximus, unicum organum activae oblationis. Fideles autem, quocumque modo intercedant, non offerunt nisi mediante illo organo, quatenus cum ipso unum corpus organicum constituunt. Per ipsum tamen ita offerunt, ut recte imputetur illis sacrificium, proindeque sacrificii valor eorum devotione afficiatur.*"

[391] Vgl. MF 345; K. Rahner lehnt diese Voraussetzung ab, die v.a. in der auf Scotus zurückgehenden spätmittelalterlichen Theologie vertreten wurde, da sie seiner Meinung nach zu einer Begrenzung des Wertes des Messopfers von diesem selbst her führt: „Natürlich ist der Wert eines Opfers nicht nur bestimmt durch die dargebrachte Gabe, sondern auch durch die innere Hingabe, die in der äußeren Darbringung der Gabe ausgedrückt wird. Aber die innere Gesinnung, welche die durch die Kirche geschehende äußere Darbringung des Leibes Christi wertvoll macht, ist die Ewigkeit gewordene Gesinnung Christi am Kreuz. Und darum ist auch in der Theorie der *virtualis oblatio* die Messe in sich von unendlichem Wert, eben von numerisch demselben Wert, der dem Kreuzesopfer Christi zukommt. Dass dann natürlich zum Messopfer die innere Anteilnahme der opfernden Kirche hinzukommt, ihr innerer Mitvollzug der äußeren *oblatio*, die sie vornimmt, ist freilich richtig, ändert aber am eigentlichen Wesen der Sache nichts." (K. Rahner - A. Häußling, Die vielen Messen und das eine Opfer, 35f.).

Frucht: *Quanto pluribus titulis a certo fideli missa offertur pro uno eodemque, eo magis huic prodest. Quo plures sunt illi, pro quibus est a certo fideli cum certa devotione ex certo titulo missa oblata, eo minor ad umumquemque, eo magis huic prodest.*[392]

Neben der Anzahl der *tituli* und der Anzahl derer, für die das Opfer dargebracht wird, differenziert de la Taille noch in Bezug auf die Anzahl der mitfeiernden Gläubigen: Je mehr Gläubige mitfeiern, umso mehr wächst der Gesamtwert der Messe. Die Begründung dafür sieht er in folgender Formel: *Etenim tot sunt oblationes, quot sunt oblatores.*[393] Wenn die Darbringenden das gleiche Ziel verfolgen, multipliziert sich die Wirkung; das ist auch der Grund, weshalb z.B. bei Hochzeiten und Beerdigungen viele Mitfeiernde erwünscht sind.[394]

Diese Diskussionen um den Wert der Messe und die detaillierte Lehre von den Früchten des Messopfers haben ihre Grundlage in der theologischen Rechtfertigung der seit dem frühen Mittelalter geübten Praxis der Messhäufigkeit, die gegen die Kritik der Reformatoren noch verfestigt wurde, indem man die Lehre von der Wirkung *ex opere operato* untermauerte. Jedes Messopfer besitzt als Repräsentation des Opfers Christi einen unendlichen Wert und eine bestimmte propitiatorische, satisfaktorische und impetratorische Wirkung.[395]

Denn das Sakrament ist als Handlung Gottes heilig, das Opfer nur, wenn Gott die Darbringenden akzeptiert. Während in den Sakramenten Gott an uns handelt, ist beim Opfer ein Unterschied zu machen: Denn der Unterschied zwischen den anderen Sakramenten und der Eucharistie ist, dass bei diesen nur Christus handelt (z.B. Christus tauft), während beim Opfer der Kirche das Tun der Kirche invol-

392 MF 349.

393 MF 349. - De la Taille begründet hiermit die Vorstellung der liturgischen Praxis seiner Zeit von der traditionellen quantitativen Sicht der Messopferfrüchte her. Die Fragestellung, die dann die Praxis der Messhäufigkeit kritisch hinterfragt, tritt erst später zutage, erstmals ausführlicher thematisiert bei: B. Neunheuser, Die Einmaligkeit der Feier der Eucharistie, in: Liturgisches Leben 5 (1938) 111–127.

394 Vgl. MF 350 (Anm. 2): „*Qui delectantur formulis mathematicis, possunt illud sic efferre:*
*si x1 sit devotio Ecclesiae* .......... *(>0)*
*si x2 sit devotio sacerdotis* .......... *(>0 vel <0)*
*si x3 sit devotio stipem dantis* ..... *(>0 vel = 0 vel < 0)*
*si x4 sit devotio adstantium* ........ *(>0 vel =0 vel <0)*
*si y sit valor missae, iam scribi potest:*
*y = f (x1, x2, x3, x4) > / = f (x1)> x1 > 0.*

395 Vgl. K. Rahner - A. Häußling, Die vielen Messen und das eine Opfer. Quaestiones Disputatae 31, Freiburg - Basel - Wien 1966$^2$, 13.

viert ist. Wir handeln auf Gott hin durch den Priester. Deswegen kommt es darauf an, dass die Handlung von Menschen vollzogen wird, die Gott gefällig sind, zumal hier das aktive Handeln vom Menschen ausgeht. Denn Christus vollzieht keinen neuen Oblationsakt, die bleibende Wirkkraft seines einmaligen Oblationsaktes geht auf seinen Leib, die Kirche über, und geht von diesem aus – sonst besteht auch keine Verbindung mit dem Haupt des Leibes.[396] *Oportet igitur ut ex parte nostra aliquis inveniatur oblator acceptus. Nec huic disparitati officit, quod nostrum sacrificium sit etiam sacramentum. Nam in eucharistia ratio sacramenti praesupponit (logice) rationem sacrificii, et non e converso.*[397] Denn nur als Opfergabe ist Leib und Blut Christi die Speise des sakramentalen Mahles, und die Transsubstantiation wird durch die Konsekration bewirkt, in der formal die kirchliche Opferhandlung besteht.[398]

Ein von der Kirche getrennter Priester stellt demzufolge das Sakrament in Frage, denn nur ein Darbringender kann gültig konsekrieren. Gültigkeit und Wert seiner Messe sind also anzuzweifeln. Die unzerstörbare Akzeptanz erhält das Opfer jedes Priesters, sofern die Kirche als ganze den ersten Rang einnimmt und er als erstes Organ des Leibes der Kirche handelt. Ein Opfer, das nicht von der Kirche ausgeht, wird von Seiten Christi als dem, der der Darbringung seine Wirkkraft verleiht, keine Akzeptanz haben. Denn niemand kann die Opfergabe Christi darbringen, nur er selbst und die, die als sein Leib zu ihm gehören; Priestertum und Kirche sind in ihrem wechselseitigen Begründungszusammenhang untrennbar. Diese Frage führt zurück auf die Verbindung von Opfer und Kirche: *Qui negaverunt validitatem, in praecisis attenderunt potissimum ipsum defectum connexionis cum Ecclesia, in qua una per Spiritum Sanctum sacerdotium exercetur Christi: siquidem Christus aliquid unum est cum Ecclesia, et omnis actio sacerdotalis oblatiove sacrificalis, sicut est Christi, ita est Ecclesiae.*[399]

396 Vgl. MF 396 (Anm. 1).
397 Ebd.
398 Vgl. ebd.
399 MF 426. - De la Taille geht die Frage nach der Zusammengehörigkeit von Priestertum und Kirche ausführlich von ihrer Negation aus an: Wie kann ein Priester, der nicht mehr in der Kirche ist, ohne Selbstwiderspruch für die Gesamtkirche opfern? Bei der theologischen Lösung der Frage (vgl. MF 426–430) argumentiert er auf der Grundlage des Axioms: *Veri sacrificii extra catholicam Ecclesiam locus non est.* Wenn also ein Häretiker nur *voluntate implicita* das Opfer darbringt, tut er das nicht mehr als Getrennter, sondern als einer, der zwar kirchenrechtlich und gemäß seiner habituellen Intention außerhalb steht, aber doch gewissermaßen innerhalb der Kirche verbleibt gemäß seines unverlierbaren Auftrages und seiner aktuellen Intention. Die Verbindung liegt also in der Kirche, deren Sache er vertritt. De la Taille geht von der Voraussetzung aus, dass durch den sakramentalen Charakter der Weihe die innere Verbindung zwischen Priester und Kirche auf ewig bestehen bleibt, unabhängig davon, ob eine

Die Verbindung aller Glieder der Kirche im Opfer unter Beibehaltung ihrer jeweiligen, voneinander unterscheidbaren Funktion betont Pius XII. v.a. in seiner Enzyklika *Mystici Corporis*. Im eucharistischen Opfer vertreten die Priester nicht nur die Stelle Christi im individuellen Sinne, sondern sie stehen für seinen ganzen mystischen Leib – die Eucharistie konkretisiert die Verbindung des Leibes Christi mit seinem Haupt: *In eo enim sacrorum administri non solum Servatoris nostri vices gerunt, sed totius etiam mystici Corporis singulorumque fidelium; itemque in eo christifideles ipsimet immaculatum Agnum, unius sacerdotis voce in altari praesentem constitutum, communibus votis precibusque consociati, per eiusdem sacerdotis manus Aeterno Patri porrigunt, gratissimam quidem laudis placationisque hostiam pro totius Ecclesiae necessitatibus. Et perinde ac divinus Redemptor, in Cruce moriens, semet ipsum, ut totius humani generis caput, Aeterno Patri obtulit, ita idem 'in hac oblatione munda' non modo semet ipsum, ut Ecclesiae Caput, caelesti Patri offert, sed in semet ipso mystica etiam sua membra ...*[400] Auf diesem Hintergrund wird klar, was es heißt, wenn der Priester im Namen der Kirche das Opfer sakramental vollzieht. Er vertritt Christus als *sacerdos principalis*, insofern dieser als Haupt seines mystischen Leibes opfert; so sind alle Glieder der Kirche mit einbezogen und bringen dadurch sich selbst zum Opfer dar.

Damit eröffnet sich der Raum für eine sakramentale Deutung des Opfers der Kirche, die die Schwierigkeiten, die sich aus der Vermischung verschiedener Argumentationsebenen ergeben, beseitigen kann; denn wenn man die sakramentale Wirksamkeit mit einem aktuellen Wirken des verklärten Christus vermischt (wie das manche Theorien vom himmlischen Opfer und die Mysterientheorie Casels nahelegen), ist es schwer, die Einmaligkeit des Opfers Christi und die Einheit von Kreuzesopfer und Messopfer festzuhalten. „Die genannten Inkongruenzen fallen

der beiden Seiten äußerlich ihr Bestehen aufkündigt (*Sacerdos quantumvis ab Ecclesia praecisus, tamen servat connexionem illam ministerialem, qua constitutus semel a Deo procurator Ecclesiae respectu sacrificii offerendi, manet Ecclesiae procurator in perpetuum*; MF 427). Wenn also ein *sacerdos eiectus aut deiectus* in Wahrheit das Opfer der Kirche darbringen will, so urteilt de la Taille mit allen zeitgenössischen Theologen: Er kann gültig opfern. Jedoch herrscht über die Frucht seiner Messe nicht dieselbe Einigkeit. De la Taille entscheidet sich für folgende Begründung: Von Seiten der Kirche fehlt nicht der *terminus a quo* der Opferdarbringung. Jedoch kann ein Priester, der von ihr getrennt ist, höchstens *pro momento* ohne Widerspruch handeln, da er der Wahrheit des Glaubens absolut seine eigene Meinung und der Liebe zur Einheit seinen eigenen Willen gegenüberstellt. Aus diesem Grunde wird er in der Feier der Eucharistie nichts bewirken, denn er bringt das Opfer keineswegs *ex parte Ecclesiae* dar: nicht weil sie nicht will, sondern weil er nicht will.

400 Pius XII., Enzyklika *Mystici Corporis*, in: AAS 35 (1943) 193–248, 232 (nicht in DH aufgenommen).

weg, wenn man den Sakramentsbegriff für das Messopfer konsequent durchführt. Der Grund, weshalb man eine aktuelle Oblation des verklärten Christus fordert, ist sichtlich das Bestreben, ihn als Vollzieher der Opferhandlung klar herauszustellen. Nun gehört es aber, wie gezeigt wurde, zum Wesen des Sakramentes und somit auch des sakramentalen Opfers, dass Christus als *agens principalis* durch den menschlichen *minister* wirkt. So ist Christus in der Messe der *offerens principalis*, der Priester der *offerens ministerialis*. Die Befähigung zu diesem *ministerium* ist dem Priester durch das Sakrament der Weihe gegeben, wodurch er selbst zu einem sakramentalen Abbild Christi als des ewigen Hohenpriesters geworden ist. Seinen Opferwillen hat der Herr ein für allemal mit dem Sakrament verknüpft, als er beim letzten Abendmahl die zugleich die Eucharistie und das Priestertum schaffenden Worte sprach: 'Tut dies zu meinem Gedächtnis' ... So oft der Priester aus der Kraft dieser Worte konsekriert, wird jener Opferwille wirksam. Der Opferwille des Priesters ist in Wahrheit auch der Opferwille Christi, ohne dass dieser unmittelbar in Aktion zu treten braucht. Die sakramentale Vertretung des Herrn durch den Opferpriester hat ebenso ihre volle Geltung wie die Sakramentalität der Opfergabe."[401] Dann ist es nicht mehr erklärungsbedürftig, dass und weshalb Christus in irgendeiner Form ein neues Opfer darbringt, sondern er lässt seine Opfertat in sakramentaler Form neu erstehen, um sie in ihrer Wirkung für die Gläubigen fruchtbar zu machen, ohne dass damit in der Messe eine neue Gnade impliziert ist: „Wir machen uns in ihr nur je nach dem Maß unserer Devotion die Anbetung, Sühne und Bitte zu eigen, die Christus am Kreuz für uns geleistet hat, und empfangen nichts anderes als die Frucht dieses blutigen Opfers. Das Sakrament ... ist die wunderbare Veranstaltung der göttlichen Weisheit, die uns über Zeit und Raum hinweg zu Teilnehmern und Mitwirkenden an dem ein für allemal vollzogenen Opfer der Vergangenheit macht."[402]

Auf dem Hintergrund dieser Verbindung von Sakrament und Opfer in der Deutung des Tuns der Kirche, die weit über einen einfachen Ritus hinausführt, kann E. Masure die Konsequenzen aus dem Ansatz Billots und de la Tailles zusammenfassen: „La messe ne fait rien et elle fait tout. Elle n'est pas la cause de notre rédemption, mais elle est le sacrement efficace de notre rédemption."[403] Masure macht darauf aufmerksam, dass es de la Taille mit seiner Deutung der Einsetzung der Eucharistie gelungen ist, eine wichtige Linie der Tradition wieder aufzu-

401 B. Poschmann, Das sakramentale Opfer, 49f.; vgl. auch A. Vonier, Das Geheimnis des eucharistischen Opfers, Berlin 1929, 176f.

402 B. Poschmann, Das sakramentale Opfer, 50.

403 E. Masure, Le Sacrifice du Corps Mystique, Paris 1950, 33.

greifen. Dadurch dass er die Einsetzung der Eucharistie in sakramentaler Terminologie als Gestus darstellt, der den ontologischen Gehalt der Zeichen in sich trägt, kann er erklären, dass sich das Opfer Christi nicht nur als Abbild, sondern als Wirklichkeit in der Kirche vollzieht.[404] Die sakramentale Konzeption des Opfers bietet bei der Erklärung den Vorzug, dass sie nicht nur die Immolation bezeichnet und der Messe das äußere Zeichen der Immolation verleiht, sondern vielmehr das Opfer des Kreuzes im formalen Zustand des Opferseins (*status victimalis*) vor Augen stellt. So ergibt sich für die Eucharistie eine klare Entsprechung von Repräsentation und Realität.

## 4.3 Die Problematik der Messopfertheorien

### 4.3.1 Entwicklungen bis zum Konzil von Trient

Die enge Verbindung zwischen Eucharistie und Kirche war in der frühen Kirche ganz selbstverständlich und unhinterfragt präsent, denn die *ecclesia* war ja gerade im aktiven Sinn die Versammlung derer, die sich dem Auftrag Jesu Christi gemäß in diese Realität, die er mit seiner Selbsthingabe am Kreuz gestiftet hat, hineinbegeben wollten. In der Feier der Eucharistie konkretisierte sich der Vollzug des Glaubens. Auf dem Hintergrund des platonisch-augustinischen Bilddenkens ließ die sakramentale Wirklichkeit die inneren Dimensionen des Geschehens als personale Wirklichkeit im sakramentalen Opfermahl verschmelzen. Denn die Anwesenheit des Urbildes in der Realität des Abbildes blieb übergangslos verständlich und der Begriff des Realsymbols musste nicht in zwei sich widersprechende und erklärungsbedürftige Komponenten unterteilt werden.

Usprünglich ist also damit die eucharistische Feier „der Konstruktionspunkt der ältesten Ekklesiologie", das Zeichen dessen, was die Kirche ist, und der Existenzgrund dessen, was die Kirche tut. Das Verständnis der Kirche als Versammlung und die Charakterisierung ihres Tuns mit dem Opferbegriff bezeichnen eine „Kirche im Aktiv". Die Kirche ist also von der Eucharistie her ihrem Wesen nach *com-*

[404] Vgl. E. Masure, Le Sacrifice du Corps Mystique, 24–26; ders., Le Sacrifice du Chef, Paris 1957, 326–328. - E. Masure würdigt de la Tailles Begrifflichkeit als Mittelweg zwischen O. Casel und A. Vonier, also zwischen einer neuen rituellen Immolation unter den Gestalten und der neuen Gegenwart des rituellen Geschehens (vgl. ebd. 37). Zur Position Masures vgl. auch E. F. Dowd, A Conspectus, 236; W. Hartmann, Oblatio munda, 63f.

*munio* in einem Prozess, der die Konkretion der gläubigen Existenz darstellt und sie ganz umfasst.[405]

De la Taille interpretiert zentrale Vätertexte auf die Frage hin: Worin besteht das Opfer der Kirche? Wenn er dabei den Eindruck vermittelt, gegenüber der personalen Dimension der Selbsthingabe Christi die Ebene der sichtbaren Gaben von Brot und Wein überdeutlich hervorzuheben, wird daran schon die Verschiebung des Blickwinkels deutlich, die sich notwendigerweise aufdrängt nach der dazwischenliegenden Entwicklung, die sich als „Krise der sakramentalen Idee" äußerte.

So stellt er zunächst klar heraus, dass zum Opfer der Kirche die sichtbare Darbringung von Brot und Wein gehört – in den Liturgien *sacrificia, libamina, hostiae, munera Deo dicanda vel sacranda* genannt – in ihrem wesentlichen Bezug (den die in den Liturgien verwendeten Begriffe deutlich machen) zur realen Darbringung von Leib und Blut Christi.[406] Schon bei Irenaeus ist klar belegt, dass das Opfer der Kirche durch die Konsekration der sichtbaren Gestalten geschieht, denn darin findet das eigentliche *facere sacrum* des *sacrificium* statt.[407] Dasselbe bestätigt Origenes, der betont, dass die Weihegaben nicht nur im Bezug zum Priester, der sie konsekriert, sondern auch zum Volk, das ihm das Opfer aufträgt, stehen.[408]

Diese Beziehung wird schon früher durch Ignatius hortativ begründet, wenn er die Glieder der Kirche zur Einheit mahnt: Unter Leib Christi ist einerseits der menschlich konkrete Leib Christi zu verstehen, insofern er Sakrament des Leibes der Kirche (*corpus ecclesiasticum*) ist, andererseits der Leib der Kirche, insofern er zu diesem von der göttlichen Person aufgenommenen Leib in Beziehung steht. So werden wir durch die einheitliche Feier (*intra ordinem legitimae hierarchiae*

405 Vgl. J. Ratzinger, Opfer, Sakrament und Priestertum in der Entwicklung der Kirche, in: Catholica 26 (1972) 108–125, 110–112; H. U. v. Balthasar, Die Messe, ein Opfer der Kirche?, in: ders., Spiritus Creator. Skizzen zur Theologie III, Einsiedeln 1967, 166–217, 166f.

406 Vgl. MF 209.

407 Vgl. Irenaeus von Lyon, Contra Haereses IV, 17, 5; 18, 1; 18, 4 (PG 7, 1023. 1024. 1026f.); MF 208–212; H. Moll, Die Lehre von der Eucharistie als Opfer. Eine dogmengeschichtliche Untersuchung vom Neuen Testament bis Irenäus von Lyon, Köln 1975, 175–178. 194: H. Moll zeigt auf, dass bei Irenaeus die Entwicklung beginnt, die einen starken Akzent auf die eucharistischen Gaben legt. Der Aspekt der Gabendarbringung wird innerlich getragen von den Motiven der Verherrlichung Gottes, der Dankbarkeit des Menschen und seiner Opfergesinnung, die dem Wissen um seine Bedürftigkeit gegenüber Gott entspringt. So durchdringen sich Danksagung und Opferdarbringung.

408 Vgl. Origenes, Contra Celsum 8, 57 (PG 11, 1601–1604); MF 213.

*sacerdotalis*) der Eucharistie Glieder des *corpus ecclesiasticum.*[409] Das eucharistische Konsekrationsgebet ist die aktive Opferhandlung der Kirche, das Opfer im passiven Sinn ist der geopferte Leib Christi.[410] Man muss also unterscheiden: Der Opferakt besteht im Gebet, das die Worte Christi enthält, aber das Gebet ist nicht die dargebrachte Wirklichkeit.[411]

Mit Clemens von Alexandrien fasst de la Taille drei Wesensmerkmale des eucharistischen Opfers zusammen: *1. oralis sacrificatio, 2. interna sacrificantis Ecclesiae sanctitas, 3. simultanea exhibitio sacrificii et interni et externi.*[412] Im Kontext dieser Stelle bei Clemens wird besonders deutlich, dass das Opfer ein Akt der Selbsthingabe ist. Gott bedarf unseres Opfers nicht. Christus hat sich für uns geopfert, und diese innere Dimension des Opfers ist es auch, was uns zum Nachvollzug aufgetragen ist. Die Sichtbarkeit des Opfers hat anzeigende Funktion.

Aus der Analyse der frühen Kirchenväter (Ignatius, Justin, Irenaeus, Tertullian, Hippolyt, Origenes) ergibt sich in de la Tailles Zusammenfassung folgendes Ergebnis:[413] Der Adressat des Opfers ist nur und allein Gott. Es wird ihm dargebracht nicht wegen seiner, sondern wegen unserer Bedürftigkeit. Auch die Opfergabe kommt nicht aus der Sphäre des Menschen, sondern Gott gewährt sie dem Menschen. Das dargebrachte Opfer ist also nichts Irdisches, von Menschenhand Bereitetes. Es unterliegt keinerlei räumlichkörperlicher Einschränkung, weil es ganz aus der Sphäre Gottes kommt. Das wirkliche Opfer ist nicht den Sinnen zugänglich, es besteht nicht in einer materiellen Handlung, sondern es erschließt sich dem Denken im Glauben, indem es sich in Worten vollzieht, die vom Herrn überliefert und an ihn gerichtet sind, sodass aus der Darbringung der Gestalten von Brot und Wein die wahre Darbringung von Leib und Blut Christi wird. Um von Gott akzeptiert zu werden, muss das sichtbare Opfer Zeichen für das unsichtbare sein, und so legen die Väter Wert darauf, dass es in rechtschaffener Lebensführung und Anbetung im Geist und in der Wahrheit geschieht (vgl. Joh 4, 23). Aus dem biblischen Sprachgebrauch ergibt sich, dass hier vom Opfer die Rede ist: *Est autem, ut omnes norunt, sacrificium perfectissimum et propriissimum adorationis genus.*[414] Dieses Opfer der Erlösung ist nicht wie der Tempelkult in Je-

[409] Vgl. Ignatius von Antiochien, Ad Philadelphenses IV (PG 5, 821–824); MF 216.
[410] Vgl. MF 217.
[411] Vgl. MF 225.
[412] Vgl. Clemens von Alexandrien, Stromata 7, 3. 6 (PG 9, 417–420. 444); MF 226.
[413] Vgl. MF 228f.
[414] MF 230.

rusalem an einen bestimmten Ort gebunden, sondern an einen nicht materiellen Ritus: *Ideo sacrificium erit universale, quia erit spirituale et verum*[415].

Dieses geistige Opfer ist in den Zeiten der Väter nicht von vorne herein auf die Eucharistie festgelegt. Die Übertragung des Argumentationszusammenhangs in Verbindung mit Zeugnissen des Alten Testaments setzt erst allmählich ein und gibt bereits bestehende Deutungen in meist metaphorischer Sprache wieder. Die Anwendung der Kategorie des Opfers auf die Eucharistie tritt stufenweise hervor und setzt an beim Zeichencharakter der Gestalten von Brot und Wein. Die Väter bestätigen nach de la Taille in direkter Weise, dass gerade im Ritus der Abbildung die Darbringung des Abgebildeten besteht, wenn sie darlegen, dass in der Messe die Passion dargebracht wird (*esse passionem Christi ipsam rem in sacrificio eucharistico oblatam*).[416] Nach einstimmigem Zeugnis der von de la Taille vorgebrachten Tradition (Cyprian, Cyrill von Jerusalem, Chrysostomus, Cyrill von Alexandrien, Augustinus, Maximus von Turin, Gregor d. Gr., Albert d. Gr., Thomas von Aquin u.a.) besteht das eucharistische Opfer darin, dass Gott in Wahrheit die Immolation Christi in Leiden und Kreuz dargebracht wird, sozusagen in ihrer vergegenwärtigenden Darstellung (*repraesentatione*). Das Messopfer wird also zu einem Symbol des *sacrificium cruentum*. Es enthält zwar selbst keine reale Immolation, wird aber zu Recht Sakrament unserer Erlösung genannt, weil ihm durch den wesenhaften Bezug auf das eine Opfer Christi heilswirksame Realität zukommt. Die ewige, unzerstörbare Opfergabe, deren Gedächtnisfeier jede Eucharistie darstellt, ist das Kontinuum dieser tieferen Realität, kraft dessen sich in allen örtlich und zeitlich verschiedenen Darbringungen der eine Christus, der eine Leib Christi realisiert. So zeigt sich der eigentliche Sinn der Eucharistiefeier im Tun der Kirche, das auf das Erlösungswirken Christi ausgerichtet ist: Der Opfertod Christi, den wir in unserer Eucharistiefeier verkünden und dessen Gedächtnis wir begehen, wird von uns gerade in Form dieser Verkündigung und dieses Gedächtnisses dargebracht. Die Worte und das Gedächtnis als ihr Inhalt gehören mit zur sichtbaren Form und Deutung der Opferdarbringung der Kirche.[417]

[415] MF 230.

[416] Vgl. MF 238; H. Moll, Die Lehre von der Eucharistie als Opfer, 187, bestätigt die Herausarbeitung des Begriffs der Darbringung (*oblatio*) auf dem Hintergrund der alttestamentlichen Vorstellungen: „Die Hingabe des Herrn in den Tod gilt als die würdige Opfergabe, die Gott dargebracht wird."

[417] MF 238–243.

Dem entspricht das Zeugnis des Augustinus, wonach diese Verbindung darin besteht, dass unsere Darbringung als Teilhabe an Leib und Blut Christi aus der Passion ihre Realität erhält und nach der Himmelfahrt Christi als *sacramentum memoriae* gefeiert wird.[418] Man darf das nicht so verstehen, als ginge die Wesenseigenschaft des von uns Dargebrachten vom Leib und Blut Christi auf die Kirche als seinen Leib über, sondern die mystische Zeichenhaftigkeit beruht auf dem Kreuzesopfer und die moralische Zeichenhaftigkeit steht in Beziehung zu unserer inneren Hingabe. Die Opfergabe erhält ihre heiligende Kraft von Gott her, auf den sie ausgerichtet ist. Weil die Opfer des Alten Bundes diese Ausrichtung auf den wahren Gott hatten, konnten sie Gemeinschaft mit Gott herstellen und auf das Opfer Christi verweisen.[419] Augustinus argumentiert vom inneren Zusammenhang der sakramentalen Zeichen mit der zugrunde liegenden geistigen Wirklichkeit aus. Diese geistige Wirklichkeit liegt allem Tun der Menschen voraus und kann nicht etwa dadurch hergestellt werden. Das gilt für die Opfer des Alten Testaments, die ihre Realität an dem wahren Gott als Adressaten messen müssen, und das gilt dann in besonderer Weise auch für das sakramentale Opfer der Kirche. Augustinus deutet die Gestalten von Brot und Wein in der Eucharistie als Symbole der Gemeinschaft mit Gott und untereinander. „Opfer ist ihm jedes Werk, das der Gottgemeinschaft dient, alles Tun für Gott und die Mitmenschen und das äußere Opfer ist sacramentum des inneren. So wird auch die Kirche in dem, was sie darbringt, selber dargebracht. Die eucharistische oblatio der Kirche hat aber zugleich einen wesentlichen Bezug auf das einmalige Kreuzesopfer Christi, sie ist dessen memoria, dessen sacramentum."[420]

418 Vgl. Augustinus, Contra Faustum Manichaeum, XX, 21 (CSEL 25, 564): *Huius sacrificii caro et sanguis ante adventum Christi per victimas similitudinum promittebatur, in passione Christi per ipsam veritatem reddebatur, post ascensum Christi per sacramentum memoriae celebratur; ac per hoc tantum interest inter sacrificia paganorum et Hebraeorum, quantum inter imitationem errantem et praefigurationem praenuntiantem.*

419 Vgl. Augustinus, C. Faust. Man., XX, 18 (CSEL 25, 559): *Hebraei autem in victimis pecorum, quas offerebant deo, multis et variis modis, sicut re tanta dignum erat, prophetiam celebrabant futurae victimae, quam Christus obtulit. Unde iam christiani peracti eiusdem sacrificii memoriam celebrabant sacrosancta oblatione et participatione corporis et sanguinis Christi.*- Denselben Gedankengang entfaltet Augustinus, C. Faust. Man. XX, 21 (CSEL 25, 564f.), wenn er sich mit dem Vorwurf auseinandersetzt, das Gedenken an die Märtyrer tue der Gottesverehrung Abbruch. Er stellt richtig, dass das Opfer nicht den Märtyrern dargebracht wird, sondern Gott, der sie erhöht hat. Auch hier steht das Argument im Vordergrund, dass Gott alleine die Verehrung durch das Opfer gebührt, alles andere wäre Götzenkult: ... *sic inter sacrificia paganorum et Hebraeorum multum distat eo ipso, quod hoc solum distat, quae cui sint immolata et oblata ... illa vero uni deo, ut ei offerretur similitudo promittens veritatem sacrificii, cui erat offerenda ipsa reddita veritas in passione corporis et sanguinis Christi.* - Vgl. MF 243.

420 J. Betz, Eucharistie. In der Schrift und Patristik (HDG IV/4a), Freiburg-Basel-Wien 1979, 153f.

Das Sprechen von der Eucharistie als Opfer ist in der Väterzeit charakterisiert von dem Bemühen, das Tun Christi und das Tun der Kirche, die katabatische und anabatische Richtung des Opfers zu vereinen. „Was die katabatische Seite anbelangt, muss auf Folgendes aufmerksam gemacht werden: Die Feier der Eucharistie ist wesentlich geprägt vom Leiden des Herrn auf Golgotha, das anamnetisch vergegenwärtigt wird. Der Anamnesischarakter bewirkt, dass der Herrentod in der Gemeinde aktuell wirksam wird und aufs neue in seiner heilschaffenden Wirkung verkündigt wird. Das Gedächtnis des Herrentodes tritt in der Eucharistie wiederum in der Gestalt des Opfers auf: Das vergegenwärtigte Opfer Christi wird in die Zeit der Kirche hinein verlängert, insofern die Glieder der Kirche in das eine Opfer Christi dankend und sich in Gehorsam verschenkend eintreten. Was die anabatische Seite angeht, so können folgende Merkmale festgehalten werden: Es dominiert der Primat der Geistigkeit und Innerlichkeit des Opfers, der Vorrang der personalen vor der sachlich-dinglichen Betrachtungsweise.“[421] Diese beiden Aspekte, die in der Folgezeit zu einer Spannung zwischen einer eher spiritualisierenden und einer eher materialisierenden Sicht des Opfers der Kirche führten, sind allerdings noch nicht problematisiert. Die Spannung tritt erst zutage in den jeweiligen Ansatzpunkten der nachtridentinischen Opfertheorien, wenn die sichtbaren Opferelemente von der inneren Wirkung der sakramentalen Zeichen getrennt werden bzw. die äußeren Gaben von der inneren Dimension der Selbsthingabe isoliert als statische „Aufhänger“ der Realpräsenz behandelt werden und damit die Geschehensdimension des Opfers (die Aktualpräsenz Christi) nicht mehr voll in den Blick kommen kann.

De la Taille geht es nun darum, dieser Verbindung wieder Ausdruck zu verschaffen und klar herauszustellen, dass eine Darbringung von Leib und Blut Christi viel tiefer reicht als eine bloße Erinnerungsfeier der Passion. Denn in der Opfergabe der Passion, die wir in der Messe darbringen, wird uns die Grundlage unserer Erlösung gegenwärtig. Denn die *memoria* begründet sowohl den Opfercharakter der Eucharistie als liturgische Handlung als auch die Realpräsenz Christi, die diese Handlung trägt. So müssen sich alle Aussagen über die Beziehung der Messe zur Passion aus einem *elementum oblativum* und einem *elementum repraesentativum* zusammensetzen.[422]

All das muss nun extra betont werden, denn im Mittelalter ergab sich als theologische Konsequenz des Auseinandertretens von Sakrament und Jurisdiktion (auch

[421] H. Moll, Die Lehre von der Eucharistie als Opfer, 198.
[422] Vgl. MF 248.

aufgrund der verformenden Wirkung von Machtansprüchen und finanzieller Interessenahme in der Kirchengeschichte) eine Isolierung des Sakramentsbegriffs, sodass die wesentliche Identität von Kirche und gottesdienstlicher Versammlung nicht mehr klar gesehen werden kann. Das Interesse an Realpäsenz und Transsubstantiation verdrängte die heilsgeschichtliche und religiöse Dimension des Sakraments, sodass der Opfercharakter in verengter Perspektive erscheinen musste. Die Bedeutung der Eucharistie als „dynamische Mitte kirchlicher Existenz" ist nicht mehr aus sich evident, wenn sie einfach als eines der Sakramente angesehen werden kann, die die Kirche „hat". Die theologischen Folgen, die dann in einem langen Prozess wieder aufgearbeitet werden müssen, sind: der Zerfall der Eucharistie in einzelne Riten (Opferfeier, Anbetung, Mahl), die Verdunkelung des pneumatischen Charakters des Gegenwart stiftenden Gedächtnisses, sodass die essentielle Rückbindung an das Kreuzesgeschehen nicht mehr als das verbindende Prinzip alles sakramentalen Geschehens erkannt werden kann. Daraus ergibt sich eine Vereinzelung der Sakramente und besonders folgenschwer für die Eucharistie auch ein veränderter Sinn der Priesterweihe, wenn sie nicht mehr primär aus dem inneren Zusammenhang mit dem Tun Christi gedeutet, sondern in Bezug auf die Sakramentenspendung funktionalisiert wird.[423]

Darin äußert sich eine „Krise der sakramentalen Idee", deren Symptome sich ganz massiv im ersten und zweiten Abendmahlsstreit im frühen Mittelalter zeigten und sich in der unaufhebbaren Spannung zwischen Realismus und Symbolismus äußerten. Als Antwort auf das Werk des Abtes von Corbie, Paschasius Radbertus, *De corpore et sanguine Domini*, in dem dieser die völlige Identität des historischen und eucharistischen Leibes Christi behauptet[424], weist Ratramnus von Corbie in einer Schrift mit demselben Titel[425] diese einfache Gleichsetzung zurück mit der Diskussion der Alternative, ob die Gläubigen den Leib des Herrn *in mysterio* oder *in veritate* empfangen. Durch das Auseinandertreten von *figura*

[423] Vgl. J. Ratzinger, Opfer, Sakrament und Priestertum in der Entwicklung der Kirche, 113f. Diese theologischen Verengungen führten dann auch in der liturgischen Praxis zu einem überobjektivierten Kult, der zu einer Polarisierung zwischen Liturgie als reiner Gnadenvermittlung auf der einen Seite und der auf das individuelle Heil konzentrierten Frömmigkeit auf der anderen Seite. Damit war das Zerbrechen der erlebbaren liturgischen Gemeinschaft vorprogrammiert (vgl. dazu auch mit konkreten Beispielen dieser Entwicklung: J. H. Emminghaus, Die Messe, 120–135).

[424] Vgl. Paschasius Radbertus, De corpore et sanguini Domini (PL 120, 1263–1350); vgl. zur Gegenüberstellung zentraler Thesen bei Rabanus, Ratramnus und Paschasius Radbertus J. Geiselmann, Die Eucharistielehre der Vorscholastik, Paderborn 1926, 144–149. Ders., Die Abendmahlslehre an der Wende der christlichen Spätantike zum Frühmittelalter. Isidor von Sevilla und das Sakrament der Eucharistie, München 1933.

[425] Vgl. Ratramnus von Corbie, De corpore et sanguini Domini (PL 121, 126–170.

und *veritas* ging das Gespür für eine sakramentale Realität verloren, sodass man *in sacramento* und *in veritate* einander gegenüberstellen konnte. Der zweite Abendmahlsstreit ist bestimmt von der Abwehr der Irrlehre des Berengar von Tours, der den Zusammenhang zwischen sakramentalem Zeichen und der davon bezeichneten Wirklichkeit auflöst, indem er in den Zeichen äußere Mittel sieht, deren Verbindung zur geistigen Wirklichkeit sich nur subjektiv im menschlichen Geist vollziehen kann und muss. In überspitzter Abgrenzung dazu wurde die Entwicklung der Lehre von der Realpäsenz zum beherrschenden Thema. Unter diesem Begriff wurde dann das Verständnis vom Sakrament subsumiert, während man das Geschehen in der Messfeier unter dem Opferbegriff fasste. Durch die Transsubstantiationslehre konnte das Auseinandertreten von *figura* und *veritas* im Sakramentsbegriff wieder aufgehoben werden, aber für das Opferverständnis fehlte diese Verbindung für ein aktives Geschehen, sodass der Zusammenhang zwischen Messopfer und Kreuzesopfer nicht mehr einsichtig gemacht werden konnte.[426] „Man kann also sagen: die Sicherung der Realpräsenz, die einseitige Fixierung des Sakramentsgedankens auf das Corpus Domini entleerte auf der anderen Seite die Handlung, ließ die Wirklichkeit des Geschehens, der Tat, der Hingabe Jesu aus dem Sakramentsbegriff völlig herausfallen. Die theologische Aufteilung der Eucharistie in Sakrament und Opferhandlung bedeutete also einerseits eine sehr massive, statisch-sachhafte Beschreibung der Realpräsenz und führte andererseits zu einer Rede vom Opfer, welche die Einheit von Kreuzesgeschehen und darstellendem eucharistischen Zeichen nicht mehr durchhalten konnte. Denn auf einer solchen theologischen Basis lässt sich eine sakramentale Aktualpräsenz der Opferhingabe Jesu am Kreuz – analog etwa zur Realpräsenz seines hingegebenen Leibes – nicht mehr aussagen."[427]

[426] Vgl. Th. Schneider, Dogmatische Neuorientierung? Beispiel »Messopfer«, in: ders., Deinen Tod verkünden wir. Gesammelte Studien zum erneuerten Eucharistieverständnis, Düsseldorf 1980, 215f.; ders., Das Opfer Jesu Christi und der Kirche. Zum Verständnis der Aussagen des Konzils von Trient, in: ebd. 223–238, 223f.; F. Pratzner, Messe und Kreuzesopfer. Die Krise der sakramentalen Idee bei Luther und in der mittelalterlichen Scholastik, Wien 1970, 133f. - F. Pratzner sieht hier die gemeinsame Wurzel für das Scheitern an der Messopferfrage bei Luther und in den nachtridentinischen Opfertheorien: „Es ist aber dabei nicht zu übersehen, dass Luther auf Grund dieser mittelalterlich-scholastischen Auffassung des Mess- und Kreuzesopfers ohne Rücksicht auf Glauben und Tradition die letzten Konsequenzen zog, und das Messopfer einfach als unvereinbar mit dem einmaligen und alleingenügsamen Kreuzesopfer und dem Erlösungswerk Christi ablehnte, wobei aber das eigentliche Problem genauso ungelöst auf die Seite geschoben wurde wie bei den katholischen Theologen, die gleichsam ein anderes Opfer in Kauf genommen haben, um aus dem allgemeinen Opferbegriff den wirklichen Opfercharakter der Messe zu erklären" (a.a.O. 134).

[427] Th. Schneider, Dogmatische Neuorientierung?, 216.

In diesem Bezugsrahmen kann man das Anliegen de la Tailles so einordnen, dass er einer der Wegbereiter des sakramentalen Verständnisses des Opfers ist, indem er diese absolute Verwiesenheit über die Verbindung mit dem Begriff des himmlischen Opfers, in dem die Opfergabe der Passion auf ewig gegenwärtig ist, wieder ganz eng herstellen will. Aber andererseits ist die Geschehensdimension noch nicht so aufgegriffen, dass auch die aktive Seite des Opfers davon voll umfangen wäre. So gilt für de la Taille in gewisser Weise noch die kritische Anmerkung, die Th. Schneider in Bezug auf die Bemühungen des Konzils von Trient macht; de la Taille findet im Grunde immer noch dasselbe „Instrumentarium" vor – aber er wird selbst einer der Wegbereiter, es zu verändern: „Das theologische Instrumentarium verbindet also die Kontrahenten auf eine seltsame Weise: Luther, der den personalen Charakter des neutestamentlichen Opfergedankens wiederentdeckt, sieht offenbar keine Möglichkeit, diesen in der ihm geläufigen eucharistischen Begrifflichkeit zur Geltung zu bringen, und gibt den Opfercharakter der Messe kurzerhand auf. Die Väter des Tridentinums, die die biblische Einheit von Opfer Christi und Eucharistie durchhalten, nehmen auf der Linie des verengten, verdinglichten Sakramentsbegriffs ihre Zuflucht zu einer der neutestamentlichen Sicht fremden Denk- und Redeweise vom Opfer, welche die Grundaussage zwar rettet, aber zugleich erneut entstellt und gefährdet: die Priester bringen in den Gaben Christus dar. Beide Seiten zollen der mittelalterlichen Krise der sakramentalen Idee ihren Tribut."[428]

### 4.3.2 Grundaussagen des Konzils von Trient

Auf dem Hintergrund dieser theologischen Entwicklung wird deutlich, vor welchen Schwierigkeiten die Väter von Trient standen. Wenn man zudem die politischen Verhältnisse in Betracht zieht, die bewirkten, dass keine kontinuierliche Rahmensituation für den Verlauf des Konzils gegeben war und dass im Verlauf der drei Sitzungsperioden in der Behandlung der Messopferfrage jeweils ein Neuanfang notwendig war, ist es beachtlich, wie es trotz der „Hypothek" der Dreiteilung der Thematik in Sakrament – Opfer – Kommunion möglich war, die entscheidenden Dimensionen des biblischen Opferbegriffs zu bündeln und als theologische Lehre in einer Offenheit darzulegen, die Raum lässt für Versuche, den Opferbegriff wieder in den ursprünglichen Zusammenhang zu integrieren.

[428] Th. Schneider, Dogmatische Neuorientierung?, 218.

Einige äußere Beobachtungen zu den Trienter Verhandlungen sollen diese Schwierigkeiten zunächst verdeutlichen[429]: Die neun Canones und neun Lehrkapitel über das Messopfer konnten erst in der dritten Sitzungsperiode des Konzils von Trient (1562–1563) verabschiedet werden, in der 22. Sitzung am 17. September 1562. In der ersten Sitzungsperiode begannen die Konzilstheologen, bereits nach der Verlegung des Konzils nach Bologna, im August 1547 häretische Aussagen über die Messe und das Weihesakrament in 14 Sitzungen zu diskutieren, jedoch führten die Voten nicht zu fertigen Texten, da sich die Generalversammlung nicht mehr mit dem Thema beschäftigen konnte. Durch die zeitliche Unterbrechung bis zur zweiten Sitzungsperiode (1551–1552) war eine inhaltliche und personelle Kontinuität nicht mehr möglich. Im Dezember 1552 wurden zehn neue Artikel der Lehre über die Messe und das Weihesakrament ausgearbeitet, die über die Artikel von Bologna hinausgingen. Sie griffen das zentrale Problem auf, wie die „Historisierung" des Kreuzesopfers überwunden werden könnte, die zur Folge hätte, dass die Messe eine bloße Zuwendung vergangener Opferfrüchte wäre. Es gelang ihnen hier bereits das Gedächtnis mit realem Inhalt zu füllen, indem sie auf die Einheit von Kreuzesopfer und Messopfer rekurrierten. Jedoch konnten auch die Ergebnisse der Beratungen, die im Januar 1552 von einer Kommission in neue Entwürfe umgearbeitet worden waren, wegen der Suspendierung des Konzils nicht mehr verhandelt werden. So mussten sie in der dritten Sitzungsperiode praktisch wieder neu aufgegriffen werden, da sich die Zusammensetzung der Teilnehmer wiederum grundlegend verändert hatte. Erst im Juli 1562 wurde das Thema mit der Vorlage von 13 Canones wieder aufgenommen, in 14 Sitzungen diskutiert und verändert, nach einem zweiten Entwurf in der Generalversammlung beraten und schließlich aufgrund der dort geäußerten Kritik nochmals überarbeitet. Die Endfassung wurde in der Generalkongregation noch einmal kurz behandelt und dann schließlich endgültig verabschiedet.

Die Dimension des aktiven Opfers der Kirche ist in der Doctrina und in den Canones von Trient über das Messopfer der Interpretationshorizont, auf den alle anderen Aspekte (Weg zur Heiligung und Vollendung, Vergegenwärtigung und Gedächtnis des Opfers Christi, Sühnewirkung) ausgerichtet sind. Diese aktive Dimension ist nur zu verstehen im Ineinander von Tun Christi und Tun der Kirche, indem einerseits die Identität des Opferpriesters (*idem... offerens*)[430] gewährleistet ist, andererseits aber der Wiederholungsbefehl darauf abhebt *ut offer-*

[429] Vgl. Th. Schneider, Das Opfer Jesu Christi und der Kirche, 225–227.
[430] Vgl. DH 1743.

*rent*[431]. Can. 1 wehrt mit der Bezeichnung der Eucharistie als *verum et proprium sacrificium* klar eine Trennung von Messe und Kreuzesopfer ab[432], sodass man nicht von einer *nuda commemoratio* sprechen kann, als würden nur die Früchte eines historisch vergangenen und in sich abgeschlossenen Geschehens zugeteilt und sich damit der Part der Kirche auf den dankbaren Empfang beschränken – ein wahres Opfer erfordert mehr. In der Interpretation der verschiedenen *ratio offerendi* des Opfers Christi und des Opfers der Kirche verbinden sich für de la Taille die Konsequenzen seines Verständnisses von der Einheit von *coena* und *passio* und seiner Theorie vom himmlischen Opfer. Denn offensichtlich unterscheidet sich die Darbringung der Kirche von der Opferdarbringung Christi dadurch, dass sie in keiner Weise ein blutiges Opfer ist, während das eine Opfer Christi in der untrennbaren Einheit des im Abendmahl rituell vollzogenen und am Kreuz vollendeten Opfers liegt. Vom Abendmahl an hielt sich sein priesterlicher Opferwille durch den ganzen Prozess der Passion bis zum Tod durch, und er brachte so sich selbst als blutiges Opfer dar. Gleichzeitig initiierte er durch die Einsetzung des Sakramtents der Eucharistie beim Abendmahl mit dem Auftrag *hoc facite* ein unblutiges Opfer[433], das die Darbringung der *hostia immolata* beinhaltet und zwar in ihrem verherrlichten Zustand, wie sie bei Gott für immer aufgenommen und angenommen ist. Wenn also Christus in der Messe durch uns das Opfer darbringt, so ist das von der Kirche aus gesehen die Erfüllung seines Auftrags in der neuen Zeitdimension. Es ist eine erneute Oblation der in der Passion geschehenen Immolation, die nicht mehr ein Prozessgeschehen wie die einstige Passion ist, sondern sich als *oblatio hostiae immolatae* in der Konsekration vollzieht.[434] So ergibt sich kein Widerspruch zu der numerisch einen Opferdarbringung Christi, denn das jeweils Neue ist die priesterliche Handlung der Darbringung, die Identität kommt von Seiten der Opfergabe: *Tot enim sunt sacrificia quot sunt sacerdotales oblationes: nec tua oblatio est mea; nec mea hodierna oblatio est hesterna; neque ulla ex illis ea est quam fecit noster Summus Sacerdos sine nobis.*[435]

In dieser von Trient verwendeten Begrifflichkeit ist die Wiedergewinnung der sakramentalen Struktur des Opfers der Kirche grundgelegt. Das Messopfer ist repräsentierende Darstellung (*repraesentatio*) der Lebenshingabe Christi im Kreuzesopfer und diese Versinnbildung bewirkt das Gedächtnis (*memoria*) des Er-

431 Vgl. DH 1740.
432 Vgl. DH 1751.
433 Vgl. DH 1740.
434 Vgl. MF 103f. 115.
435 MF 104.

löserleidens. Dadurch werden wir der Früchte des Leidens Christi teilhaftig, indem uns dessen sündenvergebende Kraft zugewandt wird (*applicatio*).[436] Deshalb kann dann das Zweite Vatikanische Konzil zusammenfassen: „Sooft das Kreuzesopfer, in dem Christus, unser Osterlamm geopfert wurde (1 Kor 5,7), auf dem Altar gefeiert wird, vollzieht sich das Werk unserer Erlösung."[437]

Das Konzil von Trient ist in der Frage nach dem Abendmahl und seiner genauen Zuordnung zum Kreuzesopfer für die Interpretation de la Tailles offen[438], da es sich nicht auf eine Theorie über den Opfercharakter des Abendmahls einlässt; die Aussageintention liegt auf der Zuordnung von Messe und Kreuzesopfer. Vom Verständnis der rituellen Form der Eucharistiefeier sind jedoch Rückschlüsse auf die rituelle Form des Abendmahles möglich, die sich mit de la Tailles Theorie der numerischen Einheit des Opfers Christi aus Abendmahl und Kreuzesopfer als Erklärungsfigur sehr gut vereinen lassen. Diese Denkfigur ist jedoch nicht unumgängliche Voraussetzung für den realen Rückbezug der *memoria*. Neuere Erklärungsmodelle, die den Prozesscharakter und den Mysteriencharakter des Geschehens in der Eucharistiefeier mehr hervorheben und nicht punktuell auf die Wandlung fixiert sind, indem sie wie de la Tailles Theorie den Schwerpunkt auf die Identität der Opfergabe legen, kommen sehr gut ohne sie zurecht. Dazu zählt der Entwurf von A. Vonier, der herausstellt, dass die Eucharistie als sakramentale Handlung aktualisierende Vergegenwärtigung des Opfertodes Christi ist.[439] Die existentielle Bedeutung dieser dadurch geschaffenen Mysteriengegenwart bestimmt die Perspektive O.Casels. Für ihn ist das Opfer der Kirche ein lebenslanger Prozess der Übereignung des Menschen an Gott. In der Selbstdarbringung der Kirche nivelliert sich die Differenz zwischen der Opfergabe und dem Opfersubjekt.[440] Das Erklärungsziel deckt sich: Es besteht darin, die Messe als wahres und eigentliches Opfer zu begründen, ohne in das Extrem einer erneuten Destruktion (die die Einzigartigkeit des Kreuzesopfers in Frage stellen würde) oder einer Überbetonung des Mahlcharakters (die die absolute Abhängigkeit vom erlösenden Geschehen am Kreuz nicht mehr wahren könnte) zu verfallen.

[436] Vgl. Trid. Sess. 22 cap. 1 (DH 1740).

[437] LG 3 (DH 4103).

[438] Vgl. MF 116, Anm. 2.

[439] Vgl. A. Vonier, Das Geheimnis des eucharistischen Opfers, Berlin 1929, 38; A. P. Ositadinma, Der Beitrag Ansgar Voniers und Max ten Hompels zur Neubesinnung auf den Opfercharakter der Eucharistie, 160f.

[440] Vgl. O. Casel, Das christliche Kultmysterium, Regensburg 1960[4], 101; ders., Das christliche Opfermysterium. Zur Morphologie und Theologie des eucharistischen Hochgebetes, Graz - Wien - Köln 1968, 460f.; W. Hartmann, Oblatio munda, 74–95; A. Nawar, Opfer als Dialog der Liebe. Sondierungen zum Opferbegriff Odo Casels, Frankfurt a. M. 1999, 355–394.

Dieser Mittelweg kann nur erreicht werden über eine Begründung, der es gelingt, die Einheit zwischen Kreuzesopfer und Messopfer auf der Ebene des sakramentalen Geschehens so zu verankern, dass die Wirkung des sakramentalen Geschehens sich mit der nicht mehr zu überbietenden oder zu wiederholenden erlösenden Tat Christi verbindet. „Aber über allen äußeren Verschiedenheiten steht die innere Einheit, die nicht nur durch den ewig priesterlichen Opferwillen Christi gewährleistet wird, sondern auch durch seinen Opferleib als die eine und ewige Opfergabe: una eademque hostia. Daran, dass Christus öfter geopfert wird, nimmt die Konzilsentscheidung keinen Anstoß. Das wäre nur dann notwendig, wenn die öftere Opferung in propria specie gelehrt würde. Das ist aber nicht der Fall. Das Konzil unterscheidet mit ausreichender Klarheit die Opferung des Herrenleibes in eigener Gestalt am Kreuz und die unter fremden Gestalten ... Die oblatio unter den sakramentalen Gestalten allein gewährt die Möglichkeit für ein sacrificium, quo cruentum illud semel in cruce peragendum repraesentaretur eiusque memoria in finem usque saeculi permaneret.“[441]

Auf dem doppelten Hintergrund der Abwehr der Leugnung des Opfercharakters der Messe durch die Reformatoren wie auch katholischer Übertreibungen wird deutlich, dass das Konzil von Trient im 2. Kapitel des Dekretes über das Messopfer eindeutig und klar die Einheit zwischen Messe und Kreuzesopfer absichern will (can.1). So erschienen noch im ersten Entwurf für das tridentinische Dekret von 1552 Messe und Kreuzesopfer so sehr getrennt, dass faktisch der Substanz nach zwei verschiedene Opfer vorliegen müssten.[442] Es ist möglich, dass das auf die polemische, wenig systematische Darstellung von Johannes Eck zurückgeht, obwohl hierüber zwischen de la Taille und Alonso eine Kontroverse besteht.[443] E. Iserloh bestätigt, dass sich bei Eck zum Thema durchaus konträre Aussagen finden.[444] Die Verankerung der Identität in der Opfergabe in der Formulierung *eadem hostia* war dem spätmittelalterlichen Denken vertraut. „Auf diesem Hintergrund ist es von erheblicher Bedeutung, dass Seripando schließlich mit seinem

[441] P. Rupprecht, Una eademque hostia – idem offerens. Das Verhältnis von Kreuz- und Messopfer nach dem Tridentinum, in: Theologische Quartalschrift 120 (1939) 1–36, 20.

[442] Vgl. Conc. Trid. VII, 477: *Ita autem de duobus his sacrificiis sermo habetur, quia etsi una et eadem hostia sit, eo quod unus et idem Chrisus utrobique contineatur et offeratur, ratio tamen existendi et offerendi est diversa.*

[443] Zur Kontroverse zwischen de la Taille (de la Taille benutzt Eck als Zeugen für seine Theorie der Einheit von *coena* und *passio*; vgl MF 54) und Alonso vgl. E. Iserloh, Die Eucharistie in der Darstellung des Johannes Eck. Ein Beitrag zur vortridentinischen Kontroverse über das Messopfer, Münster 1950, 181–183.

[444] Vgl. E. Iserloh, Die Eucharistie in der Darstellung des Johannes Eck, 140f., 233.; Th. Schneider, Das Opfer Jesu Christi und der Kirche, 229f.

Anliegen durchdrang, auf jeden Fall auch den 'idem offerens' zu nennen, weil hier erkennbar wird, dass die Richtung der Aussage auf die Wiedergewinnung des personalen Aspektes geht, auf die eindeutige Bezeichnung des Subjekts. Nicht die Priester opfern die Opfergabe, die derselbe Leib ist wie am Kreuz, sondern er selbst gibt sich leibhaftig hin durch den Dienst der Priester."[445]

In der Interpretation des Konzils von Trient kann man nicht von einer stringenten Verwendung der Begriffe ausgehen, denn es offenbart sich die semantische Problematik, dass sich *offerre* manchmal auf die liturgische Ebene des äußeren Zeichens bezieht[446], dann aber wieder ist *offerre* Selbsthingabe.[447] Diese Unklarheit der verwendeten sprachlichen Termini und die damit implizierten Vereinseitigungen lassen Th. Schneider zu der Folgerung gelangen: „Die Vermischung der rituellen mit der dogmatischen Sprechweise oder gar die Identifizierung eines allgemein kultischen Opferbegriffs mit der neutestamentlichen Rede vom Opfer Christi und der Christen führt in ständige Schwierigkeiten. Diese Unterscheidung scheint mir auch von erheblicher Tragweite zu sein für die Beurteilung der Messopfertheorien, die sich in den folgenden Jahrhunderten ausbildeten als Auslegung der Trienter Doctrina ... Je weniger die liturgische und die dogmatische Sprechweise unterschieden wurden, je mehr ein irgendwie gedachtes liturgisches, rituelles offerre einfach mit dem biblischen offerre der Selbsthingabe identifiziert wurde, desto mehr empfand man die Notwendigkeit, den Akt der Darbringung an Gott auf der Ebene des Zeichens in der liturgischen Handlung selber zu suchen. Und ungewollt gleiten fast alle solchen Überlegungen wieder ab in vorchristliche Opfervorstellungen bis hin zu den Theorien der mystischen Schlachtung und zu den unzutreffenden Formulierungen einer 'Erneuerung' oder 'Wiederholung' des Kreuzesopfers in der Messe."[448]

Das Konzil betont zwar die Repräsentation des Kreuzesopfers, aber es bleibt offen, welches der Akt ist, der das Wesen des eucharistischen Opfers enthält und ob die Immolation sakramental zu verstehen ist oder eine reale Destruktion an den Opfergaben (Leib und Blut Christi) impliziert. Nach Trient steht fest: „Nur in einer Handlung kann das Wesen des Messopfers erblickt werden, die 1. an der eucharistischen Opfergabe vor sich geht, 2. in der Person Christi als des eigentlichen Opferpriesters geschieht, 3. von ihm selbst bei der Einsetzung vollzogen worden ist, 4. objektiv eine Darstellung und ein Gedächtnis des Kreuzesopfers

445 Th. Schneider, Das Opfer Jesu Christi und der Kirche, 231.
446 Vgl. DH 1740: unter den Zeichen darbringen, Wasser unter den Wein mischen.
447 Vgl. DH 1743: *offerens* durch die Priester, *se obtulit* am Kreuz.
448 Th. Schneider, Das Opfer Jesu Christi und der Kirche, 236.

ist.“[449] Daraus ergibt sich noch nicht die Festlegung auf eine bestimmte Messopfertheorie. Weil aber die meisten der nachtridentinischen Opfertheorien das Wesen des Messopfers im Destruktionsakt festmachen, wird der Opferkult des Alten Testaments zunehmend auf diese Frage hin untersucht. Diese Verlagerung des Schwerpunktes ist neu, denn die Scholastiker stellten zwar die alttestamentlichen Opfer dar, waren aber nicht daran interessiert, daraus eine Messopfertheorie zu konstruieren. Der Blick lag mehr auf den Riten der Oblation unter dem Gesichtspunkt der Verehrung und Versöhnung Gottes, wobei die Bestandteile der alttestamentlichen Opferhandlungen vielfach allegorisch gedeutet wurden. Erst durch die Kritik der Reformatoren ergab sich die Notwendigkeit einer sorgfältigeren Beweisführung in Bezug auf die Berechtigung eines dauernden Opfers des Neuen Bundes.[450] Durch die Frage nach der gegenwärtigen Opferhandlung der Kirche wurde das Wesen des eucharistischen Opfers zum Gegenstand der Untersuchungen. Es ist die vorherrschende theologische Meinung, dass das Wesen des Opfers in einer an der Opfergabe vollzogenen Handlung oder Veränderung bestehe. Welcher Art aber und von welcher Bedeutung diese Handlung oder Veränderung sei, darüber gehen die Meinungen weit auseinander. Bis zum 16. Jahrhundert wurde die Destruktion nicht in den Opferbegriff mit aufgenommen. Die Konsekration wurde als die heiligende Handlung angesehen, die das Wesen des Opfers begründet. Voraussetzung ist, dass die Konsekration als Gedächtnis des Kreuzestodes Christi unter den getrennten Gestalten geschehen muss, um die Beziehung zum Kreuzesopfer als Grundlage festzuhalten. Die Betonung liegt also auf der Handlung, die in sich eine Darstellung des Kreuzesopfers sein muss, um wirklich als Opfer bezeichnet werden zu können.[451]

Nach dem Konzil von Trient deutet sich ein Bruch mit dieser Tradition an, indem eine destruierende Veränderung als eigentlicher Opferakt in den Vordergrund tritt, um dem Formalgrund des Opfers (Anerkennung der menschlichen Schwäche und Bekenntnis der göttlichen Majestät) gerecht zu werden. „Daran festhaltend, dass nach der alten Scholastik das Opfer eine Handlung ist, und zwar ein Akt der Hingabe an Gott, verstehen wir, warum man vor dem Tridentinum das Wesen des Opfers nicht ... in einer durch die Doppelkonsekration vollzogenen mystischen Schlachtung gesehen ... hat ... Vor dem Konzil von Trient [galt] die Oblation als das erste und höchste Element im Opferbegriff ..., als Akt der Hingabe an Gott

[449] F. Diekamp, Katholische Dogmatik nach den Grundsätzen des heiligen Thomas. Bd. III, Münster 1922$^{3-5}$, 192.

[450] Vgl. W. Götzmann, Das eucharistische Opfer. Nach der Lehre der älteren Scholastik. Eine dogmengeschichtliche Studie, Freiburg i. Br. 1901, 3f.

[451] Vgl. M. Götzmann, Das eucharistische Opfer, 21f. 53. 82f.

und damit die Seele der ganzen Opferhandlung. Als zweites Element kommt die Konsekration hinzu, gleichsam die Vollendung des Oblationsaktes, insofern das Ziel der Oblation, Hingabe an und Vereinigung mit Gott, symbolisch verwirklicht wird und Christus dadurch die res oblata als der terminus ad quem der sakrifikalen Oblation wird ... Als drittes Element kommt die Repräsentation hinzu. Nach dem Konzil wird die Reihenfolge eine umgekehrte."[452]

### 4.3.3 Nachtridentinische Messopfertheorien

Die Entwicklung der nachtridentinischen Messopfertheorien ist also auf diesem Hintergrund der „Krise der sakramentalen Idee" zu beurteilen, deren Auswirkung sich letztlich auch in der getrennten Behandlung der Aspekte Opfer und Sakrament auf dem Konzil von Trient zeigte. Es kostete einen längeren Prozess, diesen Bruch zu überwinden. Er hatte sich in Bezug auf des Opfer in einer Überbetonung der äußeren Elemente dokumentiert, was sich im Versuch äußerte, im Ritus der Eucharistie reale Momente einer Destruktion aufzufinden. „Diese Verlagerung des Opfercharakters von der personalen Ebene der Selbsthingabe auf die sachhafte Ebene der Gaben und des Ritus wurde in der nachtridentinischen Zeit von den sogenannten Messopfertheorien auf zum Teil abenteuerliche Weise entfaltet und ausgedeutet."[453]

In der Auseinandersetzung mit anderen Opfertheorien kommt es de la Taille auf die Begründung der Einheit des Opfers Christi und der Kirche an. Diese Einheit ist die Grundlage für die Wahrheit unserer Darbringung gemäß der Definition von Trient: *verum et proprium sacrificium*.[454] De la Taille ist durchaus bereit, diese Einheit zwischen der Hingabe Christi am Kreuz und der Opferdarbringung der Kirche eine moralische zu nennen, wobei aber seiner Meinung nach der Charakter als wahres Opfer deutlicher hervorgehoben werden müsste.[455] In der Interpretation der Konzilsaussage vom *sacramentum visibile* wird ein gemeinsames, nicht hinterfragtes wörtliches Verständnis dieser Begrifflichkeit deutlich, insofern alle nachtridentinischen Messopfertheorien davon ausgehen, dass der Opfercharakter der Messe in einer sichtbaren Handlung bestehen muss, um diesen Aussagen gerecht zu werden. Hinter dem Versuch, kultisch sichtbare Elemente der Messe als Opfer zu deuten, steht also die einmütige theologische Tra-

[452] W. Götzmann, Das eucharistische Opfer, 85; vgl. zur Destruktionsfrage als Bruch mit der Tradition auch ebd. 22.
[453] Th. Schneider, Dogmatische Neuorientierung?, 218.
[454] Vgl. MF 304 (Anm.1).
[455] Vgl. MF 303 (Anm. 1).

dition einer Vorstellung, die über die Jahrhunderte rezipiert wurde. Die Problematik und Differenz tritt zutage in den Entfaltungen der Fragestellung, wo dieses sichtbare Element zu suchen ist.

Trient wendet den Opferbegriff auf das Opfer Christi so an, dass das in der *ratio offerendi* bestehende sichtbare Geschehen jeweils ein verschiedenes ist.[456] De la Taille nähert sich der Deutung, indem er als erstes Theorien ausschließt, die darauf hinauslaufen, in Abhängigkeit von einem starr ausgelegten Begriff eines realen Opfers die logische Abfolge von Opfer und Mahl zu verkehren, in der Kommunion das Element der Destruktion aufzufinden und damit letztlich die innere Abhängigkeit von Messopfer und Kreuzesopfer zu lockern. Das ist für ihn gegeben bei allen Erklärungsversuchen, die davon ausgehen, dass sich das Messopfer formal in der Bereitung des Mahls (*in donanda hostia crucis statu cibali*) vollziehe. Unter dieser Voraussetzung spielte unsere Darbringung des Leibes und Blutes Christi für die Erklärung des Opfers der Kirche nämlich keine Rolle. Und diese Konsequenz stellt einen klaren Widerspruch zu den Dokumenten von Trient dar.

Eine stringente Begründung der wesensmäßigen Abhängigkeit des Messopfers vom Opfer des Kreuzes ist auch nicht möglich, wenn zwar die Oblation herausgestellt, aber die Kommunion als konstitutiver Bestandteil des Opfers gesehen wird, der die symbolische (de la Taille nennt als Beispiel hier Dominicus Soto und Melchior Cano) oder sogar reale Destruktion der Opfergabe (hierzu führt de la Taille die Konsequenzen der Theorie Bellarmins an) enthält. Zu dieser Gruppe zählt de la Taille auch de Lugo, insofern er die Destruktion in der Kommunion als Äquivalent einer realen Zerstörung ansieht. Ganz deutlich ist das für ihn bei den Salmanticensern, die klar die Kommunion als das Element der Immolation benennen, da sie die Zerstörung der sakramentalen Gegenwart bewirken würde. Gegen all diese Positionen spricht, dass in der Kommunion weder die Oblation noch die Immolation stattfindet, denn vorher wird der Leib Christi durch die Konsekration Gott dargebracht und dann erst empfangen wir ihn aus Gottes Hand als Speise. Der Versuch, die Kommunion mit der Immolation zu identifizieren, ergibt unhaltbare Konsequenzen. Denn wenn es sich um eine reale Destruktion handelte, wäre es auch die Destruktion der Existenz Christi im Himmel oder irgendeiner Existenzform, die durch die Transsubstantiation erst herbeigeführt worden ist. Wenn es eine symbolische Destruktion wäre unter den Gestalten von

[456] Im Kontext der Konzilsaussage würde das nämlich bedeuten, dass dieselbe Darbringungsweise zugleich als blutig und unblutig charakterisiert würde, was offensichtlich keinen Sinn macht.

Brot und Wein, würde sich mit deren Zerstörung auch ihre Zeichenbedeutung in Bezug auf Christus verlieren und damit wäre Christus in keiner Weise real tangiert. Damit wäre nur eine bildliche Immolation (*immolatio imaginaria aut repraesentativa*) gegeben – und als solche geht die Doppelkonsekration der Kommunion bereits voraus. Daraus folgt, dass man die Kommunion nicht als Immolation ansehen kann. Vielmehr realisiert sich in ihr die Teilnahme an der Opfergabe auf dem Hintergrund der erfolgten Immolation.[457]

Die Argumentation, Christus würde durch die Konsekration erniedrigt zu einer Speise für uns Menschen und darin bestehe die Immolation der Messfeier, stellt für de la Taille ein *peccatum per excessum* dar, denn in letzter Konsequenz würde das den Verlust der Einheit mit dem Kreuzesopfer bedeuten, da dieses Opfer auch ohne das Kreuz als wahres Opfer bestehen würde.

Diese Argumentation ist ein Element der Destruktions- oder Immolationstheorie, die erst nach dem Konzil von Trient entstand im Bemühen, in der Messe einen Destruktionsakt aufzufinden, der ihre Definition als wahres und eigentliches Opfer rechtfertigen würde.[458] Exemplarisch sollen hierzu kurz die einschlägigen Elemente der Opfertheorie des Kardinals Franzelin[459] dargestellt werden, mit dem sich de la Taille in der Abgrenzung zu einer Ausdehnung der aktuellen Immolation *ultra modum* hauptsächlich als „neuerem" Vertreter auseinandersetzt.[460] In enger Anlehnung an die Darlegung des Wesens des Opfers durch J. de Lugo geht Franzelin davon aus, dass Christus durch die Konsekration in einen *status declivior*[461] versetzt wird. Kardinal de Lugo sieht also in der freiwilligen Annahme

[457] Vgl. MF 304–306.

[458] Vgl. A.P. Ositadinma, Der Beitrag Ansgar Voniers (1875–1938) und Max ten Hompels (1882–1960) zur Neubesinnung auf den Opfercharakter der Eucharistie im 20. Jahrhundert, 19f.: Die Destruktionstheorie geht zurück auf Vasquez, Suarez und Lessius und wurde weiter ausgeprägt durch de Lugo und Franzelin. Gemeinsamer Grundgedanke ist, dass sich das Element einer Veränderung oder Zerstörung der Opfergabe im Messopfer in einer Form der *mutatio* Christi durch die Wandlungsworte widerspiegelt. Vgl. dazu auch F.X. Kattum, Die Eucharistielehre des heiligen Bonaventura, München-Freising 1920, 162: „Während vor dem großen Konzil des 16. Jahrhunderts die Darbringung als das erste und höchste Element im Opferbegriff galt, wozu sich als zweiter und dritter Wesensbestandteil die Konsekration und die Repräsentation des Kreuzopfers gesellt, beginnt man nach dem Konzil von Trient in mystisch oder real eingreifender Veränderung und, was das Wichtigste ist, in einer Destruktion am Leibe Christi das Wesen des Opfers zu suchen."

[459] Vgl. J.B. Franzelin, Tractatus de SS. Eucharistiae sacramento et sacrificio, Rom 1873$^2$.

[460] Vgl. MF 306–314.

[461] Vgl. J. de Lugo, Disputationes scholasticae et morales IV. Tractatus de Eucharistia, Paris 1869, 198: *Ut autem explicemus quomodo consecratio sit substantialiter sacrificatio, adverto, quando ad rationem veri sacrificii exigimus destructionem hostiae, nomine destructionis non semper intelligi physicam, vel metaphysicam corruptionem substantialem hostiae, sed destructionem*

des Speisezustandes, wodurch sich der verklärte Christus selbst erniedrigt, eine moralische Destruktion. Somit vollzieht sich die Opferhandlung in der Form des Speiseopfers.[462] Franzelin hebt zwar den wesentlichen Bezug des unblutigen Opfers zum Kreuzesopfer deutlich hervor und beschreibt diesen in der formalen Einsetzung durch Christus als *semper nova et expressa repraesentatio effusionis semel in cruce factae* und damit als mystisches Blutvergießen.[463] Jedoch ist diese mystische Immolation eine abbildende Handlung mit Eigengewicht. Die Grundlage für das relative Opfer besteht darin, dass Christus das Opfer seines Leibes und Blutes so eingesetzt hat, dass durch die Konsekrationsworte Leib und Blut getrennt vor Augen gestellt werden und damit die Trennung und Blutvergießung des Kreuzes am realen Leib und Blut Christi vergegenwärtigt werden: *Dum scilicet habet prae oculis effusionem realem in cruce, et sacrificium praesens corporis et sanguinis distinctim sub speciebus panis et vini tamquam realem repraesentationem illius, eodem nomine complectitur sacrificium repraesentans et sacrificium repraesentatum, appellans effusionem sanguinis sacrificium incruentum, quia refertur ad effusionem realem eamque repraesentat, et derivans nomen ab effusione reali et repraesentata ad sacrificium, quod ipso proprio suo modo eam repraesentat: hic est sanguis meus, qui pro multis effunditur sacrificio reali sed effusione mystica (repraesentante); qui pro multis effundetur sacrificio et effusione reali ac per praesens sacrificium repraesentata.*[464] Daraus geht hervor, dass Christus das unblutige Opfer so eingesetzt hat, dass es von seinem innersten Wesen her vom Kreuzesopfer abhängig ist als dessen *realis et obiectiva commemoratio*; so wie er sich beim Abendmahl seiner Menschheit entäußerte, indem er sich in den Zustand von Speise und Trank versetzte, gilt das auch für das Messopfer.[465] Auf dieser Grundlage der Beziehung zum Kreuzesopfer stellt sich nun also die Frage, wie das Messopfer in sich selbst ein Opfer im wahren und eigentlichen Sinn genannt werden kann. Die Opferung besteht darin, dass Christus durch die Transsubstantiation im Zustand von Speise und Trank gegenwärtig wird (wobei das zu unterscheiden ist von der Kommunion als Teilhabe an

*vel physicam, vel humanam: ita ut ex vi sacrificationis, hostia, prout est in termino illius actionis, habet statum aliquem decliviorem, et saltem humano modo desierit.*

462 Vgl. J. Brinktrine, Das Opfer der Eucharistie. Dogmatische Untersuchungen über das Wesen des Messopfers, Paderborn 1938, 49f. Vgl. ebd. 50 zur Problematik dieser Theorie: „Man wird de Lugo darin Recht geben können, dass er die Annahme der eucharistischen Daseinsweise eine Erniedrigung nennt ... Aber eine andere Frage ist, ob in dieser Erniedrigung die ratio formalis des Opfers liegt, und wir glauben, diese Frage verneinen zu müssen. Tatsächlich bedeutet nämlich das Opfern wesentlich ein Heiligen der Opfergabe."

463 Vgl. J.B. Franzelin, Tractatus de SS. Eucharistiae sacramento et sacrificio, 384f.

464 J.B. Franzelin, Tractatus de SS. Eucharistiae sacramento et sacrificio, 384f.

465 J.B. Franzelin, Tractatus de SS. Eucharistiae sacramento et sacrificio, 345. 395f.

der Opfergabe[466]). Im Unterschied zum Kreuzesopfer ist die Opferhandlung im Opfer des Altares auf einer mystischen Immolation gegründet, die Abbild der realen Immolation am Kreuz ist. Die Opfergabe ist Leib und Blut Christi bzw. Christus selbst, insofern er unter diesen Gestalten gegenwärtig ist. Also besteht das Wesen der Opferhandlung in der Konsekration, weil dadurch Christus im Zustand der Opfergabe unter den Gestalten von Brot und Wein gegenwärtig wird. Es ist nun mit Franzelin noch weiterzufragen, wie Christus im Zustand der Opfergabe näher zu bestimmen ist: *Dicimus statum victimae induere Christum eo ipso, quod se constituit in statu et modo existendi sacramentali, in statu cibi et potus.*[467] Die *ratio formalis* dieses unblutigen Opfers besteht in der Handlung, die die Opfergabe in die sakramentale Existenzweise, in ihren Zustand als Speise und Trank, überführt (*ipse status cibi sub speciebus panis est status sacrificii seu victimae*). Die Immolation ist also hingeordnet auf die Speisung und Teilhabe am Mahl. Sie vollzieht sich als Bereitung des Mahles. Im Vollzug des Auftrages Christi, der das Opfer in den Gestalten von Brot und Wein einsetzte, geschieht eine unblutige Schlachtung des Opferlammes, die keine physische Zerstörung ist, sondern *quaedam Christi exinanitio secundum humanitatem.* In dieser sakramentalen Existenzweise, die Christus durch die Konsekration angenommen hat, liegt die Bezeichnung der absoluten Herrschaft Gottes über Leben und Tod, deren Ausdruck die Opferhandlung ist. Dazu muss keine physische Zerstörung der Opfergabe stattfinden, denn auch ein Akt, der dieser Zerstörung moralisch entspricht, kann ein angemessenes Zeichen der Übereignung an Gott und der Anerkennung seiner Herrschaft sein (*expressio haec sufficienter reperitur in inductione talis status in rem, qui pro usu hominum et morali aestimatione aequivaleat destructioni, licet non sit destructio physica aut omnino annihilatio, quae neque est in hominum potestate*).[468]

[466] Mit dieser Unterscheidung setzt sich J. B. Franzelin, Tractatus de SS. Eucharistiae sacramento et sacrificio, 343–345, von J. de Lugo ab (vgl. J. de Lugo, Disputationes scholasticae et morales IV, Tractatus de Eucharistia, 198f.). Somit trifft nicht die Kritik auf ihn zu, er verwechsle die Teilhabe an der Opfergabe mit der Opferung selbst (vgl. MF 305; F. Diekamp, Katholische Dogmatik nach den Grundlagen des heiligen Thomas III, Münster 1922[3–5], 194).

[467] J.B. Franzelin, Tractatus de SS. Eucharistiae sacramento et sacrificio, 397.

[468] Vgl. J. B. Franzelin, Tractatus de SS. Eucharistiae sacramento et sacrificio, 388. 397–404. Vgl. dazu auch J. Brinktrine, Das Opfer der Eucharistie. Dogmatische Untersuchungen über das Wesen des Messopfers, 50: Franzelin greift die Theorie des Kardinals de Lugo auf, nach der im Speisewerden eine Erniedrigung Christi liegt, in der die eigentliche Opferhandlung zu sehen ist, und verbindet sie mit Elementen aus der Theorie des Cienfuegos (vgl. J. B. Franzelin, Tractatus de SS. Eucharistiae sacramento et sacrificio, 385), indem er eine Aufhebung der sinnlichen Funktionen im sakramentalen Status annimmt.

Diesen Zustand der *exinanitio*, in den sich Christus mit seiner Speisewerdung begeben hat, beschreibt Franzelin folgendermaßen: *Iam consideretur ... status, in quo Christus Dominus summus sacerdos per consecrationem secundum ss. corpus et sanguinem suum sub speciebus panis et vini sese ut victimam constituit. Primogenitus omnis creaturae ... dat se ipsum Ecclesiae suae per suos ministros sacerdotes constituendum corpore ac sanguine suo in tali modo existendi sub speciebus panis ac vini, ut vere sit in statu cibi ac potus; ut ... desinat omnis actus connaturalis vitae corporeae pendens a sensibus; ut nihil secundum corpus possit agere connaturaliter; ut corpus eius ac sanguis, in quantum praesentia eius alligatur speciebus, permittatur quodammodo arbitrio creaturarum non secus, ac si esset res inanimata; in tali vero conditione se constituit, ut ipse summus sacerdos pro tota Ecclesia, cuius ipse est caput, et Ecclesia per ipsum exprimat in corpore et sanguine sacratissimo supremum Dei dominium et absolutam dependentiam omnis creaturae, cuius ipse homo Iesus Christus est primogenitus, et simul exprimat et exhibeat satisfactionem pro reatibus olim consummatam in cruce huius ipsius corporis traditione et huius sanguinis effusione.*[469]

De la Taille merkt zu Recht an, dass hier die aktuelle Immolation überstrapaziert wird, denn es wird nicht unterschieden zwischen *immolatio* und *sacrificium*. Wenn aber diese Unterscheidung nivelliert wird, indem man im Messopfer irgendein Moment der Wiederholung aufsucht (*detritio, diminutio, extenuatio, immutatio*), auch wenn es nur symbolisch vollzogen wird, lässt sich nicht mehr klar begründen, dass es nur eine Immolation gibt, von der das Wesen des Opfers der Kirche lebt. Letztlich scheitert der Versuch einer Destruktionstheorie daran, dass man damit nicht gleichzeitig die Funktion der Messe als wahres und relatives Opfer begründen kann, weil ersteres überbetont wird und damit die Beziehung zur Passion als spezifisch verschiedenem Opferakt nicht mehr als wesensnotwendig erwiesen werden kann. Auf diesem Hintergrund müsste der Messopferakt als neues Geschehen erscheinen – was besonders schwerwiegende Folgen hätte, wenn man versuchte, daraus Rückschlüsse auf das Abendmahl zu ziehen. Denn wenn man von den Gestalten aus argumentiert und nicht von der dahinter stehenden Realität aus, ist die Identität mit dem Kreuzesopfer schwer begründbar. In dieser Realität geht der Opfercharakter dem Mahlcharakter voraus. Erst durch den Vollzug des Opfers hat Christus als Opfergabe wahren Opfercharakter

[469] J.B. Franzelin, Tractatus de SS. Eucharistiae sacramento et sacrificio, 402f.

und zwar primär als Gabe, die Gott übergeben wird. Erst davon abgeleitet ist er Gabe, die an die Menschen ausgeteilt wird.[470]

Auf der anderen Seite stellt die Beschränkung des Opfers auf seine sakramentale Gestalt für de la Taille ein *peccatum per defectum* dar. Auch wenn sich das Messopfer als sakramentales Zeichen wesensmäßig auf die zugrunde liegende Wirklichkeit des Opfers Christi bezieht, muss es eine dem sakramentalen Zeichen entsprechende Realität geben. Der Begriff der sakramentalen Repräsentation des Kreuzesopfers muss offen sein für eine Deutung, die das Opfer der Kirche in eine wirkliche Beziehung zum Heilshandeln Christi setzt und nicht nur ein bildliches Geschehen meint, das vom realen und ewigen Zustand Christi als Opfergabe absehen kann. De la Taille befürchtet, dass man diese Konsequenzen aus den Darlegungen von Vasquez und Billot[471] ziehen könnte. Sie legen nämlich seiner Meinung nach das Missverständnis nahe, dass der Opfercharakter allein durch die erinnernde Abbildung zustande kommen würde oder die sakramentalen Gestalten sogar allein aus sich die Kraft hätten, ein Opfer zu konstituieren, das an sich geeignet ist, die innere Gottesverehrung der Darbringenden angemessen zu bezeichnen.[472]

Diese extremen Konsequenzen dienen den Vertretern der Destruktionstheorie als Kontrastfolie. Franzelin rekurriert in diesem Zusammenhang auf die von Vasquez benannten Definitionselemente, wonach eine Veränderung der dargebrachten Opfergabe stattfinden muss, um die absolute Herrschaft Gottes über Leben und Tod angemessen zum Ausdruck zu bringen. Für ein relatives Opfer verlangt Vasquez jedoch keine reale Veränderung mehr, sodass das Opfer der Eucharistie durch die Präsenz von Leib und Blut Christi zustandekommt. Sie wird dadurch bewirkt, dass das Messopfer das Kreuzesopfer abbildet und dessen Gedächtnis ist. Mit de Lugo[473] setzt sich Franzelin[474] von Vasquez ab, denn er sieht es als folgenschwere

470 Vgl. MF 312: *Ubi illud in memoriam revocare fas ist, quod tam saepe iam est inculcatum: perire necessariam intrinsecamque missae cum cruce unitatem, si in missa per se sumpta id agatur quo, etiam seclusa cruce, verum subsisteret sacrificium. Est utique missa intrinsece atque absolute sacrificium, quatenus per has voces excluditur mera effigies seu commemoratio sacrificii, necnon sacrificii mera participatio convivalis aut consummatio extrinseca. Sed adeo est intrinsece et absolute sacrificium, ut tamen non foret, nisi praecessisset sacrificium passionis, ex quo nobis prostat hostia quam offeramus. Quare sub hoc respectu dici debet missa essentialiter relativum sacrificium, relativum dico ad sacrificium crucis.*

471 L. Billot, De Ecclesiae sacramentis, 567–571.

472 Vgl. MF 314.

473 Vgl. J. de Lugo, Disputationes scholasticae et morales IV. Tractatus de Eucharistia, Paris 1869, 1–293, 197f.

474 Vgl. J.B. Franzelin, Tractatus de SS. Eucharistiae sacramento et sacrificio, 388f.

Inkonsequenz bei dessen Opferbegriff, dass er die Veränderung oder Zerstörung der Opfergabe, die er für den allgemeinen Opferbegriff postuliert, in der Anwendung auf das relative Opfer der Eucharistie nicht mehr durchhält. Eine *immolatio mere repraesentata* wäre eine bloße Erinnerung an das Kreuzesopfer, die zwar gut ein relatives Opfer begründen kann, aber nicht ein wahres und eigentliches Opfer. Das wäre eine verkürzte Sicht, die so nicht vor can.1 und 2 des Konzils von Trient bestehen kann.[475]

In diesem Punkt schließt sich de la Taille dem Argumentationsgang der Destruktionstheorien an. Er stellt heraus, dass jedes Defizit der Opfergabe oder der Übereignung den Realitätsgehalt des Opfers schmälert. Nur wenn das Symbol der Immolation deren Realität nicht aufhebt, sondern mit sich bringt, ist das Opfer mehr als bloßer Schein. Denn ob solch ein „Scheinopfer" sich mit oder ohne Gedenken an eine vergangene Wirklichkeit vollzieht, macht keinen Unterschied in Bezug auf den fehlenden gegenwärtigen Wahrheitsgehalt. Diesen Wahrheitsgehalt garantiert nur der wesentliche Rückbezug auf das Opfer Christi: *Ideo oportet ut offeratur tamquam hostia immolata.*[476] Diese Beziehung zwischen Oblation und Immolation ist für die Messfeier genauso wesentlich wie für das Abendmahl.

Um den Sinngehalt des Opfers der Kirche nicht zu entleeren, muss die Immolation des Kreuzesopfers als realer Bezug integriert sein. Die sakramentalen Gestalten von Brot und Wein, die als *signum tantum* fungieren, könnten sonst keinen wahren Opfercharakter vermitteln: *Quod si iam immolationis nullius proprietas subest, nihil sacrificatur, quia nihil aut immolatum aut immolandum datur ... Oportet igitur omnino ad sacrificii veritatem, ut penes ipsum contentum corpus et sanguinem reperiatur aliquid immolatitii, cui cohaereat nostra oblatio.*[477]

Nicht jede beliebige Bezeichnung unseres inneren Opfers ist also vom Wesen her ein Opfer, sondern als *res et signum* muss eine sichtbare Übereignung einer geopferten oder noch zu opfernden Gabe zugrundeliegen. Sonst könnte man das Messopfer nicht mehr von jedem anderen sakramentalen Geschehen absetzen, das auch in seiner Wirkung an der Wirkkraft Christi partizipiert und dem Menschen daran Anteil gibt. Deshalb kann man sich auch nicht auf die Begrifflichkeit

[475] Vgl. Trid. Sess 22, can. 1f. ( DH 1751f.).

[476] MF 315.

[477] Vgl. MF 315. - M. Schmaus, Katholische Dogmatik IV/1, 410f., ordnet de la Taille unter die Immolationstheorien ein: „M. de la Taille sieht in der Eucharistie die von der Kirche vollzogene Darbringung des durch Wesensumwandlung gegenwärtig gesetzten Christus."

einer moralischen Bezeichnung unserer inneren und unsichtbaren Immolation zurückziehen. Wenn diese Bezeichnung unserer inneren und unsichtbaren Immolation (als *res tantum*) auf dem Wege eines wahren Opfers geschehen soll, muss die Sichtbarkeit des Opfers im sakramentalen Ritus liegen (*res et signum*), hinter dem die bezeichnete Wirklichkeit deutlich wird. Weder die Erinnerung noch das Zeichen eines Opfers können an die Stelle der Opferhandlung treten und ein Defizit an der Opfergabe oder an der Opferhandlung kompensieren, wenn das Bezeichnete nicht real existiert.[478]

Der Opfercharakter liegt dem Mahlcharakter zugrunde, denn das Wesen des Opfers besteht darin, dass wir eine Gabe Gott übereignen und er uns daran Anteil gibt, sodasss die Kommunion als Opfermahl niemals formal das Opfer konstituiert, sondern die Darbringung der Gabe zur Grundlage hat.[479] De la Taille bedauert, dass nach dem Abendmahlsstreit zwischen Paschasius Radbertus und Ratramnus der Schwerpunkt einseitig auf den Sakramentsbegriff gelegt wurde, also auf die *commemoratio* des Opfers der Passion, während die Darbringung der Passion weniger deutlich betont wurde.[480]

De la Tailles Anliegen ist es, alle Positionen auszuschließen, die dazu führen könnten, das Messopfer ohne das Kreuz als wahres Opfer in sich zu betrachten. Das Messopfer ist zwar keinesfalls nur bildliches Opfer oder Gedenkfeier, sondern innerlich und absolut gesehen ein wahres Opfer, aber dies nur im Bezug zum Kreuzesopfer, dessen Opfergabe wir darbringen.[481] *Quare sub hoc respectu dici debet missa essentialiter relativum sacrificium, relativum dico ad sacrificium crucis.*[482]

[478] Vgl. MF 314f. - De la Taille insistiert darauf, dass das sakramentale Zeichen nicht die Realität der Immolation ersetzen kann, denn das Opfer kann nicht in bloßer Darstellung bestehen: *Istud immolationis symbolum non aufert necessitatem alicuius immolatitiae veritatis; immo infert: siquidem, sublata veritate, signum invenitur mendax. Demonstrat tanquam habitum aliquid quod non habetur: non habetur scilicet conditio immolatitia, neque tanquam praeexistens, neque tanquam modo accedens, neque tanquam in futurum consequens. Igitur quid nisi simulatio habetur? Simulas immolatum, qui in veritate expers est immolationis. Simulas sacrificium ubi sacrificium non est. Utrum talem simulationem facias in commemorationem praeteritae veritatis annon, parvi refert quoad veritatis praesentis defectum. Praesens nulla est veritas, sed veritatis larva* (MF 314).

[479] Vgl. MF 313.

[480] Vgl. MF 246.

[481] Vgl. MF 306–314.

[482] MF 312.

Die Positionen, die auf Lessius zurückgehen, versuchen, mit ihrer Theorie der *immolatio virtualis*[483] eine Kompromissformel zu finden. Sie sprechen von einer versuchten, aber nicht vollzogenen Schlachtung. Die sakramentalen Worte trennen Leib und Blut Christi und würden auch zu ihrer Wirkung gelangen, wenn nicht die gegenwärtige *incorruptibilitas* Christi dem entgegenstünde. Die Konsekration ist also die mystische Immolation, ein Modus, der dem gewöhnlichen Ritus des Opfers entspricht, indem er die Opfergabe voraussetzt, nicht hervorbringt. Anders als in den Riten gewöhnlicher Opfer wird die Schlachtung jedoch nicht mit einem materiellen Schwert vollzogen, sondern durch das Schwert des Wortes Gottes (*gladio verbi Dei*), indem durch die Konsekrationsworte Leib und Blut Christi getrennt vor Augen gestellt werden. Die Konsekrationsworte werden also als Ausgangspunkt der Immolation mit der Wirkung eines Schwertes verglichen, denn der Leib Christi begibt sich in die Rolle einer Opfergabe, die lebt und geopfert werden soll. Die Gestalten von Brot und Wein sind dem Opfer äußerlich, denn sie sind nicht selbst die dargebrachte Opfergabe, sondern ihre Funktion besteht darin, als äußere Gestalt des Sakramentes die verborgene Wirklichkeit des Leibes und Blutes Christi sichtbar zu machen. Wenn die Trennung des Blutes vom Fleisch nicht wirklich stattfindet, ist die Wahrheit des Opfers nicht beeinträchtigt. Denn für einen wahren Opfercharakter genügt eine Veränderung an der Opfergabe, mit der zum Ausdruck gebracht wird, dass Gott der Herr über alles ist. Die Opfergabe muss nämlich nicht aus sich selbst heraus sichtbar sein. Wird sie doch Gott dargebracht, dem nichts verborgen ist. So genügt es, dass sie durch etwas anderes für uns sichtbar wird.[484]

Es ist aber problematisch, mit der Theorie der *immolatio virtualis* ein wahres Opfer zu begründen – von Seiten der Opferhandlung, denn die Handlung findet allein im Bereich des Zeichens an den sakramentalen Gestalten statt, und von Sei-

[483] De la Taille nennt in diesem Zusammenhang Pasqualigo, Gonet und Billuart (vgl. MF 316). Vgl. Hartmann, Oblatio munda, 62–67.

[484] Vgl. L. Lessius, De perfectionibus moribusque divinis libri XIV, Paris [1875], 268–271. - B. Bartmanns „theologische Erörterung über das Wesen des Messopfers" (vgl. B. Bartmann, Lehrbuch der Dogmatik. Bd. II, Freiburg 1923$^{6}$, 368–370) baut auf Lessius auf: Wie dieser geht Bartmann davon aus, dass das formale Element des Opfers in der Wandlung liegt, wobei in der Konsekration nicht deshalb die Darbringung Christi besteht, weil sie eine Destruktion bewirkte, denn weder die Gestalten von Brot und Wein werden destruiert noch der Leib des Herrn. Die Selbstaufopferung Christi, die das innere Wesen des Opfers ausmacht, liegt darin, „dass er durch die Konsekration unblutigerweise, aber unter den Symbolen des blutigen Todes auf dem Altare gegenwärtig wird, dadurch eine akzidentelle Veränderung (immutatio) seines Seinzustandes in sakramentaler Daseinsweise frei übernimmt, in der Absicht, gerade in dieser Form zum sichtbaren Opfer seiner Kirche zu werden" (B. Bartmann, a.a.O. 269f.).

ten der Opfergabe, denn die Identität mit der Opfergabe der Passion ist nicht evident.[485]

De la Taille hat mit seinen kritischen Anmerkungen die Problematik der Destruktionstheorien deutlich aufgewiesen. Die Aporie besteht darin, dass sich eine Destruktion in der Eucharistie nicht „unterbringen" lässt, weder in den Gestalten, denn sie sind nicht das eigentliche Opfer, noch am Leib des Herrn, denn dieser ist nicht „destruktionsfähig", sodass ein Ausweichen auf eine symbolische, mystische bzw. sakramentale Destruktion nötig ist.[486] Daraus entstand sozusagen als Abwehrbewegung die „banquet-theory", die dieser Schwierigkeit zu entgehen glaubt durch die Ablehnung einer Immolation im Abendmahl und im Kreuzesopfer. Diese Theorie, die das Wesen des Opfers mit dem sakramentalen Mahl identifiziert und damit den Tod Christi nur Opfer im moralischen Sinn nennen kann, wurde haupsächlich durch J. Bellord verbreitet.[487]

Eine gemäßigte Form dieser Theorie kritisiert de la Taille bei F. Renz. Renz vertritt in Bezug auf das eucharistische Bild des Opfers Christi folgende Grundthese: „Alle jene Stellen, welche in den Schriften des Neuen Testamentes über die Eucharistie vorkommen, enthalten nichts davon, dass in der Bereitung oder Behandlung oder in dem Genießen der Euchraristie eine Handlung gelegen sei, welche gemäß dem Sprachgebrauch der Hl. Schrift der direkte Vollzug einer Opferung wäre, die an Christus selbst vor sich ginge; es lässt sich aus ihnen nur beweisen, dass in der Feier des letzten Abendmahls, welche Christus gehalten und seinen Aposteln zur Nachahmung gezeigt hat, ein objektiver, realer Hinweis auf die einmalige Opfertat Jesu, oder deren objektives, reales Bild gelegen ist, und dass jene Feier insofern Opfer oder Opferfeier ist, als äußerlich sichtbar durch die wirkliche Gegenwart des Leibes und Blutes Christi seine Opferung am Kreuz darge-

485 Vgl. MF 316f.: *Conditio enim ubi est irrealis, conditionatum etiam irreale sit necesse est.*

486 Vgl. Bartmann, Lehrbuch der Dogmatik. Bd. II, Freiburg 1923$^{6}$, 371.

487 Vgl. J. Bellord, The Sacrifice of the New Law, in: AEcR 33 (1905) 258–273. - Dieser Artikel rief allerdings wegen seiner einseitigen Betonung des Mahlcharakters sofort Widerspruch hervor. Der gravierendste Einwand gegen die Mahltheorie ergibt sich vom Kreuzestod Christi aus, der dann kein Opfer im eigentlichen Sinn wäre. Vgl. dazu: T. Slater, The Notion of Sacrifice I, in: AEcR 33 (1905) 290–299; J. J. Thierney, The Notion of Sacrifice II, in: AEcR 33 (1905) 299–301; Ch. J. Cronin, The other view of Sacrifice, in: AEcR 33 (1905) 378–394; J. de Becker: De notione sacrificii a Rmo D. Jacobo Bellord, Episcopo Milevitensi nuper proposita, in: AEcR 33 (1905) 412–415; S. F. Smith, De Notione Sacrificii, in: AEcR 33 (1905) 415–422; Ch. J. Cronin, The Banquet Theory. The Sacrifice of the Mass, in: AEcR 34 (1906) 54–70; W. Götzmann, The Essential Note of the Eucharistic Sacrifice, in: AEcR 34 (1906) 386–401.

stellt wird."[488] Demzufolge gibt es nach dem Tod Jesu kein Opfer mehr. Christus ist ab diesem Zeitpunkt auch nicht mehr als Opfer zu bezeichnen, sondern als „Altar und Priester, d.h. als das Mittel und der Vermittler, auf dass wir, die in Christo durch die Taufe gestorben sind, freiwillig und bewusst in der geistigen Ertötung verharren, so im Stande der geistigen Opferung uns erhalten, und dadurch zum Vater kommen". Das Selbstopfer der Christen besteht also darin, im Empfang der Taufe in Christus zu sterben und im Prozess des Lebens zur Gott gefälligen Opfergabe zu werden. Damit wird nach Renz eine neue Form der Anbetung Gottes begründet, die nun nicht mehr im äußerlich sichtbaren Opfer besteht, sondern in der innerlich-geistigen Versöhnung mit Gott.[489] Für die Deutung des Abendmahles ergibt sich aus dem dargelegten Verständnis, dass die Jünger beim Letzten Abendmahl als bereits Erlöste im Glauben an die kommende Blutvergießung gerechtfertigt waren. Es geht hier nicht um eine gegenwärtige, wirkliche Opferung, sondern die Deuteworte beziehen sich auf den Kreuzestod, sie sprechen „vom Essen des Leibes, welcher (nicht beim Mahl gebrochen wird, sondern) am Kreuz gebrochen, d.h. verwundet, getötet worden ist, und vom Trinken des Blutes, welches (nicht beim Mahle vergossen wird, sondern) am Kreuze vergossen worden ist".[490]

Die Ablehnung einer präsentischen Opferaktion im Abendmahl und in der Eucharistie führt zu einer einseitigen Betonung ihrer sakramentalen Dimension: „Dem Sakramente der Eucharistie speziell ist es charakteristisch, nicht Sünden zu vergeben, sondern Speise demjenigen zu sein, welcher bereits Sündenvergebung erlangt hat, von Sünden befreit ist ... Sowohl das Bereiten als auch das Darreichen [der sakramentalen Speise] ... hat den Zweck, denjenigen, für welche Jesus sterben wird oder gestorben ist, sein Blut vergießen wird oder vergossen hat, die neue Bundesnahrung zu reichen."[491] Mit klaren Worten schließt Renz den Opfercharakter im eigentlichen Sinn für die Eucharistie aus, wenn es um das Verhältnis zwischen Opfer und Mahl geht: „Dieses Mahl ist die Erinnerung an das Opfer; es ist nicht das Opfer selbst, es wird aber auch nicht mit bloßer Erinnerung an das Opfer eingenommen, sondern ist in seinen Gegenständen die Erinnerung an das Opfer, also eine sachliche Erinnerung, eine sachliche Darstellung des Opfers, und zwar insofern als das, was der Gläubige sieht, jener Leib ist, welcher am Kreuz

488 F. Renz, Die Geschichte des Messopfer-Begriffs. Oder der alte Glaube und die neuen Theorien über das Wesen des unblutigen Opfers. Bd. I. Altertum und Mittelalter, Freising 1901, 115; vgl. auch Bd. II. Neuzeit, Freising 1902, 485.

489 Vgl. F. Renz, Die Geschichte des Messopfer-Begriffs. Bd. I, 117f.

490 Vgl. F. Renz, Die Geschichte des Messopfer-Begriffs. Bd. I, 123–125.

491 F. Renz, Die Geschichte des Messopfer-Begriffs. Bd. I, 127.

geopfert worden ist, und jenes Blut, das am Kreuz vergossen worden ist. So oft die von Christus bestellten Diener die von ihm vorgenommene Handlung, das gesamte Mahl in all seinen Teilen, das Zubereiten und Genießen der eucharistischen Speise, nachahmen, so oft sie 'dies tun', stellen sie den Opfertod Jesu dar. Man kann also den Befehl 'Tut dies zu meinem Andenken' paraphrasieren mit 'Tut dies, auf dass es die Mahnung an mein Opfer sei, tut dies zur Opfermahnung'."[492] Die Anamnese beinhaltet nach dieser Vorstellung also keine Opferhandlung, sondern erhält ihren Inhalt allein von der Bezugnahme auf das Kreuzesopfer, denn die Christen haben nichts, was sie Gott nach dem Opfer Christi von neuem darbringen könnten, denn Christus kann nicht mehr sterben, sie können nur mehr „sein Opfer verkünden, dadurch, dass sie das hl. Mahl halten, vom 'Tische' des Herrn essen". Das Mahl ist das Resultat eines blutigen Opfers, es hat also selbst keinen Opfercharakter, denn der dem Abendmahl entsprechende Opferakt ist der Kreuzestod Jesu. Das führt aber bei Renz zu einer Trennung des inneren Wesens von Kreuzesopfer und Abendmahl, wenn er das innere Wesen des Kreuzesopfers in der blutigen Opferung sieht, das des Abendmahles aber in seinem Speisecharakter.[493] Die Beziehung realisiert sich auf der Ebene von Bereitung und Genuss des Abendmahles, worin die eucharistische Opferhandlung besteht: „Der Apostel sagt zwar bloß, das Genießen sei das Verkündigen des Todes; allein einerseits ist das Genießen unmöglich ohne das vorausgehende Bereiten ... und geschieht andererseits das Brechen zum Zweck des Genießens, weil ja das Ganze ein Sitzen am Tische des Herrn ist."[494]

[492] F. Renz, Die Geschichte des Messopfer-Begriffs. Bd. I, 131.

[493] Vgl. F. Renz, Die Geschichte des Messopfer-Begriffs. Bd. I, 130–136. Renz deutet in diesem Zusammenhang die Zuordnung von Altar und Tisch nach dem Konzil von Trient (Sess. XX, c. 1) folgendermaßen: „Das Konzil sieht also in der Stelle des Korintherbriefes einen Beweis dafür, dass die Darstellung des einmaligen Opfers Jesu mittelst der Gestalten des Brotes und des Weines eine sichtbare Opferung Jesu sei, weil dort 'Tisch' die Bedeutung von 'Altar' habe. Es will sagen, der Apostel betrachte die Teilnahme am Tische des Herrn, die Feier des Abendmahles, nicht als bloßes Genießen seines Fleisches und Blutes, sondern zugleich als Opferfeier. Aber es betont, diese Opferfeier sei die Darstellung jenes einmaligen Opfers Christi und bestehe darin, dass Christus 'sichtbar, im Zeichen, durch die Priester, von der Kirche', also nicht unsichtbar, nicht in sich selbst, nicht durch sich selbst, nicht von sich selbst (unter den Werkzeugen der Synagoge) geopfert, geschlachtet werde, dass also die einmalige Schlachtung Christi durch sichtbare Zeichen, 'unter' welchen er gegenwärtig ist, dargestellt werde. Also ist nach Anschauung des Trienter Konzils die neue Paschafeier insofern Opferfeier als sie die äußerlich sinnbildliche Schlachtung ist, welche an dem wirklich gegenwärtigen Christus vorgenommen wird.... 'Tisch' ist also der Herr innerlich, persönlich; 'Altar' ist er äußerlich, darstellungsweise. Da es aber dem Apostel darum zu tun ist, an dieser Stelle aus der Vereinigung mit dem Herrn die Unerlaubtheit des Dämonenkultes zu beweisen, berücksichtigt er das Abendmahl nicht nach seinem äußeren, kommemorativen Charakter, sondern nach seinem inneren Wesen, seinem Speisecharakter" (ebd. 137f.); vgl. auch Bd. II, 119f. 486.

[494] F. Renz, Die Geschichte des Messopfer-Begriffs. Bd. I, 138.

Der Opferakt besteht nach Renz also im Wesentlichen in der Konsekration und Kommunion. Somit bildet die Konsekration die objektive, die Kommunion die subjektive Komponente des Opfers, wobei die Konsekration durch die Hervorbringung der Realpräsenz vorbereitende Funktion hat, die Kommunion darüber hinaus das entscheidende Element beiträgt, nämlich das Bewirken der Gemeinschaft mit Gott im Mahl. Die Handlung ist also ganz auf den Aspekt des Mahles ausgerichtet, der sich in ihr entfaltet. Dieses Mahl ist jedoch mehr als ein bloß äußerliches Bild, denn wegen der Realpräsenz Christi unter den getrennten Gestalten von Brot und Wein kann man von einem wahren und eigentlichen Opfer sprechen. Darauf gründet die Einheit zwischen dem Opfer Christi und dem Opfer der Kirche. Letzteres ist also Darstellung der wirklichen Opferung am Kreuz und erhält seine Realität daraus, dass Subjekt (Opferpriester) und Objekt (Opfergegenstand) real identisch sind mit dem Subjekt und Objekt des Kreuzesopfers. Christus hat sein wirkliches Fleisch und Blut, in welches er Brot und Wein verwandelt, zu Symbolen seiner Blutvergießung am Kreuz erklärt. Deshalb ist es der Akt seiner Selbsthingabe, der das blutige und das unblutige Opfer verbindet; „beim ersteren ist er es, der sein Blut wirklich vergießt; beim letzteren ist wiederum er es, der seine Blutvergießung durch das bezeichnete Bild darstellt und repräsentiert".[495]

Indem Renz der Darbringung des Leibes und Blutes keinerlei Bedeutung zumisst, nähert er sich der protestantischen Position an, die den Opfercharakter der Eucharistie insofern zugesteht, als Brot und Wein Symbole des Kreuzesopfers sind und im Herzen der Menschen dankbare Hingabe erwecken. Letztlich würde diese Theorie die Messe einseitig als relatives Opfer erscheinen lassen, das nur in der bloßen Repräsentation des Kreuzesopfers und in der Anwendung seiner Früchte besteht.[496]

De la Taille stellt seine Argumentation auf eine breitere Basis, indem er den Opferbegriff wiederum auf der Grundlage der aktuellen Oblation zu bestimmen sucht (*altera via a maioribus praemonstrata*). Er will den durch die Destruktionstheorien entstandenen Bruch in der Deutung des Opfers wieder überwinden. Dabei gelingt es ihm unter Wahrung der jeweiligen positiven Momente, die Nachteile beider genannten Positionen zu umgehen, indem er einerseits betont, dass keine reale Immolation von unserer Seite stattfindet, und gleichzeitig daran

495 Vgl. F. Renz, Die Geschichte des Messopfer-Begriffs. Bd. II, 140f. Bd. II, 485f.

496 Vgl. E. F. Dowd, A Conspectus of Modern Catholic Thought on the Essence of the Eucharistic Sacrifice, Washington 1937, 17f.

festhält, dass für ein wahres Opfer ein wahrer Opfercharakter der Gabe notwendig sei. Die Messe ist eine wahre und gegenwärtige Darbringung der Opfergabe im Zustand der Vollendung durch unsere Konsekration. Diese Darbringung ist inhaltlich gefüllt durch die symbolische bzw. mystische Immolation, die Christus auch im Abendmahl vollzogen hat, indem durch die Doppelkonsekration sein Leib und sein Blut sakramental getrennt werden. *Cui immolationi mysticae ... uni competit, ut sit immolationis cruentae ac verae, cuius effigiem gerit, propria atque actualis oblatio; non interna tantum aut invisibilis, sed externa ac sensibilis; nec rursus mere verbalis, sed realis sive pragmatica.*[497]

### 4.3.4 Ansätze zur Weiterführung

*Commemoratio, oblatio* und *consecratio* bilden zusammen die eine Opferhandlung. All das geschieht in der Erzählung vom Abendmahl über den Gestalten von Brot und Wein.[498] Die Annahme der Opfergabe geschieht durch die Transsubstantiation, indem unsere Gaben sich in Leib und Blut Christi verwandeln, in die Opfergabe, die für immer in Gottes Herrlichkeit aufgenommen ist. Die Bedeutung, die dem Ritus durch die Bestimmung des *pro nobis* verliehen wird, macht aus der Transsubstantiation einen Darbringungsakt. *Transsubstantiando sacrificamus, quia et sacrificando transsubstantiamus.*[499] Der Ritus ist nicht nur abbildend, sondern hat auch den Charakter eines Unterpfands der Erlösung, das Gott entgegengehalten wird. Wenn demnach gerade im Ritus der Abbildung die Darbringung des Abgebildeten geschieht, sind die Einsetzungsworte also keineswegs nur Teil eines isolierten rituellen Vollzugs, sondern sie setzen in Beziehung zum gesamten Heilswirken Gottes. Denn hier verbinden sich Wortgeschehen und Opfer. Die Gabe ist von Gott gewährt, aber sie ist eine Gabe, die zu Gott emporsteigt. Anabatische und katabatische Funktion entsprechen sich wechselseitig. Christus hat in der Einsetzung der Eucharistie Transsubstantiation und Opfer ver-

[497] MF 317 (Der Vergleich der Ausgaben von MF zeigt, dass diese grundlegende Klarstellung für de la Taille sehr wichtig war, denn er hat diesen Abschnitt erst zur Verdeutlichung in die dritte Auflage eingefügt); zur Bedeutung des Begriffs der *immolatio mystica* bei de la Taille vgl. auch W. Hartmann, Oblatio munda, 52–58.

[498] Vgl. MF 443: *In nostro sacrificio una actione perficiuntur haec tria: commemoratio, oblatio, consecratio; in commemoratione scilicet sacrificii dominici, offertur a nobis dominici ipsius sacrificii hostia, per consecrationem panis in corpus et vini in sanguinem*; vgl. L. Bouyer, Eucharistie. Théologie et spiritualité de la prière eucharistique, Tournai 1968$^2$, 105: „Préparées sans doute par les enseignements du discours sur le pain de vie, ses paroles après la bénédiction et la fraction du pain vont à la fois annoncer le sens sacrificiel de sa mort et définir comment il donnera sa chair, non seulement pour la vie du monde (sur la croix), mais en nourriture de vie pour les siens (dans leurs banquets eucharistiques)."

[499] MF 458.

bunden, deshalb gibt es beides nicht ohne einander. Die Ausrichtung auf Gott hin manifestiert sich durch die Bestimmung der Gabe als Sühnopfer, die durch die sakramentale Form bezeichnet und bewirkt wird.[500]

In seinem „Outline on the Mystery of Faith“ stellt de la Taille diese Verbindung zwischen *commemoratio - oblatio - consecratio* deutlich und präzise heraus und erklärt, dass sie allein das Opfer der Kirche konstituiert: „What constitutes it is the consecration brought about by the words of Christ an by them alone. So that the acceptance of the sacrifice by God, and its oblation by man, and the commemoration of the Supper and of the Passion of Christ, all are realized at the same instant, and through the effect of the same words. For these words may be considered as conferring upon the Body and Blood the very quality of sensible gifts that is borrowed from the bread and wine (oblation). They may be considered as effecting a miracle of divine omnipotence (acceptance). Finally they may be considered as perpetuating the tangible memorial of the sacrifice of our Redemption (commemoration).“[501]

Die Bitte um Annahme ist implizit in jeder Opferdarbringung enthalten, die Opferdarbringung selbst ist sozusagen ins Handeln umgesetzte Bitte um Annahme, die Annahme selbst wiederum geschieht in der Transsubstantiation (*in transsubstantiatione, qua sanctificatus panis fiat sanctificans*). Jede Bitte der Kirche, die auf die Anrufung des Heiligen Geistes und die Konsekration des Leibes Christi abzielt, geschieht wie die Opferdarbringung, in die sie eingebunden ist, durch, mit und in Christus; durch seine Bitte als die des höchsten Priesters kommt also das Sakrament zustande und nicht durch menschliche Kraft.[502] Wenn der Priester die Einsetzungsworte spricht, ist das nicht nur rezitierend, sondern kraft der von Christus verliehenen Vollmacht wird das Geschehen angekündigt und das Verkündigte geschieht.[503]

[500] Vgl. MF 444; M. de la Taille, The Mystery of Faith and Human Opionion, 24; zur Vereinigung von katabatischer und anabatischer Dimension des Opfers vgl. auch J. Ratzinger, Eucharistie – Mitte der Kirche. Vier Predigten von Joseph Kardinal Ratzinger, München 1978, 24: „Gott selber schenkt uns, damit wir schenken können ... Christus ist nicht zuerst eine Gabe, die wir Menschen dem zürnenden Gott darbringen, sondern dass er da ist, dass er lebt, leidet und liebt, dies ist schon das Werk Gottes. Er ist das Heruntersteigen der erbarmenden Liebe ... Auch das Zweite – wir schenken – gilt in aller Wahrheit und nicht bloß fiktiv.“

[501] M. de la Taille, Thy Mystery of Faith and Human Opinion, 22f.

[502] Vgl. MF 452f.

[503] Vgl. MF 467–472.

Das Opfer vollzieht sich in der Konsekration. Dadurch ist es innerlich konstituiert, bevor es in der Kommunion an sein Ziel geführt wird, das in der Heiligung der Gläubigen besteht.[504]

Genau hier liegt der Ansatzpunkt, an dem sich nach den Worten des Konzils von Trient Sakrament und Opfer vereinen lassen: *... novum instituit Pascha, se ipsum ab Ecclesia per sacerdotes sub signis visibilibus immolandum in memoriam transitus sui ex hoc mundo ad Patrem ...*[505] Die sichtbaren Zeichen des sakramentalen Geschehens der Eucharistie, die Christus im Abendmahl eingesetzt hat, dienen dem Zweck, der Kirche ein sichtbares Opfer zu hinterlassen. Der Ort des Opfers der Kirche ist die Doppelkonsekration, die einerseits das Gedächtnis der Selbsthingabe Christi darstellt, andererseits aber auch selbst die Opferhandlung der Kirche ist, zu der Christus diese beauftragt hat. Die Doppelkonsekration ist damit ein Realsymbol unserer Darbringung desselben Opfers, das unsere Erlösung bewirkte. Der Begriffsgehalt von Realpräsenz und Opfer ist in dieser Form des Gedächtnisses verbunden. „What the priest says and does, therefore, when he consecrates separately the bread and the wine, effectively signifies not only the real presence of Christ's Body and Blood, but likewise the offering of Christ's Body and Blood as a victim of sacrifice. And just as the sign, being a practical sign, accomplishes the offering of Christ's Body and Blood because it signifies it. The effectiveness of the sign presents no greater difficulty in the second case than it does in the first. In both cases the sign owes its efficacy to its institution by Christ."[506]

Die Realität, von der dieses sakramentale Geschehen lebt, ist allein das Opfer Christi. W. Hartmann fasst in Übereinstimmung mit de la Taille zusammen, wie auf diesem Hintergrund eine „Erneuerung" des Kreuzesopfers möglich ist: „Der Opfercharakter, der der Opfergabe durch den Opfertod aufgedrückt wurde, ist, die Annahme durch Gott vorausgesetzt und hier auch gegeben, eine dauernde juridische Eigenschaft, gleichsam ein Geweihtsein der Opfergabe ... Die sakramentale Trennung der eucharistischen Gestalten ist nicht eine neue Opfervernichtung, sondern vielmehr das notwendige sichtbare Zeichen des bereits vorhandenen Op-

504 Vgl. MF 433. Die Zuordnung von Konsekration und Kommunion ist auch ein wichtiges Anliegen ökumenischer Diskussion: vgl. dazu A. Gläßer, Die Konvergenzerklärung über die Eucharistie, in: M. Seybold - A. Gläßer, Das „Lima-Papier" - Kontaktstudium über „Taufe, Eucharistie und Amt" (Extemporalia 2), Eichstätt - Wien 1985, 37–70, 66.

505 Trid. Sess. 22 cap. 1 (DH 1741).

506 W. Moran, Father de la Tailles Explanation of the Mass - and a Suggestion, in: IER: 38 (1931) 571–590.

fercharakters ... Wie der verklärte Christus der Geheimen Offenbarung, so ist auch der eucharistische, der sakramentale Christus noch Lamm mit Opfercharakter, braucht daher nicht mehr neu geopfert, sondern nur noch neu dargebracht zu werden. Und das geschieht eben unter dem Schleier der Gestalten im eucharistischen Opfer."[507]

Die Verbindung von Messopfer und Kreuzesopfer besteht demnach also in der doppelten Konsekration, die nicht nur als Akt der Transsubstantiation, sondern als mystische Immolation anzusehen ist. Denselben Ansatz vertritt M. Lepin, entwickelt ihn aber zu einer Theorie der „inneren Oblation" weiter.[508] Der Opferakt Christi ist primär Akt der Oblation oder Übereignung; dieser Prozess der Übereignung prägte sein ganzes irdisches Leben. Aber er endet damit nicht, sondern Christus setzt diese Oblation zur Rechten Gottes fort, indem er für immer im Zustand der Opfergabe bleibt. Das Messopfer besteht in der Selbstdarbringung Christi unter den sichtbaren Gestalten, die das Gedächtnis seiner Immolation an sich tragen, und in der Darbringung Christi durch die Kirche in Verbindung mit ihm, ihrem Haupt.[509] Die sakramentalen Gestalten machen das Opfer Christi nach außen hin sichtbar. Aber die bildliche Darstellung ist nur die von Christus gewollte äußere Form der Vergegenwärtigung seines Opfers für die Kirche.

Außerhalb der eucharistischen Darbringung ist das Opfer Christi eher personal als rituell. Die Kreuzigung ist kein liturgisches oder rituelles Opfer im eigentlichen Sinn, denn hier hat sich Christus freiwillig selbst hingegeben. Diese seine Selbsthingabe ist also die entscheidende Dimension des Opfers. Das Wesen des Opfers besteht im inneren Akt der Liebe, der im himmlischen Opfer andauert.[510] Christi personale Oblation steht in enger Verbindung mit der aktiven Vermittlung seiner Kirche; durch den irdischen Priester wird Christus auf dem Altar gegen-

507 W. Hartmann, Oblatio munda, 24; vgl. B. Neunheuser, Eucharistie in Mittelalter und Neuzeit (HDG IV/4b), Freiburg - Basel - Wien 1963, 64.

508 Lepin wird gewöhnlich im Kontext der Weiterentwicklung de la Tailles genannt; vgl. A. Piolanti, Il Mistero Eucharistico, Florenz 1955, 325–333; E. Doronzo, Tractatus Dogmaticus de Eucharistia, Tom. II De Sacrificio, Milwaukee 1948, 998–1016.

509 Vgl. M. Lepin, L'idée du Sacrifice de la Messe d'après les théologiens depuis l'origine jusqu'à nos jours, Paris 1926, 740–749.

510 Problematisch an dieser Position ist allerdings die mögliche Konsequenz, dass die Konsekration nicht mehr Wesensbestandteil des Opfers sein muss, sondern nur noch *conditio sine qua non* dafür, dass der ewige Priester denselben Willensakt in sich setzt wie in der Kreuzigung (vgl. M. Lepin, L' idée du Sacrifice de la Messe, 751). Damit wird die tridentinische Unterscheidung zwischen relativem und absolutem Opfer auf der Ebene der rituellen Handlung durch die Überbetonung der Identität auf der Ebene des inneren Willensaktes verdeckt (vgl. E. Dowd, A Conspectus of Modern Catholic Thought on the Essence of Sacrifice, 174–178).

wärtig. Von der Kirche fordert Christus aktive Teilnahme an seiner eucharistischen Oblation. Christi Oblation in der Messe ist personal – die der Kirche symbolisch und rituell.[511] „En conséquence, on peut définir le sacrifice de la messe: l'oblation que le Christ fait de lui-même, et que l'Église fait du Christ, sous les signes repésentatifs de son immolation passée."[512]

Auch M. Lepin gelingt es nicht, die Identität zwischen der Lebenshingabe Jesu und dem Opfer der Kirche unumstritten darzulegen.[513] Aber seine Position zeigt deutlich, dass mit den Grundlagen der Begrifflichkeit de la Tailles eine verengte Sicht des Opferbegriffs aufgebrochen werden kann. De la Tailles Konzeption hat erwiesen, dass die Destruktionstheorien, die im Messopfer eine aktuelle Immolation aufzufinden suchen, untauglich sind für die Begründung des wesensnotwendigen Rückbezugs auf das Opfer Christi. Seine Darlegung ist insofern offen für heilsgeschichtlich orientiertes Denken, als damit der rituelle Vollzug der Kirche nicht losgelöst vom Lebensopfer Christi und der personalen Dimension seiner Selbsthingabe ausgesagt werden kann. So verbinden sich auch für das Opfer der Kirche der moralisch-existentielle Begriff der Selbsthingabe und ihr ritueller Ausdruck. Wenn die Kirche so verstanden wird als Einbeziehung in die Gemeinschaft des Leibes Christi, kann sie auch selbst zur Opfergabe werden.

511 Vgl. M. Lepin, L' idée du Sacrifice de la Messe, 749–755.

512 Ebd. 754.

513 W. Hartmann, Oblatio munda, 71f., merkt zu Recht an, dass Lepin die eigentliche Frage nach der Unterscheidung zwischen sichtbarer und unsichtbarer Oblation umgeht: „In der Frage nach dem Opfercharakter der heiligen Messe geht es aber nicht um die von niemandem bestrittene forma metaphysica, sondern um die sichtbare forma physica, um den notwendig sinnfälligen rituellen Ausdruck der inneren Oblation ... Es ist nicht recht konsequent, zu sagen, es brauchte zur Vollendung des Opfers die Darbringung der Kirche, wenn man vorher erklärt hat, das Opfer verwirkliche sich wesentlich in den inneren Akten Christi. Tatsächlich ist die Darbringung der Kirche nicht eine zum Wesen des Opfers hinzutretende Ergänzung, sondern selbst wesentliche Opferhandlung."

# 5. Die sakramentale Eingliederung in Christus

## 5.1 Vollzug der Eingliederung in Christus und in die Kirche

### 5.1.1 Die Eucharistie als *signum practicum*

Der Grund für unsere Heiligung[514] ist die Passion Christi, die die Eucharistie vergegenwärtigt (*commemorat*), die Form ist die heiligmachende Gnade, die sie vor Augen stellt *(demonstrat*), das Ziel die himmlische Herrlichkeit, auf die sie verweist (*praenuntiat*). Der erste Aspekt ergibt sich aus der dargelegten Opfertheorie: In den getrennten Gestalten von Brot und Wein, unter denen Leib und Blut Christi subsistieren, wird durch die Doppelkonsekration das Abbild der Immolation vollzogen. Die Zeichenhaftigkeit in Bezug auf die Gnade und Glorie ergibt sich aus der Eucharistie als Teilhabe am Opfer unseres Heiles in zweierlei Hinsicht: einerseits beinhaltet sie das Zeichen, nämlich die Opfergabe (*manducanda caro Christi passi et clarificati*), andererseits das Bezeichnete: die zukünftige Teilhabe an den göttlichen Gaben und die gegenwärtige geistige Verbindung mit Gott und derer, die am Mahl teilnehmen, untereinander. Für diese drei Wirkungen, die sie bezeichnet und auch bewirkt, ist die Eucharistie *signum practicum*, denn das Bezeichnete wird im Zeichen performative sakramentale Wirklichkeit, die die im Opfer enthaltene Überbrückung der Zeitdifferenz aufnimmt. [515]

Wenn die Eucharistie ein *signum practicum* genannt werden kann, ein wirksames Zeichen, dann gilt für dieses Sakrament auch in besonderer Weise, dass das *signum tantum* in den äußeren Gestalten von Brot und Wein in ursächlicher Beziehung zu Leib und Blut Christi als *res et signum* steht. Es ist natürlich nicht so, dass durch das Zeichen Leib und Blut in ihrer Existenz bewirkt werden, sondern man muss differenzierter davon sprechen, dass durch das Zeichen Leib und Blut

514 De la Taille übernimmt die Sakramentsdefinition des Thomas von Aquin: *Sacramentum intellegitur generaliter signum rei sacrae in quantum ista res sacra est sanctificans homines* (S. Th. III 60, 2; vgl. MF 475).

515 Vgl. MF 475: *Quibus tribus rebus (unione ad Christum, unione inter nos, gloriosa resurrectione) integratur nostra incorporatio ad Christum, caput corporis ecclesiastici, in coelis congregandi.*

*Trium autem istorum effectuum ita signum est cibus eucharisticus, ut sit etiam causa. Est enim signum practicum, id est significando causans significatum: effectum quidem praesentem demonstrans, at demonstrando inferens; effectum autem futurum spondens, et spondendo procurans.*

in der Weise bewirkt werden, die dem bezeichneten Inhalt eigen ist. Und das geschieht in der Eucharistie, wenn die Worte in Verbindung mit den Gestalten von Brot und Wein die Transsubstantiation bewirken, wodurch sie ihre Wahrheit erhalten. Die Zeichen und die Wandlungsworte verursachen Christi Gegenwart in der Eucharistie, ohne dass er selbst einer substantiellen oder akzidentellen Veränderung unterworfen ist: *...non enim significatum est ut corpus Christi SIT, sed ut HOC sit CORPUS CHRISTI.*[516]

„Les sacrements sont une parole en action, une locution par signe, qui procéde de Dieu et exprime à l'homme ce que Dieu entend faire en lui ou pour lui. Et la parole de Dieu est opérante: *dixit et facta sunt.*"[517] Dieses performative Wort Gottes ist nach seinem eigenen Willen in die Hand der Kirche gegeben – die sakramentale Handlung unterscheidet sich also genau darin von einer magischen Bedeutung der äußeren Zeichen, weil die Sakramente nicht den Versuch darstellen, Gott nach dem Willen des Menschen mit magischen Zeichen zu beeinflussen, sondern in diesen Zeichen kommt der Wille Gottes zum Ausdruck, der frei ist, sich in äußeren Zeichen diesen Ausdruck zu verschaffen.[518]

Auf dem allgemein-religionsgeschichtlichen Hintergrund ist der Quellgrund für diese jede Zeitdifferenz überwindende, gemeinschaftsstiftende Wirkung des Sakramentes die Heiligkeit der verehrten Gottheit, die auf die Opfergabe übergeht, und von ihr auf alle, die an ihr teilhaben (vgl. 1 Kor 10, 16–26). Der Verzehr der Opfergabe führt in diesen „Stufen der Mitteilung" zum *consortium sanctificationis*. Wenn nun aber diese Teilhabe in ihrer höchsten Form darauf gründet, dass Christus sich selbst als Opfergabe dargebracht hat, bedeutet sie ein gegenseitiges Sich-Durchdringen, nicht nur in Form körperlicher Anwesenheit, sondern als geistige Einheit des göttlichen Lebens (vgl. Joh 6, 56f.); diese Gemeinschaft ist also nicht mehr bloße Teilhabe (*participatio*) oder Empfang (*sumptio*), sondern eine tiefere Vereinigung (*unificatio*), die aus der *consubstantialitas* Christi mit dem Vater entspringt. Das theologische Fundament dafür liegt in der Aufer-

516 MF 530.

517 M. de la Taille, La Présence Réelle et son Rôle sacramentel, in: M. de la Taille, Esquisse du Mystère de la Foi. Suivie de quelques éclaircissements, Paris 1924, 253–278, 255.

518 Vgl. M. de la Taille, La Présence Réelle et son Rôle sacramentel, in: M. de la Taille, Esquisse du Mystère de la Foi, 254–256. „... Tout sacrement est la promulgation par le ministère de l'Église d'un decret d'en haut à un sujet idoine dans les conditions voulues: décret de régéneration, décret de réconciliation, décret de confirmation, etc. Et parce que cette promulgation se fait au moyen d'un signe, c'est en fin de compte une parole souveraine incorporée dans un symbole: *visibile verbum...*; une parole non pas parlée, mais figurée; langage approprié à notre condition d'êtres sensibles et à la constitution sociale de l'Église" (ebd. 257).

stehung, kraft derer Christus das Lebensprinzip für die ganze Menschheit darstellt.

Die Eucharistie lebt seit den Zeiten der Urgemeinde aus der substantiellen Selbstmitteilung des göttlichen Seins an den Sohn, das sich durch das Kreuz auf die Menschen erstreckt: „D'où la convergence finale de tous ces thèmes dans le thème dominateur de sa gloire divine, rayonnant dans la propre glorification du Sauveur par sa croix: conaissance de Dieu, sanctification des siens, vie communiquée, union dans l'amour où s'affirme la diffusion de cette vie incomparable qu'est la vie de Dieu."[519]

Im eucharistischen Ritus wird diese Verbindung konkret: Wir werden durch diese Speise geistig genährt wie durch die gewöhnliche Speise leiblich, weil es die Wirkung der Nahrung ist, dass aus der Nahrung und dem, der sie zu sich nimmt, ein Leib wird. In analoger Weise wird uns Menschen also das göttliche Leben, das der Sohn aus seiner Konsubstantialität mit dem Vater hat, durch Teilhabe am Leben des Sohnes mitgeteilt. So erhalten wir Anteil an Christi göttlicher und menschlicher Natur. Christus ist als Bestimmung unserer Gemeinschaft nicht geteilt, es sind nur verschiedene Seiten ein und derselben Wirklichkeit, wenn man diese Gemeinschaft verankert sieht gemäß dieser Stufen der Mitteilung in Christus: als Opfergabe, an der wir teilhaben, als Altar des Opfers gemäß seiner menschlichen Natur und als der, dem geopfert wird, gemäß seiner göttlichen Natur. Indem wir also mit Christi menschlicher Natur geistig verbunden sind, bleiben wir mit der Gottheit Christi verbunden. Insoweit diese Verbindung etwas uns real Inhärierendes bezeichnet, heißt sie heiligmachende Gnade. Unsere heiligmachende Gnade bezieht sich also in analoger Weise auf Christi göttliche und menschliche Natur zurück: Wir sind Christus mit Leib und Geist verbunden; die Verbindung, die kraft seiner göttlichen Natur zur angenommenen Menschennatur und von da zu uns gelangt, geschieht *mediante hostia nostra.* Wir werden nämlich nur dadurch der Gottheit verbunden, dass uns der Leib Christi beständig Leben verleiht, und der Empfang des Leibes Christi ist nur durch den Einfluss der Gottheit lebensspendend, sodass wir Anteil haben an seiner Heiligkeit. Christus bleibt uns in Leib und Seele *naturaliter*, nicht nur in der Einheit des Willens beständig verbunden, sodass uns die sakramentale Kommunion eine natürliche Teilhabe, verbunden mit einer andauernden Einigung, bewirkt.[520]

[519] L. Bouyer, Eucharistie. Théologie et spiritualité de la prière eucharistique, Tournai 1968², 100.
[520] Vgl. MF 476–482.

Wie alle in der lebensspendenden Einheit des Leibes Christi verbunden werden, so werden sie auch untereinander im *corpus Christi ecclesiasticum* verbunden. Wir essen von dem einen Brot und haben somit Anteil am lebensspendenden Leib. Diese Gemeinschaft aller, die die Eucharistie empfangen, ist nicht nur eine äußerlich-soziale, sondern eine innerlich-lebensspendende. *Si enim omnes incorporamur ad unum Christum, concorporamur etiam omnes. Si omnes communicamus Christo, communicamus etiam omnes ad invicem.*[521] In der Praxis folgt daraus die Zuordnung von Gottes- und Nächstenliebe – die Konsequenzen von Sakrament und Opfer durchdringen sich, denn wie ein „Opfer, das nichts kostet", so wäre auch ein Sakrament, dessen Empfang nichts bewirkte, eine Leerformel. *Universa ergo nostra caritas est eucharistica, respiciens corpus Christi, et ex corpore Christi procedens.*[522] Die Eucharistie ist die Quelle und der Bezugspunkt christlicher Liebe, da diese Liebe als Motiv für Christi Opfer der Nächstenliebe eine neue Sinnrichtung verliehen hat (nämlich die Auferbauung aller zum Leib Christi) und einen neuen Verpflichtungsgrad. Diese eucharistische Liebe soll also nicht nur Objekt der theoretischen Verkündigung, sondern vielmehr der gelebten Praxis sein.[523] In sozialer wie in geistiger Hinsicht gibt es keine Trennung der Zugehörigkeit zum individuellen Leib Christi von der Zugehörigkeit zum *corpus ecclesiasticum. Non dividitur a corpore caput, aut a capite corpus: una est incorporatio ad Christum caput corporis ecclesiastici; sicut unum sacramentum illius eucharistia.*[524]

Diese Verbindung wird im sakramentalen Zeichen konkret, das seine Realität in doppelter Hinsicht hat: die sichtbare Realität der Gestalten von Brot und Wein, an deren Zeichencharakter die Gegenwart Christi im Sakrament gebunden ist, und die unsichtbare Realität, die im Glauben aus den Deuteworten erfasst wird: *hoc est corpus meum.* Diese Form der spezifischen sakramentalen Gegenwart Christi in der Eucharistie ist keine Frage der Kategorie räumlicher Ausdehnung, sondern es geht um eine Form der Gegenwart der Substanz nach: Der Leib Christi ist seiner Existenz nach ein einziger (es gibt keinen eigenen sakramentalen Zustand, der sich von seiner Existenz in der himmlischen Herrlichkeit unterscheiden würde). Was man unterscheiden kann, sind die Formen seiner Gegenwart, wenn die Substanz des Leibes Christi an die Stelle der Substanz des Brotes tritt. Der sakramentale Leib Christi hat wiederum selbst Symbolbedeu-

521 MF 485.
522 MF 488.
523 Vgl. MF 488; ebd: *Si laedis charitatem, offendis in eucharistiam; si quaeris charitatem, invenis in eucharistia.*
524 MF 485.

tung: Er ist real gegenwärtig in der himmlischen Herrlichkeit und er ist real gegenwärtig in der Eucharistie - und doch ist diese Gegenwart in ihrer Realität wiederum Symbol. Der Leib Christi selbst ist Zeichen und Sakrament für den mystischen Leib Christi. In dieser Verbindung mit uns Menschen liegt die tiefste Motivation der sakramentalen Gegenwart Christi.[525] In unserer „Einformung" in Christus liegt auch das Ziel der sakramentalen Kommunion, denn: „Ein Brot ist es. Darum sind wir viele ein Leib; denn wir alle haben Teil an dem einen Brot" (1 Kor 10, 17). Die Gegenwart Christi in der Gestalt von Brot und Wein symbolisiert und bewirkt in uns die Gnade der Vereinigung eines jeden von uns mit Christus und aller untereinander in Christus – und für diese Verbindung ist die Opfergabe der Passion im tiefsten und umfassenden Sinne Sakrament: „Il est le sacrement par excellence, le sacrement des sacrements."[526] Dadurch dass die eucharistische Gegenwart untrennbar von der Person des Logos ist, der als ewige Opfergabe der Passion zur Rechten des Vaters sitzt, wird die Heilsbedeutung in der sakramentalen Dimension des Opfers deutlich, in der Sprache der Eucharistie: *Corpus Domini Jesu Christi custodiat animam tuam in vitam aeternam. Amen.*[527]

Da der Opfercharakter der Eucharistie den Mahlcharakter bestimmt, garantiert die Einheit der Opfergabe die Einheit des sakramentalen Mahles über alle Differenzen von Ort und Zeit hinweg, denn immer lebt das Sakrament vom Bezug auf das numerisch eine Opfer Christi. Eine Opfergabe bildet ein einziges Opfermahl; wenn auch die Gaben *materialiter* mehrere sind, sind sie doch *formaliter* eine. In der Eucharistie ist zu unterscheiden, was Gott den Gestalten nach dargebracht wird und was in Wirklichkeit. Es gibt eine einzige wahre Opfergabe in Leib und Blut Christi, und somit ein einziges Mahl, ein einziges Sakrament sowohl in materialer Hinsicht (die numerische Identität des einen Christus) als auch in formaler (eine einzige Opfergabe). Die verschiedenen Opferhandlungen sind also Teilhabe am numerisch einen Sakrament der Eucharistie. So haben alle

[525] Vgl. M. de la Taille, La Présence Réelle et son Rôle sacramentel, in: M. de la Taille, Esquisse du Mystère de la Foi. Suivie de quelques éclaircissements, Paris 1924, 253–278, 260–272; vgl. v.a. ebd. 270: „Il s'est inséré lui-même dans l'ordre des signes, dans l'ordre des symboles, pour avoir la joie de symboliser, et en le symbolisant, d'édifier le corps mystique dont nous sommes les membres. Le Corps formé dans le sein de la Vierge Marie et porté sur la Croix, le Corps glorifié dans les cieux, est dans l'Eucharistie le sacrement de ce Corps mystique qui est fait et du Christ et de nous, et du Chef et de tous ses membres communiant avec lui dans l'unité d'une même vie: plénitude définitive, intégration spirituelle du Christ Jésus, laquelle ne sera achevée qu'à la fin des temps..."

[526] Ebd. 278.

[527] Vgl. ebd. 278.

Gläubigen in der verbindenden Kraft des Sakramentes Anteil an ein und demselben Opfer Christi und können so mit Recht in gleicher Weise *concoenatores Christi* genannt werden, da sie alle das eucharistische Opfer darbringen, das das Opfer der gesamten Kirche ist: *Nihilominus, quantum ad participationem, non differt secundum veritatem, ex una missa ad aliam, convivium a convivio, aut sacramentum a sacramento, sicut nec differt hostia ab hostia. Praeterea omnes vere sunt per modum unius oblatores sacrificii eucharistici, quod totius est Ecclesiae, nec ab ullo sacerdote potest privato demum nomine, suo vel alieno, offerri valide.*[528]

Die Eingliederung in das *corpus Christi* ist also zugleich die Verbindung mit dem Haupt der Kirche, wobei die Eucharistie diese universale Einheit herstellt, wie auch im Konzil von Trient in Zusammenhang mit der Einsetzung des Sakraments der Eucharistie deutlich wird: „Außerdem wollte er, dass es ein Unterpfand unserer künftigen Herrlichkeit und immerwährenden Seligkeit sei und insofern ein Zeichen jenes Leibes, dessen Haupt er selbst ist ... und dem wir nach seinem Willen als Glieder durch das engste Band des Glaubens, der Hoffnung und der Liebe verbunden sein sollen, auf dass wir alle dasselbe sagen und unter uns keine Spaltungen seien...“[529] Für die Verdeutlichung dieser Verbindung zwischen der Konsekration der Gestalten von Brot und Wein über die reale sakramentale Gegenwart Christi unter diesen Zeichen bis zur Zeichenwirkung für den mystischen Leib Christi übernimmt de la Taille ein Zeugnis von Alger von Lüttich, in dem dieser die Kirche *concorporalis et consacramentalis Christo* nennt: *Cum in altari Ecclesia concorporalis et consacramentalis sit Christo, universum corpus Christi, caput scilicet cum membris, non conficit, qui cum extra Ecclesiam sit, seipsum Christo et Ecclesiae in utriusque sacramento non unit.*[530] Er verdeutlicht diese Verbindung im Kontext der Frage nach dem Opfer eines Schismatikers mit dem Hinweis, dass das eucharistische Opfer nur durch die Bezeichnung der Einheit Christi mit der Kirche als Sakrament des ganzen Leibes Christi zustande kommen kann.[531] Diese tiefe Verbindung erstreckt sich auf das ganze Volk Gottes über Ort und Zeit hinweg: *Qui igitur communicat eucharistiae, communicat universae Ecclesiae Christi, et militanti et purganti et triumphanti.*[532]

[528] MF 553.

[529] Trid. Sess. 13, cap. 2 (DH 1638).

[530] Alger von Lüttich, De sacramento corporis et sanguinis Domini III, 12 ( PL 180, 847); vgl. MF 486.

[531] Vgl. ebd.

[532] MF 487; vgl. dazu auch den Kontext dieser Stelle: *Nec ad solius Ecclesiae militantis membra coarctatur nostra communio, sed ad eos omnes pertingit, quicumque sunt Christi, sive in supernis, sive in infernis. Vis coniungi intimius Beatae Virgini vel alicui Sancto: eucharistiam*

### 5.1.2 Die Eucharistie als *signum resurrectionis*

Die Eucharistie ist nach Jesu eigenen Worten Pfand und Grund des ewigen Lebens: „Wer mein Fleisch isst und mein Blut trinkt, hat das ewige Leben; und ich werde ihn auferwecken am Jüngsten Tag" (Joh 6, 54. 58–63). Gott teilt uns in der Eucharistie die Opfergabe zu, die er in der Auferweckung in seine Herrlichkeit aufgenommen hat; so ist Christus nach seiner Auferstehung und Himmelfahrt als Opfergabe für uns zugleich das Unterpfand künftiger Herrlichkeit. Weil er das ewige Leben in der himmlischen Herrlichkeit hat, ist der Empfang seines Leibes und Blutes auch für uns lebensspendend. Im Zustand, den er durch seinen Tod für das Leben der Welt erlangt hat, gibt er sich als Brot des Lebens.[533]

Wenn wir nämlich in Christus inkorporiert werden, dann in Christus, der im Himmel verherrlicht ist, denn die heiligmachende Gnade, die Wirkung der Eucharistie ist, befähigt unsere Seele dazu nicht nur gemäß der Potenz, sondern gemäß ihrem substantiellen Sein, nach dessen Art der Leib informiert wird. So wird unser Leib zum „Tempel des Heiligen Geistes", weil ihm die göttliche Gnade als substantielle Form zu eigen ist. Und da auch die Seele auf die Vollendung durch die Gnade bzw. im Himmel durch die Glorie ausgerichtet ist, erfordert sie diese Vereinigung, die in der Eucharistie stattfindet: *Energiam illam radicalem, seu seminalem causalitatem resurrectionis adscripsere Patres eucharistiae communiter.*[534]

Da das Opfer Christi seine Vollendung findet in der Teilhabe an seiner ewigen Herrlichkeit, kann de la Taille folgern: *Quare potest et debet tandem nostra eucharistica vivificatio spectari ut extensio incarnationis, tamquam in consortium et communionem nos perducens Unigeniti; et ut fructus passionis, qua comparata est nobis hostia; et ut influxus gloriae, qua hostiae consummatae conciliata est vis libera atque expedita homines sibi incorporatos sanctificandi.*[535] In dieser Betrachtung bleibt also die Inkarnation nicht getrennt von ihrer soteriologischen Zielsetzung, sondern sie ist zu sehen im Hinblick auf die Einbeziehung

*sume; et ecce cohaeres ipsis, adstrictus vinculo non ideali tantum aut fictitio, sed reali atque vitali immanentiae spiritualis mutuae in Christo. Vis cum defunctis tuis propinquis innovare pristinam societatem atque necessitudinem: eucharistiam sume; et sive in coelo sint, sive in purgatorio, ecce tam prope sunt tibi, tamque vere unum spiritualiter tecum, sicut tu ipse spiritualiter es unum cum Christo, cui insunt.*

533 Vgl. MF 286.

534 Vgl. MF 492; vgl. Röm 8, 10–11.

535 MF 289.

der Menschen in die Inkarnation, die in der Teilhabe an der Frucht der Erlösung geschieht, und diese wiederum konkretisiert sich in der Frucht der Eucharistie.

Die Eingliederung in den Leib Christi erfolgt im Hinblick auf die Auferstehung, und die Auferstehung ist eine Folge dieser Eingliederung. Durch diese Verbindung mit der Auferstehung wird die Eucharistie als himmlisches Gastmahl zum *sacramentum dominicae passionis et resurrectionis, fermentum resurrectionis*, zu *semina immortalitatis*. Aus Jesu eigenen Worten geht die Verbindung der Eucharistie mit dem Gastmahl im Himmel hervor: Mt 26, 29; Mk 14,25; Lk 22, 29–30. In doppelter Weise werden eucharistische Speise und Trank mit dem zukünftigen geistigen Mahl verbunden: wie das Zeichen mit dem Bezeichneten und wie das Anfängliche mit der Vollendung.[536] Der johanneische Grundgedanke des lebensspendenden Brotes verbindet sich mit dem paulinischen Grundgedanken des Opfermahls, die in wechselseitiger Entsprechung und Abhängigkeit zu sehen sind: *Hostia Deo oblata, suscepta a Deo, a Deo nobis redditur vivifica.*[537]

Schon im Abendmahl sind Tod und Auferstehung moralisch verbunden; die Würde des Opferpriesters, der sich *per Spiritum aeternum* selbst darbringt, garantiert die Annahme des Opfers, womit die Auferstehung vorweggenommen und der Empfang für die Apostel zum Unterpfand (*arrha*) wird; kraft dieses moralischen Bandes konnte die Eucharistie schon im Abendmahl die Frucht von Tod und Auferstehung bezeichnen und bewirken.[538]

Wie das alttestamentliche Pascha der Antityp für das himmlische Mahl in verhüllter Form war, so ist es die Eucharistie in deutlicherer Form.[539] Die Vergegenwärtigung von Kreuz und Auferstehung ist der konkreteste Vollzug der Kirche, in dem Christus, der Erlöser, uns seine wirksame Gegenwart gewährt. Aus dieser eschatologischen Ausrichtung ergibt sich die Besonderheit der Eucharistie innerhalb der sieben Sakramente. Sie ist das *sacramentum subsistens,* aus dem sich die anderen Sakramente ableiten. Denn wenn ein Sakrament ein Zeichen einer heiligen Sache ist, insofern diese die Menschen heiligt, dann kann diese Wirkung nirgendwo höher sein als bei der Teilhabe an der Opfergabe, die Christus selbst ist. Die übrigen Sakramente bezeichnen zwar auf irgendeine Weise diese Opfergabe, sind aber nicht mit ihr identisch. Im Verhältnis zur Eucharistie sind sie nur in analoger Weise Sakrament zu nennen, wenn auch im eigentlichen und wahren

[536] Vgl. MF 290; 493–495.
[537] MF 292.
[538] Vgl. MF 291.
[539] Vgl. MF 496

Sinn. Und während alle anderen Sakramente vorübergehend und beschränkt auf die Materie und die Handlung des Spenders sind, ist die Eucharistie ein *sacramentum permanens*.[540] Deshalb ist sie „das wirksame Zeichen der Gnade und der Versöhnung mit Gott, das Unterpfand ewigen Lebens“[541], weil durch diese eschatologische Ausrichtung der Bezug zur Vermittlung der Gnade durch Christus selbst viel enger herzustellen ist – die Eucharistie ist unsere konkrete Teilhabe am Ostergeheimnis – und deshalb alle Sakramente auf diese Vermittlung der Gnade, die aus dem Opfer der Erlösung entspringt, hingeordnet sind, was in den folgenden Kapiteln zur Begründung ihrer Gnadenwirkung und der Konsequenz ihrer Heilsnotwendigkeit noch deutlicher werden wird.

## 5.2 Die eucharistische Gnade

### 5.2.1 *signum - signum et res - res*

Die Gestalten von Brot und Wein haben nur Zeichencharakter für den Leib Christi *in potentia*, zur aktuellen Bezeichnung muss eine Bestimmung durch das Wort hinzukommen. De la Taille erklärt, dass sich die Dimension des *signum* oder *sacramentum tantum* bei der Eucharistie zusammensetzt aus der Materie von Brot und Wein mit der konstitutiven Form der Worte[542] und so *unum visibile verbum*[543] wird. Die Worte sind die äußere Ursache (*causa efficiens*) der Transsubstantiation und die innere (*causa formalis aut constitutiva*) der sichtbaren Zeichen, was keinen Widerspruch darstellt, sondern erst deutlich macht, dass das Sa-

[540] Vgl. MF 498.

[541] Johannes Paul II., Enzyklika *Redemptor hominis* 4. März 1979 (Verlautbarungen des Apostolischen Stuhls 6), Bonn 1979, 7.

[542] Zur konstitutiven Form der Worte gehört auch der Zusatz „das für uns vergossen wird zur Vergebung der Sünden“. - M. Schmaus (Katholische Dogmatik IV/1, 314) beruft sich in der Begründung der konstitutiven Form auf de la Tailles Argumentation: „Da in den eucharistischen Opfergaben Fleisch und Blut Christi gegenwärtig sind, so muss das äußere Zeichen, wenn es den sakramentalen Inhalt wirklich bezeichnen will, auch einen Hinweis auf das Leiden Christi enthalten.“

[543] Vgl. Augustinus, In Ioann. Tract. 80, 3 (PL 35,1840) (in Zusammenhang mit dem Wasser der Taufe: *Detrahe verbum, et quid est aqua nisi aqua? Accedit verbum ad elementum, et fit Sacramentum, etiam ipsum tamquam visiblile verbum.*); C. Faust. Man. 19, 16 (CSEL 25, 513) (*Corporalia sacramenta; verba visibilia*); Sermones 6, 3 (PL 46,836) (in Zusammenhang mit den Bitten um die Wandlung von Brot und Wein: *Nam tollite verbum, panis est, et vinum. Adde verbum, et iam aliud est... Corpus Christi et sanguis Christi. Tolle ergo verbum, panis est, et vinum. Adde verbum, et fiet sacramentum.*): Aus diesen Stellen wird deutlich, dass die Zuordnung von Wort und Zeichen nicht menschlicher Beliebigkeit unterliegt. Die der Zeitlichkeit unterworfenen Zeichen vermitteln durch diese Zuordnung eine bleibende, unvergängliche Zuwendung der Wirkung von Seiten Gottes.

krament nicht in einer Handlung besteht, in der die Gnade *ex opere operato* zugewandt wird, sondern im Zeichen oder Grund, dem diese Wirkung zukommt. Diese Bezeichnung unserer Eingliederung in den Leib Christi, der durch die getrennten Gestalten in Form einer Opferspeise bezeichnet wird, besteht schon vor der Sumption, die also nicht zum *signum tantum* gehört.[544]

Durch die Transsubstantiation wird der unsichtbare wahre Leib Christi als *signum et res* der Eucharistie gegenwärtig.[545] Man darf dem Leib Christi in der Eucharistie weder seine Zeichenhaftigkeit absprechen noch seine Wirklichkeit. Das Problem, das dahinter steht, ist, dass man die Dimension von *signum et res* nach dem von Berengar initiierten Abendmahlsstreit nicht mehr zusammendenken konnte, da sich die sakramentale, zeichenhaft-sichtbare Gegenwart des Leibes Christi und seine wahre, unsichtbare Gegenwart unter den Gestalten von Brot und Wein auszuschließen schienen. Die sichtbaren Gestalten sind Zeichen des Leibes Christi, der gelitten hat und auferstanden ist, und dieser selbst ist wiederum Zeichen des kirchlichen Leibes Christi (*corpus Christi ecclesiasticum*), des *corpus Christi mysticum*. In den Zeichen seiner Immolation ist Christus wahrhaft gegenwärtig und zugleich ist er durch seinen Tod und seine Auferstehung in der Eucharistie Zeichen des Neuen Bundes, unseres Heiles und unserer Erlösung. Da diese Gemeinschaft mit Gott nur durch unsere Inkorporation in Christus zustandekommen kann, folgert de la Taille mit Guitmund von Aversa, dessen Worte präzise das Beweisziel zum Ausdruck bringen: *Ipsum suum proprium ... corpus corporis sui, quod est Ecclesia, signum est et figura et sacramentum*. Guitmund von Aversa will in diesem Kontext die Polarisierung von *figura* und *veritas* überwinden, denn Christus ist zugleich *Christus verus* und *signum* – und zwar ein Zeichen unserer Erlösung, die im Übergang vom Tod zum Leben besteht. In der Eucharistie kommt also das Zeichen dem Bezeichneten gleich, denn Christus ist als Mittler zwischen Gott und Menschen das Sakrament Christi, des ganzen mystischen Leibes, dessen Haupt er ist.[546]

544 Vgl. MF 501–505; Thomas von Aquin, S. Th. III 60, 7; L. Billot, De Ecclesiae Sacramentis, 556.

545 In der Erklärung der Transsubstantiationslehre lehnt de la Taille deshalb konsequenterweise alle Formen der Reproduktions- und Adduktionstheorien ab, die ohne die Begründung eines inneren Zusammenhangs zwischen dem Vergehen der Substanz des Brotes und Weines und der Anwesenheit des Leibes Christi auskommen (vgl. MF 620–623).

546 Vgl. Guitmund von Aversa, De corporis et sanguinis Christi veritate in Eucharistia II (PL 149, 1457–1460); MF 507–511.

In den Sakramenten stellt das *signum tantum* die Ursache für *res et signum* dar: *practica est omnis significatio sacramentorum demonstrativa*[547]. Bei der Eucharistie gilt dies in besonderer Weise, denn der Leib Christi ist dem sakramentalen Zeichen präexistent, und nur durch seine Wirkkraft erhält das Zeichen seine Funktion. Während der Transsubstantiation bezeichnen und bewirken die Gestalten von Brot und Wein die Gegenwart des Leibes und Blutes Christi im Zustand von Speise und Trank, und damit diese Bezeichnung wahr ist, ist es notwendig, dass die Substanz des Brotes der des Leibes Christi weicht. Wenn de la Taille also von einer *practica significatio* spricht, bedeutet das, dass die Zeichen auf die wahrhafte Gegenwart des Leibes hinweisen ohne Kausalität in Bezug auf Christus selbst (das Brot ändert sich, nicht Christus). De la Taille folgert ein zweifaches Ergebnis: 1. Das sakramentale Zeichen ist wirksam im Hinblick darauf, dass dies der Leib Christi ist. Während bei den anderen Sakramenten das äußere Zeichen die Existenz von *res et signum* bewirkt, geschieht in der Eucharistie die Verwandlung in etwas bereits Präexistentes. 2. In der Eucharistie wird die Wahrheit des Bezeichneten durch das Zeichen nicht nur bewirkt, sondern bewahrt. In der Eucharistie wird also nicht ein Werden bezeichnet, sondern ein Sein (*hoc est corpus*); bei den anderen Sakramenten geht es um das Werden (z.B. Taufe: Mitglied der Kirche werden).[548]

Im Verhältnis zur *res tanta* (*unitas ecclesiastica constans ex coadunatione fidelium ad Christum et in Christo*) besitzt das *signum tantum* keine unmittelbare Kausalität, aber direkte Symbolbedeutung, das heißt, die Zeichen bewirken nicht ohne Vermittlung durch den wahren Leib Christi die kirchliche Einheit. Aufgrund der Einsetzung durch Christus können sie in der ihnen eigenen Natur von Speise und Trank die Eingliederung in das *corpus ecclesiasticum* bezeichnen und bewirken und so zum sakramentalen Zeichen werden: *Ex institutione quidem Christi species rem contentam significant, sed per indolem cibi atque potus sibi ipsius propriam. At indoles istiusmodi, sicut aptabat illas ad immediate significandum corpus Christi, ita per se non aptabat ad significandum corpus ecclesiasticum nisi mediate.*[549]

Der Empfang von Leib und Blut Christi in den sichtbaren Gestalten lebt aus der Verbindung zum Opfermahl, das unmittelbar unsere Heiligung abbildet und bewirkt: *Christi enim sive sanguis sive corpus in sacramento has habet tandem*

547 MF 529.
548 Vgl. MF 529–530.
549 MF 533.

*partes, ut datum per modum cibi et potus sacrificalis incorporet sibi fideles spiritualiter, id est secundum communitatem vitae sanctitatisque consortium: in quo consistit ecclesiastica unitas.*[550]

Die paränetisch und didaktisch von den Vätern vielfach erklärte Ähnlichkeit der vielen Körner in einem Brot oder der Trauben in einem Becher mit der Einheit der Kirche ist ein geeigneter Symbolismus, aber nicht aus sich selbst heraus ein wirkmächtiges sakramentales Zeichen der Einheit der Kirche. Daneben existiert z.B. auch der häufig zitierte Topos der Vermischung von Wasser und Wein, der vom Konzil von Trient aufgenommen wurde, aber auch ihm wurde keine sakramentale Wirkung zugeschrieben.[551]

Denn die sakramentale Wirkung der Eucharistie resultiert aus ihrem Opfercharakter: [*Eucharistiae*] *id proprium est, ut in tantum sit sacramentum, id est sanctificans, in quantum est sacrificium, id est hostia.*[552] Die sichtbaren Gestalten sind für uns das Mittel, den Leib Christi in Form der Speise in uns aufzunehmen, aber nicht für ihn das Mittel, die Gnade zu bewirken: *Mediant inter nos et cibum coelestem, non autem inter cibum coelestem et effectum vitae.*[553]

Nach Christi Verherrlichung und Aufnahme in den Himmel wird uns jegliche Gnade durch die Menschheit Christi vermittelt als sich fortsetzende Ausübung der Vollmacht, deren notwendige Voraussetzung die Inkarnation darstellt – der Sendung des Heiligen Geistes; sie zielt darauf ab, das Subjekt auf die Anschauung Gottes hinzuordnen. Durch diese Ausrichtung ist es überall ein und dieselbe Gnade in Christus und den Gerechtfertigten, denen sie einwohnt nach Art der Natur, ihre Substanz betreffend; aber in der Ordnung der Gnade ist die Gnade Christi nicht nur relativ, sondern absolut die höchste. Im Verhältnis zu uns Menschen hat er nämlich die Vollmacht, jede Form der Gnade zu verleihen im Verhältnis von einer *perfectio, quae est actus purus* zu einer *perfectio, quae est potentialis*. Der Grund dafür ist, dass die heiligmachende Gnade bei Christus *naturaliter* aus der hypostatischen Union kommt, sodass ihre natürliche Eigenschaft sozusagen wie eine vollkommene Disposition zur hypostatischen Union gedacht werden

550 MF 539.

551 Vgl. MF 533–542.

552 MF 541.

553 MF 541; vgl. auch MF 540: *Attamen, cum non significet aut causet corpus sanguisve Christi gratiam sacramentalem, nisi in quantum substans designationi specierum, ex qua acquirit rationem cibi atque potus, verissimum est, quod dicunt doctores: rem tantum designari utroque sacramento et visibili et invisibili, sacramentum autem visibile esse signum utriusque rei, scilicet rei et sacramenti et rei tantum, ordinate tamen: sicut et in ceteris sacramentis.*

muss.[554] Nach dem Sündenfall lässt sich diese Funktion noch konkreter begründen, denn die Heilung der Menschennatur war einerseits das Ziel der Inkarnation, andererseits der Formalgrund der heiligmachenden Gnade; also geht die Heilung der Menschennatur und damit die Gnade nicht der Inkarnation, deren Ziel sie ist, voraus.[555]

Die substantielle Einheit zwischen Gott und menschlicher Natur, auf die die hypostatische Union abzielt, ist der Logos selbst, aber als inkarnierter Logos. Diese Verbindung fügt dem Logos weder etwas hinzu, noch nimmt sie ihm etwas weg, denn der Logos hört nicht auf, Gott zu sein, sondern er ist durch die Inkarnation den Menschen näher gebracht. Aber er ist nicht der Logos unter Hinzufügung eines Menschen, sondern er ist Mensch, das menschgewordene Wort, als Träger einer menschlichen Natur. Der Logos besitzt Seele und Leib: Beim Menschen macht die Verbindung von Seele und Leib seine Person oder individuelle Subsistenz aus, während bei Christus die Gottheit als übergeordnete Substanz in den anderen subsistiert. Für modernes Verständnis ist die Formulierung einer inkarnierten Natur problematisch. Man ist gewohnt, von einer inkarnierten Person zu sprechen; denn Natur ist das, was Vater, Sohn und Geist gemeinsam ist, und dann wäre eine inkarnierte Natur etwas, was in diesen gemeinsamen Bereich gehörte. Dagegen steht der so formulierte Glaube der Kirche, dass im Sohn seine Gottheit, seine göttliche Substanz oder Natur inkarniert ist (in scholastischer Terminologie wird Christus die Gottheit *in recto*, die Menschheit *in obliquo* zugeschrieben)[556]. Die Konsequenzen umschreibt de la Taille so: „The Son in Himself contains His nature. The Son ist not Himself without His nature. His personality is not something apart from his Godhead. His Godhead makes all the reality and substance and perfection of His personality. What is verified therefore of the Person of the Word, must be verified of the divine nature as it stands in the Word. If the person is incarnate, so too is the Person's nature. If He who is born of the Father is true Man, so too is the Divine Nature as inherited from the Father."[557] Die Personalität des Sohnes ist also nicht etwas von seiner Gottheit Getrenntes, denn seine Gottheit macht die ganze Realität, Substanz und Vollkommenheit seiner Personalität aus. Was also für die Person des Logos als gültig erwiesen ist, gilt auch für seine göttliche Natur, und wenn die Person inkarniert ist, dann auch die Natur der Per-

554 Vgl. MF 512f.

555 Vgl. MF 522.

556 Vgl. M. de la Taille, The Schoolmen, in: ders., The Hypostatic Union and Created Actuation by Uncreated Act, West Baden Springs 1952, 5–13. (Dieser Artikel geht auf Vorträge zurück, die de la Taille 1925 an der Summer School of Catholic Studies in Cambridge gehalten hatte.)

557 Ebd. 12.

son. Wenn also der Logos wahrer Mensch ist, so ist das auch seine göttliche Natur, die er vom Vater ererbt hat. Wenn man nicht daran festhält, verflüchtigt sich der Glaube an Christus, denn dann kann man seine Einzigartigkeit und seine besondere Nähe zu Gott nur als Steigerungsform des Menschlichen aussagen und würde damit der hypostatischen Union nicht mehr gerecht, denn dann wäre auch die Gnade, die der Logos vermittelt, nur graduell als Höchstform der heiligmachenden Gnade zu bezeichnen, und die erlösende Wirkung seines Opfers ließe sich nicht mehr begründen.

De la Taille gelingt es, eine Konzeption der Übernatur, die in der unmittelbaren Vereinigung von Gott und Geschöpf besteht, darzulegen, wodurch die Gemeinsamkeit zwischen dem Habitus des Gerechtfertigten auf Erden, der seligen Schau nach dem Tod und der hypostatischen Union in Christus begründet werden kann, ohne die Abgrenzung gegen die natürliche Ordnung aus den Augen zu verlieren. Die theologische Grundentscheidung, die zur Einordnung dieser Frage nach der neuen Form der Gegenwart Gottes zu treffen ist, ist die Wahl zwischen der Kategorie der Wirkursächlichkeit und der Formalursächlichkeit bzw. der Quasi-Formalursächlichkeit. Wenn man sich für die Kategorie der Wirkursächlichkeit entscheidet, ist sicherlich die Transzendenz Gottes unhinterfragt gewährleistet, denn Gott als Wirkursache unterliegt keiner Veränderung, Abhängigkeit oder Beschränkung, zudem lassen sich die Gnade und die Glorie als geschaffene übernatürliche Realität durch Gott als ihre *causa efficiens* sehr gut erklären als spezifische Form der Teilhabe an seinem göttlichen Leben; diese göttliche Gegenwart und Teilhabe an seinem göttlichen Leben realisieren sich auch in der natürlichen Ordnung, indem der Schöpfer als Wirkursache in allem Geschaffenen gegenwärtig ist.

Allerdings macht es diese Beschreibung schwierig, Gottes Selbstmitteilung an die Geschöpfe auszudrücken. Denn man darf nicht dabei stehen bleiben, zu zeigen, dass Gott in seinen Geschöpfen gegenwärtig ist oder dass sie an seinem Sein teilhaben, sondern beides muss zusammenkommen, dass der Mensch von Gott erfüllt ist und dass Gott sich selbst dem Geschöpf mitteilt. Diese tiefe Vereinigung auf der Ebene des Wesens kann die Kategorie der Wirkursächlichkeit, die immer eine Polarisierung zwischen Ursache und Wirkung mit beinhaltet, nicht ausdrücken.[558] Denn wäre Gott nur als Handelnder oder als Wirkursache in seiner

[558] Vgl. J. P. Kenny, „Created Actuation by the Uncreated Act". Reflections on the Theory of Father Maurice de la Taille, S.J., in: Australasian Catholic Record 27 (1950) 130–141. 210–223, 130–134.

Schöpfung gegenwärtig, könnte man diese Gegenwart auch nur aussagen, insofern er innerhalb seiner Schöpfung handelt oder eine Wirkung an ihr hervorbringt, während die Beschreibung seiner Gegenwart durch quasi-formale Ursächlichkeit bzw. seiner Gegenwart durch Vereinigung seiner selbst als ungeschaffenem Akt mit der geschaffenen Natur als Potenz seiner Transzendenz gerecht wird.[559] „This category of causality is 'par excellence' the category of union. Nor will it be hard to understand how there is communication, as distinct from participation; for in formal causality, the function of the form is precisely self-communication. Consequently in this category of causality it will be easy to mark off the supernatural from the natural."[560]

Die Kategorie der Formalursächlichkeit ermöglicht es, verschiedene Erscheinungen der Wirklichkeit auf einen Nenner zu bringen, in denen sich auf je eigene, verschiedene Weise die Selbstmitteilung Gottes an das Geschöpf ereignet. „La cause efficiente produit: l'acte se donne, se communique, à une puissance qui reçoit l'acte, et va se trouver unie à l'acte."[561]

De la Tailles Verdienst besteht darin, dass er diesen Begriff der Quasi-Formalursache aus der Christologie für die Beschreibung der Einwohnung Gottes in einen weiteren Kontext übertragen hat.[562] Die Rezeption seiner Theorie mündet in die „lehramtliche Ermunterung dieser theologischen Richtung" durch die Enzyklika *Mystici Corporis* Pius' XII., in der „zum ersten Mal lehramtlich sanktioniert [wurde], dass das einer lebendigeren Pneumatologie im Weg stehende Prinzip von der trinitarischen Gemeinsamkeit aller göttlichen Werke nach außen im

559 Vgl. M. J. Donnelly, The Theory of R. P. Maurice de la Taille, S.J. on the Hypostatic Union, in: Theological Studies 2 (1941) 510–526, 519:„If we hold that the supernatural is absolutely transcendent over created nature – whether human or angelic – then, a presence of God by quasi-formal causality, or a presence by union between Himself as Uncreated Act and the created nature as potency, will alone fulfil the definition of the supernatural. For God to be present by operation, or by efficient causality alone, would mean that He is present in created nature in so far as He operates or produces an effect therein." M. J. Donnelly weist (ebd. Anm. 20) darauf hin, dass er diesen Gedanken seinem Lehrer P. Bleau, Schüler de la Tailles und Dogmatik-Professor in Montréal, verdankt.

560 Ebd. 133; vgl. dazu auch M. de la Taille, Entretien amical d' Eudoxe et de Palamède sur la grâce d'union, in: Revue Apologetique 48 (1929) 5–26. 129–145, 133f. (Eine englische Übersetzung findet sich als „Dialogue on the Grace of Union", in: The Schoolmen. Part II, 42–76). De la Taille präzisiert hier als Folge der Reaktion auf seinen Artikel „Actuation créée par Acte incréé" seine Position in einem fingierten Lehrgespräch, das seine Theorie (Palamède) gegen Einwände (Eudoxe) absichert.

561 M. de la Taille, Entretien amical d' Eudoxe et de Palamède sur la grâce d'union, 133.

562 Vgl. F. Bourassa, Adoptive Sonship: Our Union with the divine Persons, in: Theological Studies 13 (1952) 309–335, 309–312.

strengen Sinn dann gelte, wenn die göttliche Ursächlichkeit nach Art der effizienten Kausalität betrachtet werde".[563] Die Enzyklika ermutigt zur Diskussion der Einwohnung des Heiligen Geistes in den Seelen auf folgender Grundlage, „dass jede Weise dieser mystischen Vereinigung zurückzuweisen ist, durch die die Christgläubigen auf irgendeine Weise so die Ordnung der geschaffenen Dinge überschreiten und voller Anmaßung ins Göttliche eindringen, dass auch nur eine einzige Eigenschaft der ewigen Gottheit von ihnen als eigentümliche ausgesagt werden kann. Und außerdem sollen alle mit standhaftem Gemüte unumstößlich daran festhalten, dass in diesen Dingen alles der Heiligsten Dreifaltigkeit gemeinsam anzusehen ist, insofern es sich auf Gott als die letzte Wirkursache bezieht."[564]

Nun geht es darum, in der Darlegung der untrennbaren Einheit von geschaffener und ungeschaffener Gnade Gottes Transzendenz zu wahren und zu begründen, dass die Form in diesem Falle nicht von der Potenz begrenzt wird und von ihr abhängig ist und somit eine neue Bestimmung in Gott selbst hineingetragen würde, wenn man für die Beschreibung des neuen Verhältnisses Gottes zum Geschöpf den Begriff der Quasi-Formalursache verwendet.[565]

563 Vgl. W. Breuning, Pneumatologie, in: H. Vorgrimler - R. Vander Gucht (Hrsg.), Bilanz der Theologie im 20. Jahrhundert. Perspektiven, Strömungen, Motive in der christlichen und nichtchristlichen Welt. Bd. III, Freiburg - Basel - Wien 1970, 120–126, 122.

564 Pius XII., Enzyklika *Mystici Corporis*, in: AAS 35 (1943) 193–248, 231 (DH 3814); vgl. dazu die Anmerkung von S. Tromp, Documenta varia quae prodesse possunt ad explicandas litteras encyclicas „Corporis Mystici Christi", in: ders. (Hrsg.), Litterae Encyclicae N.° 2. Pius Papa XII. De Mystico Iesu Christi Corpore deque nostra in eo cum Christo coniunctione „Mystici Corporis Christi" 29. iun. 1943 (Pontifica Universitas Gregoriana. Textus et documenta. Series theologica 26), Rom 1963, 73–154: S. Tromp stellt hier im Zusammenhang mit der Einwohnung des Heiligen Geistes die entscheidende über die Begrifflichkeit der Wirkursache hinausgehende Frage: *Quomodo explicanda sit unio illa – quae utique non est in ordine substantiali – cum Dono Increato; et in specie quod spectat ad genus causarum: num explicari possit ac debeat unice ex analogia causalitatis efficientis, vel etiam ratio haberi debeat analogiae causalitatis formalis* (ebd. 141).

565 Vgl. K. Rahner, Zur scholastischen Begrifflichkeit der ungeschaffenen Gnade, in: ders., Schriften zur Theologie. Bd. I, Einsiedeln - Zürich - Köln 1964, 347–375 (erste Veröffentlichung in: ZKTh 63 (1939) 137–156). Rahner definiert das neue Verhältnis Gottes zum Geschöpf, das unter der Kategorie der formalen Ursächlichkeit ausgesagt wird, hier folgendermaßen: „Es umschreibt in formalontologischer Weise den Begriff des übernatürlichen Seins in seinem strengen Geheimnischarakter: denn alle streng übernatürlichen Wirkungen, die wir kennen (hypostatische Union, Visio beatifica und ... übernatürliche Begnadigung), kommen darin überein, dass in ihnen ein Verhältnis Gottes zu seinem Geschöpf ausgesagt wird, das nicht das einer effizienten Ursächlichkeit ist (eines Aus-der-Ursache-*Heraus*-stellens), das also unter das einer formalen Ursächlichkeit fallen muss (eines In-den-Grund[forma]-*Hinein*nehmens): das ontologische Prinzip der Subsistenz einer endlichen Natur, das ontologische Prinzip einer endlichen Erkenntnis" (ebd. 357f.). - „Dieses 'Quasi' besagt aber nur, dass diese 'forma' trotz ihrer formalen Ursächlichkeit, die wirklich ernst genommen werden muss, in ihrer absoluten

Auf diesem Hintergrund kann die Diskussion über die Gegenwart Gottes bereichert werden, die P. de Letter vierfach so entfaltet und bei de la Taille beantwortet sieht: Mit dem Begriff der „Aktuierung“ erklärt de la Taille, worin die spezielle Gegenwart der Trinität in uns durch die Gnade von seiner allgemeinen Gegenwart in allem, was er geschaffen hat, zu unterscheiden ist – oder von der Seite der Menschen aus, worin unsere Vereinigung mit Gott und unsere Beziehung zu ihm im übernatürlichen Gnadenleben besteht. Mit dem Begriff des „ungeschaffenen Aktes“ ermöglicht er eine Beschreibung der Gegenwart der göttlichen Personen durch die Gnade *qua tres*, nicht nur *qui tres* – oder auch hier von der Seite der Menschen aus, wie wir verschiedene Beziehungen zu jeder der drei göttlichen Personen erhalten können.[566]

De la Tailles Argumentation soll im nächsten Kapitel in ihren Grundzügen dargelegt werden, insofern sie eine Vertiefung seines Eucharistieverständnisses darstellen kann.

Die Eucharistie als Konkretion unserer Teilhabe an der Frucht der Erlösung lebt von der Gegenwart Christi in den Gestalten von Brot und Wein. Die eucharistische Gegenwart ist untrennbar von der Person des Logos. Der sakramentale Charakter der Eucharistie lässt uns die Verbindung Christi zu uns verstehen als gnadenhafte Wirklichkeit der Inkorporation. Auf dieser universalen Inklusion als Teilhabe an seinem gottmenschlichen Leben gründet die Heilsrelevanz des Opfers Christi für die ganze Menschheit.

Transzendenz (Unberührtheit, ‘Freiheit’) verbleibt“ (ebd. 358f.). Rahner weiß sich hier in Übereinstimmung mit de la Taille, wenn er auch seinen Artikel unabhängig von dessen Konzeption erarbeitet hat (vgl. ebd. 369).

Eine Darlegung und gemeinsame positive Würdigung von de la Taille und Rahner zur Frage der Einwohnung findet sich bei J. Trütsch, SS. Trinitatis inhabitatio apud theologos recentiores, Trient 1949 (zu de la Taille: vgl. ebd. 97–107; zu Rahner: vgl. ebd. 107–116).

566 Vgl. P. de Letter, Sanctifying Grace and our Union with the Holy Trinity, in: Theological Studies 13 (1952) 33–58, 34f. - De Letter zeigt hier auch auf, inwiefern diese Theorie verschiedene Erklärungen der Gegenwart Gottes (die Erklärung der Einwohnung Gottes *sicut cognitum in cognoscente et amatum in amante* durch Thomas von Aquin, die Erklärung der „Freundschaft mit Gott“ durch Suarez, die Deutung der habituellen Gnade als „Verbindung zum Heiligen Geist“, die „dynamic theory“ durch Vasquez, die zweifache Lehre von der Formalursache durch Cornelius a Lapide) ergänzend weiterführen und unter Umgehung ihrer Defizite zu einem stimmigen Gesamtentwurf werden lassen kann: ebd. 38–41.43–46; vgl. auch ders., Sanctifying Grace and Divine Indwelling. Fr. de la Taille and St. Thomas, in: Gr 41 (1960) 63– 69, 64f.

### 5.2.2 Die Gnade Christi als Erlösungsgnade

Die heiligmachende Gnade ist aufgrund der Inkarnation und ihrer Folgen der Menschheit Christi konnatural, da die ungeschaffene Gnade notwendigerweise die geschaffene Gnade mit sich bringt. Und da es sich bei Christus nicht nur um eine akzidentelle, sondern um eine substantielle Einheit mit der ungeschaffenen Gabe handelt, ist die heiligmachende Gnade notwendig mit der hypostatischen Union gegeben.[567] Denn die Gnade, die in der hypostatischen Union die Seele Christi mit dem Heiligen Geist und der gesamten Trinität verbindet, ist Folge und Gabe der Sohnschaft.[568] Einerseits kann man sie als *debitum morale* ansehen, insofern dem Sohn Gottes in seiner menschlichen Natur das Erbe der göttlichen Herrlichkeit zukommt. Denn die beseligende Gottanschauung kann nur in der Teilhabe (die wiederum durch die Gnade geschieht) in einer menschlichen Natur sein. Also gebührte der menschlichen Natur Christi die heiligmachende Gnade auf dem Hintergrund der Gnade der Vereinigung, der keine Verdienste und keine Disposition vorausgehen können. Andererseits kann man sie auch als *debitum physicum* ansehen, insofern die geschaffene Gnade der Vereinigung unmittelbar die Substanz der angenommenen Menschheit betrifft. Diese wird in der Beziehung zum personalen Sein des Logos gemäß ihrer *potentia oboedientialis* so aktuiert, dass sie zwar nicht zur Ebene ungeschaffenen Seins gelangt, aber in eine übernatürliche Existenzweise überführt wird. In dieser Aktuierung vollzieht sich die Mitteilung des göttlichen Seins an die Menschennatur, in der die Union besteht. Die Aktuierung selbst ist also weder identisch mit dem göttlichen Sein, da sie einen zeitlichen Anfang hat, noch mit der Natur an sich.

Diese Aktuierung im Sein ist Grundlage für die Aktuierung im Handeln, die man entsprechend denken muss: Wie die Menschennatur vom reinen Seinsakt des Logos aktuiert wird, ohne selbst ungeschaffen zu sein, so ist die geistige Betätigung der angenommenen Seele nicht ungeschaffen, sondern menschlich, insofern der Geist Christi vom reinen geistigen Akt, also vom göttlichen Sein, aktuiert wird. Da die menschliche Natur nur durch die heiligmachende Gnade zu einem solchem Maß der Erkenntnis erhoben werden kann, bedingt die Gnade der Vereinigung die heiligmachende Gnade, wobei beides ein Werk der ganzen Trinität ist und dem Heiligen Geist zugeschrieben wird.[569] „Père de la Taille, to be sure, maintains that the entire Trinity effects the Union, but the Word alone terminates

[567] Vgl. MF 516; Thomas von Aquin, S. Th. III 7, 13.
[568] Vgl. MF 519.
[569] Vgl. MF 514f.

it; and, consequently, on the part of the Word as term of the Union, it is not only a causal activity (efficient causality) with which we deal; it is a function of an Act that perfects, without being, nevertheless, an Act that informs."[570] Das lässt sich auch so ausdrücken, dass die Gegenwart Gottes im Handeln, die der ganzen Trinität gemeinsam ist, im Zustandekommen der Hypostatischen Union seiner Gegenwart in der die Substanz betreffenden Mitteilung des göttlichen Seins an den Logos logisch vorausgeht. Durch diese Gegenwart im Handeln wird nämlich die Menschennatur für die Aktuierung durch den ungeschaffenen Akt disponiert, während durch die Gegenwart in der Mitteilung die Potenz mit dem Akt als Zielpunkt der hypostatischen Union vereint wird. So ergibt sich für die Menschennatur neben dem Rückbezug einer Wirkung auf ihre Ursache auch das Verhältnis einer Potenz zum Akt, durch den die Menschheit zu dieser substantiellen Vereinigung befähigt wird.[571]

Obwohl diese Vereinigung von der gesamten Trinität bewirkt wird, betrifft sie nur den Logos, anders als die Vollendung des *principium activum radicalis,* die sich auf die gesamte Trinität bezieht. Deshalb ist sie von der heiligmachenden Gnade zu unterscheiden, denn die Gnade der Vereinigung ist die Aktuierung der Seele Christi im Hinblick auf die passive Potenz zum Existieren, jedoch nicht ihre Vollendung im Hinblick auf ein grundlegendes aktives Prinzip zum Handeln nach der Verleihung der Existenz. Sie bewirkt, dass diese Seele die Seele des Logos ist, indem sie in sein personales Sein aufgenommen ist und somit ihre passive Potenz zum Existieren vollendet ist.[572]

Die heiligmachende Gnade ist also die vollkommene Disposition zur hypostatischen Union. Disposition wird hier nicht verstanden als Voraussetzung, sondern im passiven Sinn als Konsequenz aus der bereits vollendeten Form, wie z.B. Liebe oder Reue als eine vollkommene Disposition zur Gnade nicht zustande kommen ohne zuvor eingegossene heiligmachende Gnade, denn das, was Vollkommenheit verleiht, steht der natürlichen Ordnung nach vor dem, das Vollkommenheit erhält. Und im Gegensatz zu natürlichen Vorgängen mit zeitlicher Abfolge gibt es bei der Inkarnation keinen Raum für eine vorausgehende Disposition, sondern man könnte die heiligmachende Gnade gleichsam eine Eigentümlichkeit der

570 M. J. Donnelly, The Theory of R. P. Maurice de la Taille, S.J. on the Hypostatic Union, in: Theological Studies 2 (1941) 510–526, 516.
571 Vgl. ebd. 522.
572 Vgl. MF 516; Thomas von Aquin, S. Th. III 2, 7.

Vereinigung nennen, sodass sie nicht einfach eine sachhaft-zeitliche Hinzufügung wäre.[573]

Hierin liegt das neue positive Element, das durch die Inkarnation eingeführt wurde: Das aktuierende Prinzip ist ungeschaffen und ewig. Auf dieser Grundlage lässt sich eine neue Zuordnung aufbauen: Während das Sein des Logos ungeschaffen ist, ist die Mitteilung des Seins des Logos etwas Geschaffenes, das konkret an den Tag der Verkündigung gebunden ist – und trotzdem absolut übernatürlich. Zur Begründung der Behauptung, dass die Gnade der Vereinigung in Christus etwas Geschaffenes sei, unterscheidet de la Taille präzise zwischen der Vereinigung und der Einheit. Die Vereinigung von menschlicher Natur und Logos ist auf die Einheit von Gott und Mensch ausgerichtet; die Vereinigung kann also etwas Geschaffenes sein, die Einheit nicht. Natürlich ist es nicht möglich, dass sich eine geschaffene Vereinigung auf eine ungeschaffene Einheit beziehen kann, wenn die Einheit von den beiden zu vereinenden Elementen abhängt und die Vereinigung das Ergebnis ist. Bei der Inkarnation ist das Verhältnis umgekehrt, denn die Einheit ist ungeschaffen und präexistent, sodass die Vereinigung von ihr abhängt als Mitteilung an die geschaffene Natur, um sie substantiell mit der Substanz der Einheit selbst zu vereinen.[574]

In der Ordnung der geschaffenen Dinge ist Aktuierung Selbstmitteilung des Aktes an die Potenz, um dieser die wesensmäßige Vollkommenheit zu verleihen oder umgekehrt der Empfang des Aktes in der Potenz, der eine Veränderung und Verbesserung in sie hinein trägt. Jedoch wird dadurch zwischen Akt und Potenz keine Beziehung hergestellt, die auf Erzeugung und Hervorbringung basieren würde, sondern es ist eine Vereinigung und Selbstgabe. Wenn der Akt von der Potenz abhängt, insofern die Aktuierung ein wechselseitiger Vorgang ist, in dem der Akt die Form, die Potenz die Materie darstellt, spricht man von Beformung („information"). In der natürlichen Ordnung ist jede Aktuierung zugleich Befor-

[573] Vgl. MF 517f.; Thomas von Aquin, S. Th. III 7, 12; zur Problematik dieser Disposition vgl. W. R. O'Connor, The Theory of the Supernatural. A Critique of P. de la Taille, in: Theological Studies 3 (1942) 403–412, 406. 410. 412. O'Connor versucht hier nachzuweisen, dass de la Taille an der ontologischen Priorität der Disposition vor der Vereinigung in der Selbstmitteilung festhalten muss.

[574] Vgl. M. de la Taille, Entretien amical d' Eudoxe et de Palamède sur la grâce d'union, in: Revue Apologetique 48 (1929) 5–26. 129–145, 6–8; vgl. zu den Grundlagen der Fragestellung de la Tailles, wie das göttliche Sein in der angenommenen Menschennatur die Rolle des Existenzaktes erfüllen kann, ohne dass ein neues, mittleres Drittes entsteht und gleichzeitig die Transzendenz des ungeschaffenen Aktes gewahrt bleibt: L. Billot, De Verbo Incarnato, Rom 1895[2], 150–153 (in den späteren Ausgaben differenzierter ausgeführt: L. Billot, De Verbo Incarnato, Rom 1949[9], 131–138).

mung, nicht jedoch wenn sich der ungeschaffene Akt des Seins, der Erkenntnis oder des Lebens als solcher mit einer geschaffenen Potenz vereint. Dann handelt es sich um eine Aktuierung, aber nicht um eine Beformung. Denn der ungeschaffene Akt ist nicht vom Geschöpf abhängig, weil er gibt, ohne zu empfangen. Es geht eine Veränderung auf Seiten der empfangenden Potenz vor sich, die weder mit dem ungeschaffenen Akt, der unveränderlich ist, noch mit der geschaffenen Potenz, die ihr Subjekt ist, identisch ist. Sie ist also zugleich eine eingegossene Anpassung der Potenz an den Akt und die Aktuierung der Potenz durch den Akt: also geschaffene Aktuierung durch den ungeschaffenen Akt („actuation créée par Acte incrée"). Diese Verbindung der Potenz mit dem Akt bringt als Neues für den Akt die Beziehung, die wesensmäßig zur Vereinigung gehört im Hinblick auf das Ziel der Vereinigung.[575]

Gut zwei Jahrzehnte nach de la Tailles Tod entwickelte sich eine grundsätzliche Diskussion über diese Begrifflichkeit, weil sie von Th.U.Mullaney als Lehre mit gefährlichen Implikationen in Frage gestellt wurde[576], da sie die Distanz zwischen Schöpfer und Geschöpf nivellieren würde, was er wie folgt begründet: Jede solche Aktuierung, die aus der Vereinigung von Gott als Akt und dem Geschöpf als Potenz entsteht, ergibt eine Mischung aus Übernatur und Natur, Ungeschaffenem und Geschaffenem, Unendlichem und Begrenztem Also wird damit ein Mittleres zwischen Gott und Nicht-Gott eingeführt.[577] Eine geschaffene Aktuierung durch den ungeschaffenen Akt lässt das Geschöpf positiv zu einer übernatürlichen Wirkung beitragen, weil damit die Natur Materialursache ist. Genau das jedoch enthält das Dekret über die Rechtfertigung des Konzils von Trient, wenn im 7. und 16. Kapitel erklärt wird, dass die Gnade als Gerechtigkeit Gottes, die uns von Gott durch das Verdienst Christi eingegossen wird, die Formalursache unserer Rechtfertigung ist, die unserer Seele inhäriert. Also ist die Seele in Bezug darauf, dass sie das Subjekt ist, dem die habituelle Gnade inhäriert, wirklich die Materialursache.[578] Der Grund für den Widerspruch Mullaneys liegt wohl tiefer,

575 Vgl. M. de la Taille, Actuation créée par Acte incréé. Lumière de gloire, grâce sanctifiante, union hypostatique, in: RSR 18 (1928) 253–286, 253f.; Eine englische Übersetzung dieses Artikels findet sich in M. de la Taille, The Hypostatic Union and Crated Actuation by Uncreated Act, West Baden Springs 1952, 29–41.

576 Vgl. Th. U. Mullaney, The Incarnation: De la Taille vs. Thomistic Tradition, in: The Thomist 17 (1954) 1–42, 42: „[That theory] ... is novel, opposed to tradition; it is doctrinally dangerous; it is, metaphysically, tooted in and built upon confusion." Ders., De la Taille and the Incarnation: A Rejoinder, in: The Thomist 22 (1959) 255–277.

577 Vgl. Th. U. Mullaney, The Incarnation: De la Taille vs. Thomistic Tradition, 20.26.

578 Vgl. DH 1528f. 1545–1547; Auf diesen Zusammenhang weist W. Macomber in seinem Diskussionsbeitrag hin, der die von de la Taille nicht intendierte Engführung der Begrifflichkeit in der Argumentation von Th. U. Mullaney aufdeckt: vgl. hierzu W. Macomber, De la Taille vs.

indem er der Materialursache die Funktion der Erhaltung der Wirkung zuschreibt, was somit der Definition der *potentia oboedientialis* widersprechen würde. Er geht davon aus, dass eine positive Wechselwirkung zwischen der Seele als Materialursache und ihrer formalen Entsprechung in der heiligmachenden Gnade vorhanden sein muss, die den Unterschied zwischen Natur und Übernatur verwischt.[579] Macomber weist darauf hin, dass der Vorwurf an de la Taille nicht gerechtfertigt ist, der die Begriffe bewusst analog gebraucht[580]; wenn man jegliche geschaffene übernatürliche Realität für einen Selbstwiderspruch, der ein Mittleres zwischen Gott und Mensch einfordert, hielte, wäre die Realität der habituellen Gnade nicht mehr aussagbar, da sie immer unter diese Definition fallen würde; selbst wenn Mullaney damit wohl ausdrücken will, dass eine geschaffene übernatürliche Wirklichkeit als durch die Vereinigung neu entstandene Substanz ein Widerspruch sei, müsste er konsequent zwischen substantieller Realität und Substanz unterscheiden, denn Substanz gehört zum Wesen, während de la Tailles substantielle geschaffene Aktuierung zur Existenz gehört.[581]

Man muss also unterscheiden zwischen der mitgeteilten Sache und der Mitteilung. Die Mitteilung der Existenz des Logos an Seele und Leib ist die (übernatürliche) Aktuierung der menschlichen Natur als Potenz im Hinblick auf das Sein und als solche wesensmäßig: Wenn man davon spricht, dass die Menschheit durch diese göttliche Existenzweise existiert, ist damit gemeint, dass diese göttliche Existenz dieser Menschheit als aktuelles Seinsprinzip mitgeteilt ist anstatt des Formalprinzips der Existenz, das ihr normalerweise zu eigen sein müsste. Genauso gilt dann, dass die Mitteilung der Gnade eine geschaffene Gabe ist, die sogenannte habituelle Gnade oder heiligmachende Gnade; durch sie besitzen wir die ungeschaffene Gnade, den Heiligen Geist.[582] „Car tout don créé remonte à Celui qui en propre est le don incréé.“[583]

Thomistic Tradition: A Reply, in: The Thomist 22 (1959) 233–254, 238.

579 Vgl. Th. U. Mullaney, The Incarnation: De la Taille vs. Thomistic Tradition, 15–18. 33f.; ders., De la Taille and the Incarnation: A Rejoinder, 260–266.

580 Vgl. M. de la Taille, Actuation créée par Acte incréé. Lumière de gloire, grâce sanctifiante, union hypostatique, 253f.

581 Vgl. W. Macomber, De la Taille vs. Thomistic Tradition: A Reply, 242–246; vgl. dazu auch P. de Letter, Created Actuation by the Uncreated Act: Difficulties and Answers, in: Theological Studies 18 (1957) 60–92, 75–79, der die grundsätzliche Infragestellung der Theorie de la Tailles durch Mullaney ebenfalls als von de la Taille nicht intendierte Engführung der Begriffe qualifiziert: „He is arguing not against de la Taille but against a fictitious opponent“ (ebd. 76).

582 Vgl. M. de la Taille, The Schoolmen, 21–23; vgl. eine Zusammenfassung der Theorie de la Tailles bei M. J. Donnelly, The Inhabitation of the Holy Spirit. A Solution according to de la Taille, in: Theological Studies 8 (1947) 445–470, 451–457.

583 M. de la Taille, Entretien amical d' Eudoxe et de Palamède sur la grâce d'union, 133.

Auf jeden Fall ist ein Verständnis der hypostatischen Union abzuwehren, durch das der Begriff einer unmittelbaren, substantiellen Union gesprengt würde, indem die Menschheit durch das Dazwischentreten einer geschaffenen Form habitueller Gnade und somit in einer akzidentellen, mittelbaren Union mit dem Logos vereint wäre. Es gibt kein Drittes zwischen dem Logos und seiner menschlichen Natur; wenn de la Taille von einer geschaffenen Vereinigung spricht, von einer geschaffenen Gabe der Vereinigung, von einer geschaffenen Gnade, die zum Zustandekommen der Vereinigung beiträgt, will er damit keinesfalls eine habituelle Gnade oder irgendeine Qualität bezeichnen. Die Gnade der Vereinigung gehört zur substantiellen Ordnung ohne selbst Substanz oder Teil einer Substanz zu sein: Im Hinblick auf ihr geschaffenes Sein hat sie ganz die Wirkung einer substantiellen Erscheinung, denn sie ist nichts anderes als die Aktuierung der menschlichen Natur, gesehen als substantielle Potenz zu der Existenz, die dem Logos als Erben des Vaters zukommt. Andererseits hat dieselbe Gnade in rein logischer Hinsicht akzidentellen Charakter, weil sie im Hinblick auf die Menschheit kontingent ist, deren frei geschenkte – und keineswegs substantielle – Vervollkommnung sie darstellt. Die habituelle Gnade ist dagegen in jeder Hinsicht akzidentell, sowohl in metaphysischer als auch in logischer Hinsicht, kommt sie ja zu einer schon voll im substantiellen Sein aktuierten Natur hinzu. Es darf also kein direktes Bindeglied geben, das zwischen der Person des Logos und der Menschheit vermittelt, mit dem die Menschheit früher vereinigt ist als mit dem Logos, sodass in einen der beiden Zielpunkte eine Bestimmung hineingetragen würde, bevor er durch den anderen bestimmt wird. Jedoch gilt das nicht für eine nachfolgende Bestimmung des einen Zielpunktes durch den anderen, denn genau das geschieht ja im Prozess der Vereinigung selbst. Diese Bewegung der Natur auf die Person hin nennt de la Taille mit Thomas ‘Relation’ (eine geschaffene, dem substantiellen Bereich angehörende Wirklichkeit, die einer realen Relation auf Seiten der Menschheit, einer logischen Relation auf Seiten des Logos entspricht). Darauf baut der Gedanke auf, dass genauso wie die Relation eine Folge dieser Bewegung ist, auch die Bewegung, insofern sie auf das substantielle Sein der ungeschaffenen Person ausgerichtet ist, von diesem Sein ausgelöst ist und zu ihm das Verhältnis der Aktuierung zum Akt hat.[584] Dabei geht die Aktuierung im Subjekt nicht dem Akt oder seiner aktuierenden Funktion voraus, genauso wenig

[584] Vgl. M. de la Taille, Entretien amical d’ Eudoxe et de Palamède sur la grâce d’union, 23: „Ma thèse est, qu’il y a un perfectionnement substantiel de la nature humaine, une mutation, qui fonde la relation dite union, et qui déjà peut s’appeler union, non pas dans le sens formellement relatif, mais dans le sens d’une actuation passive de l’humanité par l’Etre incréé du Verbe auquel elle est conjointe comme la puissance à l’acte.“ Das neuė Element ist also eine neue Existenzweise durch die passive Aktuierung der Menschennatur durch das Sein des Logos.

wie die Beformung der Form oder ihrer formalen Kausalität vorausgeht, weil sie nichts anderes ist als die Formalursache (effet formel), die dieser Kausalität entspricht. Diese Beziehung ist aber nicht Grundlage ihrer selbst, es muss eine Veränderung geben, aus der sie entspringt, die wie sie einen zeitlichen Ursprung hat. Diese darf weder im Wesen des Logos noch in der menschlichen Natur an sich gedacht werden, noch in beidem. Denn die Existenz des Logos verlangt an sich nicht nach dieser erst zu einem bestimmten Zeitpunkt der Geschichte zu Tage getretenen Relation; die Menschheit könnte auch existieren, ohne die menschliche Natur des Logos zu sein, und auch das Nebeneinander-Existieren der beiden Bezugspunkte verlangt nicht ihre Vereinigung, die ja ein Werk frei geschenkter Gnade ist.[585]

Eine tiefere Vereinigung von göttlicher und menschlicher Natur als in Christus kann es nicht geben, deswegen muss diese Gnade der Vereinigung auch Ursache der höchsten Form der heiligmachenden Gnade sein, die ihre Konsequenz ist. Es gibt kein Maß an Gnade, das nicht in Christus wäre, deshalb besitzt er die Gnade nicht nur konnatural, sondern er ist auch selbst der konnaturale Träger der Gnade, denn die Fülle der Gnade kann es außerhalb der hypostatischen Union nicht geben. Und jegliche Gnade in einer geschaffenen Person gibt es nur im Rückbezug auf diese Fülle der Gnade als defiziente Teilhabe. Um der von der Sünde geschwächten Menschennatur diese Teilhabe zu ermöglichen, ist Christus Mensch geworden, leidensfähig, sterblich und der Versuchung ausgesetzt. Die Heilung der angenommenen Menschennatur durch die Gnade ist ausgerichtet auf das Ziel der beseligenden Gottanschauung und wird für die Menschheit zur *gratia sanans et elevans.*[586]

[585] Vgl. M. de la Taille, Entretien amical d' Eudoxe et de Palamède sur la grâce d'union, 10–15; vgl. auch die Zusammenfassung der Problematik dieses Artikels von de la Taille (mit zustimmender Wertung) bei M. J. Donnelly, The Theory of R. P. Maurice de la Taille, S.J. on the Hypostatic Union, in: Theological Studies 2 (1941) 510–526, 516–521 und Ch.-V. Héris, Rezension zu „M. de la Taille, Entretien amical d'Eudoxe et Palamède sur la grâce d'union", in: Bulletin Thomiste 10 (1933) 877–880.

[586] Vgl. MF 521f.; vgl. auch M. de la Taille, The Schoolmen, 23: „Sanctifying grace must in Christ be strictly proportioned to the grace of union... Now the manner of existing for Christ's humanity is hypostatic union: no manner of operation can be proportional to that, except the most intimate conjunction between the intellect and the uncreated Truth. Therefore the highest possible degree of beatific vision must exist in Christ's soul... But beatific vision is in strict proportion to sanctifying grace. Therefore, the highest possible sanctifying grace has its domicile in the soul of Christ.Thence it may pour itself out into our souls; and of the fulness of it we have all received, and grace for grace: participated grace, instead of the grace unparticipated, which in Christ's humanity is the natural accompaniment of hypostatic union. Thus does sanctifying grace in us entail imitation and participation of Christ's Sonship, forasmuch as it makes us share in Christ's birthright, in the beatific vision."

Das Ziel der hypostatischen Union und der daraus resultierenden Gnade ist die Erlösung der Menschheit. Der Sohn Gottes gab sich als Opfergabe, indem er die Menschennatur annahm und damit einen Ausgleich schuf, der jegliches Maß weit übertrifft. Denn niemand kann größeres Leiden an der menschlichen Schuld empfinden als der Sohn, der Gott von Angesicht gesehen hat und im Besitz seines göttlichen Lebens ist. Die Annahme der geschwächten menschlichen Natur bietet Raum für die Ausübung der größten Liebe (*felix culpa*). So ist die Gnade Christi der Ursprung jeglicher Gnade, die uns Menschen verliehen ist: Es darf keine Wunde geben, die für diese Gnade unheilbar ist. Diese Erlösungsgnade ist ein Proprium Christi, er hat sie durch sein Sühnopfer für alle erworben, die der Sühne und Heilung bedürfen. Deswegen teilt er sie als *hostia* des Opfers denen zu, die an seinem Opfer teilhaben.[587]

Diese Teilhabe geschieht in der Eucharistie durch den Empfang des Leibes und Blutes Christi, der von Gott angenommenen Opfergabe.[588] In der Eucharistie sind wir Christus leiblich verbunden, denn er gibt an uns seine Gnade weiter, zu deren Verleihung er Fleisch angenommen hat. Durch die Gnade, durch die wir Christus wahrhaft eingegliedert sind (*vere concorporei facti*), haben wir nicht nur eine natürliche Gemeinschaft (*communitas naturae*), sondern eine geistige Gemeinschaft gemäß eines einzigen geheiligten Leibes (*secundum unius sanctificati corporis spirituale consortium*): *Per gratiam qua vere facti sumus ipsi concorporei, non solum secundum communitatem naturae, sed etiam secundum unius sanctificati corporis spirituale consortium. Hoc enim importat participatio nostra dominicae hostiae.*[589]

Die Hypothese, dass sich Gott zum Akt einer geschaffenen Potenz macht, realisiert sich also (neben der hypostatischen Union) in der Glorie und in der heiligmachenden Gnade: „On voit dès lors comment la grâce sanctifiante se compare à la lumière de gloire. La grâce sanctifiante est la communication créée de l' Esprit de vie à l'essence de l'âme, comme la lumière de gloire est la communication créée de l'Intelligible divin à la faculté intellective; elle est la dis-

[587] Vgl. MF 523–525.

[588] Vgl. MF 524: *Quia autem istiusmodi gratiam per sacrificium suum meruit, ut hostia etiam sacrificii ipsam dispensat. Quod enim per sacrificii oblationem conciliatur, id per sacrificii participationem obtinetur: reddente Deo per hostiam acceptissimam fructum oblationis. Reparationis igitur nostrae gratia nobis praesto est in corpore ac sanguine Christi participando, quae est eucharistia.*

[589] MF 524f.; vgl. auch MF 602: *Debetur... eucharistiae, qua copulamur carni et sanguini Christi, ut filii simus; sicut ipse communicavit per incarnationem nostrae carni et sanguini, ut faceret filios.*

position infuse de l'essence de l'âme à la grâce incréée, comme la lumière de gloire est la disposition infuse de la faculté intellective à la Vérité incréée; l'une et l'autre est qualité informant son propre sujet; l'une et l'autre constitue la mutation de la puissance en cause, essence ou faculté et son union respective à l'Acte subsistant; l'une et l'autre par conséquent regarde l'Acte comme terme de l'union; l'une et l'autre, en même temps qu'action de la puissance par l'Acte, est possession de l'Acte par la puissance: elle fait habiter Dieu en nous; celle-ci dans l'essence du juste, celle-là dans l'intelligence même du bienheureux. Dans les deux cas enfin l'actuation est habituelle, c'est-à-dire à la fois accidentelle et permanente, et non pas transitoire, ni non plus substantielle."[590] Die Gemeinsamkeit zwischen heiligmachender Gnade und Glorienlicht, die auf dieser Basis aussagbar ist, besteht also darin, dass die Gnade darauf vorbereitet, die Mitteilung des ungeschaffenen Aktes zu empfangen: in der heiligmachenden Gnade als geschaffener Mitteilung des Geistes des Lebens an das Wesen der Seele, im Glorienlicht als geschaffener Mitteilung des göttlichen Erkenntnisobjektes an die menschliche Erkenntnisfähigkeit – beides ordnet also hin auf den Empfang des Aktes durch die Potenz (als habituelle Aktuierung: akzidentell und doch andauernd) und auf die Einwohnung Gottes im geistbegabten Geschöpf. Gnade ist also immer die geschaffene Aktuierung, die durch den ungeschaffenen Akt im Subjekt erzeugt ist, um es für die unmittelbare Vereinigung mit Gott zu disponieren und – wenn die Vereinigung vollzogen ist – es zur Setzung von Akten, die auf die unmittelbare Einheit mit dem ungeschaffenen Akt abzielen, zu befähigen.

Wie diese tiefe Verbindung zustande kommt und wie hoch ihr Wert anzusetzen ist, ergibt sich aus der Betrachtung der Verbindung zwischen der heiligmachenden Gnade und der speziellen Gegenwart Gottes, die diesen Zustand der Gnade begleitet. Wenn de la Taille die heiligmachende Gnade als geschaffene Aktuierung durch den ungeschaffenen Akt in seiner Verbindung zur Seele als Verbindung auf der Ebene der Substanz einordnet, dann bringt diese unmittelbare Verbindung mit der Seele eine besondere Form der Gegenwart Gottes mit sich. Ausgehend von der Lehre des Thomas von Aquin, der zwar die Beschreibung der

[590] M. de la Taille, Actuation créée par Acte incréé, 259f.; vgl. W.R. O'Connor, A New Concept of Grace and the Supernatural, in: The Ecclesiastical Review 98 (1938) 401–413, 405–408. O'Connor, a.a.O. 408, weist darauf hin, dass de la Tailles Verständnis der Einwohnung des Geistes schon bei Basilius (De Spiritu Sancto 26, 63) grundgelegt ist: „...wenn wir hingegen an die Gnade denken, die er in denen, die an ihm Anteil haben, wirkt, dann sagen wir, der Geist sei *in* uns" (Basilius von Caesarea, De Spiritu Sancto. Über den Heiligen Geist, Übersetzt und eingeleitet von H.J. Sieben (Fontes Christiani 12), Freiburg-Basel-Wien 1993, 269).

heiligmachenden Gnade und die Erklärung der besonderen Form der Gegenwart Gottes in den Gerechtfertigten an verschiedenen Stellen behandelt, lässt sich verdeutlichen, welcher Art die Potenz der Seele ist, der sich der ungeschaffene Akt selbst gewährt. Wie P. de Letter nachweist[591], handelt es sich dabei um einen jeweils verschiedenen Blickwinkel auf dieselbe Sache: Diese Vereinigung auf der Ebene der Substanz kann im Falle der heiligmachenden Gnade keine hypostatische sein. Es ist offensichtlich nicht die Potenz der Seele des Gerechtfertigten zum Sein, die hier aktuiert wird, ebensowenig eine seiner Fähigkeiten des Intellekts oder des Willens, denn die Vereinigung der heiligmachenden Gnade existiert auch real auf der ontologischen Ebene, wenn es keine solchen Akte gibt.

Obwohl de la Taille die Fragestellung nicht explizit in dieser Form bedacht hat, bietet doch seine Darlegung der Gnade Christi den entscheidenden Ansatz zur Weiterführung. In Christus ist, wie schon dargelegt, neben der Gnade der Vereinigung auch die Fülle der heiligmachenden Gnade. Beides bringt eine geschaffene Aktuierung durch den ungeschaffenen Akt mit sich und betrifft die menschliche Natur oder das Wesen der Seele Christi, aber in jeweils verschiedener Hinsicht. „The essence of Christ's human soul is with regard to its existence a potency to *esse*, and in this regard it is actuated by the Uncreated Act as *Esse* of the Word, which takes the place of which would have been, but for the hypostatic union, its connatural created act of *esse*. That same essence of Christ's soul is also nature or remote principle of activity, and sanctifying grace of Christ, therefore, is the created actuation which unites immediately with the divine Essence His soul as dynamic principle of supernatural activity."[592] Die Substanz der Seele Christi ist also im Hinblick auf die hypostatische Union eine Potenz zum Sein, die vom Sein des ungeschaffenen Aktes des Logos aktuiert wird, im Hinblick auf die heiligmachende Gnade aber dynamisches Prinzip der übernatürlichen Tätigkeit, das mit der göttlichen Substanz vereint wird.

Ausgehend von der Frage, ob bei der Heiligung des Menschen die ungeschaffene Gnade den Quasi-Formalgrund darstellt, ist zu zeigen, dass dann immer noch das im Dekret für die Jakobiten des Konzils von Florenz definierte Axiom trinitarischer Theologie gilt: *Hae tres personae sunt unus Deus, et non tres dii: quia trium est una substantia, una essentia, una natura, una divinitas, una immensitas, una aeternitas, omniaque sunt unum, ubi non obviat relationis op-*

[591] Vgl. P. de Letter, Sanctifying Grace and Divine Indwelling. Fr. de la Taille and St. Thomas, in: Gregrorianum 41 (1960) 63–93.

[592] Ebd. 64.

*positio.*[593] In der hypostatischen Union muss die Gnade der Vereinigung zwar auf die ganze Trinität als *causa efficiens* zurückbezogen werden, aber bezogen auf die Wirkung einer Beziehung eines Geschöpfes zu einer göttlichen Person (wie sie in der hypostatischen Union herrscht) gibt es einen Aspekt des passiven Empfangs des göttlichen Seins in der Menschheit, der sich nicht unterschiedslos auf die gesamte Trinität bezieht – sondern auf die (passiv verstandene) Einheit mit der Person des Logos.[594]

„Under this precise aspect, the communication of divine being is not merely an *opus ad extra* (a work of purely efficient causality and hence absolutely and under every respect common to all three divine Persons, *sine ulla Personarum distinctione*); but, in the very communication of divine being by quasi-formal causality, or by this created actuation by uncreated act, this communication is also a *tractio*, a drawing of the creature into the inner circuit of proper trinitarian life. Hence ... one may perhaps say that, under this precise aspect, the uniting of the creature with the divine Person ... is not strictly an *opus ad extra,* but rather *ad intra.*"[595] Unter diesem Aspekt ist die geschaffene Gnade die Vereinigung selbst im passiven Sinn – die passive Mitteilung des innertrinitarischen göttlichen Lebens in dreifach verschiedener Weise, sodass die Seele direkt und unmittelbar mit jeder göttlichen Person verbunden ist. Weil jede der drei göttlichen Personen die Realität der Gnade in ihrer Vollform mitteilt, hat die Seele eine unterschiedliche Beziehung zu jeder der göttlichen Personen, denen sie innerlich und unmittelbar geeint ist. Da jedoch die geschaffene Gnade gemäß der innertrinitarischen Hervorgänge in der Natur Gottes verankert ist, ist die Realität, die jede göttliche Person in einer ihr eigenen spezifischen Art und Weise der Vermittlung der Seele mitteilt, eine einzige. Die Sendung des Sohnes unterscheidet sich von der Sendung des Geistes gemäß ihres Hervorgangs und ihrer Wirkung auf die Geschöpfe. Wenn wir deshalb von unserer Verbindung mit Christus und von der Verbindung untereinander (vgl. Joh 17, 22) sprechen, ist das eine Frage nach der Einheit in der Liebe, die der Heilige Geist als das personenverbindende Prinzip ist.[596]

[593] DH 1330.

[594] Vgl. M. J. Donnelly, The Inhabitation of the Holy Spirit. A Solution according to de la Taille, in: Theological Studies 8 (1947) 445–470, 462f.

[595] Ebd. 458f.

[596] Vgl. ebd. 469: „Only according to the unity of essence does the distinction of the persons disappear; for the divine essence is the one and only common element which the divine Persons have. But, in that They are one through unity of love and harmony in the Holy Spirit, They are united among Themselves as distinct Persons. And ... that is the way in which we are united with Them, namely, as distinct Persons." Ders., Sanctifying Grace and our Union with the Holy

Zusammenfassend lässt sich also sagen, dass sich die übernatürliche Gegenwart Gottes in der Seele des Gerechtfertigten nicht nur graduell von seiner natürlichen Gegenwart in den Geschöpfen, insofern er ihnen Leben und Sein in verschiedenen Graden verleiht, unterscheidet. Aktuierung impliziert die unmittelbare Gegenwart des Aktes, der aktuiert. Diese Gegenwart ist in keiner Weise abhängig von der natürlichen Beziehung zwischen Schöpfer und Geschöpf, in der sich Gott seiner Schöpfung nicht als ungeschaffener Akt gibt, sondern jedem Geschöpf die notwendige Vollkommenheit verleiht, die seinem Wesen und seiner individuellen Existenz entspricht. Diese Kategorie der Wirkursächlichkeit verlangt also nicht nach Vereinigung Gottes mit dem Geschöpf, sondern im Gegenteil, sie betont die Transzendenz Gottes und die Distanz des Geschöpfes zum Schöpfer. Wenn also Gott, der ungeschaffene Akt, in der Seele gegenwärtig ist durch die Gnade, dann ist das genau eine Aktuierung der Seele durch ihn selbst, die sich niemals in der natürlichen Ordnung der Schöpfung finden lässt. Aus dieser Gegenwart Gottes in der Gnade durch Aktuierung der Seele ergibt sich, dass die Gerechtfertigten eine spezielle Beziehung zu jeder der drei Personen der Trinität haben, die ihnen einwohnen.[597]

Die Frage ist nun, inwieweit man die Beziehung zu den einzelnen Personen der Trinität beschreiben kann, ohne zugleich das Prinzip der Einheit zu verlieren. Anhand der Zusammenfassung und Interpretation de la Tailles durch Donnelly entwickelt de Letter eine Konzeption, die das relationale Moment, das im dreifaltigen Gott als Zielpunkt der Vereinigung liegt, stärker in den Vordergrund stellt als die geschaffene Grundlage dieser Vereinigung. Anders die von Donnelly vertretene „non-exclusively *proprium* theory": Sie legt den Schwerpunkt auf die einzige göttliche Realität, die in dreifach verschiedener Weise mitgeteilt wird.[598]

Trinity: A Reply, in: Theological Studies 13 (1952) 190–204, 201f.: „...the coming of grace into the soul is intimately connected with, and arises from, the temporal processions or missions – and the divine essence does not proceed, either eternally or temporally. The mode of the temporal procession is the same as the mode of the eternal procession, with this difference that in the temporal procession, there is connoted a created effect in virtue of which the divine Person is said to proceed or be sent temporally."

[597] Vgl. P. de Letter, Sanctifying Grace and our Union with the Holy Trinity, 41–43; „Nature ist not a beginning of grace" (ebd. 38).

[598] Vgl. P. de Letter, Sanctifying Grace and our Union with the Holy Trinity, 45–58; M. J. Donnelly, Sanctifying Grace and our Union with the Holy Trinity: A Reply, in: Theological Studies 13 (1952) 190–204, grenzt sich von dieser Schwerpunktsetzung ab, indem er die metaphysischen Grundlagen von de Letters Relationsbegriff kritisiert und sich gegen dessen „Weiterführung und Vervollständigung seines eigenen Entwurfes" verwehrt. Er zeigt m. E. zu Recht die Problematik dieses Verständnisses der Vereinigung auf, indem die dreifache Realität der Vereinigung weder auf der Seite der geschaffenen Grundlage liegt noch andererseits eine reale Veränderung der drei göttlichen Personen stattfindet, die als Zielpunkt die Relation

Das entscheidende Moment ist dabei, wie man den Begriff der Relation definiert. De Letter will dabei den Beziehungsaspekt der Vereinigung stärker betont wissen, denn für ihn ist Vereinigung als solche Beziehung (*esse ad*), keine Form, Qualität oder Vollendung (*esse in*); es ist also zu klären, wie es möglich ist, dass die geschaffene Gnade die Person des Gerechtfertigten zu jeder der drei göttlichen Personen, die ihm einwohnen, in eine besondere Beziehung setzt. Gott ist gegenwärtig, indem er die Seele aktuiert, d.h. indem er sich der Seele als deren Quasi-Formalgrund verbindet. Damit vermittelt er die geschaffene Gnade als positive Qualität, die nur die eine göttliche Natur widerspiegelt, nicht die Trinität der Personen, die drei nur *secundum esse relativum* sind. Denn die göttliche Quasi-Form der Seele ist so beschaffen, dass sie eine in der Natur und drei in den Personen ist, oder eine in Bezug auf ihr *esse absolutum* und drei in Bezug auf ihr *esse relativum*. Aus diesem Grund ist die geschaffene Aktuierung ein *esse absolutum* mit seinem *esse in*, nicht ein *esse ad*, sondern eine reale Grundlage für ein *esse ad*, woraus ein dreifaches *esse ad* entspringt: dreifach nicht in seiner geschaffenen Grundlage dieser Relationen, sondern in ihren ungeschaffenen Endpunkten, den drei göttlichen Personen. Also scheint es dafür nicht notwendig – wie Donnelly es tut – zu behaupten, dass die geschaffene Gnade eine Art Miniatur-Trinität in uns ist[599], sondern die Verschiedenheit der Relationen basiert auf der Verschiedenheit der Zielpunkte. Deshalb ist es ihm wichtig zu betonen, dass die Verschiedenheit unserer speziellen Beziehung zu jeder der drei Personen der Trinität nur aus der realen Unterscheidung der drei göttlichen Personen in der einen göttlichen Natur kommt, mit der wir durch die Gnade unmittelbar verbunden sind, und nicht etwa aus einer dreifachen Struktur dieser Gnade.[600]

Die Theorien müssen aber in ihrem Ergebnis, bei dem die weiterführende Diskussion ansetzen kann, nicht als unversöhnliche Gegensätze nebeneinander stehen. Wie nämlich Donnelly selbst darstellt, handelt es sich um einen verschiedenen Blickwinkel, der die unmittelbare Gegenwart Gottes in einer geschaffenen Gnade und die daraus resultierende Beziehung des Gerechtfertigten zum dreifaltigen

bestimmen, sodass daraus „a socalled real distinction hanging between heaven and earth" resultiert (vgl. ebd. 198).

599 Vgl. M. J. Donnelly, Sanctifying Grace and our Union with the Holy Trinity: A Reply, 192.199.201.202.

600 Vgl. P. de Letter, Sanctifying Grace and our Union with the Holy Trinity, 45f. 48–51. „... The relations from the divine Persons to us are merely of reason, and not real on their part; and because the distinction of our relations to them does not come from a threefold foundation in us but from the real distinction of the three Persons who terminate our relations" (ebd. 50).

Gott in verschiedener Perspektive begründet.[601] Donnelly zeigt auf, dass die Gleichsetzung von „aktuieren" und „gegenwärtig sein" durch de Letter[602] nur dann Sinn macht, wenn beides dreifach geprägt ist von der Trinität *qua tres*. Er fasst seine Argumentation in vier Punkten zusammen, die hier wiedergegeben werden sollen[603]: 1. Die Trinität ist in der Seele gegenwärtig *qua tres*, nicht nur *qui tres*. 2. Die neue Art der Gegenwart Gottes ist in der geschaffenen Aktuierung gegeben, die eine neue Relation und Vereinigung mit Gott bewirkt. 3. Wenn die Trinität *qua tres* in der Seele gegenwärtig ist *qua tres*, muss sie auch die Seele *qua tres* aktuieren. 4. Weil Akt und Aktuierung sich entsprechen, muss auch die Aktuierung durch einen trinitarisch geprägten Akt trinitarischen Charakter haben.

Übertragen auf den Gnadenhabitus im Gerechtfertigten heißt das, dass hiermit ermöglicht ist, von einer ontologischen und realen Aktuierung und Vereinigung zu sprechen, die die Ebene der Tätigkeit und nicht des Seins betrifft und somit nicht mit der hypostatischen Union in Christus identisch ist. Denn in der hypostatischen Union wird die Substanz der menschlichen Seele Christi im Hinblick auf ihre Existenz (als Potenz zum Sein) vom ungeschaffenen Akt als Sein des Logos aktuiert. Die heiligmachende Gnade ist die geschaffene Aktuierung, die das Wesen der Seele betrifft als eine Potenz zum Handeln, also nicht insofern sie Potenz zum Sein ist, denn diese Potenz ist schon aktuiert durch den eigenen Existenzakt der Seele. Insofern diese Potenz zum Handeln geistig verstanden ist, weil sie sich auf die Erkenntnis oder Willenskraft bezieht, gehört sie zur intentionalen Ordnung. Denn bevor die Seele des Gerechten diese Akte der Erkenntnis und der Liebe setzen kann, muss sich ihr zuerst Gott selbst als das unmittelbare

[601] Vgl. M. J. Donnelly, Sanctifying Grace and our Union with the Holy Trinity: A Reply, 201: „He [de Letter] maintains that, because of the immediacy of the union, created grace can unite the soul to God only as He exists in Himself, one nature and three Persons. This is looking upon the union *in facto esse*. Now it is a maxime in metaphysics that *fieri est via ad factum esse*. My contention is that, if the union *in facto esse* terminates at the divine Persons *qua tres*, then the *fieri* of the union must come from the divine Persons, also under the aspect of *qua tres*." Wenn man das Verhältnis logisch in diesem bei Donnelly (vgl. ebd. 192) dargestellten Begründungszusammenhang sieht, hat die geschaffene Gnade damit selbst eine trinitarische Struktur, weil die Trinität der Seele gleichsam den Abdruck der Spuren der drei göttlichen Personen einprägt („the concave impression on the soul of the convex trinitarian seal").

[602] Vgl. P. de Letter, Sanctifying Grace and our Union with the Holy Trinity, 42.

[603] Vgl. M. J. Donnelly, Sanctifying Grace and our Union with the Holy Trinity: A Reply, 199.

Objekt dieser Akte vereinen und ihr damit die Fähigkeit schenken, diese Dynamik ihrer durch die Gnade erhöhten Möglichkeiten zu entfalten.[604]

De la Taille und Thomas von Aquin sehen hier dieselbe Sache aus einem verschiedenen Blickwinkel. Während de la Taille von der Selbstübereignung des ungeschaffenen Aktes ausgeht, der in der geschaffenen Aktuierung der Seele stattfindet, nimmt Thomas von Aquin zuerst die heiligmachende Gnade in den Blick, die auf die Einwohnung Gottes verweist, die notwendigerweise damit verbunden ist.[605] „... there seems to be little or no difference between the conception of the divine indwelling as given with the actuation of the soul's essence by the Uncreated Act, and that of the presence of God as potential object of the acts of knowledge and love for which grace gives the radical capacity."[606] Nach Thomas ist nämlich die heiligmachende Gnade ein entitativer Habitus, der zu einer Seele hinzukommt, die bereits ihr eigenes substantielles Sein besitzt, eine Teilhabe an der göttlichen Natur. Diese Teilhabe an der göttlichen Natur vergöttlicht den Menschen nicht, sondern ermöglicht ihm die Setzung von Akten, deren unmittelbares Objekt Gott selbst ist, nämlich von Akten des Glaubens, der Hoffnung und Liebe – und gehört so zur intentionalen Ordnung.[607] Das entspricht der Aussage, dass sich die göttliche Einwohnung durch die Gnade von der Gegenwart Gottes in allen Dingen, insofern er ihr Schöpfer ist, unterscheidet als die spezielle Art seiner Gegenwart in vernunftbegabten Geschöpfen: Die heiligmachende Gnade verleiht die Fähigkeit der Gotteserkenntnis und der Gottesliebe. In diesem Sinne beruht die göttliche Einwohnung nicht in der Setzung dieser Akte von Erkenntnis

[604] Vgl. P. de Letter, Sanctifying Grace and Divine Indwelling. Fr. de la Taille and St. Thomas, in: Gregrorianum 41 (1960) 63–93, 64; vgl. dazu auch K. Rahner, der als Fazit seiner unabhängig von de la Taille dargelegten ähnlichen Theorie zieht: „Wir möchten meinen, dass hier die vorgelegte Theorie von der ungeschaffenen Gnade aus der Begrifflichkeit der Scholastik heraus die Möglichkeit bietet, das Verhältnis des Menschen in der Gnade als nicht-appropriierte Beziehung zu den drei göttlichen Personen zu bestimmen, ohne dass das Prinzip von der Einheit der effizienten Kausalität im Schaffen des dreifaltigen Gottes nach außen verletzt wird und ohne dass die einwohnende Verbindung der drei göttlichen Personen zu einer hypostatischen Union wird" (K. Rahner, Zur scholastischen Begrifflichkeit der ungeschaffenen Gnade, in: ders., Schriften zur Theologie. Bd. I, Einsiedeln - Zürich - Köln 1964, 347–375, 375).

[605] Vgl. P. de Letter, Sanctifying Grace and Divine Indwelling. Fr. de la Taille and St. Thomas, in: Gregrorianum 41 (1960) 63–93, 64f. und als Fazit 69: „From the above we are perhaps justified to say: Fr. de la Taille was right in claiming that, when proposing his concept of the supernatural, and in particular that of sanctifying grace, he did nothing else than express St. Thomas' teaching in a different approach but in his very ideas and terms, and so was what he hoped to be, a faithful exponent of the Angelic Doctor." - Das ist die übliche Deutung des Thomas von Aquin; vgl. aber In Sent. I d.11 q.2 a.1 qc.2. Insofern steht de la Taille doch näher bei Thomas.

[606] Ebd. 65.

[607] Vgl. Thomas von Aquin, S. Th. I–II 110, 3.

und Liebe, sondern in der Befähigung dazu. Wenn Gott gegenwärtig ist *sicut cognitum in cognoscente et amatum in amante,* müssen diese Fähigkeiten, die die Gnade dem Menschen verleiht, fundiert sein durch eine Form realer Gegenwart dessen, der erfahren wird.[608] Diese Einwohnung Gottes ist auch die Grundlage für die Gotteserfahrung im kontemplativen Gebet, sodass man niemals die Frage der Priorität von Liebe und Kontemplation gegeneinander ausspielen kann. Vielmehr schenkt sich in dieser unmittelbaren Einheit Gottes mit der Seele der unmittelbare Bezugspunkt der Vereinigung, der dreifaltige Gott. Seine Liebe ist das Prinzip, das alles umfasst.[609]

Der Grund dafür ist, dass Liebe eine reale Vereinigung verlangt, und die göttliche Liebe verlangt sie nicht nur, sondern bringt sie hervor – die Frage ist, ob und wie Liebe wirklich eine substantielle Gegenwart erfordert. Im Bedenken der Einwohnung des Heiligen Geistes trägt de la Tailles Terminologie zu einer zusammenfassenden Sicht bei, die das Einheitsprinzip für den Empfang der Gnade als Aktuierung durch Gott darlegt, wie W. R. O'Connor ausführt[610]: Eine der Hauptwirkungen der heiligmachenden Gnade ist die Einwohnung des Heiligen Geistes in der Seele der Gerechtfertigten. Wenn jemand die Gnade empfängt, empfängt er eine Aktuierung durch Gott, die aber keine Beformung ist. In der Sprache de la Tailles bedeutet sie eine Vereinigung zwischen Akt und subjektiver Potenz, die auf der einen Seite die Mitteilung des Aktes an die Potenz, auf der anderen Seite die Aufnahme des Aktes (Vollendung, die das Subjekt erhalten wird) in der Potenz (empfangendes Subjekt) impliziert. Zwischen Gott und seinen Geschöpfen kann es keine Materie-Form-Beziehung geben, die im Bereich der geschaffenen Dinge wechselseitige Abhängigkeit impliziert. Gott ist nämlich in keiner Weise von seinen Geschöpfen abhängig und unterliegt keiner der Beschränkungen, die

608 Vgl. Thomas von Aquin, S. Th. I 43, 3. 6; vgl. K. Rahner, Zur scholastischen Begrifflichkeit der ungeschaffenen Gnade, 360: Es handelt sich um eine formale Ursächlichkeit, „die den endlichen Geist in Richtung auf seinen zu erkennenden und zu liebenden Gegenstand ... bestimmt"; vgl. P. de Letter, Sanctifying Grace and Divine Indwelling. Fr. de la Taille and St. Thomas, 67, verdeutlicht diesen Gedanken, dessen biblische Grundlagen aufgezeigt sind bei G. Philips, La grâce des justes de l'Ancien Testament. Fondements scriptuaires. Étude théologique, in: Ephemerides Theologiae Lovanienses 24 (1948) 25–58, 45. Damit nähert sich de la Taille wieder mehr der Perspektive der Heiligen Schrift und der patristischen Tradition an, die von der Gnade als Selbstgabe des dreifaltigen Gottes an die Geschöpfe ausgehen, während sich in der Scholastik die Betonung einseitig auf die geschaffenen Gaben verschob, deren notwendige Folge dann erst die Einwohnung Gottes war: vgl. P. de Letter, Created Actuation by the Uncreated Act: Difficulties and Answers, in: Theological Studies 18 (1957) 60–92, 61–67; K. Rahner, Zur scholastischen Begrifflichkeit der ungeschaffenen Gnade, 353.

609 Vgl. M. de la Taille, Théories mystiques. A propos d'un livre récent, 301f. 317f.

610 Vgl. W. R. O'Connor, A New Concept of Grace and the Supernatural, in: Ecclesiastical Review 98 (1938) 401–413, 401–404.

ein endlicher Akt bei der Aktuierung einer Potenz hinnehmen muss. – Jedenfalls muss im empfangenden Subjekt etwas geschehen, bevor eine solche Aktuierung realisiert werden kann, weil sie dessen natürliche Fassungskraft völlig übersteigt, d.h. das Subjekt muss für den Empfang disponiert werden. Diese geschaffene Disposition, die auf die unmittelbare Vereinigung mit dem ungeschaffenen Akt abzielt ( nicht als *ens quod*, sondern als *ens quo*), ist also kein Selbstzweck: „If the supernatural is at all possible it would seem to involve: 1. the elevation and adaption of the subject by means of a created disposition or actuation divinely infused; 2. the giving of the Act Itself to the subject without informing it; 3. the reception of the Act by the subject without supporting It; 4. the immediate union of the Act with the subject that results therefrom.“[611]

Mit dieser Begrifflichkeit wird es also möglich, eine innerliche, personale Verbindung der Seele zu den göttlichen Personen auszudrücken; denn in der Aktuierung durch Gottes Selbstmitteilung als ungeschaffenem Akt vollzieht sich eine personale Vereinigung. Die Gerechten empfangen durch die habituelle Gnade die Mitteilung der göttlichen Natur als Wirken der ganzen Trinität. Diese Mitteilung an den Menschen bleibt aber notgedrungen immer kontingent; die Annahme des Menschen an Sohnes statt durch die Gnade wahrt also die Transzendenz Gottes, denn sie betrifft nicht die innertrinitarischen Relationen, wie die Zeugung des Sohnes, die in der Mitteilung des göttlichen Wesens innerhalb der Einheit der Substanz besteht und den Hervorgehenden den Sohn, der Gott ist, sein lässt. Insofern wir mit Christus dieselbe Menschennatur gemeinsam haben, sind wir im eigentlichen und univoken Sinn seine Brüder. Im Hinblick auf seine göttliche Natur sind wir es in nur analogem Sinn durch die je verschiedene Sohnschaft und Beziehung zum Vater.[612] Ihre volle Bedeutung erhält diese Aussage also erst im Rahmen der Einwohnung Gottes durch sein Wirken: „...The Word and the Love can be given to us as to become our Word and our Love. In them we know and love God als He is in Himself, as he knows and loves Himself in Himself.“[613] Die

[611] Ebd. 405.

[612] Vgl. F. Bourassa, Adoptive Sonship: Our union with the Divine Persons, in: Theological Studies 13 (1952) 309–335, 315. 325–327.

[613] Ebd. 331; vgl. ebd.: „This conception of the indwelling alone completes the intelligible picture of our intimate insertion into the divine society. It gives divine adoption and sonship their full meaning, by showing how intimately the divine life and therefore the divine nature are communicated to men. It does the same for the concept of grace. Habitual grace, or assimilation to God, explains one aspect of the mystery of our deification; but the full meaning of the latter is not grasped until one realizes how habitual grace results in communion with the divine essence through operation, thus developing in us the divine trinitarian life of thought and love. In similar fashion, finally, the full meaning of actuation by the divine Act in sanctifying grace is not grasped until it is understood as a union of operation.“

reale Gegenwart der göttlichen Personen in uns kann also nur von der im Glauben erleuchteten Vernunft angenommen werden, die das Wort und die Liebe als Personen versteht. Darin gewährt sich die Gegenwart des Sohnes und des Geistes und damit die Gegenwart des Vaters als Ursprung beider.

Die aktive Konnotation der Gegenwart Christi, die bei de la Taille in der Begründung des Opfers der Kirche in den Hintergrund trat, wird in dieser Theorie der Einwohnung Gottes eingeholt. Denn hieraus wird klar, dass die Realität, auf die die Zeichenbedeutung des Opfermahls hinweist, auf der Ebene der Selbstgabe Gottes liegt. Aus dieser Selbstgabe Gottes begründet sich der von de la Taille als Wirkung der Eucharistie hervorgehobene *effectus cognationis*, der uns durch die Teilnahme am Opfer Christi mitgeteilt wird. Die Verbindung mit Christus reicht tiefer als bloße Mahlgemeinschaft (*coadunatio nostra cum Christo convivio*). Sie zielt ab auf seine Selbstgabe im Mahl, die auf seiner Opferhingabe gründet (*coadunatio nostra cum Christo conviva*). Daraufhin interpretiert de la Taille auch die Tatsache, dass Christus selbst mit den Aposteln Mahl hielt – nicht nur, um die lebensspendende Speise darzureichen, sondern um damit auch die Wirkung unserer Inkorporation zu initiieren, indem er uns das "Brot der Sohnschaft" (*panem filiorum*) darreicht.[614] In seiner Selbstgabe realisiert sich die die sakramentale Wirkung der Heiligung, die das Opfermahl mit sich bringt. Denn durch den Empfang haben wir Anteil an der Heiligkeit der Opfergabe, in der die Heiligkeit Gottes selbst ist: *Ex perfecta igitur in Christo significationis veritate manat apud nos efficacia sacramenti; sicque ab unigenito ad fratres, ex capite ad membra diffluit secundum evangelii promissum gratia et veritas.*[615] Auf dieser Wirkung beruht die enge Verbindung zu Christus, die mehr als bloße Teilhabe am Mahl ist, sondern eine Heiligung des Menschen durch die Mitteilung des göttlichen Lebens. Auf diesem Hintergrund kann de la Taille diese Verbindung Gottes mit den Menschen, die zu den Wirkungen des Sakramentes gehört, mit Begriffen umschreiben wie *coniunctio spiritualis cum Deo seu sanctificatio, coadunatio spiritualis cum Deo per Christum, incorporatio ad Christum, consortium sanctitatis, transfusio sanctitatis ex Deo per hostiam in nos, vitae unitas cum Christo.*[616]

[614] Vgl. MF 127: *Adeoque necesse fuit non solum ut daret nobis cibum quo vivificaremur, sed ut ipse in coena acciperet prior, cui competebat virtutem coenandi nobis elargiri. Nec sane mirum est quod panem filiorum non potuimus comedere nisi initiati per illum qui est Dei Filius, cuius solius est saturari de mensa Patris. Manducans igitur et bibens Christus, nos initiabat eucharisticae mensae, nil sibi recipiens, sed profundens in nos ut actum ita fructum manducationis.*

[615] MF 127.

[616] Vgl. MF 475–477.

In der Eucharistie wird diese Heiligung konkret, die durch die Opfergabe von Gott auf uns übergeht. Es entsteht eine tiefe Vereinigung, wie sie in Joh 6, 56f. ausgedrückt ist: „Wer mein Fleisch isst und mein Blut trinkt, der bleibt in mir, und ich bleibe in ihm. Wie mich der lebendige Gott gesandt hat und wie ich durch den Vater lebe, so wird jeder, der mich isst, durch mich leben." Wenn Christus selbst hier die Einheit des Lebens zwischen ihm selbst und dem Vater als Urbild der Einheit nennt, wird daraus klar, woher diese Einheit kommt und wie sie zu verstehen ist: *Communicat vitam Pater Filio suam; communicat iis qui eucharistiam manducant Christus vitam eandem, quam a Patre habet. Aliter tamen et aliter, pro terminorum conditione: est enim in Filio vita ex Patre secundum consubstantialitatem; est in nobis vita Filii secundum participationem, qua nos non ad perfectam similitudinem atque aequalitatem perducit, sed in subordinatam trahit et deficiens sui consortium. En effectum haud obscure praedicatum cibationis eucharisticae nos vegetantis vita Christi, quae divina est.*[617]

Von da leitet sich die *virtus divina* ab, die das Opfer der Kirche zurückbindet in die trinitarische Wirksamkeit: denselben Geist, in dem Christus sein Selbstopfer darbrachte, erbittet die Kirche in der Epiklese, um das Messopfer zu feiern.[618] M. J. Scheeben, auf den sich de la Taille hier beruft und der mit dieser Einordnung ganz auf der Linie seiner Theorie von der Einheit von *coena* und *passio* liegt, stellt die Deutung dieser Wirkung „des ewigen Geistes" (Hebr 9, 14) in den Kontext der Verbindung zwischen Abendmahl und Kreuzesopfer, weil die priesterliche Vollmacht Christi erst deutlich hervortritt, wenn man beides zusammen sieht: „Diese Feier [des Abendmahles] ist nämlich nicht bloß als eine antizipierte Einsetzung der Gedächtnisfeier des Kreuzesopfers, sondern zugleich und zunächst als priesterliche Inauguration des Kreuzesopfers selbst anzusehen, indem Christus hier förmlich und ausdrücklich die übernatürliche göttliche Macht betätigte, kraft deren er das Kreuzesopfer als Mittler des Neuen Bundes darbringen, auch in diesem als Priester nach der Ordnung Melchisedechs handeln, überhaupt dasselbe zum *sacrificium sacerdotale* im vollsten Sinn des Wortes machen konnte und sollte."[619]

617 MF 477f.

618 Vgl. MF 76f.; *Per Spiritum igitur aeternum vel sanctum putamus Christum se obtulisse, eo quod per consecrationem panis in suum corpus ac vini in sanguinem gesserit se sacerdotem illius unici sacrificii, per quod aeternam nobis invenit redemptionem: sacrificii dico suae passionis et mortis* (ebd. 77).

619 M. J. Scheeben, Handbuch der Katholischen Dogmatik. Bd. 3, Freiburg 1882, 442 (Nr. 1491).

Daraus lässt sich auch die Bedeutung der sakramentalen Vermittlung der Gnade in der Eucharistie ermessen. Hier ereignet sich die Verbindung Gottes mit den Menschen in ihrer konkretesten Form, oder wie es Scheeben formuliert, die Eucharistie ist „die realste und vollkommenste Sendung der göttlichen Personen nach außen“ und ist somit der Kristallisationspunkt für die Begründung unserer Lebensgemeinschaft mit Gott: „Das Mysterium der Eucharistie ruft herbei das Mysterium der Gnade und der himmlischen Glorie, indem sie dieselben naturgemäß bewirkt, vorbildet und einleitet: und die Mysterien der Gnade und Glorie postulieren ihrerseits wieder das Mysterium der Eucharistie als ihre Grundlage und ihren realen Typus. Wie aber die Mysterien der Gnade und Glorie neben- und ineinander wieder mit den Mysterien der Trinität und der Inkarnation verflochten sind, so ist dies auch die Eucharistie.“[620]

Der tieferen Begründung genau dieses Zusammenhangs, dass die Eucharistie die Mysterien der Gnade und der himmlischen Glorie postuliert, dient de la Tailles Theorie vom himmlischen Opfer. Sie fungiert sozusagen als Bindeglied für die Kontinuität der Segenswirkung der Opfergabe. Das aktive Opfer Christi, sein aktives Eintreten beim Vater während seiner irdischen Lebenszeit ist vorbei. Was bleibt, ist die daraus erwachsene Kraft, die in der Opfergabe des himmlischen Opfers liegt (*vis sanctificativa*), indem uns Christus als ewiger Priester die Segenswirkung seines Opfers ausspendet – also das Opfer im passiven Sinn, durch das wir geheiligt werden: ... *Pro clamore valido, quo Christus in terris nostram causam agebat apud Patrem, successisse benedictionem, quam de sede sua Pontifex aeternus impertit, elargiens nobis hostiae suae vim sanctificativam, cum secundum gratiam tum secundum gloriam.*[621]

Diese tiefe Verbindung wird besonders deutlich in der Begründung der Zuordnung von Eucharistie und anderen Sakramenten zum gemeinsamen Ziel der Eingliederung in den mystischen Leib Christi. Das Neue Testament beschreibt die Gemeinschaft der Getauften sowohl in passiver als auch in aktiver Konnotation in kultischer Terminologie. Das Opfer der Kirche steht in direkter Verbindung mit Christi Todesleiden: „Wir werden mit ihm begraben durch die Taufe auf den Tod“ (Röm 6, 4); „Ich bin mit Christus gekreuzigt worden; nicht mehr ich lebe, sondern Christus lebt in mir“ (Gal 2, 19f.). Jedoch wird dieses passive Opfer-Sein, das die liturgischen Vollzüge vergegenwärtigen, von der Dimension der ak-

[620] M. J. Scheeben, Die Mysterien des Christentums. Wesen, Bedeutung und Zusammenhang derselben nach der in ihrem übernatürlichen Charakter gegebenen Perspective dargestellt, Freiburg i. Br. 1856, 509.

[621] MF 747.

tiven Selbsthingabe umfangen, die zwar ihren Anfang im kultischen Vollzug hat, aber das ganze Leben umfasst.[622] Die reale Verbindung mit dem Leiden und Sterben Christi vollzieht sich im sakramentalen Raum. „Alle Kräfte des Menschen sind in dieses ständige Geschehen als aktive Mächte eingeordnet, es ist ein personales Geschehen, das sich in der 'Leib'-Gemeinschaft von Erlöser und Erlösten in mystischer Gemeinsamkeit vollzieht. Das christliche Sein steht im ständigen Mitvollzug des Heilswirkens Christi... [Wir haben nun zu zeigen], dass dieser Ereignischarakter des christlichen Daseins in engster Verbindung zum Opfergeschehen am Kreuze steht [und] von diesem seine kultische Bestimmtheit erhält, weil der Christ durch die Taufe als das grundlegende Ereignis seines Lebens mit dem sterbenden und erlösenden, sich priesterlich opfernden Mittler Jesus Christus zu einer Gemeinschaft des 'Mitsterbens' verbunden wird..."[623]

## 5.3 Die Heilsnotwendigkeit der Eucharistie

### 5.3.1 Eucharistie und Taufe

Von dieser Verbindung mit dem Opfer Christi ausgehend argumentiert de la Taille auch in der Bestimmung des Verhältnisses der anderen Sakramente zur Eucharistie. Dieser Bezug wird für ihn am deutlichsten in der Zeichenhaftigkeit der Taufe, da der Taufe mit der Eucharistie neben der Verleihung der Gnade auch die spezielle Wirkung der Inkorporation in den Leib Christi gemeinsam ist. Jedoch die Art und Weise, wie diese Eingliederung erfolgt, ist verschieden: Die Eucharistie bezeichnet in der Vergegenwärtigung des Opfers Christi aus sich selbst unsere Inkorporation in das Leben, da sie ja im Empfang des lebendigen und lebensspendenden Leibes Christi besteht, während die Taufe diese Inkorporation nur mittelbar durch die ihr eigene innere Ausrichtung auf die Eucharistie bezeichnet und bewirkt.[624]

Mit dieser zielgerichteten Frage nach dem notwendigen Gnadenmittel zur Erlangung des ewigen Lebens, zur innigsten Vereinigung mit Gott und Teilnahme an Gottes eigenem Leben geht de la Taille konform mit zeitgenössischen Vertretern der Diskussion um die Thematik der Heilsnotwendigkeit von Eucharistie und

622 Vgl. Th. Schneider, Dogmatische Neuorientierung?, 221; Ph. Seidensticker, Lebendiges Opfer (Röm 12,1). Ein Beitrag zur Theologie des Apostels Paulus (Neutestamentliche Abhandlungen XX), Münster 1954, 237–240.

623 Ph. Seidensticker, Lebendiges Opfer, 236f.

624 Vgl. MF 557.

Taufe[625]. Da sein Opferbegriff eine in gewisser Weise statische Form der wahren Gegenwart Christi (Realpräsenz im überzeitlichen *status victimalis*) impliziert, kommen andere ebenso reale Formen der Gegenwart Christi hier nicht in den Blick. Auch die Frage, wie sich Gott in den Sakramenten in verschiedenen Stufen gewährt, tritt bei der Betonung der Wirkung der Sakramente in den Hintergrund.

Seine Argumentation bleibt nur dadurch stimmig, dass er eine formale Trennung in der Zeichenhaftigkeit des Taufsakraments vornimmt in das, was sich vollzieht, nämlich das Mit-Sterben mit Christus, und das, was intendiert wird, nämlich die Teilnahme an seinem göttlichen Leben. Beides gehört zusammen, jedoch in der primären Bewegung vom Tod zum Leben, sodass die *mortificatio* direkt bezeichnet wird und indirekt durch sie die *vivificatio*. In diesem Sinne lässt sich Röm 6, 2–10 deuten, wenn Paulus von der Gemeinschaft der Getauften mit Christus spricht. Sie entsteht dadurch, dass wir auf Christi Tod getauft sind und durch diese Taufe auf seinen Tod mit ihm gestorben und begraben sind. Wir sterben dem Leben des ersten Adam, dem Leben der Sünde, wie Christus am Kreuz dem vergänglichen und leidensfähigen Leben starb. Christus trug die die Ähnlichkeit mit dem sündigen Fleisch an sich und duldete die Realität des Todes; wir dagegen stehen in der Realität der Sünde und nehmen in der Taufe die Ähnlichkeit des Todes an, nachdem wir sakramental im Wasser der Taufe begraben worden sind. Aber wir sterben so (wie auch Röm 6, 5 weiterführt), dass wir mit dem verherrlichten, unvergänglichen, nicht mehr leidensfähigen, unsterblichen Christus, dem neuen Adam, als Gerechtfertigte leben. Wir werden auf den Tod Christi getauft werden. Das heißt, dass dieser Tod insofern den Übergang in ein neues Leben darstellt, da er als Tod Christi nur mit der Auferstehung zusammen gedacht werden kann. Die Parallele des in der Taufe bezeichneten Todes mit dem Kreuzestod Christi schließt also den Sinn seines Sühnopfers mit ein. Dadurch ist dieser Tod, der in der Taufe bezeichnet ist, der Weg zum Leben, in dem sich Christus nun befindet als von Gott angenommene Opfergabe und als Priester des vollendeten Opfers in Gottes Herrlichkeit. So nimmt uns auch die Taufe in das Opfer Christi mit hinein, indem wir uns selbst darbringen, – als Priester unser Leben, das in der Sünde verhaftet ist, vor Gott bringen und mit Christus zur Opfergabe werden.

[625] Vgl. v.a. E. Springer, O salutaris hostia! Die Eucharistie – Ziel und Mittelpunkt der priesterlichen Wirksamkeit, Paderborn 1910, 12–14; J. Nicolussi, Die Notwendigkeit der hl. Eucharistie. Dogmatische Abhandlung, Bozen 1917, 99; ders., Die Wirkungen der hl. Eucharistie, Bozen 1918, 25–27 (J. Nicolussi setzt sich hier mit der Position E. Springers auseinander und sieht genau in dieser Frage, wann die erste Eingliederung in Christus erfolgt, den entscheidenden Differenzpunkt – obwohl er zur gleichen Gesamtbewertung der Heilsnotwendigkeit der Eucharistie *necessitate medii* gelangt.)

Wie also im Opfer die Bitte um Annahme, so ist in der Taufe auf den Tod Christi die Bitte um das unvergängliche Leben enthalten (vgl. 1 Petr 3, 21f.).[626]

Die Frucht der Taufe (*mors, sepultura, crucifixio*) ist auf die Frucht der Eucharistie (*resurrectio, nativitas, incorporatio*) hingeordnet[627]. Da also in der Taufe die Frucht der Eucharistie erbeten wird, nämlich die Gemeinschaft mit der lebensspendenden Opfergabe, ist die Taufe nur in Ausrichtung auf die Eucharistie zu verstehen. Denn die Möglichkeit der Eingliederung in den Leib Christi besteht in der Teilhabe an seinem Opfer: *Vi igitur propriae suae significationis baptismus directe mortificat, sicut vivificat eucharistia. Mortificatio baptismalis assumitur ob desiderium vitae; vivificatio eucharistiae contingit illis qui praeintelleguntur mortui. Hoc enim negotium salutis est: vitam vita commutare: vita peccati iustitiae vitam... Per mortem baptismalem nobis conciliamus et appropriamus propitiationem dominicae mortis, ut obtingat nobis vivificae hostiae consortium.*[628]

Ohne den Bezug auf die Eucharistie fehlte also der Taufe ein positiver Sinngehalt, weswegen die beiden Sakramente in ihrer Wirkung einander entsprechen und als Anfang und Vollendung des Rechtfertigungsprozesses zu sehen sind: *Baptismus est ipse sacramentalis motus in eucharistiam.*[629]

Letztlich ist in der Taufe implizit das *votum eucharistiae* enthalten, denn die Taufe drückt sakramental das Verlangen nach dem Leben aus, das in der Eucharistie gewährt wird; das Verlangen nach dem Leben ist identisch mit dem Verlangen nach der Eucharistie: *Unde fit ut secundum fidem baptizati appetatur*

[626] Vgl. MF 557–563, besonders MF 558: *Porro Christus non mortuus est, nisi ut vita corruptibili commutaret incorruptibilem. Ideo enim piacularem suam hostiam, agnum qui tollit peccatum mundi, devovit Deo per mortem Sacerdos verus, Christus Dominus, ut in gloria susciperetur a Deo consummatum sacrificium. Non est mors illa nisi transitus ad vitam: phase enim Domini est. Sic etiam mors nostra baptismalis, implantata morti Christi, non est nisi via quaedam ad vitam, qua vivit Deo Christus. In ipsa igitur morte, quae designatur, exoratio quaedam vitae intellegitur: sicut in sacrificii oblatione exoratio est acceptationis, qua consummetur hostia, et consummata participetur, afferens nobis fructum coelestem*; vgl. zur Deutung von Röm 6 durch de la Taille auch B. O'Neill, Inquisitio in doctrinam Patris Mauritii de la Taille S.J. circa Eucharistiam comparatam cum aliis sacramentis, Diss. masch. PUG Rom 1939.

[627] Vgl. MF 563f.

[628] MF 465; vgl. MF 558: *Baptismus igitur (secundum suam vim demonstrativam) est quaedam significatio mortis et consignificatio desiderii vitae;* MF 566: *Desiderium igitur eucharistiae sacramentale vegetat baptismalem ritum.*

[629] MF 564.

*in ipso baptismo eucharistiae sacramentum...*"[630] Aus diesem Grund kann de la Taille die Taufe *sacramentum communionis spiritualis* nennen. Im vollkommenen Verlangen nach der Taufe ist das Verlangen nach dem Leben und seiner gnadenhaften Grundlage, die die Eucharistie beinhaltet, mit enthalten. Dabei muss es sich nicht um ein explizites Verlangen handeln, sondern die Tatsache, dass sich der Mensch, der getauft wird, der *regula fidei* angleicht, lässt es implizit in der Taufe enthalten sein.[631]

Für ein wahres *votum* genügt es, in einem anderen enthalten zu sein. Jedoch führt nur ein *votum*, das von der Liebe durchformt ist (*caritate formatum*), zur Rechtfertigung. Das *votum* der Taufe oder der Buße stellt eine vollkommene Disposition zum Empfang der Gnade dar. Für die Eucharistie wird die Bedeutung des *votum* noch stärker, denn sie ist im Gegensatz zu Taufe und Buße ein *sacramentum permanens*. Die Opfergabe des Opfers Christi existiert für immer außerhalb der Empfangenden; der Empfang der Opfergabe konstituiert nicht das Sakrament, sondern kommt hinzu. Taufe und Eucharistie sind eng verbunden, denn durch das *votum baptismi* gelangt die Wirkung der Eucharistie zum Menschen[632]: *Nec vera virtus eucharistiae agit per eucharistiae votum, nisi cooperante voto baptismi.*[633] De la Taille will hier also nicht die Lehre von der Wirksamkeit der Sakramente *ex opere operato* durch die Behauptung eines kausalen Einflusses subjektiver Dispositionsakte außer Kraft setzen[634], sondern im Vordergrund steht bei ihm die Zuwendung der Wirkung des Opfers der Erlösung bzw. der Anteil an der lebensspendenden Opfergabe, der nicht ohne persönliches Hinzutreten des Einzelnen zum Sakrament gewährt wird.

Dieselbe Argumentation gilt für die Kindertaufe. Auch den Kindern prägt die Taufe ein habituelles Verlangen ein, wodurch sie die Frucht der Eucharistie er-

[630] MF 566; vgl. ebd.: *...desiderium eucharistiae prius est desiderio baptismi;* vgl. S. Th. III 73, 5: *Sacramentum autem eucharistiae, quamvis sit posterius baptismo in perceptione est tamen prius in intentione.*

[631] Vgl. MF 566. Diese Zuordnung erscheint nach Lutz als reichlich theoretisches Gedankenkonstrukt: „Das große, ja schließlich einzige, mit so viel Aufwand postulierte Mittel des Heiles schrumpft also, sobald es an die konkrete Fassung und Bestimmung desselben geht, zusammen zu der bloßen Intention, gemäß der *regula fidei* die Taufe zu empfangen." (O. Lutz, Die Notwendigkeit der hl. Eucharistie nach M. de la Taille, in : ZKTh 49 (1925) 42–61, 54.)

[632] Vgl. MF 611f.

[633] MF 611.

[634] Vgl. O. Lutz, Die Notwendigkeit der hl. Eucharistie nach M. de la Taille, 54–61.

halten.[635] Dabei handelt es sich natürlich nicht – weder explizit noch implizit – um einen Akt von Seiten der Kinder, sondern um ein *desiderium habituale*, das an sich der Taufe schon immanent ist und durch das sie auf die Eucharistie hingeordnet werden. Kann doch niemand Glied des Leibes Christi werden, ohne an seinem Opfertod teilzuhaben. Für Lutz stellt sich das Problem, dass dieses habituelle Verlangen nach der Eucharistie, das für die Kinder genüge (dessen sie ebenso fähig sind wie des Habitus des Glaubens, der Hoffnung und der Liebe) demzufolge eine Wirkung der Taufe wäre und nicht gleichzeitig Ursache der Taufgnade sein könne und als solche unter die Heilsmittel gezählt werden dürfe. Und wenn de la Taille dann bei den Kindern auf diese Ursächlichkeit des Eucharistievotums tatsächlich verzichten könne und als Wirkursache der Heiligung für sie die Taufe allein gelten lasse, die als Wirkung das habituelle Verlangen nach der Eucharistie in sich hat, begebe er sich damit in einen Selbstwiderspruch zu seiner Behauptung der Notwendigkeit der Eucharistie in der Weise des Mittels. Man könne das auch nicht mit dem Begriff des Verlangens nach der Eucharistie bei Thomas vergleichen, denn bei Thomas käme dieses Verlangen nicht aus der Polarisierung von Tod und Leben in Taufe und Eucharistie, sondern aus der Gegenüberstellung von Beginn und Vollendung des geistlichen Lebens, sodass der Empfang der Taufe *ex opere operato* auf die Eucharistie hinordne. Bei de la Taille werde jedoch die „Wirksamkeit des *opus operatum* herabgedrückt und die eigentliche Kausalität in ein *opus operantis* verlegt".[636]

Hier ist jedoch genau die Begrifflichkeit de la Tailles zu berücksichtigen, die in der Anwendung auf die Eucharistie dem Begriff der Disposition eine neue Nuancierung verleiht und genau trennt zwischen inhaltlich-sachlogischer Vorordnung und damit verbundener innerlicher Zuordnung und Verwiesenheit auf die anderen Sakramente in ihrer Eigenart: Der Unterschied zwischen Taufe und Eucharistie liegt im Bereich von *res et sacramentum* begründet, der in der Eucharistie im Sakrament selbst besteht – wir werden durch den Empfang des wahren Leibes und Blutes Christi innerlich und real mit unserer Opfergabe verbunden *(contactus rei)* –, in der Taufe sich aber im Unterschied dazu durch den Taufcharakter im Empfänger realisiert, indem ihm durch das sakramentale Zeichen die Wirkung der Passion Christi mitgeteilt und Anteil an seinem Priestertum gegeben wird *(contactus virtutis)*. Denn die Darbringung seines Opfertodes gehört wesentlich zum Priestertum Christi, und das Taufwasser bezeichnet die Gemeinschaft mit ihm im

[635] Vgl MF 568: *Vegetat illos proinde eucharistia, non minus quam adultos, per desiderium sui perfectum, id est caritate formatum; quod, pro quanto est desiderium, disponit ad eucharistiam, et pro quanto est perfectum, profluit ex eucharistia.*

[636] Vgl. O. Lutz, Die Notwendigkeit der hl. Eucharistie nach M. de la Taille, 56f.

Tod, indem unsere innerliche Immolation in Bezug auf unsere Verhaftung an die Sünde dargestellt wird (der Mensch ist im „Tauftod" tot für die Sünde), damit wir dann in Christus durch die Gnade leben können. Und da jedes sichtbare Opfer Zeichen des unsichtbaren Opfers ist, bezeichnet der durch das Wasser bezeichnete *character* die Gnade.[637]

Wenn dieser *contactus rei* die angezielte Wirklichkeit ist (die mit der Realpräsenz Christi in der Eucharistie identisch gesetzt wird), dann geht es nicht mehr um die Einflussnahme subjektiver Dispositionsakte auf das *opus operatum*, sondern dann geht es um die Mitteilung des göttlichen Lebens, sodass die Taufe nicht von einem formalen *desiderium* als subjektivem Akt lebt, sondern von dieser Wirkung der Eucharistie, auf die die Taufe absolut hingeordnet ist: *Adest igitur desiderium eucharistiae in omni desiderante baptismum; et hinc est, quod desiderium baptismi, positis ponendis, secum fert vitam: quia, si baptismum perfecte desiderasti, iam manducasti spiritualiter carnem Christi, et bibisti de latere eius.*[638] Die Argumentation geht also von der objektiven Wirkung aus, nicht vom Votum als subjektivem Akt, deshalb ist auch hier eine *perfecta dispositio, non antecedens, sed consequens* gemeint.[639]

Die objektive Wirkung, auf die sich das Votum bezieht, hat ihre Grundlage im gemeinsamen Vollzug der Opferhandlung. Die Speise der Eucharistie kann nur verstanden werden als Teilhabe an der einen Opfergabe der Passion. Sie ist im Sakrament gegenwärtig, und in diese Gemeinschaft des Opfermahles will das Sakrament der Taufe den Menschen hinordnen und integrieren.[640]

Erst vom Opfercharakter aus erfüllt sich die Mahlsymbolik mit tieferem Sinn: Das beschauliche Gebet und die Kontemplation als „geistige Nahrung" führen hin zur Erkenntnis des Leibes und Blutes Christi. Und so teilt sich Christus selbst denen mit, die geistig Anteil an einer solchen Speise haben.[641] Die Eucharistie ist das Sakrament der Eingliederung, die durch den lebendigen Glauben in der Zuordnung von Zeichen und Bezeichnetem geschieht. Somit ist auch der lebendige Glaube geistiger Empfang der Eucharistie. Dieser geistige Empfang drückt sich auf drei Ebenen aus: die Mischung von Wasser und Wein entspricht der Mi-

637 Vgl. MF 570.

638 MF 566.

639 Vgl. MF 517. 583–585.

640 Vgl. MF 255–263; ebd. 263: *Cruor igitur passionis eucharistia nostra est; quam accipimus a Deo communicantes, prius oblatam a nobis.*

641 Vgl. MF 231: *„Manducatio sacramentalis est sacramentum efficax manducationis spiritualis."*

schung von Mensch und Geist, wobei das Sichtbare darauf hingeordnet ist, den Glauben an das Unsichtbare zu wecken (als sein Symbol) und die unsichtbare Ebene der Mischung von Mensch und Geist die Begründung für die Unsterblichkeit ist. Verbunden mit der dritten Mischung zwischen dem sichtbaren Element des Trankes und dem geistigen Element des inkarnierten Logos umfasst die Eucharistie die ganze Wirklichkeit zwischen Gott und Menschen einschließlich ihrer eschatologischen Dimension.[642]

De la Tailles Argumentation beruht auf dieser Vorordnung des Opfercharakters vor den Mahlcharakter. Im Vordergrund steht für ihn deshalb die Teilnahme an der Eucharistie als Anteil am Opfer unserer Erlösung, dessen primäre Wirkung die Eingliederung in den mystischen Leib Christi ist.

Von hier aus entwickelt sich auch die Kritik an seiner Position: Nach Lutz kann er so entscheidenden lehramtlichen Aussagen nicht in vollem Maße gerecht werden, aus denen eindeutig hervorgeht, dass der Charakter der Eucharistie als Speise die damit verbundene Wirkung der Erhaltung und Entwicklung des übernatürlichen Lebens nahelegt und nicht dessen Begründung.[643] Seiner Meinung nach beinhaltet also die Tatsache, dass die Eucharistie den Charakter einer Speise hat, die Folge, dass sie das übernatürliche Leben nicht begründet, sondern dessen Begründung in der Taufe voraussetzt. Diese Deutung, dass das Prinzip des übernatürlichen Lebens die Taufe und nicht die Eucharistie ist, bietet sich auch bei Thomas von Aquin an, wenn er Taufe, Firmung und Eucharistie mit Vollzügen des natürlichen Lebens parallel setzt als *generatio, augmentum* und *alimentum*.[644] Die Eucharistie ist das Sakrament, das auf die Vollendung des geistigen Lebens abzielt und worauf alle anderen Sakramente hingeordnet sind. Thomas macht deutlich, dass die Eingliederung in den Leib Christi durch den Taufcharakter geschieht, der als *res et sacramentum* die Wirkung der Taufe ist.[645] „Von der Anschauung, dass die Eingliederung in Christus nur gelegentlich der Taufe durch ein Votum der Eucharistie bewirkt würde, findet sich in all den vielen Stellen, die von der *incorporatio* handeln, keine Spur."[646] Aber de la Taille will nicht die Ein-

[642] Vgl. MF 233f.

[643] Vgl. O. Lutz, Die Notwendigkeit der hl. Eucharistie nach M. de la Taille, 43f.: Lutz beruft sich hier auf Stellen des *Decretum pro Armenis*, wonach die Taufe das Tor zum geistlichen Leben genannt wird und die Eucharistie in ihrer Wirkung, die in der Mehrung der Gnade besteht, darauf aufbaut (vgl. DH 1314. 1322), und des Konzils von Trient, wonach die Eucharistie die geistliche Seelenspeise ist (vgl. DH 1638).

[644] Vgl. Thomas von Aquin, S. Th. III 73, 1.

[645] Vgl. Thomas von Aquin, S. Th. III 70, 4.

[646] Vgl. O. Lutz, Die Notwendigkeit der hl. Eucharistie nach M. de la Taille, 46.

gliederung in den mystischen Leib Christi der Taufe absprechen und der Eucharistie zuschreiben, wie ihm Lutz vorwirft.[647] Deshalb sind auch die Zeugnisse, die dieser beibringt, in beiderlei Hinsicht ambivalent – es geht weder in den zitierten Textstellen noch in de la Tailles eigener Argumentation jemals darum, Taufe und Eucharistie gegeneinander auszuspielen, sondern um die spezifische Begründung ihrer gemeinsamen Wirkung aus ihrer wechselseitigen Abhängigkeit. Auch wenn man von Thomas' Unterscheidung ausgeht: *Baptismus est sacramtentum mortis et passionis Christi, prout homo regeneratur in Christo virtute passionis eius; sed eucharistia est sacramentum passionis Christi, prout homo perficitur in unione ad Christum passum. Unde sicut baptismus dicitur sacramentum fidei, quae est fundamentum vitae, ita eucharistia dicitur sacramentum caritatis, quae est vinculum perfectionis*[648], besagt das nicht, dass es hier um eine exklusive Bedeutung der Taufe und Eucharistie gehen würde (das wäre so, wenn man das Wort des Thomas in der Aussageabsicht deutet, dass es sich um die Bestimmung der jeweils eigenen Wirkung des Sakramentes im allgemeinen, grundsätzlichen Sinn handelte – so Lutz – und nicht um dessen konkreten Empfang – so de la Taille). Die Frage nach ihrer wechselseitigen Verwiesenheit zielt vielmehr darauf ab, ob man das Prinzip der ersten Gnade vom Prinzip ihrer Bewahrung trennen kann und ob dann, wenn man dies als Voraussetzung bejaht, nicht die Wirkung der Eucharistie bereits in der Taufe angelegt sein muss.

Problematisch ist nun, mit welcher Begrifflichkeit de la Taille diese Verbindung darlegt, wenn er versucht, ausgehend von Röm 6, 3–7 die primäre Bedeutung der Taufe als Mitsterben mit Christus zu deuten, das seine notwendige Entsprechung nur aus dem Inhalt der Eucharistie erhält. Die Abgrenzung von Taufe und Eucharistie lässt sich nicht nachvollziehen auf dem Hintergrund, dass nach scholastischer Terminologie auch bei der Eucharistie *in recto* der Tod sakramental bezeichnet wird, *in obliquo* Auferstehung und Himmelfahrt – dieselbe Verbindung kann man für die Symbolik der Taufe postulieren.[649] Auch für sich genommen würde die Symbolisierung von Tod und Begräbnis durch das Untertauchen schon die Verbindung mit Christus realisieren. Denn wir sind „durch die Ähnlichkeit mit seinem Tod, d. h. durch den mystischen Tod in der Taufe, förmlich mit Christus zusammengewachsen ... Und wie könnte es anders sein, in der gegenwärtigen Heilsordnung gibt es keine Nachlassung der Sünde ohne Eingießung der Gnade. Ja, die Nachlassung der Sünde geschieht eben durch die Ein-

[647] Vgl. ebd. 48.; dagegen vgl. MF 563f.: ... *in ipso baptismo, citra sacramentalem eucharistiae sumptionem, fieri tamen et incorporationem et nativitatem et resurrectionem.*
[648] Thomas von Aquin, S. Th. III 73, 3 ad 3.
[649] Vgl. MF 200.

gießung der Gnade. Bezeichnet und bewirkt also die Taufe einmal die Nachlassung und Zerstörung der Sünde, so bewirkt sie auch ... die Eingießung der Gnade; denn die beiden sind unzertrennlich miteinander verbunden."[650] Die begriffliche Trennung, die de la Taille vornimmt, „führt zu einer förmlichen Spaltung des Rechtfertigungsaktes", wenn sie den Blick darauf verstellt, dass das Taufsakrament von Christus als einheitliche Handlung eingesetzt ist und die Eingliederung in seinen mystischen Leib bezeichnet und bewirkt.[651]

Von dieser umstrittenen begrifflichen Trennung der Wirkung von Taufe und Eucharistie, die de la Taille vornimmt, sollte jedoch nicht sein berechtigtes Anliegen verdeckt werden. Es besteht in der tieferen Begründung der besonderen Stellung der Eucharistie als Quelle aller Gnaden, da sie ja in einzigartiger Weise Anteil gewährt am Opfer unserer Erlösung. Dazu sollen zuerst seine Bestimmung der Beziehung der Eucharistie zu den anderen Sakramenten und dann die Begegnungspunkte zur Argumentation seiner Zeitgenossen, die ohne die Notwendigkeit seiner Begrifflichkeit zu einem ähnlichen Ergebnis kommen, in den Blick genommen werden, wobei sich zeigt, dass die Perspektive sich ändert, je nachdem ob der Mahlcharakter oder der Opfercharakter die primäre Argumentationsbasis darstellt.

### 5.3.2 Eucharistie und andere Sakramente

Für den Begriff des *votum Eucharistiae* in seiner speziellen Verwendung und Hervorhebung durch de la Taille spielt die Frage der Beziehung der Eucharistie zu den anderen Sakramenten eine entscheidende Rolle. Es gibt nämlich einen Bereich, in dem sich die Art der Kausalität der Eucharistie von der Art der Kausalität der anderen Sakramente (unabhängig davon, ob man sie nun als physische, moralische oder intentionale Kausalität bezeichnet) unterscheidet. Das wird deutlich, wenn man danach fragt, ob diese Kausalität im Hinblick auf *res et sacramentum* „perfektiv" oder „dispositiv" ist: *respondeo esse perfectivam in eucharistia, ubi res et signum est corpus ac sanguis Christi, at dispositivam tantum in reliquis sacramentis.* Der Grund dafür ist also, dass *res et sacramentum* nur in der Eucharistie an sich die Gnade als solche bezeichnen und bewirken.[652]

650 O. Lutz, Die Notwendigkeit der hl. Eucharistie nach M. de la Taille, 52.
651 Vgl. ebd. 50–53.
652 Vgl. MF 583–585.

Die Eucharistie ist die Quelle aller Gnaden, die übrigen Sakramente verursachen in der ihnen eigenen Zeichenhaftigkeit und Wirkkraft nicht die Gnade als solche (*gratia elevans et sanans* als Gnade des Erlösers), sondern sie verleihen die Gnade nur in ihrer Ausrichtung auf die Eucharistie. Dieser Unterschied wird auch durch das Konzil von Trient deutlich im Opfercharakter der Eucharistie verankert: *Commune hoc quidem est sanctissimae Eucharistiae cum ceteris sacramentis, 'symbolum esse rei sacrae et invisibilis gratiae formam visibilem'; verum illud in ea excellens et singulare reperitur, quod reliqua sacramenta tunc primum sanctificandi vim habent, cum quis illis utitur: at in Eucharistia ipse sanctitatis auctor ante usum est.*[653] Aus dieser hier angesprochenen Sonderstellung lässt sich für de la Taille begründen, dass die Gnade, durch die jemand das geistige Leben erhält, nur aus der Eucharistie oder schon aus dem Verlangen danach kommt. Die anderen Sakramente führen nicht direkt zu dieser Verbindung der Liebe, zur Freundschaft mit Gott oder zur Teilhabe am göttlichen Leben und der Heiligkeit. Sie tun es zwar auf ihre Weise, indem sie die Hindernisse, die für den Empfang der Gnade vorhanden sind, beseitigen und so der Sache nach dasselbe bewirken, aber eben auf andere Art.[654] In gewisser Weise sind alle Sakramente auf die Eucharistie hingeordnet, denn sie steht mit ihnen in der Beziehung einer *causa universalis* zu *causae particulares*, sodass die übrigen Sakramente nicht wirken können ohne die Eucharistie. Andererseits aber kann die Eucharistie nicht wirken ohne das Gesamt der anderen Sakramente, denn sie bewirken die notwendige Disposition zu ihrem Empfang, und das Verlangen nach ihrem Empfang ist somit auch im Verlangen nach der Wirkung der Eucharistie enthalten. Durch jedes sakramentale Zeichen wird über die Vermittlung von *res et sacramentum* auf je eigene Weise eine Wirkung in Bezug auf die heiligmachende Gnade bezeichnet[655].

Die Sünde zerstört die geistige Verbindung zum Leib Christi, die Buße beseitigt das Hindernis für diese vollkommene, lebensspendende Gemeinschaft. *Res et sacramentum* ist in erster Linie die Rekonziliation mit der Kirche, und dadurch wird die Absolution gegenüber Christus bezeichnet und bewirkt.[656] *Potestque hoc*

[653] Trid. Sess. 13, cap. 3 (DH 1639).

[654] Vgl. MF 573f.

[655] Vgl. MF 577f. 581. Die Zeichen sind dabei Instrumentalursache, und zwar im Sinne von physischer Kausalität. Gegen die moralische Wirkweise spricht die Richtung der Wirkung des Sakramentes von Gott zum Menschen (*Christus causa principalis*). Soweit sie aber den Zeichen nicht *materialiter*, sondern *formaliter* aufgrund ihres Zeichen-Seins inhäriert, kann man auch von intentionaler Kausalität sprechen (vgl. MF 582).

[656] MF 574. 581 (Anm.). 610; vgl. B. Xiberta, Clavis Ecclesiae, Rom 1922: Als Schüler de la Tailles entwickelte er die These: *Reconciliatio cum Ecclesia est res et sacramentum sacramenti paenitentiae* (ebd. 18); vgl. zur Rezeption von Xibertas These eine kurze Einordnung und

*iure definiri, per comparationem ad lapsos christianos, sacramentum admissionis ad communionem.*[657] Wenn auch diese These in ihrer Terminologie nicht allgemein rezipiert wurde, so setzte sie sich doch in ihrem zentralen Inhalt durch, denn „relevant ist, ob beim Bußsakrament die Individualisierung und Privatisierung in dem Sinn überwunden wurde, dass die Rekonziliation mit der Kirche, die Herstellung der *pax cum Ecclesia*, als ein Wesenselement der Buße als Sakrament und nicht nur als kirchenrechtliches Beiwerk des sakramentalen Bußverfahrens gilt“[658]. Die Rekonziliation mit der Kirche ist also das Mittel, durch das die sakramentale Handlung an ihr Ziel gelangt: zur Rechtfertigung, deren Formalursache die Gnade ist. „Le sacrement de pénitence, dont le but et l'effet est de réconcilier le pécheur avec Dieu, y procède moyennant une réconciliation préalable avec l'Eglise, laquelle consiste en son fond dans la réadmission authentique et plénière à la libre et intégrale jouissance des droits du baptisé sur l'eucharistie.“[659]

Die Firmung ist das Sakrament der Beständigkeit (*sacramentum perseverantiae*) in der Gemeinschaft des Leibes Christi, die den Glauben stärkt und der Kirche durch die Stärkung der einzelnen Glieder mit dem Heiligen Geist die Kraft verleiht, der unzerstörbare Leib Christi zu bleiben (*socialis indefectibilitas*) und somit ihre innere Entwicklung betrifft. Also ist auch dieses Sakrament ausgerichtet auf die Gemeinschaft des Leibes Christi und die Teilhabe am göttlichen Leben, nicht indem es wie die Buße Hindernisse beiseite schafft, sondern indem es Beständigkeit verleiht.[660]

Das Sakrament der Priesterweihe ist ganz auf das Opfer des Leibes und Blutes Christi ausgerichtet und somit auf das eucharistische Mahl und die Teilhabe daran als Vollendung des Opfers.[661] *Ordinat igitur prae baptismo ordo presbyteros ad sumendum corpus Christi ex officio sacerdotali, tanquam propriae litationis fructum.*[662] Die biblisch begründete Zuordnung von Priestertum und Opfer ver-

weiterführende Literaturhinweise: H. Vorgrimler, Buße und Krankensalbung. HDG IV/3, Freiburg 1978, 195f.; E. Naab, Das eine große Sakrament des Lebens. Studie zum Kirchentraktat des Joseph Ernst (1804–1869) mit Berücksichtigung der Lehrentwicklung der von ihm begründeten Schule (Eichstätter Studien XX), Regensburg1985, 102.

657 MF 574.

658 H. Vorgrimler, Buße und Krankensalbung (HDG IV/3), 196.

659 M. de la Taille, Rez. zu „Bartholomaeus F. M.ª Xiberta, O. Carm. C., S. Th. D., Clavis Ecclesiae. De ordine absolutionis sacramentalis ad reconciliationem cum Ecclesia, Rom 1922“, in: Gr 4 (1923) 591–605, 592.

660 Vgl. MF 557. 574. 581 (Anm.).

661 Vgl. MF 574.

662 MF 574.

langt also auch nach ihrer sakramentalen Entsprechung, wobei das Amtspriestertum über das durch die Taufe verliehene allgemeine Priestertum hinaus einen tieferen Bezug zur Frucht des Opfers und eine amtliche Funktion für die Gemeinschaft des Leibes Christi begründet.

Die Ehe ahmt die Einheit Christi mit der Kirche nach, die Eucharistie ist ihr Urbild und Ziel. Sie ist *sacramentum perseverantiae in communione corporis Christi, adversus difficultates ab intrinseco insurgentes. Res et sacramentum* ist das *vinculum coniugale* als Symbol für die Verbindung zwischen Christus und der Kirche.[663]

Die Krankensalbung soll den Menschen zu einer möglichst intensiven Gemeinschaft mit Christus durch die Eucharistie befähigen (*habilitat hominem ad Christi consortium ex eucharistia derivandum quam plenissimum*) als Zeichen der Heilung von der Sünde und vom Tod der Seele.[664]

Jedes Sakrament ist 'sichtbares Wort' Gottes, das Menschen in seinem Auftrag aussprechen, indem sie das Sakrament vollziehen. Insofern unterscheidet sich die Wirkweise der Eucharistie nicht von der der anderen Sakramente.[665] Aber die Eucharistie ist das Zentrum, auf das alle anderen Sakramente ausgerichtet sind. Nur von diesem Zentrum leitet sich ihre je eigene Art der Mitteilung der heiligmachenden Gnade ab[666], denn: *Utique vehiculum nostrae sanctitatis atque vitae, omnino principale et universale, est corpus nostrae hostiae; nec ullum prostat gratiae principium particulare aut secundarium, nisi huic subordinatum principiorum principio, atque perfectioni perfectionum connexum: eo quod, sicut et omnis sacrificii, ita sacrificii dominici fructus omnis ex hostia exspectatur, quo fieri potest modo, participanda.*[667] Hier liegt also der Grund für die Unterscheidung zwischen der Gnade als solcher und der spezifischen Sakramentsgnade der einzelnen Sakramente: Der Leib und das Blut Christi sind *res et signum*. Allein Leib und Blut unserer Opfergabe bezeichnen oder bewirken aus sich selbst die Gnade als solche, nämlich die Gemeinschaft mit der göttlichen Heiligkeit und dem göttlichen Leben. Die sakramentale Gnade hat also eher disponierende

[663] Vgl. MF 575. 581 (Anm.).
[664] Vgl. MF 575. 581 (Anm).
[665] Vgl. MF 583.
[666] Vgl. MF 575–577.
[667] MF 577.

Funktion, auf die gleichsam die Gnade als solche als Resultat folgt.[668] Weil die Eucharistie aber nicht zum Empfang der Gnade disponiert, sondern sie *perfective* verursacht, ist ihre Wirkweise der der anderen Sakramente vorgeordnet als *dispositivae perfectiva.* Deshalb kann sie keine eigene sakramentale Gnade für sich beanspruchen außer der Gnade selbst als solcher, der Gnade unseres Erlösers, und zwar zugleich als *gratia elevans* und *sanans,* aber sie verursacht diese Gnade nicht ohne die anderen Sakramente, die ja die je erforderliche Disposition ermöglichen.[669]

Diese besondere Wirkung der Eucharistie beruht darauf, dass uns die heilbringende Kraft des Kreuzesopfers Christi zugewandt wird[670] (was auch im weiteren Sinne für die anderen Sakramente gilt), und zwar in aktiver Weise der rituellen Darbringung (während in den anderen Sakramenten passiver Empfang der Gaben Gottes, die uns Christus durch sein Opfer erworben hat, geschieht)[671]: *Stat Christus, ex virtute suae crucis, advocatus noster repropitians nobis Deum, et Dei Sanctus, nos incorporans sibi atque sanctificans. Quae omnia complentur eucharistia: quae est sacrificium nostrum unicum et sacramentum principale, quo cetera vegetantur atque cumulantur. Est igitur eucharistia totius virtutis salutaris ex cruce oriundae collectorium: est salutis pretium, est et regenerationis principium.*[672]

Das Dekret über Dienst und Leben der Priester des Zweiten Vatikanischen Konzils begründet entsprechend vom Opfercharakter der Eucharistie aus ihre Vorrangstellung unter den Sakramenten: „Mit der Eucharistie stehen die übrigen Sakramente im Zusammenhang; auf die Eucharistie sind sie hingeordnet; das gilt auch für die anderen kirchlichen Dienste und für die Apostolatswerke. Die heiligste Eucharistie enthält ja das Heilsgut der Kirche in seiner ganzen Fülle, Christus selbst, unser Osterlamm und das lebendige Brot. Durch sein Fleisch, das durch den heiligen Geist lebt und Leben schafft, spendet er den Menschen das Leben; so werden sie ermuntert und angeleitet, sich selbst, ihre Arbeiten und die ganze Schöpfung mit ihm darzubringen. Darum zeigt sich die Eucharistie als Quelle und Höhepunkt aller Evangelisation: die Katechumenen werden allmäh-

[668] Vgl. MF 584: *Iam vero gratia ista sacramentalis est effectus proprius et specificus cuiusque sacramenti (praeter eucharistiam). Eatenus scilicet singula sacramenta (praeter eucharistiam) attingunt gratiam sanctificantem, quatenus (mediante re et signo) attingunt gratiam suam sacramentalem, se habentem rationetenus tanquam dispositionem ad gratiam sanctificantem.*

[669] Vgl. MF 584.

[670] Vgl. Trid. Sess. 22, cap.1 (DH 1740).

[671] Vgl. MF 616f.

[672] Ebd.

lich zur Teilnahme an der Eucharistie vorbereitet, die schon Getauften und Gefirmten durch den Empfang der Eucharistie ganz dem Leib Christi eingegliedert" (PO 5).

### 5.3.3 Begründung der Heilsnotwendigkeit aus der Besonderheit gegenüber den anderen Sakramenten

Angeregt von der liturgischen Bewegung und den Kommuniondekreten Pius' X. konzentriert sich das theologische Interesse wieder auf die Frage der Heilsnotwendigkeit der Eucharistie.[673] Die klassische biblische Belegstelle Joh 6, 53 macht die Notwendigkeit des Empfangs der Eucharistie deutlich: „Jesus sagte zu ihnen: Amen, amen, das sage ich euch: Wenn ihr das Fleisch des Menschensohnes nicht esst und sein Blut nicht trinkt, habt ihr das Leben nicht in euch." Die Frage ist, ob sie als *necessitas praecepti* oder *necessitas medii* beurteilt werden muss nach dem Grundsatz: Alles, was zur Erreichung der Gnade nicht notwendig ist, hat keine Heilsnotwendigkeit.

E. Springer, dessen Begrifflichkeit und grundsätzliche Ergebnisse de la Taille übernimmt und weiterführt[674], stellt die Problematik der beiden Formen der Notwendigkeit einander gegenüber: Wenn die Eucharistie nur *necessitate praecepti* notwendig wäre, würde das bedeuten, dass die Kommunion nicht der Sache nach ein notwendiges Mittel zur Bewahrung der heiligmachenden Gnade wäre. Dann stützte sich ihre Notwendigkeit auf ein göttliches Gebot, und ein *votum* danach wäre nicht erforderlich, da durch die Taufe bereits die Gnadenhilfe vermittelt

[673] Vgl. E. Springer, Eine Freudenbotschaft für alle Katholiken. Das päpstliche Dekret über die tägliche Kommunion, Paderborn 1910². - E. Springer weist darauf hin, dass die Anregung zur täglichen Kommunion im Dekret „Sacra Tridentina Synodus" Pius' X. vom 16.12.1905 (DH 3375–3383) wieder das verlorengegangene Bewusstsein für die hohe Bedeutung der Eucharistie als notwendiges Mittel zur dauernden Erhaltung der heiligmachenden Gnade weckt (vgl. E. Springer, Eine Freudenbotschaft, 32. 54). Die vierte Bitte des Vaterunsers bezieht sich somit auch auf den im Dekret angeregten täglichen Empfang der Eucharistie, denn Brot im geistigen Sinne umfasst alle Gnaden, die für das übernatürliche Leben notwendig sind, und diese wiederum stehen in enger Beziehung zum eucharistischen Brot (vgl. ebd. 31–34): „Im heiligsten Altarsakrament aber ist er gegenwärtig, um sich aufs innigste mit uns zu vereinigen. Die Eucharistie ist das notwendige Mittel, die heiligmachende Gnade, unseren größten Schatz, dauernd zu bewahren, stetig in ihr zuzunehmen, Kraft zu allem Guten zu bekommen und sich glücklich in Gott zu fühlen. Sie ist das Zentrum alles übernatürlichen Lebens und die Seele der Kirche. Sie ist die Quelle aller Gnaden, weil sie eben den Urheber aller Gnaden enthält. Vom göttlichen Heiland, und zwar vom eucharistischen Heiland, gehen alle Gnaden aus ... Und wenn die Eucharistie auch nicht die übrigen Sakramente ersetzt, so leitet sich doch auch die heiligende Kraft, welche diese Sakramente besitzen, von der Eucharistie her. Wie nun alles im übernatürlichen Leben von ihr ausgeht, so weist auch alles wieder auf sie zurück" (ebd. 54).

[674] Vgl. MF 588f., Anm. 2.

würde, die zur dauernden Bewahrung der Gnade notwendig ist, sodass sie dem Getauften vermöge der Natur der Gnade und Gerechtigkeit, die in der Liebe wirkt, zukommen würde. Die Behauptung der *necessitas medii* jedoch würde bedeuten, dass sich dieses göttlich-kirchliche Gesetz auf eine tiefere Notwendigkeit gründen müsse, weil die Kommunion an sich ein notwendiges Mittel zur Bewahrung der heiligmachenden Gnade wäre. Dann könnte man die Eucharistie als „notwendige Nahrung der Seele, ohne die sie nicht leben kann" in ihrer Notwendigkeit zur Bewahrung der heiligmachenden Gnade für die, die den Gebrauch der Vernunft erlangt haben und also sündigen können, genau parallel führen zur Notwendigkeit der Taufe für die Erlangung der heiligmachenden Gnade. Damit wäre das Verlangen nach der Eucharistie („ein vollkommener Akt der Liebe, der ernste Wille, alles zu tun, was Gott für uns notwendig erachtet") unbedingt erforderlich.[675]

Man kann sicher nicht von einer absoluten und allgemeinen Notwendigkeit des leiblichen Empfangs der eucharistischen Gestalten sprechen; diese Extremposition ist abzulehnen. Die Praxis der frühen Kirche, Kleinkindern mit der Taufe sofort die Eucharistie zu spenden, hat man nicht als Dokumentation der absoluten Heilsnotwendigkeit des sakramentalen Empfangs verstanden. Für de la Taille erklärt sie sich aus dem religionswissenschaftlichen Vergleich: Um einen klaren Gegenpol zu heidnischen Opferkulten zu setzen, bei denen ebenfalls schon kleine Kinder in die Opfergemeinschaft einbezogen wurden, musste man dokumentieren, dass die Kinder der Christen ebenso von Anfang an als volle Glieder der Gemeinschaft initiiert werden. Deswegen war es keine Frage der Glaubenslehre, als das Konzil von Trient diese Praxis aufhob.[676] Ebenso galt es als sicher, dass

[675] Vgl. E. Springer, Die heilige Kommunion. Das notwendige Mittel zur Bewahrung der heiligmachenden Gnade, Paderborn 1911, 6–9. Auf derselben Begrifflichkeit aufbauend weist J. Nicolussi (Die Notwendigkeit der hl. Eucharistie. Dogmatische Abhandlung, Bozen 1917, 9f.) darauf hin, dass man sachlich auch unterscheiden müsse zwischen der Notwendigkeit des *votum Eucharistiae* (der Wille, alle Gebote zu erfüllen, sobald die Zeit dazu gekommen ist, was sich nicht nur auf die Eucharistie, sondern auf alle Vorschriften Gottes und der Kirche bezieht) und der Notwendigkeit der *eucharistia in voto* (die vorgeschriebene Sache ist in sich so notwendig zum Heil, dass man sie wenigstens *in voto* haben muss, wenn ihr Gebrauch aus bestimmten Gründen nicht möglich ist). Wenn auch die Sachverhalte in der verwendeten Begrifflichkeit nicht auseinandergehalten werden, so muss man sich doch im Klaren sein, dass es bei der Fragestellung eigentlich um die Sache geht, also um die *eucharistia in voto*.

[676] Vgl. Trid. Sess. 21, cap. 4 (DH 1730): *Denique eadem sancta Synodus docet, parvulos usu rationis carentes nulla obligari necessitate ad sacramentalem Eucharistiae communionem ..., siquidem per baptismi lavacrum regenerati ... et Christo incorporati adeptam iam filiorum Dei gratiam in illa aetate amittere non possunt. Neque ideo tamen damnanda est antiquitas, si eum morem in quibusdam locis aliquando servavit. Ut enim sanctissimi illi Patres sui facti probabilem causam pro illius temporis rationem habuerunt, ita certe eos nulla salutis*

Erwachsene, denen ohne eigenes Verschulden ein sakramentaler Empfang der Eucharistie nicht möglich ist, nicht des Heils verlustig gehen.[677]

Das Ziel muss also der Versuch einer Harmonisierung der Aussagen der Väter sein, dass einerseits „selbst die kleinen Kinder ohne die Eucharistie nicht in den Besitz der heiligmachenden Gnade gelangen können" und dass aber andererseits „die Kinder auch ohne den wirklichen sakramentalen Genuss der heiligen Eucharistie die Seligkeit und glorreiche Auferstehung erreichen"[678]; diese Aussagen führen zurück auf die die Notwendigkeit einer genaueren Klärung des Verhältnisses zwischen Eucharistie und Taufe.

Die Frage also, die bleibt – und die de la Taille übereinstimmend mit J. Lebreton[679] formuliert und positiv beantwortet – bezieht sich darauf, ob nicht dennoch der Empfang der Eucharistie für alle Menschen *saltem in voto* ein absolut notwendiges Mittel zum Heil sei, dessen Empfang dann beim Erwachsenen, sobald die Möglichkeit dazu besteht, *in re* erfolgen muss.[680]

De la Tailles Argumentationsziel geht noch über die von Springer zusammengefasste Begründung der Heilsnotwendigkeit der Eucharistie hinaus. Hier wird die Notwendigkeit der Eucharistie (*sive in re, ubi copia suppetit, sive saltem in voto*) gefordert. Aber zur Erlangung der ersten Gnade scheint das *votum* der Eucharistie nur notwendig zu sein, insofern die Eucharistie das Prinzip der Beharrlichkeit ist. Das schließt mit ein, dass niemand ohne das implizite *votum* der Eucharistie gerechtfertigt werden kann, da er ja im Zustand der Gerechtigkeit bleiben will und somit das dazu notwendige Mittel bejahen muss. Das ist zwar nach de la

*necessitate id fecisse sine controversia credendum est.*

677 Vgl. MF 587f.

678 Vgl. J. Umberg, Rez. zu „Die Notwendigkeit der heiligen Eucharistie. Dogmatische Abhandlung" von Dr. P. Johann Nicolussi S.S.S., Bozen 1917, in: StZ 94 (1918) 76–78, 78.

679 Vgl. J. Lebreton, Art. Eucharistie, in: A. D'Alès (Hrsg.), Dictionnaire Apologétique de la Foi Catholique. Bd. 1, Paris 1925[4], 1548–1585, 1573: „Le fruit propre de l'eucharistie, c'est-à-dire l'incorporation au Christ, est évidemment nécessaire au salut; toutefois, pour l'eucharistie comme pour le baptême, le fruit du sacrement peut être acquis soit par la réception réelle soit par le désir."

680 Vgl. MF 587f. De la Taille kennt auch die beiden Veröffentlichungen von Nicolussi (J. Nicolussi, Die Notwendigkeit der hl. Eucharistie. Dogmatische Abhandlung, Bozen 1917; ders., Die Wirkungen der hl. Eucharistie, Bozen 1918) und die Gegenposition von Lutz (O.Lutz, Die Notwendigkeit der hl. Eucharistie, in: ZKTh 43 (1919) 235–268; ders. Wirkungen und Notwendigkeit der hl. Eucharistie, in: ZKTh 44 (1920) 398–420. 505–537). Lutz kann seiner Meinung nach Nicolussi nicht entkräften. De la Taille hat sich jedoch nicht aktiv an der zeitgenössischen Diskussion über diese Frage beteiligt, die genannten Beiträge erschienen erst, als seine Konzeption bereits fertiggestellt, aber noch nicht veröffentlicht war.

Taille alles richtig, aber Springer wird damit der Notwendigkeit der Eucharistie und ihrer Beziehung zur Taufe seiner Meinung nach nicht in vollem Umfang gerecht. Denn die Eucharistie ist nicht nur der Grund für die Bewahrung der Gnade, sondern für den Ursprung unseres übernatürlichen Lebens: wir werden also nicht *cum voto eucharistiae*, sondern *per votum eucharistiae* gerechtfertigt. Dieses *votum* stellt also gleichsam eine Disposition für die Gnade dar.[681] Da die Eucharistie das *principium incorporationis* ist, kann sie sich zur Erlangung der Gnade nicht anders verhalten als zu ihrer Bewahrung: denn die Erlangung der *prima gratia* ist der Beginn der Eingliederung, wie die Fortsetzung der Eingliederung die Bewahrung der Gnade bedeutet. Wenn man wie Springer die Eucharistie das Prinzip der Eingliederung nennt, dann muss man sie konsequenterweise auch direkt und *per se* als Ursprung der Gnade sehen.[682]

In Auslegung von Joh 6, 53 zeigt sich, dass das Leben nur durch den zumindest geistigen Empfang der Eucharistie erlangt werden kann. De la Taille führt ausgehend von Zeugnissen der Väterzeit Belegstellen an aus der Auslegungsgeschichte bzw. der theologischen Tradition. Aus ihnen geht die allgemeine Notwendigkeit dieser Ausrichtung auf Leben und Heil hervor. De la Taille wählt dabei Zeugnisse der Väter aus, die alle derselben Argumentationsgrundlage folgen: Die Eucharistie enthält die Grundlage des geistigen Lebens, den Leib Christi, der gelitten hat und uns durch die Teilhabe an seinem erlösenden Opfer Leben spendet, indem wir seinem Leib auch in der Auferstehung verbunden sind. Unsere Versöhnung mit Gott vollzog sich durch die Immolation Christi, die er im Sakrament darbrachte. Diese heilbringende Opfergabe, die über alle Zeit hin formal eine ist, wird uns im Empfang der Eucharistie zuteil. Denn die Eucharistie ist die Opferspeise des Kreuzes, durch die allein der Mensch am Opfer teilhaben kann, durch das wir erlöst sind. Durch den Empfang der Opfergabe wird im eigentlichen Sinn die Frucht des Opfers erlangt. Der Leib Christi, den wir im sakramentalen Mahl empfangen, entfaltet im Menschen als geistigem Wesen seine Wirkung, sodass allen Menschen, die nach dieser geistigen Verbindung verlangen,

[681] In der späteren Auseinandersetzung mit O. Lutz übernimmt E. Springer diesen Ansatz de la Tailles zur Verdeutlichung der Heilsnotwendigkeit der Eucharistie und beruft sich mehrfach auf de la Taille: vgl. E. Springer, Die Taufgnade als Kraftwirkung der Eucharistie, in: DT 8 (1930) 421–431, 424. Ders., Zur Frage: Wirkungskreis und Notwendigkeit der Eucharistie, in: DT 9 (1931) 203–222, 208.218.

[682] De la Taille bezieht sich auf folgende Veröffentlichungen Springers: E. Springer, Die heilige Kommunion. Das notwendige Mittel zur Bewahrung der heiligmachenden Gnade, Paderborn 1911; ders., Die Eucharistie. Nach katholischer Lehre die notwendige Nahrung der Seele, Paderborn 1912; ders., Unsere Einverleibung in Christus durch die Eucharistie, in: ThGl 5 (1913) 15–36 (vgl. MF 588f., Anm. 2.)

durch dieses Verlangen, das sich im leiblichen Empfang manifestiert bzw. vollendet, die lebensspendende Wirkung der ewigen Opfergabe zuteil wird.[683] Diese lebensspendende Wirkung besteht darin, dass wir in Christus inkorporiert werden und dass diese Eingliederung in seinen mystischen Leib kein individuell-losgelöstes subjektives Geschehen ist, sondern zugleich eben auch Eingliederung in seinen Leib, die Kirche. Denn die Kirche ist der Ort der sakramentalen Zuwendung der Erlösung durch das Opfer Christi und die Konkretion der Gemeinschaft, die durch das Opfermahl entsteht: *Adeo sine eucharistia homo caret vita et gratia, ut nec Ecclesiae communicet, nec incorporetur Christo, nec partem habere possit in coelo cum angelis sanctis.*[684]

Deshalb kann de la Taille mit Zeugnissen der Tradition die Eucharistie das Sakrament der kirchlichen Einheit (*sacramentum unitatis ecclesiasticae*) nennen und die Argumentation für die Notwendigkeit des *votum communionis ad corpus Christi* auf die Begründung der Notwendigkeit des *votum communionis ad corpus Ecclesiae* zueinander parallel führen. Denn niemand kann die Wirkung ohne die Ursache anstreben. Man kann nicht zur *communio sanctorum* gehören, ohne die *communio sacramentorum* anzustreben, vor allem die Eucharistie, die das geistige Band dieser Gemeinschaft bewirkt. Das Axiom *Extra Ecclesiam nulla salus* kann also in diesem Zusammenhang so verstanden werden, dass es eine Entsprechung zwischen dem Verlangen nach Gemeinschaft mit dem Leib Christi und Gemeinschaft mit dem Leib der Kirche geben muss und dass das Verlangen nach beidem zumindest implizit vorhanden sein muss. Es kann also auch eine unsichtbare Verbindung mit der Kirche gemäß dem Verlangen und seiner Wirkung bestehen. Demzufolge ist also wenigstens das implizite Verlangen nach dieser Verbindung und diesem Band nötig, wenn man ohne Schuld diese soziale (d.h.

683 Vgl. MF 599f. Im Anschluss an de la Taille beruft sich E. Springer in einem seiner späteren Artikel auf den Opfercharakter der Eucharistie zur Begründung ihrer Wirkung und Notwendigkeit: Vgl. E. Springer, De SS. Eucharistiae virtute atque necessitate, in: Gr 9 (1928) 118–139. 609–627. *Ecclesia est mediatrix omnium bonorum spiritualium. Est enim mater nostra, unde per illam habemus vitam spiritualem, gratiam sanctificantem. Erunt etiam alia bona spiritualia ab Ecclesia repetenda, quippe quae omnia ordinem habeant ad gratiam sanctificantem atque cum illa intime cohaereant. Iamvero sunt omnia illa bona a Christo ex sacrificio crucis. Erunt igitur ab Ecclesia modo correspondenti, scilicet per sacrificium eucharisticum, qua sacrificium crucis iterum et iterum repraesentatur et offertur* (ebd. 119).

684 MF 604. Vgl. E. Springer, O salutaris hostia!, 41f.: „Wie außerhalb der Kirche kein Heil ist, so auch nicht außerhalb der Eucharistie, und wie alle Gnaden durch die Kirche kommen, so auch durch die Eucharistie, ja durch diese in erster Linie, weil sie es ist, die in der Kraft des Hl. Geistes der Kirche Leben und Dasein gibt.“ Auch hier kann man die auf der Identität zwischen Christus im Himmel und Christus in der Eucharistie gründende Verbindung zwischen Eucharistie und Kirche nachvollziehen, die die Eucharistie zum Zentrum kirchlichen Lebens werden lässt.

sichtbare) Verbindung mit der Kirche entbehrt. Und hier kehrt die Argumentation wieder an ihren Angelpunkt zurück: Da nun aber das eigentliche Sakrament dieser Gemeinschaft der Kirche die Eucharistie ist, weil in ihr die Verbindung der einzelnen Glieder zur Kirche in der Liebe Christi konkret wird, ist wenigstens das implizite Verlangen nach ihr notwendig. Denn der Bezug zur inneren Wirkung ist nicht notwendig im äußeren Zeichen verankert, hier geht es um die tiefere, innerliche Ebene.[685] Die Verankerung in der objektiven Verbindung der Gestalten von Brot und Wein durch Leib und Blut Christi als *res et sacramentum* mit der Wirkung des geistigen Lebens verhindert jedoch hier das Missverständnis eines symbolischen Spiritualismus, der den wirklichen Empfang der Eucharistie an den Rand drängen würde.

De la Taille analysiert die Aussagen des Thomas von Aquin zur Frage der Heilsnotwendigkeit der Eucharistie[686]: Thomas vertritt die Ansicht, dass die Eucharistie nicht in der gleichen Weise heilsnotwendig ist wie die Taufe, da der Empfang der Taufe oder schon das Verlangen nach ihr den Beginn des geistigen Lebens realisiert, für dessen Vollendung dann erst die Eucharistie notwendig ist; aber für die Teilhabe an ihrer Wirkung genügt schon das Verlangen nach ihr, deshalb ist der wirkliche Empfang nicht im gleichen Maße heilsnotwendig. Das wird besonders dadurch deutlich, dass die Kinder durch den Empfang der Taufe aus dem Glauben der Kirche heraus auf die Eucharistie hingeordnet werden, während sie auf die Taufe durch kein anderes Sakrament hingeordnet werden können.[687] Die Heilsnotwendigkeit bezieht sich also auf den geistigen Empfang der Eucharistie, da die Erlangung des Heils in der Eingliederung in den mystischen Leib Christi besteht, der wiederum in der Eucharistie substantiell enthalten ist, sodass alle anderen Sakramente von ihr abhängen, weil niemand die Gnade und die Vergebung der Sünden ohne die Wirkung dieses Sakramentes erreichen kann, die ihm aber schon im Verlangen danach zuteil wird.[688] Da dieses Verlangen im Empfang aller Sakramente enthalten ist, ist durch sie schon geistiger Empfang der Eucharistie gegeben, besonders in der Taufe, deren Ziel ja die Eingliederung in den mystischen Leib Christi ist. Damit dieses Verlangen jedoch wahr ist, muss auch der Wunsch nach sakramentalem Empfang der Eucharistie darin enthalten sein.[689]

[685] Vgl. MF 593. 602–605; für die Gleichsetzung der Wirkung des geistigen Empfanges bei nicht selbst verschuldetem Fehlen des sakramentalen Empfangs vgl. auch MF 595–600.

[686] Vgl. MF 605–608.

[687] Vgl. S. Th. III 73, 3.

[688] Vgl. S. Th. III 79, 1.

[689] Vgl. S. Th. III, 80, 1. 80, 2; Trid. Sess. 13, cap. 8 (DH 1648) über die drei Weisen des Empfangs der Eucharistie.

De la Taille folgert nun auf dem Hintergrund seiner Zuordnung von Eucharistie und Taufe, dass durch den Empfang der Eucharistie die Taufe erst ihre Gültigkeit erhält und deshalb, sobald das Alter der Unterscheidung erreicht ist, die Eucharistie mit der Notwendigkeit des Mittels empfangen werden muss. So verlagert sich in seiner Interpretation der von Thomas gesetzte Schwerpunkt in der begrifflichen Präzisierung und Wertung der Rückbezüglichkeit aller Sakramente auf die Eucharistie insofern, als er klar die objektive Grundlage des geistigen Lebens und der Eingliederung in den Leib Christi vorordnet und somit die Heilsnotwendigkeit *necessitate medii* auf die Eucharistie überträgt, sodass der Empfang der Eucharistie wenigstens *in voto* für alle Menschen *necessitate medii* zum Heil notwendig ist.[690]

Ein Einwand gegen die Heilsnotwendigkeit (*necessitate medii*) der Eucharistie bzw. sogar gegen die Mitteilung der anfänglichen Gnade kommt von der Deutung der Taufe und Buße her. Denn wenn jemandem, der im Stand der Todsünde ist, die Eucharistie erst gewährt werden darf, wenn er durch Taufe oder Buße gerechtfertigt ist, erweckt das doch den Anschein, diese Sakramente wären primär wichtig, da sie den für den würdigen Empfang der Eucharistie nötigen Zustand der Gnade vermitteln würden. Jedoch gilt dieser Einwand nur, wenn man von der Notwendigkeit des leiblichen Empfangs der eucharistischen Gestalten zum Empfang der *prima gratia* spricht. Es stellt keinen Widerspruch zur Behauptung dar, dass zur Erlangung der *prima gratia* der geistige Empfang der Eucharistie nötig ist. Die Taufe ist ein Sakrament der Toten, sie verleiht nur Leben im Hinblick auf die Eucharistie, denn durch die Taufe wird die Inkorporation in den alten Adam gelöst und der Weg freigemacht für die Inkorporation in Christus. Diese ist nur möglich durch die Wirkung und im Verlangen der Eucharistie als Sakrament des Lebens. So sind Taufe und Eucharistie untereinander verbunden.[691]

Eine ähnliche Argumentation ist bei der Buße möglich: Eine Teilnahme an der Eucharistie, dem Sakrament der Einheit, wäre für jemanden, der sich durch die Sünde von Gott entfernt hat, nicht möglich, ohne dass das Hindernis zuerst durch das Sakrament der Buße beseitigt wird. Die Eucharistie kann im Gegensatz zur Taufe und zur Buße vom Sünder nicht würdig empfangen werden.[692]

690 Die Vermittlung der praktischen Konsequenzen für den Empfang des Sakramentes ist für de la Taille ein vordringliches Anliegen der Pastoral, deren Ziel die Vermittlung der inneren Stimmigkeit einer möglichst frühen Erstkommunion sein müsste, sodass dies nicht als päpstliche Vorschrift im Rahmen der liturgischen Erneuerung empfunden werden könnte (vgl. MF 606f.).

691 Vgl. MF 609f.

692 Vgl. MF 610.

Weil die Eucharistie in Gestalt eines Mahles eingesetzt ist, gehört ihr wiederholter Empfang mit zur Rechtfertigung und ist im *votum* eingeschlossen, weil nur im – wenn möglich leiblichen – Empfang der Eucharistie die vollkommene Eingliederung in Christus und die lebensspendende Gemeinschaft erhalten werden kann, denn die *gratia prima* und ihre Vermehrung kommen aus derselben Quelle. Mit diesem entscheidenden Argument, dass sich die Eucharistie zum Bewahren der Gnade nicht anders verhält als zu ihrer Hervorbringung, geht de la Taille noch über die Position der Zeitgenossen hinaus, die sich auf die Begründung der Eucharistie als notwendigem Mittel zur Bewahrung der Gnade konzentrieren und das Verlangen nach dieser Bewahrung der Gnade in der Taufe als dem Sakrament, das die erste Gnade vermittelt, mit eingeschlossen sehen.[693] Sicher ist der Vorwurf nicht gerechtfertigt, es handle sich schon bei den Versuchen der tieferen inneren Begründung der Notwendigkeit der Eucharistie als Mittel zur Bewahrung der Gnade durch de la Tailles Zeitgenossen Nicolussi und Klodnicki[694] um *grandes passus extra viam*[695]. Denn insoweit es um die Behauptung der inneren Notwendigkeit zur Bewahrung der Gnade geht, also um die Behauptung, „dass es ohne die durch die Kommunion gewonnene Gnadenhilfe moralisch unmöglich, d.h. sehr schwer ist, sich längere Zeit von schwerer Sünde freizuhalten“, kann man durchaus von „allgemeinem theologischen Lehrgut“ sprechen. Dieses versteht sich als theoretische Untermauerung der praktischen Anregungen der Kommunionerlasse Pius’ X., wobei auch die weiterführende These, die v.a. von Springer und Nicolussi verbreitet wurde, nämlich dass für Erwachsene der sakramenta-

[693] Vgl. MF 588f.: E. Springer (Die hl. Kommunion, das notwendige Mittel zur Bewahrung der heiligmachenden Gnade, Paderborn 1911; ders., Die Eucharistie nach katholischer Lehre die notwendige Nahrung der Seele, Paderborn 1912; ders., Unsere Einverleibung in Christus, in: ThGl 5 (1913) 15–36), dem gegenüber de la Taille sich hier absetzt, vertritt die Position, dass zur ersten Erlangung der Gnade das *votum eucharistiae* nicht notwendig sei, da sie *principium perseverantiae* sei; aber da zur Rechtfertigung das Bleiben im Zustand der Gerechtigkeit gehöre, sei auch die Eucharistie als notwendiges Mittel dazugehörig. Ohne das implizite *votum eucharistiae* könne niemand gerechtfertigt werden. (Noch deutlicher führt Springer diese Begründung später aus: E. Springer, Über das in der Taufe eingeschlossene Votum der Eucharistie, in: ThPQ 74 (1921) 525–540.) Für de la Taille gilt darüber hinaus: *Acquisitio quippe prima gratiae est incorporationis exordium, sicut incorporationis continuatio est gratiae conservatio* (MF 589).

[694] Vgl. G. Klodnicki, De necessitate Eucharistiae ad salutem, in: DT 7 (1920) 57–70.

[695] Vgl. O. Lutz, Wirkungen und Notwendigkeit der hl. Eucharistie, in: ZKTh 44 (1920) 398–420. 505–537, 537; ders., Die Lehre des hl. Thomas über die Notwendigkeit der hl. Eucharistie, in ZKTh 46 (1922) 20–59, 58. Lutz’ Urteil über de la Taille geht noch weiter: „Seine Ausführungen überragen die bisherigen Versuche in dieser Richtung bedeutend und gehen mehrfach neue Wege. Gleichwohl dürften auch sie das gewünschte Ziel nicht erreicht haben, so gerne man auch die Erudition und dialektische Gewandtheit des Verfassers anerkennen mag.“ (ders., Die Notwendigkeit der hl. Eucharistie nach M. de la Taille, in : ZKTh 49 (1925) 42–61, 42.)

le Empfang der Eucharistie notwendig sei, um im Stand der Gnade zu bleiben, als eine direkte Weiterführung dieser Argumentation beurteilt werden kann.[696]

De la Taille argumentiert von einer anderen Basis aus, indem er primär die Eucharistie als Sakrament der Eingliederung in den Leib Christi sieht. Das Argumentationsziel der Notwendigkeit der Eucharistie zur Bewahrung der Gnade ergibt sich bei ihm sozusagen als Konsequenz aus der vorgängigen Verankerung der Notwendigkeit der Eucharistie schon für die Hervorbringung der ersten Gnade. Der Mensch bedarf seiner Natur nach der Vervollkommnung, was sich konkret äußert in der Sehnsucht nach größerer Liebe, um dahin zu gelangen, Gott aus ganzer Kraft zu lieben. Und als Sünder bedarf er dieses Fortschritts in der Gnade, weil er ohne die Beseitigung der Hindernisse durch die vom Heiligen Geist erweckte Liebe nicht in ihr ausharren kann.[697] Die Eucharistie ist also in doppelter Hinsicht für den Menschen notwendig: *In summa, eucharistia est suo modo sacramentum perseverantiae, quia est sacramentum profectus.*[698]

Filograssi sieht wie sein Vorgänger auf dem Lehrstuhl der Gregoriana die beiden Fragen, die sich aus der Gegenüberstellung der Eucharistie mit den anderen Sakramenten ergeben, nämlich das Problem der Beschreibung und Umgrenzung ihrer spezifischen Gnadenwirkung und daraus resultierend die Frage nach der Heilsnotwendigkeit der Eucharistie. Aber er trennt präziser die Betrachtung, je nachdem ob es um den wirklichen sakramentalen Empfang der Eucharistie und ihre Gnadenwirkung *ex opere operato* im Empfänger geht oder um die allgemeine Wirkung als *sacramentum permanens*, insofern Christus als Erlöser und Opfergabe in der Eucharistie gegenwärtig ist. So kann er die bei de la Taille umstrittene Begrifflichkeit genauer vom üblichen Verständnis des Votums als subjektiven Aktes des Empfängers abgrenzen[699] und dafür in Bezug auf die Eucha-

[696] Vgl. J. Umberg, Rez. zu „Die Notwendigkeit der heiligen Eucharistie. Dogmatische Abhandlung“ von Dr. P. Johann Nicolussi S.S.S., Bozen 1917, in: StZ 94 (1918) 76–78.

[697] Vgl. MF 612–614.

[698] MF 614.

[699] Die Problematik, dass dieser Begriff des Votums nicht mit der üblichen Definition harmoniert, wird schon von O. Lutz gesehen und moniert: O. Lutz, Wirkungen und Notwendigkeit der hl. Eucharistie, 530: „Es soll ... nicht geleugnet werden, dass die Taufe als *ianua vitae* und *ianua sacramentorum*, wie auf die übrigen Sakramente, so insbesondere auf die hl. Eucharistie hingeordnet ist oder vielmehr auf dieselbe hinordnet, disponiert; es steht auch gewiss nichts im Wege, diese Hinordnung mit dem hl. Thomas in einem gewissen weiteren und uneigentlichen Sinn ein *votum eucharistiae* zu nennen; aber sie ist kein *votum* im eigentlichen Sinn. Denn die Taufe ist kein Subjekt, das ein *votum* erwecken kann; sie ist ein objektives Zeichen, ein *opus operatum*; das *votum* aber ist als ‘aufrichtiges Verlangen’ und ‘ernster Wille’ etwas Subjektives, Persönliches, ist ein *opus operantis.*“

ristie eine eigene Bedeutung beanspruchen. In der Bestimmung der Wirkung der Eucharistie legt er die Position dar, die auch de la Taille zum Ausgangspunkt erklärt hatte, wobei er aber hier vom wirklichen sakramentalen Empfang spricht: *Proprius Eucharistiae effectus, in re susceptae, est supernaturalis vita per gratiam et caritatem propter seipsam: reliqua vero sacramenta de se aliquem habent effectum cum vita gratiae connexum. Hinc Eucharistia est finis ad quem cetera sacramenta ordinantur.*[700] In doppelter Hinsicht ist die Eucharistie *causa finalis* der anderen Sakramente, weil sie wie die anderen Sakramente ihre eigene Gnadenwirkung *ex opere operato* hat und darüber hinaus als *sacramentum permanens* Christus als Quelle der Gnade enthält, insofern er die Opfergabe des Kreuzesopfers ist und in seinem Charakter als Opferspeise die Fülle der Gnaden mitteilt *ad unionem caritatis propter seipsam.* Für diese Vereinigung haben die anderen Sakramente vorbereitende Funktion. Für Filograssi setzt der Empfang der Eucharistie die heiligmachende Gnade voraus. Und diese Wirkung ist deshalb in Bezug auf den sakramentalen Empfang bzw. auch schon dessen Votum hin vom Mahlcharakter aus zu beurteilen, woraus sich für ihn auch eine *necessitas medii* ergibt, weil die Begründung dieser Notwendigkeit nicht aus einer puren Vorschrift resultiert, sondern *ex ipsa indole cibativa, quae propria est Eucharistiae in re receptae.*[701]

Die konträre Diskussion der Frage nach der Heilsnotwendigkeit beginnt nun, wenn man dahinter zurückfragt nach Christus, insofern er als *sacramentum permanens* dem sakramentalen Handeln der Kirche voraus existiert. In diesem Kontext muss auch der Begriff Votum eine neue Bedeutung bekommen, die vom Votum der Taufe und der Buße abzugrenzen ist: Vorausgehend zum sakramentalen Empfang kann man durch das Votum der Eucharistie auch die *prima gratia* erlangen, da die Eucharistie als *sacramentum permanens* eine Wirkung hat, die ihr unabhängig vom Gebrauch des Sakramentes zukommt. Es handelt sich hierbei

[700] G. Filograssi, De Sanctissima Eucharistia. Quaestiones dogmaticae selectae, Rom 1953$^5$, 443. Es fällt aber auf, dass sich Filograssi hier ganz im Gegensatz zur Darlegung des Opferbegriffs nicht mehr auf de la Taille beruft und im Kontext der Literaturhinweise zur Kontroverse um die Heilsnotwendigkeit der Eucharistie auf ihn verweist, weil er mit de la Taille zwar im Ergebnis übereinstimmt, ihm aber in der Begründung der Heilsnotwendigkeit aus der Abgrenzung zwischen der Wirkung der Eucharistie und der Wirkung der Taufe nicht mehr folgt. Filograssi verweist auf die zusammenfassende Darstellung der Thesen, die er übernommen hat, bei F. Diekamp - A. M. Hofmann, Theologiae dogmaticae manuale. Volumen IV. De sacramentis, tum in communi, tum in specie et de novissimis, Paris 1946$^9$.

[701] Vgl. G. Filograssi, De Sanctissima Eucharistia, 446–449; besonders 446: *Eucharistia est necessaria necessitate medii in voto obiectivo, contento in ipsa perceptione aliorum sacramentorum. Est necessaria necessitate medii pro adultis in re vel in voto ad diu in gratia perseverandum.*

um ein *votum sui generis*, das im Gegensatz zum Votum der Taufe und der Buße und auch zu der von Trient erwähnten Form des Votums der Eucharistie[702] nicht nur auf Erwachsene zu beziehen ist, sondern auch auf Kinder. *Votum baptismi et paenitentiae non est ex efficacia baptismi et paenitentiae iam permanenter exsistentium; implicitum est in actu contritionis perfectae, ordinem dicente ad futuram susceptionem sacramenti, in futurum huic homini applicandi; e contra votum Eucharistiae est ex efficacia sacramenti iam permanenter et extra usum exsistentis. Votum baptismi et paenitentiae ordinatur ad sacramenti susceptionem, cuius proprius effectus est conferre primam gratiam; votum Eucharistiae est ad sacramenti susceptionem, quod non destinatur per se ad primam gratiam conferendam ... Votum vero, de quo nunc loquimur, respicit etiam infantes et ad ipsam primam gratiam obtinendam valet.*[703] Hier wird noch deutlicher, was bei de la Taille mit bedacht werden muss: Es geht hier nicht um die Frage nach dem Empfang der Eucharistie, sondern nur um das Enthalten-Sein in der Wirkung anderer Sakramente. Der Grund dafür liegt in der Identität der *victima crucis* und der *victima caelestis*, die durch ihre Existenz und Gegenwart die Quelle für die Wirksamkeit aller Sakramente ist. Hierdurch wird der Begriff des *sacramentum permanens* zum Bindeglied zwischen dem Verständnis der Eucharistie als Sakrament und dem Verständnis der Eucharistie als Opfer: *Nec dicatur haec pertinere ad Eucharistiam prout est sacrificium; non autem prout est sacramentum. Nam, e contra, pertinent ad sacramentum permanens Eucharistiae. Per sacrificium ponitur victima et offertur Deo; victima iam oblata sacramentaliter adest in altari, eadem formaliter ac victima crucis, omnibus bonis superplena, ita ut de plenitudine eius nos omnes accipiamus. Non eadem plenitudo asserenda est, pro Eucharistia re suscepta, quippe quae in oeconomia sacramentorum re susceptorum supponat gratiam in recipiente, et ad bonum tantum recipientis, sicut quodlibet aliud sacramentum, ex opere operato ordinetur.*[704]

Genau an diesem Punkt entwickelt sich die Kontroverse weiter, die in der Folgezeit dann vor allem von E. Springer[705] und O. Lutz[706] ausgetragen wird, denn die Fragestellung entwickelt sich weg von der für den einzelnen Gläubigen bestehen-

[702] Vgl. Trid. Sess. 13, cap. 7 (DH 1648).

[703] G. Filograssi, De Eucharistia. Quaestiones selectae, Rom 1933, 311f.

[704] Ebd. 312f.; vgl. für die Darlegung der gesamten Argumentation ebd. 308–320.

[705] Vgl. E. Springer, Die Taufgnade als Kraftwirkung der Eucharistie, in: DT 8 (1930) 421–431; ders., Zur Frage: Wirkungskreis und Notwendigkeit der Eucharistie, in: DT 9 (1931) 203–222.

[706] Vgl. O. Lutz, Ist die hl. Eucharistie die Wirkursache aller Gnaden?, in: ZKTh 55 (1931) 438–466; vgl. auch ders., Die Lehre des hl. Thomas über die Notwendigkeit der hl. Eucharistie, in: ZKTh 46 (1922) 20–59, 56.

den subjektiven Notwendigkeit des Empfangs eines Sakramentes. Die weiterführende Auseinandersetzung bewegt sich um den Versuch, „eine objektive Notwendigkeit der Eucharistie zu statuieren oder, genauer gesprochen, die hl. Eucharistie als die Quelle und Wirkursache aller Gnaden, auch der Wirkungen der übrigen Sakramente, zu erweisen“. Unbestrittene gemeinsame Grundlage ist nach Lutz, dass Christus, *qui est in Eucharistia*, die Wirkursache aller Gnaden ist. Jedoch ist das nicht gleichbedeutend mit der Aussage, dass Christus die Quelle und Wirkursache aller Gnaden ist, *quatenus est in Eucharistia* oder *mediante Eucharistia.* Das würde nämlich letztendlich auf eine einfache Gleichsetzung zwischen dem Sakrament der Eucharistie und dem in der Eucharistie gegenwärtigen Christus hinauslaufen und hätte zur Folge, dass jegliche Gnade – die für uns Menschen immer die Gnade Christi ist – so an die Eucharistie gebunden ist, dass sie nur in Verbindung mit diesem Sakrament zu uns gelangt, oder um es mit Lutz auf einen klaren Nenner zu bringen, dass Christus durch die Eucharistie die bewirkende Ursache der Gnaden ist (was Lutz ablehnt).[707] Mit dem Hinweis auf diese Unterscheidung trifft er natürlich auch genau das Kernproblem bei de la Taille, der aufgrund seines Ausgangspunktes in einer *aeterna hostia* zu einer undifferenzierten Gleichsetzung von Christus an sich und Christus in der Eucharistie kommt – die Differenz liegt hierbei nicht in der Person Christi, aber in den Formen seiner Gegenwart. Der Punkt, an dem die Konzeption de la Tailles in der Abwehr der nachtridentinischen Opfertheorien noch nicht angelangt war, ist die sakramentale Sicht des Opfers und somit die präzise Abgrenzung der sakramentalen Gegenwart. De la Tailles Theorie von der *aeterna hostia* konnte zwar das entscheidende Argument gegen Positionen liefern, die in der Messe einen eigenen Destruktionsakt suchen wollten und so deren Charakter als relatives Opfer nicht mehr gerecht wurden. Aber auf ihrem Hintergrund lässt sich nicht klar begründen, dass der Ersttätige Christus bleibt, der realsymbolisch im kirchlichen Geschehen gegenwärtig wird. Nicht das verendgültigte, verewigte historische Geschehen der Erlösung ist es, das sakramental präsent wird, sondern eher ein statischer Zustand bzw. eine abstrakte Wirkkraft. Auf diesem Hintergrund lässt sich die Nachfrage von Lutz verstehen: „Es versteht sich von selbst und wird von niemandem geleugnet, dass durch die Eucharistie nicht die Substanz Christi vervielfältigt wird, sondern nur die Gegenwart, und dass infolgedessen jede von der Örtlichkeit unabhängige Tätigkeit, welche Christus an sich zukommt *in sensu specificativo* auch dem in der Eucharistie gegenwärtigen Christus zugeschrieben werden kann. Insofern kann man, wenn und solange Christus im Sakramente gegenwärtig ist, mit Recht sagen, dass der in der Eucha-

[707] Vgl. ebd. 439f.

ristie gegenwärtige Christus die Wirkursache aller Gnaden ist. Aber die gnadenspendende Tätigkeit Christi, die über den *usus sacramenti* hinausgeht, ist nicht vom Sakrament abhängig und wird von Christus auch nicht vollzogen, insoferne er im Sakramente ist (*in sensu reduplicativo*).“[708]

Die tiefere Problematik, die dahinter steht und die bei de la Taille nicht in den Blick kommt, ist die Frage nach den Grenzen der Identifikation Christi und der Eucharistie, konkret gesprochen, die Frage nach der Wirkweise des himmlischen Christus *in specie propria.* Ist es legitim, jegliche Tätigkeit Christi dem Sakrament zuzuschreiben? Oder muss man nicht daran festhalten, „dass nur jene Tätigkeit Christi sakramental und der Eucharistie eigentümlich ist, die sich mittels der sakramentalen Gestalten vollzieht“? Der Grund dafür, weshalb in de la Tailles Opfertheorie diese Unterscheidung nicht unterzubringen ist, liegt in seiner Zuordnung: *virtus tota ex parte Christi – novitas tota ex parte Ecclesiae.* Wenn man das Eintreten Christi für uns und seine Fürbitte als ewiger Hoherpriester tatsächlich nur so versteht, dass die aktive Rolle nun auf die Kirche übergeht, während von Christus „nur“ die Wirkkraft kommt und wenn man sein Sitzen zur Rechten des Vaters als ewige Präsenz der aus seinem *status hostiae* resultierenden Verdienste ansieht, wird verständlich, dass die Mittlerfunktion der Kirche und deren konkretester Vollzug, das Opfer der Kirche, eine ganz andere Gewichtung erhalten muss. Die unbestrittene Voraussetzung, dass alle Sakramente ihre Kraft aus dem Leiden Christi haben und daraus wirken, dass die Vereinigung mit dem *Christus passus* in der eucharistischen Kommunion ihre Konkretion erhält und dass das nicht ohne Wirkung der Gnade geschehen kann, wird dadurch in keiner Weise in Frage gestellt.[709] Im Gegenteil, das Einheitsprinzip der sakramentalen Wirklichkeit kann in der Kirche tiefer verankert werden. „Die Sakramente stehen ... als geschaffene Werkzeuge der Gnadenvermittlung in einer umfassenden Ordnung von äußeren Instanzen und Organen, die in je eigener Weise zur Vermittlung der Gnade bestimmt sind und zu ihrem Wirksamwerden beitragen. So konkretisiert und konzentriert sich in den einzelnen Sakramenten nur das, was in der von Christus gestifteten sichtbaren Kirche als Heils- und Gnadenwirklichkeit grundgelegt ist und manifest wird; denn die Kirche ... stellt als Leib Christi ... das all-umfassende Zeichen des in Christus geschichtlich verwirklichten Heils dar. Sie weist so freilich in ihrem Ursprung wie in ihrem inneren Wesen auf ein noch fundamentaleres Gnadenzeichen hin, in dem sich die Gnade in einzigartiger Weise verkörperte und vor den Augen der Menschen zur

[708] Ebd. 465f.
[709] Vgl. ebd. 450–465.

Sichtbarkeit erhob: Das ist die Menschwerdung des Sohnes Gottes ..., zu der auch Leben, Tod und Auferstehung des Erlösers gehören."[710]

## 5.4 Weiterführende Anregungen

Die These de la Tailles von der absoluten Heilsnotwendigkeit der Eucharistie mindestens *in voto* wurde so nicht rezipiert. Durch die zugrunde liegende Distinktion, die die Diskussion um die Heilsnotwendigkeit der Taufe auf die Eucharistie überträgt, wird die Begrifflichkeit überstrapaziert.

Was bleibt, um aus de la Tailles Schwerpunktsetzung die unbestrittene entscheidende Bedeutung der Eucharistie unabhängig von seiner Begrifflichkeit zu untermauern? Er identifiziert mit der Frucht der Eucharistie alle Formen der realen Verbindung Christi mit den Menschen. So reicht seine Argumentation über den sakramentalen Empfang hinaus; es geht um die geistige Eingliederung in den Leib Christi. De la Taille vermeidet zwar dadurch den Bruch zwischen der Mitteilung und Bewahrung der Gnade als Wirkungen des Sakraments, aber nicht den Bruch zwischen Gewähren der Frucht des Opfers durch Gott und Hinzutreten des Menschen zum Opfermahl. Das liegt an der statischen Grundkonzeption seines Opferbegriffs, insofern Christus in seinem *status victimalis* das Opfer in seiner Wirkkraft durchträgt, diese aber auf die Kirche als Handelnde übergeht; die Begrenzung der wirkenden und lebendigen Gegenwart auf den Anteil an der „lebensspendenden Opfergabe" führt dann natürlich dazu, diese ins Zentrum zu rücken und andere Formen von Christi wirksamer Gegenwart zu vernachlässigen bzw. diese auch ausschließlich in diesen Aspekten des Opferbegriffs zu verankern. Die entscheidende Frage, auf die de la Taille zurück verweist, ist: Was ist es bzw. wer ist es, der in allen Sakramenten wirkt? Ohne die Begrifflichkeit eines in allen Sakramenten enthaltenen „Realvotums" zu benutzen, ist es die alle Zeiten umgreifende Umgestaltung der Realität durch das Gnadenangebot des Opfers unserer Erlösung.

Wenn in heutiger theologischer Sprache von der „Lebensbedeutung der Eucharistie"[711] die Rede ist, dann hat sich zwar der Ansatzpunkt der Fragestellung von

[710] L. Scheffczyk, Die Heilsverwirklichung in der Gnade. Gnadenlehre (L. Scheffczyk - A. Ziegenaus, Katholische Dogmatik VI), Aachen 1998, 286f.

[711] G. Koch, Sakramentenlehre - Das Heil aus den Sakramenten, in: W. Beinert (Hrsg.), Glaubenszugänge. Lehrbuch der Katholischen Dogmatik. Bd. 3, Paderborn - München - Wien - Zürich 1995, 307–523, 442.

der objektiven Vorgegebenheit des sakramentalen Geschehens auf die Ebene des anthropologisch-existentiellen Zugangs verschoben, aber die Begründung muss immer noch durch die Klärung der Frage geschehen, wie sich gerade in der Eucharistie die Gegenwart Christi in besonderer Weise realisiert und wie er uns in diesem Geschehen Anteil an seinem göttlichen Leben gibt. Wenn es um diese Einbeziehung in das trinitarische Leben als tiefster Form der Gemeinschaft geht, darf nicht unberücksichtigt bleiben, dass sich nach dem Verständnis von Schrift und Tradition die Eingliederung in den sakramentalen Leib Christi und in den mystischen Leib Christi gegenseitig bedingen, dass also damit das Eucharistieverständnis eine zentrale Stellung in unserem Glauben einnimmt. „Im Sakrament des Leibes und Blutes Christi laufen ... wie in einem Brennpunkt alle Linien zusammen: Anthropologie, heilsgeschichtliche Selbsterschließung des dreifaltigen Gottes (Trinitätslehre), Christologie, Pneumatologie, Ekklesiologie, Eschatologie."[712] Am Beispiel der Fragestellung nach der „Heilsnotwendigkeit der Eucharistie" zeigt sich deutlich, dass sich in der geschichtlichen Entwicklung die Schwerpunkte verschoben haben. Es gibt vielfache Zugänge zu der Bedeutung dieses Sakramentes, das sich als Mahl und Opfer realisiert, sodass vieles an der Diskussion bloß historischem Interesse bzw. dogmengeschichtlicher Begründung einer Entwicklung dient. Aber der Kernpunkt der Frage, inwiefern sich die Bedeutsamkeit dieses Sakramentes über ein subjektiv empfundenes Gemeinschaftserleben und -handeln hinaus begründen lässt, hat durchaus seine Berechtigung. Er bildet sogar den Angelpunkt für die Unterscheidung, ob es hier um ein beliebig austauschbares Zeichengeschehen geht, dessen innere Dimension allein wichtig ist, oder ob man hier wirklich von einer objektiven Realität sprechen kann, die sich als Gegenwärtig-Sein der unaustauschbaren Person des Gottmenschen Jesus Christus in diesem Sakrament gewährt. De la Taille wird dem Anliegen der liturgischen Bewegung, Messe und Kommunion wieder als Einheit zu sehen, eindeutig besser gerecht als Positionen, die einseitig den Mahlcharakter als das verbindende Element betonen, aber das theologische Fundament für die verbindende Wirkung dieses „Gemeinschaftsmahles" verlieren.

J. Auer weist deshalb zu Recht auf die Problematik der Frage in der heutigen Zeit hin: „Die Frage nach der absoluten Heilsnotwendigkeit (*necessitas medii*) erscheint in unserer Zeit bei einer weltoffenen und heilsgeschichtlichen Betrachtung sowohl des Erlösungswerkes Christi wie der Geschichte der Menschheit und

[712] G. L. Müller, Katholische Dogmatik. Für Studium und Praxis der Theologie, Freiburg - Basel - Wien 1995, 680; vgl. J. Ratzinger, Schauen auf den Durchbohrten. Versuche zu einer spirituellen Christologie, Einsiedeln 1984, 79.

der einzelnen Menschen allgemein problematischer, und zwar schon als Frage, noch ehe die Antwort versucht wird... Umgekehrt ist aber auch die Frage nach der Heilsnotwendigkeit der hl. Eucharistie für den einzelnen Christen nicht mehr so einfach zu beantworten, da auch der einzelne Christ nicht mehr so sehr als Einzelner, sondern als Glied der Kirche zu sehen ist, und da für die Kirche als 'mystischen Leib Christi', der von den Erlösungsgnaden des Opfers Christi lebt, Eucharistie in anderer Weise 'notwendig' erscheint, als sie es für den Christen als Einzelnen sein musste."[713]

Die Liturgiekonstitution des Zweiten Vatikanischen Konzils bringt diesen Wandel der Perspektive deutlich zum Ausdruck. Die Opfergemeinschaft ist zugleich Konstitutiv der sakramentalen Zeichenhandlung. „Die liturgischen Handlungen sind keine privaten Handlungen, sondern Feiern der Kirche, die das 'Sakrament der Einheit' ist, nämlich das heilige Volk, unter den Bischöfen geeint und geordnet. Daher gehen sie den ganzen Leib der Kirche an, machen ihn sichtbar und wirken auf ihn ein; seine einzelnen Glieder aber berühren sie auf verschiedene Weise, entsprechend der Verschiedenheit von Stand, Aufgabe und tätiger Teilnahme. Jedesmal, wenn Riten gemäß ihrer jeweiligen Eigenart eine gemeinschaftliche Feier mit Beteiligung und tätiger Teilnahme der Gläubigen mit sich bringen, soll betont werden, dass diese soweit wie möglich einer einzelnen und gleichsam privaten Feier dieser Riten vorzuziehen ist. Das gilt insbesondere für die Feier der Messe – immer unbeschadet der öffentlichen und sozialen Natur einer jeden Messe – und für die Spendung der Sakramente".[714]

Diese Notwendigkeit für die ganze Kirche macht auf die Dimension der Frage aufmerksam, in der es nicht mehr um die Heilsnotwendigkeit des Empfanges der Kommunion geht, sondern um den innerlichen Bezug zwischen Eucharistie und Kirche – also letztlich wieder um die Frage nach dem in der Kirche lebenden und wirkenden Christus und den Formen der objektiven Verankerung der Gegenwart in seiner Kirche, die sich auch terminologisch artikuliert in der Bestimmung der Beziehung zwischen dem sakramentalen und mystischen Leib Christi. Das Zweite Vatikanische Konzil hat die grundsätzliche Bezogenheit von Eucharistie und Kirche klar herausgestellt und deutlich gemacht, dass die Eucharistie nicht nur als Heilsmittel für den Einzelnen betrachtet werden darf, sondern in ihrer heilsgeschichtlichen Funktion für die ganze Kirche. „Eucharistie ist so als Opfermahl

[713] J. Auer, Allgemeine Sakramentenlehre und das Mysterium der Eucharistie (J. Auer - J. Ratzinger, Kleine Katholische Dogmatik VI), Stuttgart 1980, 268f.

[714] SC 26f. (DH 4026f.).

wie als Opfer wesenhaft Funktion des Lebens der Kirche, und die Kirche selbst muss aus diesem Opfersakrament wesenhaft leben. Insofern Kirche aber immer im Werden ist, immer das werden muss, was sie sein soll, und nur in diesem ständigen Lebensprozess sich bewahren kann, ... ist Eucharistie das eigentliche 'Lebenssakrament' der Kirche."[715] Der Grund dafür liegt darin, dass sich die Eucharistie aus den anderen Sakramenten durch ihren Charakter als Sakrament aus Opfer und Opfermahl heraushebt, weil sie genau dieses Geschehen in der Kirche realisiert, in dem sich die Frucht der Erlösung den Menschen konkret gewährt und in dem Christi Werk in seiner Kirche sich konkretisiert in einer „Fortsetzung, die jedoch nicht ohne das Mitwirken der Menschen in dieser Welt geschieht und darum der Wirklichkeit des Wortes und des Werkes und der Person Christi in einer Gestalt bedarf, die das menschliche Annehmen der Gabe Christi, das menschliche Mitwirken mit dem Wirken Christi, das menschliche Innesein in der irdischen Daseinsweise Christi ermöglicht"[716].

Was in der Darstellung der Sühnewirkung des Opfers noch nicht so deutlich wurde, erhält in der Verbindung mit dem sakramentalen Aspekt aus der Gnadenlehre sein Pendant: Während de la Taille im Zusammenhang der Begründung der Sühnewirkung des Opfers Christi der Vorstellung verhaftet schien, dass Gott dem Sünder sozusagen von außen her in Christus den Ausgleich für die zerstörte Ordnung zur Verfügung stellte, wird nun die Offenheit dieser Konzeption deutlich, wenn wir in der Gnade in die Sohnesrelation mit einbezogen werden. So wird der Eindruck eines „göttlichen Handlungsmonismus" gesprengt. Solch eine „verkürzende Theozentrik" könnte nämlich die Bedeutung der Sühnewirkung des Kreuzesopfers im Rahmen eines einseitigen Gottesbildes nur als von Seiten des Menschen passiv rezipiertes objektives Geschehen deuten und ließe keinen Raum für einen interpersonalen Geschehenshorizont. Erst dann bleibt auch der Eigenwert der kreatürlichen Freiheit erhalten. Denn de la Taille ergänzt seine Opfertheorie durch eine Gnadenlehre, die göttliches und menschliches Tun als die beiden Elemente in den Blick rückt, „aus denen Entsündigung als komplexe und spannungsreiche Aktionseinheit erwächst" und die damit dem gerecht wird, was N. Hoffmann im Anschluss an seine Analyse der Formalstruktur der alttestamentlichen Grundlegung des Sühnebegriffs den „Korrelationscharakter des Sühnegeschehens" nennt.[717] „Das Kreuzesereignis verbleibt innerhalb der Handlungsstruktur bundespartnerschaftlicher Korrelation: auch hier wird Sünde genichtet

[715] J. Auer, Allgemeine Sakramentenlehre und das Mysterium der Eucharistie, 288f.
[716] Ebd. 277.
[717] Vgl. N. Hoffmann, Kreuz und Trinität. Zur Theologie der Sühne, Einsiedeln 1982, 19–28.

dadurch, dass sie 'getragen' wird durch den, der nicht Sünder ist. Das Ganze hebt sich aber in eine unerwartet andere Dimension; es spielt jetzt innerhalb der unvergleichlich innigeren Korrelativität von 'Vater' und 'Sohn'."[718] Diese Handlungsstruktur ergibt sich aus der Auflösung des Gegenüberstands von Gott und Sünder; es muss einen Punkt geben, in dem dieser Gegenüberstand in freiheitliches Miteinander überführt wird, denn sonst würde sich die unüberwindliche Schwierigkeit ergeben, wie dieser Gott der Rache, der das Kreuz als Sühne fordert, mit dem neutestamentlichen Bild vom bedingungslos liebenden Vatergott vereinbar ist. Das Kreuz als „Höhepunkt göttlicher Selbstaussage" löst diesen Gegenüberstand auf, denn eine derartige Selbstaussage kommt nicht vom Gott der Rache, sondern vom Gott des Bundes; der Bund als übergreifender Geschehenshorizont ermöglicht „ein interpersonales Zwischen" von Jahwe und Sünder[719]. Der Bund setzt einen Gott voraus, der sich für seine Schöpfung aus Liebe so engagiert, dass diese Liebe zugleich auch der Ermöglichungsgrund für die freie Ablehnung seines Angebotes wird.[720] So wird die Sühne letztlich als Gestalt der Gottesliebe verständlich, denn nur die Liebe erfährt Sünde als Leid. Wenn diese Liebe das Strukturprinzip des Geschehens konstituiert, dann bedeutet Sünde die Ablehnung der Gnade der Sohnschaft, denn „Gott will dem Menschen eine 'Stelle' zuweisen nicht irgendwo im Sein schlechthin, sondern am innertrinitarischen 'Seins-Ort' des Sohnes"[721], und von dort her qualifiziert sich dann auch der Begriff der Stellvertretung.

[718] Ebd. 30.

[719] Vgl. N. Hoffmann, Kreuz und Trinität, 19. 48f.

[720] Vgl. N. Hoffmann, Kreuz und Trinität, 59: „Das christliche Spezifikum der Sünde wird allein dann ergriffen, wenn sie gedacht wird als Ablehnung des Rufes in jene Sohnschaft hinein, deren innerste Natur darin liegt, Fortführung der ewigen Sohnschaft in die Schöpfung zu sein. Wirklich 'Sünde' geschieht dann, wenn das eigene Ich sich der Gnade verweigert, irdische Stätte der trinitarischen Zugewandtheit von Vater und Sohn zu sein ... Sünde im offenbarungsmäßigen Sinn wird, um es im Paradox und hart zu sagen, nur durch Gottes – bis in ihre innigste Tiefe hinein sich auftuende – Vaterliebe für den Menschen überhaupt erst eine Möglichkeit."

[721] N. Hoffmann, Kreuz und Trinität, 58.

# 6. Zusammenfassung und Würdigung

De la Tailles Opfertheorie integriert die Elemente des Tuns Christi und der Kirche zu einem stimmigen Gesamtkonzept der Eucharistielehre. Er führt die Frage nach der sakramentalen Vergegenwärtigung in der äußeren Gestalt des Mahles auf ihr ontologisches Fundament zurück. Dabei hat der Opfercharakter inhaltliche und methodische Priorität vor dem sakramentalen Verständnis. Der Realitätsgehalt der sakramentalen Vergegenwärtigung durch die Kirche besteht im einen Opfer Christi, sodass das Tun der Kirche nur vom Bekenntnis der einzigartigen, überzeitlichen Heilsbedeutung des Tuns Christi abhängt, das die belebende Kraft aller liturgischen Vollzüge bleibt.

Für de la Taille ist das Opfer das eigentliche Subjekt der Eucharistie. Die Stellvertretung Christi für die Menschen geht aus seinem Priestertum hervor und erfüllt sich im Opfer. Ausgangspunkt ist die biblische Verwendung des Opferbegiffs als Interpretament für den aktiven und passiven Aspekt des Todes Jesu – und von dort aus die Verankerung der Verbindung zum Opfer der Kirche in dieser Dimension der Selbsthingabe. Das Selbstopfer der Kirche in der Nachfolge Christi begründet die reziproke Kausalität zwischen Eucharistie und Kirche. Denn wenn das mit dem Opferbegriff identifizierte Geschehen wahr sein soll, dann muss es auch heute im Vollzug der Kirche auffindbar sein und gelebt werden können. Für die Kirche ist diese Lebenswirklichkeit, aus der heraus sie ihre Legitimation bezieht, das Korrektiv für die Wahrheit des liturgischen Geschehens; sie kann nicht von außen nach innen aus einer soziologisch geprägten Mahlsymbolik deduziert werden, sondern das Wesentliche ist das unableitbare, einzigartige Opfer Christi. Mahlzentrierte Liturgik ohne dogmatisches Fundament wäre inhaltsleer. De la Tailles Werk diente in diesem Sinne auch als theoretische Begründung und spekulative Rechtfertigung der liturgischen Bewegung und war ein wichtiger Beitrag zur Wiedergewinnung der Vollgestalt der Messe aus Opfer und Mahl.

In dieser Arbeit wurde den dogmatischen Grundlagen der dadurch geprägten Lebenswirklichkeit nachgegangen. Die durchgängige Perspektive, für die de la Taille den Weg bereitet, ist die Deutung des Opfers als personale Selbsthingabe. Gerade darin wird die Offenheit seiner Konzeption für eine weiterführende Diskussion immer wieder deutlich. Bei dieser Thematik ist natürlich in Bezug auf die Literatur eine eingrenzende Auswahl nötig. Sie orientiert sich an den Diskussionspunkten, die um de la Tailles Opfertheorie entstanden sind. Da es mein Anliegen war, seine Position dogmengeschichtlich einzuordnen, habe ich besonderen Wert auf die Aufarbeitung der zeitgenössischen Rezeption gelegt, um exemplarisch die Denkwege nachvollziehbar zu machen und die Spezifika de la Tailles besonders herauszuarbeiten. Sie äußern sich in seiner Zuordnung von *coena* und *passio,* in seiner Theorie vom himmlischen Opfer, in der Abgrenzung zu nachtridentinischen Messopfertheorien und in seiner Gnadenlehre, deren Konsequenz die Heilsnotwendigkeit der Eucharistie *necessitate medii* ist.

Der Opferbegriff ist der biblisch vorgegebene Deutungskontext für den Tod Jesu am Kreuz. Die erlösende Wirkung seines Todes und seiner Auferstehung leitet sich aus der Einheit von *sacerdos* und *hostia* ab, aus der freiwilligen und aktiven Übereignung seiner selbst als Opfergabe. De la Taille hebt hervor, dass nach der Definition des Konzils von Trient das Wesen des Opfers im Zeichen besteht, und er sucht demzufolge eine Antwort auf die Frage, wann Christus die Hingabe seiner selbst sichtbar, rituell und liturgisch vollzogen habe. Er findet sie in der numerischen Einheit von *coena (Christus sacerdos)* und *passio (Christus hostia).* Sie sind konstitutive Bestandteile des einen Opfers der Erlösung im Zueinander von Immolation und Oblation. Dabei weist er auf, dass durch ihre gegenseitige Verwiesenheit in der Einheit des Opfers die Dimension der Zeit überbrückt werden kann: *victima vel offeratur immolanda, vel offeratur immolatione, vel offeratur immolata.*[722] Im Abendmahl ist die Darbringung real und gegenwärtig, die Immolation wird als zukünftige repräsentiert. Hier geschieht also eine Opferhandlung, indem die *passio* verknüpft wird mit dem Ritus der vorweggenommenen mystischen Immolation. De la Taille wendet seine Begrifflichkeit sehr eng an, indem er Immolation und Oblation einander zuordnet als Materie und determinierende Form des Opfers Christi; es gelingt ihm aber, in Entsprechung zu dieser Zuordnung die Initiation für das Tun der Kirche stimmig zu beschreiben.

Mit seiner präzisen Terminologie hat er die Engführung nachtridentinischer Opfertheorien überwunden, die dadurch entstand, im Opfer der Kirche Elemente einer realen Destruktion aufsuchen zu wollen, um so dem Begriff vom wahren Opfer gerecht zu werden. Das andere Extrem wäre, die Opferelemente nur symbolisch zu interpretieren. De la Taille geht davon aus, dass das Opfer als sichtbarer Ausdruck der inneren Hingabe und Dankbarkeit gegenüber Gott die angemessenste Art der Gottesverehrung ist. Im Stand der gefallenen Natur entspricht dem Menschen jedoch das Blutvergießen als sakramentale und symbolische Sühne, die das Zueinander von Oblation und Immolation als *res et signum* begründet.

[722] MF 12.

Opfer und Sakrament sind als Geschehen gleichzeitig. Gerade im Ritus der Abbildung besteht die Darbringung des Abgebildeten. Es gibt zwar verschiedene Theorien über die Identifizierung sakramentaler Elemente im Opferbegriff, aber der gemeinsame Punkt ist die *immolatio mystica*. Sie öffnet den Weg dafür, den Opfercharakter mit Hilfe von sakramentalem Denken zu vermitteln.

Die Heiligkeit der Gaben resultiert nur aus der Opferdarbringung und der Annahme der Gaben durch Gott. Unter dieser Voraussetzung ist das Mahl heiliges Mahl, der Begründungszusammenhang ist nicht umkehrbar. Die Gemeinschaft entsteht nicht durch gemeinsames Essen und Trinken im Zusammenschluss Gleichgesinnter, sondern sie ist von Christus gewährt als Teilhabe an seinem Leib und seinem Blut. So vollzieht sich der Schritt von der soziologischen Gemeinschaft zur Gemeinschaft der Kirche als Leib Christi. Das Angebot Gottes ist also das Primäre und als solches Gnade, die alles menschliche Tun umfasst. Hier öffnet sich der Raum für die Liebe, die Tod und Schmerz, die Folgen der Sünde, auf sich nimmt.

Die Zeichenfunktion der Eucharistie kann als sakramentale Realität ausgesagt werden, denn die Teilhabe am göttlichen Mahl lässt uns die Heiligung Christi, die äußerlich angezeigt wird, in der Ableitung vom Haupt zu den Gliedern zukommen. Der *effectus cognationis* wird also nicht nur demonstriert, sondern vollzogen. De la Taille entwickelt den Gedanken jedoch noch nicht weiter zu einer sakramentalen Gegenwart des Geschehens; er deutet die Selbstgabe in der Eucharistie letztlich von der Sachgabe her. Aber die personale Dimension kommt durch die Verbindung zwischen Darbringungsritus und Opfergabe in den Blick, denn die Gegenwart Christi in den Gestalten von Brot und Wein ist getragen von der inneren Wahrheit der Übereignung menschlichen Lebens.

Die Grundlage von de la Tailles Argumentation liegt in der Einheit und Einzigkeit des Erlösungsopfers. Die Zuordnung von Immolation und Oblation, die in der These von der numerischen Einheit von *coena* und *passio* eine konträre Diskussion auslöste, erweist sich in Bezug auf das Messopfer als Weg aus der Sackgasse der nachtridentinischen Opfertheorien. De la Taille greift eine wichtige Tradition in der Kirche wieder auf. Die Darstellung der Einsetzung der Eucharistie in sakramentaler Terminologie ermöglicht die Aussage einer klaren Entsprechung von Repräsentation und Realität. Sie kann dazu beitragen, die Entwicklung von der personalen Dimension der Selbsthingabe Christi zur Ebene der sichtbaren Gaben, die durch die Krise der sakramentalen Idee entstanden war, wieder rückgängig zu machen. Gerade im Ritus der Abbildung besteht die Darbringung des Abgebildeten. In der Doppelkonsekration realisiert sich in der Messe unsere Darbringung der Opfergabe des Kreuzes. De la Taille füllt damit den Begriff der *memoria* mit Inhalt und wird einer der Wegbereiter des sakramentalen Verständnisses des Opfers. Er hat gezeigt, dass die tridentinische Definition trotz der getrennten Behandlung von Sakrament, Opfer und Kommunion offen ist für die Integration zu einem Gesamtentwurf. Zwischen Passion und Eucharistie muss eine Kontinuität ohne Realitätsschwund vorhanden sein. So ist die Messe wahres und eigentliches Opfer, vom Kreuzesopfer nur in der *ratio offerendi* unterschieden, und alle Wirkung bezieht sie aus dem Kreuzesopfer. Die Grundlage dafür ist, dass de la Taille nach der Darlegung seiner Theorie vom himmlischen Opfer von der Annahme und Vollendung des Opfers aus argumentieren kann.

Die himmlische Opfergabe, die von Gott akzeptierte Selbsthingabe Christi, wird ins Zentrum der Eucharistie gestellt und macht deren eschatologische Dimension deutlich. Sie ist getragen von der personalen Identität der Opfergabe. Die überzeitliche Dynamik der Opfergesinnung Christi verschafft sich ihren Ausdruck im himmlischen Opfer. Die *memoria* der Kirche umfasst damit das ganze Heilshandeln, indem sie an der einen Wirklichkeit Anteil hat, an der ewigen Gegenwart des himmlischen Opfers. Für die Eucharistie wird der Begriff der *memoria* zum Ansatzpunkt für die Überbrückung der Differenz der Zeit und der Darbringenden zwischen dem Opfer Christi und dem Opfer der Kirche.

Der Sinn der Diskussion um das himmlische Opfer liegt also darin, dass damit die überzeitliche Wirkung begründet werden kann. Nach de la Taille bringt Christus in Wahrheit das Opfer dar als *oblator principalis*, aber die aktive Rolle geht auf die Kirche über: *Adeoque Christus offert per nos offerentes, quin de novo offerat in sua persona. Novitas tota est ex parte Ecclesiae, quamquam virtus tota est ex parte Christi.*[723] Die Mitwirkung Christi findet sich nicht im sichtbaren Vollzug, sondern in der Mitteilung seiner Wirkkraft. Diese Selbstmitteilung schafft eine Verbindung, die immateriell, aber nicht ohne Realität ist; sie besteht im lebensspendenden Einfluss, der kraft der Erlösung aus seinem Opfer, die in unserem sakramentalen Gedächtnis dargebracht wird. Das Prozessgeschehen der Opferhandlung der Kirche findet in der Konsekration seinen Ausdruck. Die Kirche hat jegliche Funktion also nicht aus eigener Machtvollkommenheit, sondern nur entsprechend dem Grad ihrer Verbindung mit Christus. Dieser Grundgedanke, dass sich im Handeln der Kirche das Handeln des ganzen

[723] MF 295.

Christus verwirklicht, bestimmt auch die Enzyklika *Mystici Corporis*, ohne die letztlich die dogmatische Konstitution über die Kirche des Zweiten Vatikanischen Konzils nicht denkbar wäre.

Die Opferhandlung kann nur in bewusst bejahtem Zusammenhang mit der Gesamtkirche zustande kommen: Das Opfer ist von seiner inneren Bestimmung her Selbstdarbringung, sodass es Aufgabe der ganzen Kirche ist, die ganze Kirche darzubringen. Die Eucharistie muss Raum schaffen für den subjektiven Mitvollzug des Opfers Christi, indem die sichtbare Darbringung das unsichtbare Opfer der Glieder Christi darstellt. Die Opfergesinnung der Kirche (*devotio Ecclesiae*) spielt also eine entscheidende Rolle. Alle Opferdarbringungen partizipieren an der vorgegebenen Wirklichkeit der Opfergabe der Kirche. Die Verbindung mit der ganzen Kirche garantiert jedem Opfer die Akzeptanz vor Gott. Die Opfergesinnung der Kirche ist der tragende Grund, sie kann aufgrund der Geistsendung nie ganz verloren gehen. So entsteht eine Beziehung der Nachfolge, in der sich passiver Einbezug und aktiver Mitvollzug gegenseitig ergänzen und durchdringen. Die Kirche ist von Christus zum sakramentalen Vollzug des Opfers befähigt. Die Geistsendung bestätigt, dass das Tun des Einzelnen umgriffen ist von der Bedeutung der Kirche als ganzer. Die Glieder der Kirche tragen in ihrem wechselseitigen Bezug unter Beibehaltung ihrer jeweiligen voneinander unterscheidbaren Funktion zur *devotio Ecclesiae* bei.

Das eucharistische Geschehen ist Quellort für den Geist, für die Kirche als Gemeinschaft im Geist, für die Liebe, die diese Gemeinschaft trägt. Teilhabe an der Opfergabe bedeutet: *consortium sanctificationis*, gegenseitiges Durchdringen in der Einheit des göttlichen Lebens. Die Eucharistie lebt aus der substantiellen Selbstmitteilung des göttlichen Seins an den Sohn, das sich durch das Kreuz auf die Menschen erstreckt. Insoweit diese Verbindung etwas uns real Inhärierendes bezeichnet, heißt sie heiligmachende Gnade, d.h. wir sind Christus mit Leib und Geist verbunden; die Verbindung, die kraft seiner göttlichen Natur zur angenommenen Menschennatur und von da zu uns gelangt, geschieht *mediante hostia*. So entsteht eine innere Gemeinschaft aller, die die Eucharistie empfangen.

Der sakramentale Charakter der Eucharistie macht die Gemeinschaft mit Christus deutlich in der gnadenhaften Wirklichkeit der Inkorporation. Die Gegenwart Christi in der Gestalt von Brot und Wein symbolisiert und bewirkt in uns die Gnade der Vereinigung eines jeden von uns mit Christus und aller untereinander in Christus – und für diese Verbindung ist die Opfergabe der Passion im tiefsten und umfassenden Sinn Sakrament. Der Grund dafür ist, dass die eucharistische

Gegenwart untrennbar von der Person des Logos ist, der als ewige Opfergabe der Passion zur Rechten des Vaters sitzt.

In der Eucharistie kommt das Zeichen dem Bezeichneten gleich: Christus ist *res et signum*, das Sakrament des ganzen mystischen Leibes, dessen Haupt er ist. Die sakramentale Wirkung der Eucharistie beruht auf der universalen Heilsrelevanz des Opfers Christi. Niemand kann Glied des Leibes Christi werden, ohne an seinem Opfertod teilzuhaben. Hier wird die soteriologische Zielsetzung der Inkarnation deutlich – das Ziel der hypostatischen Union und der daraus resultierenden Gnade ist die Erlösung der Menschheit. Um der Menschennatur die Teilhabe an seiner Fülle der Gnade zu gewähren, ist Christus Mensch geworden.

In der Kategorie der Quasi-Formalursächlichkeit entwickelt de la Taille eine Terminologie, die es ermöglicht, Gottes Selbstmitteilung an seine Geschöpfe auszudrücken. Mit dem Begriff des ungeschaffenen Aktes, also der Hypothese, dass sich Gott zum Akt einer geschaffenen Potenz macht, gelingt ihm eine Beschreibung der Gegenwart der göttlichen Personen durch die Gnade und unserer innerlichen, personalen Beziehung zu ihnen im übernatürlichen Gnadenleben. Gnade ist also immer die geschaffene Aktuierung, die durch den ungeschaffenen Akt im Subjekt erzeugt ist, um es für die unmittelbare Einigung mit Gott zu disponieren und zur Setzung von Akten, die auf die unmittelbare Einheit mit dem ungeschaffenen Akt abzielen, zu befähigen.

Die Einbeziehung des Menschen ist die Teilhabe an der Frucht der Erlösung und diese konkretisiert sich in der Frucht der Eucharistie. Denn im Blick auf die sakramentale Vermittlung der Gnade wird klar, dass die Realität hinter der Zeichenbedeutung des Opfermahls auf der Ebene der Selbstgabe Gottes liegt. Deshalb ist es de la Taille so wichtig, die Eucharistie als Quelle aller Gnaden herauszustellen und damit ihre Heilsnotwendigkeit *necessitate medii* zu begründen. Die Zuordnung von Eucharistie und anderen Sakramenten im gemeinsamen Ziel der Eingliederung in den mystischen Leib Christi macht den besonderen Rang der Eucharistie deutlich. Mit der Taufe hat die Eucharistie neben der Verleihung der Gnade auch die spezielle Wirkung der Eingliederung in den Leib Christi gemeinsam. Jedoch unterscheidet de la Taille: Die Eucharistie bezeichnet aus sich selbst unsere Inkorporation in das Leben, während die Taufe diese Inkorporation nur mittelbar durch die Ausrichtung auf die Eucharistie bezeichnet (im eigentlichen Sinn Mitsterben in Christus, das auf das Mitauferstehen ausgerichtet ist). Die Taufe ist *sacramentum communionis spiritualis*, das *votum* der Eucharistie ist in der Taufe enthalten. Weil de la Taille mit der Frucht der Eucharistie alle Formen der realen Verbindung Christi mit den Menschen identifiziert und sie somit das eigentliche Sakrament der Gemeinschaft der Kirche ist, ist für ihn wenigstens das implizite Verlangen nach ihr notwendig.

Diese Verbindung erstreckt sich über das ganze Volk Gottes über Ort und Zeit hinweg. *Qui igitur communicat eucharistiae, communicat universae Ecclesiae Christi, et militanti et purganti et triumphanti.*[724] Der Weg der Erlösung von der Erinnerung an Vergangenes, der auch für die Gegenwart den Dank und für die Zukunft die Hoffnung einschließt, lässt diese Verbindung der Zeiten, die auf ihre Konkretion im Opfer Christi hingeordnet ist, als Paradigma für ihre Rezeption im Opfer der Kirche erscheinen. In diesem Sinne bedeutet Gnade Entgrenzung, eine Vorausverähnlichung in die Verklärung hinein.

[724] MF 487.

# Literaturverzeichnis

## Primärliteratur: Maurice de la Taille

—, En Face du Pouvoir. Études sur l'Union et l'Action des Catholiques, Tours 1909

—, Chirographum decreti, in: RSR 6 (1916) 468–471

—, Un Pseudo-inédit, in: RSR 6 (1916) 471–476

—, L'oraison contemplative, in: RSR (1919) 273–292

—, De missa sacerdotis ab Ecclesia praecisi aut exauctoritati antiquarum sententiarum crisis, in: Gr 1 (1920) 190–217. 337–371

—, Mysterium Fidei. De augustissimo corporis et sanguinis Christi sacrificio atque sacramento. Elucidationes L in tres libros distinctae, Paris 1921; 1924²; 1931³

—, Le sacrifice céleste et l'ange du sacrifice, in: RSR 13 (1923) 218–236

—, Les offrandes de messes, in: Gr 4 (1923) 355–405. 557–590.

—, Rez. zu „Bartholomaeus F. M.ª Xiberta, O. Carm. C., S. Th. D., Clavis Ecclesiae. De ordine absolutionis sacramentalis ad reconciliationem cum Ecclesia, Rom 1922", in: Gr 4 (1923) 591–605

—, Sur diverses classifications de la science divine, in: RSR 13 (1923) 7–23

—, Esquisse du Mystère de la Foi. Suivie de Quelques Éclaircissements, Paris 1924²

—, The Last Supper and Calvary. A Rply to Critics, in: Ecclesiastical Review 71 (1924) 1–22. 122–145.

—, The Sacrifice of the Mass, in: IER 24 (1924) 74–79

—, The Sacrifice of the Mass: A Reply, in: IER 24 (1924) 310–313

—, The Last Supper and Catholic Divines from Henry VIII to the Council of Trent, in: IER 25 (1925) 561–586

—, The Mystery of Faith, in: IER 26 (1925) 123–134

—, The Sacrifice of the Mass, in: IER 25 (1925) 85–87

—, La Médiatrice de toutes les grâces, d'après une publication récente, in: Gr 7 (1926) 393–396

—, Le Péché Veniel dans la Théologie de S. Thomas d'après un livre récent, in: Gr 7 (1926) 28–43

—, L'oecuménicité du fruit de la Messe. Intercession eucharistique et dissidence, in: Orientalia Christiana 8 (1926) 109–140

—, The Eucharistic Sacrifice in the Light of a recent Document, in: Gr 7 (1926) 97–109

—, Distinctio oblationis et immolationis in traditione theologica, in: EphThLov 4 (1927) 384–405
—, Actuation créée par Act incréé. Lumière de gloire, grâce sanctifiante, unio hypostatique, in: RSR 18 (1928) 253–268
—, Coena et Passio in Theologia Apologetica contra pseudo-reformatores, in: Gr 9 (1928) 177–241
—, Controversia de caelesti sacrificio et sacrificio missae, in: Gr 9 (1928) 585–608
—, De sacrificio vero et proprio. Quaestiones disputatae V, in: Gr 9 (1928) 3–64
—, Théories mystiques. A propos d'un livre récent, in: RSR 18 (1928) 297–325
—, Rez. zu „M. Lepin, L'idée du Sacrifice de la Messe d'après les théologiens depuis l'origine jusqu'au nos jours, Paris 1926", in: Gr 9 (1928) 138–141
—, Entretien amical d'Eudoxe et de Palamède sur la grâce d'union, in: RAp 48 (1929) 5–26. 129–145
—, A propos d'un livre sur la Cène, in: Gr 11 (1930) 194–263
—, The Mystery of Faith and Human Opinion. Contrasted and defined, London 1930
—, The Hypostatic Union and Created Actuation by Uncreated Act, West Baden Springs 1952

## Sekundärliteratur

Alberto, St., „Corpus Suum mystice constituit" (LG 7). La Chiesa Corpo Mistico di Cristo nel Primo Capitolo della „Lumen Gentium". Storia del Testo della „Mystici Corporis" al Vaticano II con riferimenti alla attività conciliare del P. Sebastiaan Tromp S.J. (Eichstätter Studien XXXVII), Regensburg 1996
Alonso, M., El Sacrificio Eucharístico de la última cena del Señor según el Concilio Tridentino, Madrid 1929
[Anonymus], „Mysterium Fidei", in: CivCatt 74 (1923) 137–151
[Anonymus], In memoriam P.Mauritius de la Taille, in: Gr 14 (1933) 635–637
Auer, J., Allgemeine Sakramentenlehre und das Mysterium der Eucharistie (Auer, J. - Ratzinger, J., Kleine Katholische Dogmatik VI), Stuttgart 1980

Balthasar, H. U. von, Die Messe, ein Opfer der Kirche?, in: ders., Spiritus Creator. Skizzen zur Theologie III, Einsiedeln 1967, 166–217
—, Ein Opfer, das nichts kostet? Eine Anfrage, in: IKaZ 14 (1985) 236–241
Bartmann, B., Lehrbuch der Dogmatik. Bd. II, Freiburg 1923[6]
Batiffol, P., Leçons sur la Messe, Paris 1918; 1923[9]

—, Études d'histoire et de théologie positive. L'eucharistie, la présence réelle et la transsubstantiation. Bd. 2, Paris 1920[7]

Becker, J. de, De notione sacrificii a Rmo D. Jacobo Bellord, Episcopo Milevitensi nuper proposita, in: AEcR 33 (1905) 412–415

Bellord, J., The Notion of Sacrifice, in: AEcR 33 (1905) 1–14

—, The Sacrifice of the New Law, in: AEcR 33 (1905) 258–273

Berkans, H., Coena et Crux in mente patristica saeculorum IV et V, Diss. masch. PUG Rom 1956

Betz, J., Die Eucharistie. In der Schrift und Patristik (HDG IV/4a), Freiburg - Basel - Wien 1979

Billot, L., De Verbo Incarnato, Rom 1895[2]; 1949[9]

—, De Ecclesiae sacramentis I. Commentarius in tertiam partem S. Thomae, Rom 1893

Bittrémieux, J., Chronica. Décès, in: EThL 11 (1934) 516f.

Bourassa, F., Adoptive Sonship: Our union with the Divine Persons, in: TS 13 (1952) 309–335

Bouyer, L., Eucharistie. Théologie et spiritualité de la prière eucharistique, Tournai 1968[2]

Breuning, W., Pneumatologie, in: Vorgrimler, H. - Vander Gucht, R., (Hrsg.), Bilanz der Theologie im 20. Jahrhundert. Perspektiven, Strömungen, Motive in der christlichen und nichtchristlichen Welt. Bd. III, Freiburg - Basel - Wien 1970, 120–126

Brinktrine, J., Das Opfer der Eucharistie. Dogmatische Untersuchungen über das Wesen des Messopfers, Paderborn 1938

Broglie, G. de, La Taille, in: Cath. Bd. 6, 1890–1892

—, La Taille, in: LThK[2]. Bd. 6, 807

Brosnan, J. B., Father de la Tailles Theory in the Light of St. Thomas, in: IER 22 (1923) 561–572

Burkert, W., Homo necans. Interpretationen altgriechischer Opferriten und Mythen, Berlin - New York 1997[2]

Bürkle, H., Die religionsphänomenologische Sicht des Opfers, in: Schenk, R. (Hrsg.), Zur Theorie des Opfers. Ein interdisziplinäres Gespräch (Collegium Philosophicum 1), Stuttgart - Bad Cannstatt 1995, 153–171

Busch, R., Einführung, in: Busch, R. - Capelle, T. - Laux, F. (Hrsg.), Opferplatz und Heiligtum. Kult der Vorzeit in Norddeutschland, Neumünster 2000, 11–13

Casel, O., Das christliche Kultmysterium, Regensburg 1960[4]

—, Das christliche Opfermysterium. Zur Morphologie und Theologie des eucharistischen Hochgebetes, Graz - Wien - Köln 1968
Condren, Ch. de, L'idée du sacerdoce et du sacrifice de Jésus-Christ, Paris 1697[3]
Crehan, J. H., The many Masses and the one Sacrifice, in: Clergy Review 21 (1958) 415–421
Cronin, Ch. J., The other view of Sacrifice, in: AEcR 33 (1905) 378–394
—, The Sacrifice of the Cross, in: AEcR 33 (1905) 457–468
—, The Banquet Theory. The Sacrifice of the Mass, in: AEcR 34 (1906) 54–70

Dieckmann B. (Hrsg.), Das Opfer - Eine Kontroverse. Religions-politischer Diskurs im Kontext der mimetischen Theorie, Münster - Hamburg - London 2001
Diekamp, F., Katholische Dogmatik nach den Grundsätzen des heiligen Thomas. Bd. III, Münster 1922[3–5]
Diekamp, F. - Hofmann, A. M., Theologiae dogmaticae manuale. Volumen IV. De sacramentis, tum in communi, tum in specie et de novissimis, Paris 1946[9]
Döllinger, I., Heidenthum und Judenthum. Vorhalle zur Geschichte des Christenthums, Regensburg 1857
Donnelly, M. J., The Theory of R. P. Maurice de la Taille, S.J. on the Hypostatic Union, in: TS 2 (1941) 510–526
—, The Inhabitation of the Holy Spirit. A Solution according to de la Taille, in: TS 8 (1947) 445–470
—, Sanctifying Grace and our Union with the Holy Trinity: A Reply, in: TS 13 (1952) 190–204
Doronzo, E., Tractatus Dogmaticus de Eucharistia, Tom. II De Sacrificio, Milwaukee 1948
Dowd, E. F., A Conspectus of Modern Catholic Thought on the Essence of the Eucharistic Sacrifice, Washington 1937
Dudon, P., Sur un texte inédit de Salmeron (1562), in: Gr 11 (1930) 410–417

Emminghaus, J. H., Die Messe. Wesen - Gestalt - Vollzug. Durchgesehen und überarbeitet von Th. Maas - Ewerd, Klosterneuburg 1992[5]

Feckes, C., Die Kirche als Herrenleib. Darlegungen und Erläuterungen zur Enzyklika Papst Pius XII. 'Mystici Corporis Christi' (29. Juni 1943), Köln 1949
Filograssi, G., De Sanctissima Eucharistia. Quaestiones dogmaticae selectae, Rom 1953[5]
—, Theologia e filosofia nel Collegio Romano dal 1824 ad oggi, in: Gr 35 (1954) 512–540

Franzelin, J. B., Tractatus de SS. Eucharistiae sacramento et sacrificio, Rom 1873[2]

Geiselmann, J. , Rez. zu „Mauritio de la Taille, Mysterium Fidei. De augustissimo corporis et sanguinis Christi sacrificio atque sacramento, Paris 1921“, in: ThQ 107 (1926) 163–165

—, Die Eucharistielehre der Vorscholastik, Paderborn 1926

—, Die Abendmahlslehre an der Wende der christlichen Spätantike zum Frühmittelalter. Isidor von Sevilla und das Sakrament der Eucharistie, München 1933

Gerhards, A. - Richter, K. (Hrsg.), Das Opfer. Biblischer Anspruch und liturgische Gestalt (QD 186), Freiburg 2000

Gestrich, Ch., Opfer in systematisch-theologischer Perspektive. Gesichtspunkte einer evangelischen Lehre vom Opfer, in: Janowski, B. - Welker, M. (Hrsg.), Opfer. Theologische und kulturelle Kontexte, Frankfurt a. M. 2000, 282–303

Gihr, N. Das heilige Messopfer. Dogmatisch, liturgisch und aszetisch erklärt, Freiburg 1912[11–13]

Girard, R., Das Heilige und die Gewalt, Zürich 1987

Gläßer, A., Die Konvergenzerklärung über die Eucharistie, in: Seybold, M. - Gläßer, A. (Hrsg.), Das „Lima-Papier“ - Kontaktstudium über „Taufe, Eucharistie und Amt“ (Extemporalia 2), Eichstätt - Wien 1985, 37–70

Götzmann, W., Das eucharistische Opfer. Nach der Lehre der älteren Scholastik. Eine dogmengeschichtliche Studie, Freiburg i. Br. 1901

—, The essential Note of the Eucharistic Sacrifice, in: AEcR 34 (1906) 386–401

Grimal, J., Le Sacerdoce et le sacrifice du N.S.J.C, Paris 1911[2]

Hamp, V., Melchisedech als Typus, in: Theologische Fakultät der Ludwig-Maximilian-Universität München (Hrsg.), Pro Mundi Vita. Festschrift zum Eucharistischen Weltkongress 1960, München 1960, 7–20

Hanssens, J. M., Rez. zu „De la Taille Mauritius S. J., Mysterium Fidei. De augustissimo corporis et sanguinis Christi sacrificio atque sacramento, Paris 1921“, in: Gr 3 (1922) 307–312

Hartleben, J. von, Influxus Patrum Billot et de la Taille in theorias recentiores sacramentales de essentia sacrificii Missae, Diss. masch. PUG 1958

Hartmann, W., Oblatio munda. Die heilige Messe als Opfer, Wien - München 1967

Héris, Ch.-V., Rez. zu „M. de la Taille, Entretien amical d’Eudoxe et Palamède sur la grâce d’union“, in: Bulletin Thomiste 10 (1933) 877–880

—, Le Mystère de l‘Eucharistie, Paris 1943

Hoffmann, N., Kreuz und Trinität. Zur Theologie der Sühne, Einsiedeln 1982

Hönig, E., Die Eucharistie als Opfer nach den neueren ökumenischen Erklärungen, Paderborn 1989

Iserloh, E., Die Eucharistie in der Darstellung des Johannes Eck. Ein Beitrag zur vortridentinischen Kontroverse über das Messopfer, Münster 1950

Janowski, B. - Welker, M. (Hrsg.), Opfer. Theologische und kulturelle Kontexte, Frankfurt a. M. 2000

Jeremias, J., Die Abendmahlsworte Jesu, Göttingen 1960[3]

Jiménez, J., Mauricio de la Taille S.I., in: La Revista católica 65 (1933) 596–603

—, En el cincuentenario del „Mysterium Fidei" de Maurice de la Taille (1921–1971). Reexamen critico de su génesis y de objectiones que se le han opuesto, in: Annales de la Facultad de Teología 22 (1971) 143–309

Johannes Paul II., Enzyklika *Redemptor hominis* 4. März 1979 (Verlautbarungen des Apostolischen Stuhls 6), Bonn 1979

Johnston, S., Bishop Bellords view of Sacrifice, in: AEcR 33 (1905) 513–520

Joyce, J., Rez. zu M. de la Taille, The Mystery of Faith and Human Opinion. Contrasted and Defined, London 1930, in: Dublin Review 188 (1931) 151–154

Kattum, F. X., Die Eucharistielehre des heiligen Bonaventura, München - Freising 1920

Kenny, J. P., Cogitationes in R. Patris de la Taille S.J. sententiam quae Actuation créée par acte incréé nuncupatur, Diss. masch. PUG 1949

—, „Created Actuation by the Uncreated Act". Reflections on the Theory of Father Maurice de la Taille, S.J., in: Australasian Catholic Record 27 (1950) 130–141. 210–223

Klodnicki, G., De necessitate Eucharistiae ad salutem, in: DT 7 (1920) 57–70

Koch, G., Sakramentenlehre - Das Heil aus den Sakramenten, in: Beinert, W. (Hrsg.), Glaubenszugänge. Lehrbuch der Katholischen Dogmatik. Bd. 3, Paderborn - München - Wien - Zürich 1995, 307–523

Kongregation für den Klerus, Der Priester, Lehrer des Wortes, Diener der Sakramente und Leiter der Gemeinde für das dritte Jahrtausend vom 19. März 1999 (Verlautbarungen des Apostolischen Stuhls 139), Bonn 1999

Kongregation für die Glaubenslehre, Erklärung „Dominus Iesus" über die Einzigkeit und Heilsuniversalität Jesu Christi und der Kirche vom 6. August 2000 (Verlautbarungen des Apostolischen Stuhls 148), Bonn 2000

Kramer, R., Leben aus der Eucharistie, in: Gruber, S. - Kramer, R. - Lang, W. - Schlereth, A. (Hrsg.), Die Frage nach dem Menschen. Grundkurs Religion 3. Unterrichtswerk für katholische Religionslehre an der gymnasialen Oberstufe, München 1978, 143–145

Kraus, W., Der Tod Jesu als Sühnetod bei Paulus. Überlegungen zur neueren Diskussion, in: Zeitschrift für Neues Testament 2 (1999) 20–30

Lais, H., Gedanken zu den Messopfertheorien, in: Auer, J. - Volk, H. (Hrsg.), Theologie in Geschichte und Gegenwart. Michael Schmaus zum sechzigsten Geburtstag, München 1957, 67–88

Lanversin, F. de, Esquisse d'une synthèse du sacrifice, in: RSR 17 (1927) 193–209

Lebreton, J., Art. Eucharistie, in: D'Alès, A. (Hrsg.), DAFC. Bd. 1, Paris 1925[4], 1548–1585

—, „In Memoriam". Le Père Maurice de la Taille, in: RSR 24 (1934) 5–11

Leeming, B., A Master Theologian. Father Maurice de la Taille, in: The Month 163 (1934) 31–40

Lehmkuhl, A., Bishop Bellords View of Sacrifice, in: AEcR 33 (1905) 612–623

Lepin, M., L'idée du Sacrifice de la Messe d'après les théologiens depuis l'origine jusqu'au nos jours, Paris 1926[2]

Lessius, L., De perfectionibus moribusque divinis libri XIV, Paris [1875]

Letter, P. de, Sanctifying Grace and our Union with the Holy Trinity, in: TS 13 (1952) 33–58

—, Created Actuation by the Uncreated Act: Difficulties and Answers, in: TS 18 (1957) 60–92

—, Sanctifying Grace and Divine Indwelling. Fr. de la Taille and St. Thomas, in: Gr 41 (1960) 63–69

Loisy, A., Essai historique sur le sacrifice, Paris 1920

Lugo, J. de, Disputationes scholasticae et morales IV. Tractatus de Eucharistia, Paris 1869

Lutz, O., Die Notwendigkeit der hl. Eucharistie, in: ZKTh 43 (1919) 235–268

—, Wirkungen und Notwendigkeit der hl. Eucharistie, in: ZKTh 44 (1920) 398–420. 505–537

—, Die Lehre des hl. Thomas über die Notwendigkeit der hl. Eucharistie, in: ZKTh 46 (1922) 20–59

—, Die Notwendigkeit der hl. Eucharistie nach M. de la Taille, in : ZKTh 49 (1925) 42–61

—, Ist die hl. Eucharistie die Wirkursache aller Gnaden?, in: ZKTh 55 (1931) 438–466

Maas-Ewerd, Th.,Was wollte die Liturgische Bewegung? Zu den liturgischen Entwicklungen in den Jahren zwischen den beiden Weltkriegen, in: EuA 69 (1993) 223–246
—, „Mediator Dei“ - Vor 50 Jahren ein Signal. Die Liturgie-Enzyklika Papst Pius’ XII. vom 20. November 1947, in: LJ 47 (1997) 129–150
MacDonald, A., The Sacrifice of The New Lamb, in: AEcR 33 (1905) 623–631
—, The Sacrifice of the New Law, in: AEcR 34 (1906) 319–324
—, The Sacrifice of the Mass. A Rejoinder, in: IER 24 (1924) 337–343.
Macomber, W., De la Taille vs. Thomistic Tradition: A Reply, in: The Thomist 22 (1959) 233–254
Masure, E., Le Sacrifice du Chef, Paris 1932
—, Le Sacrifice du Corps Mystique, Paris 1950
McNabb, V., A new Theory of the Sacrifice of the Mass, in: IER 23 (1924) 561–573
—, The Sacrifice of the Mass, in: IER 24 (1924) 423
—, Père de la Taille and Henry VIII, in: IER 26 (1925) 284–287
Mirbach, S., „Ihr aber seid Leib Christi“. Zur Aktualität des Leib-Christi-Gedankens für eine heutige Pastoral, Regensburg 1998
Moll, H., Die Lehre von der Eucharistie als Opfer. Eine dogmengeschichtliche Untersuchung vom Neuen Testament bis Irenäus von Lyon, Köln 1975
Moran, W., Father de la Taille and his Critics, in: IER 37 (1931) 1–19
—, Father de la Taille‘s Explanation of the Mass – and a Suggestion, in: IER 38 (1931) 571–590
Mörsdorf, K., Der Träger der eucharistischen Feier, in: Theologische Fakultät der Ludwigs-Maximilian-Universität München (Hrsg.), Pro Mundi Vita. Festschrift zum Eucharistischen Weltkongress 1960, München 1960, 223–237
Mouroux, J., Eine Theologie der Zeit, Freiburg - Basel - Wien 1965
Mullaney, Th. U., The Incarnation: De la Taille vs. Thomistic Tradition, in: The Thomist 17 (1954) 1–42
—, De la Taille and the Incarnation: A Rejoinder, in: The Thomist 22 (1959) 255–277
Müller, G. L., Katholische Dogmatik. Für Studium und Praxis der Theologie, Freiburg - Basel - Wien 1995

Naab, E., Kirchen- und Amtsverständnis bei Valentin Thalhofer, in: FoKTh 5 (1989) 291–301
—, Das eine große Sakrament des Lebens. Studie zum Kirchentraktat des Joseph Ernst (1804–1869) mit Berücksichtigung der Lehrentwicklung in der von ihm begründeten Schule (Eichstätter Studien XX), Regensburg1985

—, Das Opfer Christi und die Kirche bei Valentin Thalhofer (1825–1891). Ein Beitrag aus Anlass seines 100. Todestages am 17. September 1991, in: Klerusblatt 71 (1991) 199–202
—, La Taille, in: BBKL, Bd. 4, 1213–1215
Nawar, A., Opfer als Dialog der Liebe. Sondierungen zum Opferbegriff Odo Casels, Frankfurt a. M. 1999
Neunheuser, B., Eucharistie in Mittelalter und Neuzeit (HDG IV/4b), Freiburg - Basel - Wien 1963
Nicolussi, J., Die Notwendigkeit der hl. Eucharistie. Dogmatische Abhandlung, Bozen 1917
—, Die Wirkungen der hl. Eucharistie, Bozen 1918
Niewiadomski, J., Das Drama Jesu. Raymund Schwagers Kurzformel des Glaubens, in: Niewiadomski, J. - Palaver, W. (Hrsg.), Vom Fluch und Segen der Sündenböcke. Raymund Schwager zum 60. Geburtstag, Thaur - Wien - München 1995, 38–41

Olier, J. - J., Explication des cérémonies de la grand'messe de paroisse, Paris 1856
—, Traité de Saints Ordres (1676). Comparé aux écrits authentiques de Jean - Jacques Olier (†1657), Paris 1984
Orth, S., Renaissance des Archaischen? Ein neuerliches theologisches Interesse am Opfer, in: HerKorr 55 (2001) 195–200
Ositadinma, A. P., Der Beitrag Ansgar Voniers (1875–1938) und Max ten Hompels (1882–1960) zur Neubesinnung auf den Opfercharakter der Eucharistie im 20. Jahrhundert (Dissertationen Theologische Reihe 59), St. Ottilien 1993
O'Connor, W. R., A New Concept of Grace and the Supernatural, in: The Ecclesiastical Review 98 (1938) 401–413
—, The Theory of the Supernatural. A Critique of P. de la Taille, in: TS 3 (1942) 403–412
O'Neil, C. E., Die Sakramententheologie, in: Vorgrimler, H. - Vander Gucht, R. (Hrsg.), Bilanz der Theologie im 20. Jahrhundert. Bd. III, Freiburg - Basel - Wien 1970, 244–294
O'Neill, B., Inquisitio in doctrinam Patris Mauritii de la Taille S.J. circa Eucharistiam comparatam cum aliis sacramentis, Diss masch. PUG Rom 1939

Pell, G., Jesu Opferhandlung in der Eucharistie. Noch ein Lösungsversuch zur Meßopferfrage, Regensburg 1912[3]
Philips, G., La grâce des justes de l'Ancien Testament. Fondements scriptuaires. Étude théologique, in: EThL 24 (1948) 25–58

Piolanti, A., La Taille, in: EC. Bd. VII, 931f.
—, Il Mistero Eucharistico, Florenz 1955, 325–333
Pius X., Motu proprio *Tra le sollecitudini* (22.11.1903), in: ASS 36 (1903/04) 329–339
—, Dekret *Sacra Tridentina Synodus* (20.12.1905), in: ASS 38 (1905/06) 400–406
—, Dekret *Quam singulari* (08.08.1910), in: AAS 2 (1910) 577–583
Pius XII., Enzyklika *Mystici Corporis*, in: AAS 35 (1943) 193–248 (DH 3800–3822)
—, Enzyklika *Mediator Dei*, in: AAS 39 (1947) 521–595 (DH 3840–3855)
Poschmann, B., Das sakramentale Opfer, in: Catholica 11 (1957) 36–50
Pratzner, F., Messe und Kreuzesopfer. Die Krise der sakramentalen Idee bei Luther und in der mittelalterlichen Scholastik (Wiener Beiträge zur Theologie XXIX), Wien 1970

Raffelt, A., La Taille, in: LThK³. Bd. 6, 374
Rahner, K., Zur scholastischen Begrifflichkeit der ungeschaffenen Gnade, in: ders., Schriften zur Theologie. Bd. I, Einsiedeln - Zürich - Köln 1964⁷, 347–375
—, Die Gliedschaft in der Kirche nach der Lehre der Enzyklika Pius' XII. „Mystici Corporis Christi", in: ders., Schriften zur Theologie. Bd. II, Einsiedeln - Zürich - Köln 1964⁷, 7–94
—, Über das Latein als Kirchensprache, in: ders., Schriften zur Theologie V, Einsiedeln - Zürich - Köln 1964², 411–467
Rahner, K. - Häußling, A., Die vielen Messen und das eine Opfer (QD 31), Freiburg - Basel - Wien 1966²
Ratzinger, J., Opfer, Sakrament und Priestertum in der Entwicklung der Kirche, in: Catholica 26 (1972) 108–125
—, Ist die Eucharistie ein Opfer?, in: Concilium 3 (1967) 299–304
—, Eucharistie - Mitte der Kirche. Vier Predigten von Joseph Kardinal Ratzinger, München 1978
—, Schauen auf den Durchbohrten, Einsiedeln 1984
Renz, F., Die Geschichte des Messopfer-Begriffs. Oder der alte Glaube und die neuen Theorien über das Wesen des unblutigen Opfers. Bd. I. Altertum und Mittelalter, Freising 1901, Bd. II. Neuzeit, Freising 1902
Rivière, J., Le Dogme de la Rédemption. Essai d'Étude historique, Paris 1905²
Rodriguez, P. (Hrsg.), Catechismus Romanus seu catechismus ex decreto Concilii Tridentini ad parochos Pii Quinti Pont. Max. iussu editus, Città del Vaticano 1989

Rupprecht, P., Una eademque hostia - idem offerens. Das Verhältnis von Kreuz- und Messopfer nach dem Tridentinum, in: ThQ 120 (1939) 1–36
Ryan, A. H. ,'Mysterium Fidei', in: IER 25 (1925) 449–472
—, The Last Supper, in: IER 26 (1925) 386–390

Scheeben, M. J., Die Mysterien des Christentums. Wesen, Bedeutung und Zusammenhang derselben nach der in ihrem übernatürlichen Charakter gegebenen Perspective dargestellt, Freiburg i. Br. 1865
—, Handbuch der Katholischen Dogmatik III, Freiburg 1882
Scheffczyk, L., Die Zuordnung von Sakrament und Opfer in der Eucharistie, in: Theologische Fakultät der Ludwig-Maximilian-Universität München (Hrsg.), Pro Mundi Vita. Festschrift zum Eucharistischen Weltkongress 1960, München 1960, 203–222
—, Die Heilsverwirklichung in der Gnade. Gnadenlehre (Scheffczyk, L. - Ziegenaus, A., Katholische Dogmatik VI), Aachen 1998
Schenk, R. (Hrsg.), Zur Theorie des Opfers. Ein interdisziplinäres Gespräch (Collegium Philosophicum 1), Stuttgart - Bad Cannstatt 1995
Schierl, J., In Christus. Deutschsprachige Stimmen zur Verbindung der Gläubigen mit Christus im Vorfeld der Enzyklika Pius' XII. „Mystici Corporis" (1943) (Eichstätter Studien XXXV), Regensburg 1994
Schmaus, M., Katholische Dogmatik IV/1, München 1964[6]
Schmitz, R. M., Aufbruch zum Geheimnis der Kirche Jesu Christi. Aspekte der katholischen Ekklesiologie des deutschen Sprachraumes von 1918 bis 1943 (Münchener Theologische Studien 46), St. Ottilien 1991
Schneider, Th.,Dogmatische Neuorientierung? Beispiel „Messopfer", in: ders., Deinen Tod verkünden wir. Gesammelte Studien zum erneuerten Eucharistieverständnis, Düsseldorf 1980, 209–222
—, Das Opfer Jesu Christi und der Kirche. Zum Verständnis der Aussagen des Konzils von Trient, in: ders., Deinen Tod verkünden wir. Gesammelte Studien zum erneuerten Eucharistieverständnis, Düsseldorf 1980, 223–238
—, Zeichen der Nähe Gottes. Grundriß der Sakramententheologie, Mainz 1998[7]
Schwager, R., Brauchen wir einen Sündenbock? Gewalt und Erlösung in den biblischen Schriften, München 1978
—, Jesus im Heilsdrama. Entwurf einer biblischen Erlösungslehre, Innsbruck - Wien 1996[2]
Seidensticker, Ph., Lebendiges Opfer (Röm 12, 1). Ein Beitrag zur Theologie des Apostels Paulus (Neutestamentliche Abhandlungen XX), Münster 1954
Seybold, M., Sozialtheologische Aspekte der Sünde. Studien zur Geschichte der Moraltheologie XI, Regensburg 1963

—, Gnade und Heil (Christliches Leben heute 18), Augsburg 1973
Slater, T., The Notion of Sacrifice I, in: AEcR 33 (1905) 290–299
Smith, S. F., De Notione Sacrificii, in: AEcR 33 (1905) 415–422
Smith, W. R., Die Religion der Semiten, Freiburg 1899
Springer, E., Eine Freudenbotschaft für alle Katholiken. Das päpstliche Dekret über die tägliche Kommunion, Paderborn 1910²
—, O salutaris hostia! Die Eucharistie - Ziel und Mittelpunkt der priesterlichen Wirksamkeit, Paderborn 1910
—, Die heilige Kommunion. Das notwendige Mittel zur Bewahrung der heiligmachenden Gnade, Paderborn 1911
—, Die Eucharistie. Nach katholischer Lehre die notwendige Nahrung der Seele, Paderborn 1912
—, Unsere Einverleibung in Christus durch die Eucharistie, in: ThGl 5 (1913) 15–36
—, Über das in der Taufe eingeschlossene Votum der Eucharistie, in: ThPQ 74 (1921) 525–540
—, De SS. Eucharistiae virtute atque necessitate, in: Gr 9 (1928) 118–139. 609–627
—, Die Taufgnade als Kraftwirkung der Eucharistie, in: DT 8 (1930) 421–431
—, Zur Frage: Wirkungskreis und Notwendigkeit der Eucharistie, in: DT 9 (1931) 203–222
Stöckl, A., Liturgie und dogmatische Bedeutung der alttestamentlichen Opfer insbesonders in ihrem Verhältnis zur neutestamentlichen Opfertheorie. Eine exegetisch-dogmatische Abhandlung, Regensburg 1848
—, Das Opfer nach seinem Wesen und seiner Geschichte, Mainz 1861
Stuhlmacher, P., Biblische Theologie des Neuen Testaments. Bd 1. Grundlegung: Von Jesus zu Paulus, Göttingen 1997
Swaby, A., A New Theory of the Eucharistic Sacrifice. Authorities Examined, in: Ecclesiastical Review 69 (1923) 460–473
—, The Last Supper and Calvary. A Treatise, London 1926

Ten Hompel, M., Das Opfer als Selbsthingabe und seine ideale Verwirklichung im Opfer Christi, Freiburg i. Br. 1920
Thaler, A., Das Testament des Abendmahls. Ein Blick auf die Geschichte und Zukunft der Eucharistie, Freiburg 1996
Thalhofer V., Das Opfer des alten und des neuen Bundes mit besonderer Rücksicht auf den Hebräerbrief und die katholische Messopferlehre, Regensburg 1870
—, Handbuch der Katholischen Liturgik. Bd. 1, Freiburg im Breisgau 1883

Thierney, J. J., The Notion of Sacrifice II, in: AEcR 33 (1905) 299–301
Thomassin, L., De Incarnatione Verbi (Dogmata Theologica IV), Paris 1868
Thurian, M., Eucharistie. Einheit am Tisch des Herrn?, Mainz - Stuttgart 1963
Toinet, P., L'Eucharistie dans la connexion des mystères, in: M. J. Scheeben. Teologo cattolico d'ispirazione tomista (Studi Tomistici 33), Città del Vaticano 1988, 395–408
Tromp, S., Documenta varia quae prodesse possunt ad explicandas litteras encyclicas „Corporis Mystici Christi", in: ders. (Hrsg.), Litterae Encyclicae N.° 2. Pius Papa XII. De Mystico Iesu Christi Corpore deque nostra in eo cum Christo coniunctione „Mystici Corporis Christi" 29. iun. 1943 (Pontifica Universitas Gregoriana. Textus et documenta. Series theologica 26), Rom 1963, 73–154
Trütsch, J., SS. Trinitatis inhabitatio apud theologos recentiores, Trient 1949

Umberg, J., Rez. zu „Die Notwendigkeit der heiligen Eucharistie. Dogmatische Abhandlung" von Dr. P. Johann Nicolussi S.S.S., Bozen 1917, in: StZ 94 (1918) 76–78
—, Rez. zu „Mysterium fidei. De augustissimo Corporis et Sanguinis Christi sacrificio atque Sacramento. Elucidationes L in 3 libros distinctae. Auctore Mauritio de la Taille S.J." , in: ZKTh 47 (1923) 283–288

Vonier, A., Das Geheimnis des eucharistischen Opfers, Berlin 1929
Vorgrimler, H., Buße und Krankensalbung (HDG IV/3), Freiburg 1978

Xiberta, B., Clavis Ecclesiae, Rom 1922

Zuvić, N., Mauricije de la Taille D.I., in: Bogoslovska Smotra 22 (1934) 301–305

# Eichstätter Studien

Band 27: *Regina Radlbeck*, Der Personbegriff in der Trinitätstheologie der Gegenwart, untersucht am Beispiel der Entwürfe Jürgen Moltmanns und Walter Kaspers. (1989)
ISBN 3-7917-1215-2

Band 28: *Bruno Lengenfelder*, Die Diözese Eichstätt zwischen Aufklärung und Restauration. Kirche und Staat 1773-1821. (1990)
ISBN 3-7917-1216-0

Band 29: *Reinhild Ahlers*, Communio Eucharistica.
Eine kirchenrechtliche Untersuchung zur Eucharistielehre im Codex Iuris Canonici. (1991)
ISBN 3-7917-1239-X

Band 30: *H. Dickerhof / E. Reiter / St. Weinfurter* (Hg.),
Der hl. Willibald – Klosterbischof oder Bistumsgründer? (1990)
ISBN 3-7917-1262-4

Band 31: *Alfred Gläßer*, Verweigerte Partnerschaft?
Anthropologische, konfessionelle und ökumenische Aspekte der Theologie Wolfhart Pannenbergs. (1991)
ISBN 3-7917-1292-6

Band 32: Christen und Christliches in Qumran. (1992; vergriffen)

Band 33: Veritati et Vitae.
Bd. 1: 150 Jahre Theologische Fakultät Eichstätt.
Hg. v. Alfred Gläßer.
Bd. 2: Vom Bischöflichen Lyzeum zur Katholischen Universität.
Hg. v. R.A. Müller. (1993)
ISBN 3-7917-1376-0

Band 34: *Elisabeth Braunbeck*, Der Weltcharakter des Laien.
Eine theologisch-rechtliche Untersuchung im Licht des II. Vatikanischen Konzils. (1993)
ISBN 3-7917-1381-7

Band 35: *Josef Schierl*, In Christus.
Deutschsprachige Stimmen zur Verbindung der Gläubigen mit Christus im Vorfeld von „Mystici Corporis“. (1994)
ISBN 3-7917-1399-X

Band 36: *Peter Ulrich*, Imitatio et configuratio.
Die philosophia spiritualis Heinrich Seuses als Theologie der Nachfolge des Christus passus. (1995)
ISBN 3-7917-1466-X

Band 37: *Stefano Alberto*, „Corpus Suum mystice constituit“ (LG 7).
La Chiesa Corpo Mistico di Christo nel Primo Capitolo della „Lumen Gentium“. (1996)
ISBN 3-7917-1537-2

Band 38: *Josef Seger*, Der Bauernkrieg im Hochstift Eichstätt. (1997)
ISBN 3-7917-1536-4

Band 39: *Alexius J. Bucher / Dieter Stefan Peters* (Hg.),
Evolution im Diskurs.
Grenzgespräche zwischen Naturwissenschaft, Philosophie und Theologie. (1998)
ISBN 3-7917-1601-8

Band 40: *Markus Gumann*, Vom Ursprung der Erkenntnis des Menschen bei Thomas von Aquin. Konsequenzen für das Verhältnis von Philosophie und Theologie. (1999)
ISBN 3-7917-1638-7

Band 41: *Bernhard Sill*,
Ethos und Thanatos.
Zur Kunst des guten Sterbens bei Matthias Claudius, Leo Nikolajewitsch Tolstoi, Rainer Maria Rilke, Max Frisch und Simone de Beauvoir. (1999). ISBN 3-7917-1659-X

Band 42: *Alfred Gläßer*,
Religionskritik, Glaubensbegründung und interreligiöser Dialog.
Vom deutschen Idealismus zu Nietzsche und zur Postmoderne. (2000)
ISBN 3-7917-1697-2

Band 43: *Alexius J. Bucher*,
Verantwortlich handeln.
Ethik in Zeiten der Postmoderne. (2000)
ISBN 3-7917-1698-0

Band 44: *Erwin Möde* (Hg.),
Leben zwischen Angst und Hoffnung. Interdisziplinäre Angstforschung. (2000)
ISBN 3-7917-1699-9

Band 45: *Bernhard Mayer* (Hg.),
Jericho und Qumran.
Neues zum Umfeld der Bibel. (2000)
ISBN 3-7917-1731-6

Band 46: *Stephan E. Müller, Erwin Möde* (Hg.)
Des Menschen Unersättlichkeit.
Süchte als Herausforderung im interdisziplinären Dialog (2001)
ISBN 3-7917-1766-9

Band 47: *Alexius J. Bucher* (Hg.),
Welche Philosophie braucht die Theologie? (2002)
ISBN 3-7917-1794-4

Band 48: *Erich Naab,*
Die Gegenwart Gottes in der Gnade.
Universalität und Relation der Gnade nach Eichstätter Theologen im 19. Jahrhundert. (2002)
ISBN 3-7917-1818-5

Band 49: Jacek Machura
Die paulinische Rechtfertigungslehre.
Positionen deutschsprachiger katholischer Exegeten in der Römerbriefauslegung des 20. Jahrhunderts. (2003)
ISBN 3-7917-1843-6

Band 50: Maria Magdalena Elbl,
Eucharistie als Opfer der Kirche bei Maurice de la Taille. (2003)
ISBN 3-7917-1853-3

Band 51: Paolo Sottopietra,
Wissen aus der Taufe.
Die Aporien der neuzeitlichen Vernunft und der christliche Weg im Werk von Joseph Ratzinger. (2003)
ISBN 3-7917-1857-6

Verlag Friedrich Pustet · Regensburg